国家出版基金项目

NATIONAL PUBLICATION FOUNDATION

抗日战争
专题研究

张宪文 | 主
朱庆葆 | 编

第十辑

日军暴行
与审判

"慰安妇"制度
研究

苏智良　著

江苏人民出版社

图书在版编目(CIP)数据

"慰安妇"制度研究/苏智良著. --南京:江苏
人民出版社,2022.9
(抗日战争专题研究/张宪文,朱庆葆主编)
ISBN 978-7-214-25938-7

Ⅰ.①慰⋯ Ⅱ.①苏⋯ Ⅲ.①军国主义-性犯罪-研
究-日本 Ⅳ.①K313.46

中国版本图书馆 CIP 数据核字(2021)第 218745 号

书　　　名　"慰安妇"制度研究
著　　　者　苏智良
责 任 编 辑　王　溪
装 帧 设 计　刘葶葶
责 任 监 制　王　娟
出 版 发 行　江苏人民出版社
地　　　址　南京市湖南路 1 号 A 楼,邮编:210009
照　　　排　江苏凤凰制版有限公司
印　　　刷　苏州市越洋印刷有限公司
开　　　本　652 毫米×960 毫米　1/16
印　　　张　29.5
字　　　数　345 千字
版　　　次　2022 年 9 月第 1 版
印　　　次　2022 年 9 月第 1 次印刷
标 准 书 号　ISBN 978-7-214-25938-7
定　　　价　118.00 元

(江苏人民出版社图书凡印装错误可向承印厂调换)

教育部哲学社会科学研究重大委托项目
2021年度国家出版基金资助项目
南京大学"双一流"建设卓越计划项目
"十四五"国家重点出版物出版专项规划项目

合作单位

南京大学　北京大学　南开大学　武汉大学
复旦大学　浙江大学　山东大学
台湾中国近代史学会

学术顾问

编 纂 委 员 会

总 序

张宪文　朱庆葆

日本侵华与中国抗日战争是近代中国最重大的历史事件。中国人民经过 14 年艰苦卓绝的英勇奋战，付出惨重的生命和财产的代价，终于取得伟大的胜利。

自 1945 年抗日战争结束至 2015 年，度过了漫长的 70 年。对这一影响中国和世界历史进程的重大事件，国内外历史学界已经做过大量的学术研究，出版了许多论著。2015 年 7 月 30 日，在抗日战争胜利 70 周年前夕，中共中央政治局就中国人民抗日战争的回顾和思考进行集体学习，习近平总书记发表重要讲话，指示学术界应该广为搜集整理历史资料，大力加强对抗日战争历史的研究。半个月后，中共中央宣传部迅速制定抗日战争研究的专项规划。8 月下旬，时任中共中央宣传部部长刘奇葆召开中央各有关部委、国家科研机构和部分高校代表出席的专题会议，动员全面贯彻习总书记的讲话精神，武汉大学和南京大学的代表出席该会。

在这一形势下，教育部部领导和社会科学司决定推动全国高校积极投入抗战历史研究，积极支持南京大学联合有关高校建立抗战研究协同创新中心，并于南京中央饭店召开了由数十所高校的百余位教授、学者参加的抗战历史研讨会。台湾中国近代史学会也派出十多位学者,在吕芳上、陈立文教授率领下出席会议,共同协商在新时代深入开展抗战历史研究的具体方案。台湾著名资深教授蒋永敬在会议上发表了热情洋溢的讲话。经过几个月的酝酿和准备,南京大学决定牵头联合我国在抗战历史研究方面有深厚学术基础的北京大学、南开大学、武汉大学、复旦大学、浙江大学、山东大学及台湾中国近代史学会,组织两岸历史学者共同组建编纂委员会,深入开展抗日战争专题研究。中央档案馆和中国第二历史档案馆也积极支持。在南京中央饭店学术会议基础上,编纂委员会初步筛选出130个备选课题。

南京大学多次举行党政联席会议和校学术委员会会议,专门研究支持这一重大学术工程。学校两届领导班子均提出具体措施支持本项工作,还派出时任校党委副书记朱庆葆教授直接领导,校社科处也做了大量工作。南京大学将本项目纳入学校"双一流"建设卓越计划,并陆续提供大量经费支持。

江苏省委、省政府以及江苏省委宣传部,均曾批示支持抗战历史研究项目。国家教育部社科司将本项研究列为哲学社会科学研究重大委托项目,并要求项目完成和出版后,努力成为高等学校代表性、标志性的优秀成果。

本项目编纂委员会考察了抗战历史研究的学术史和已有的成果状况,坚持把学术创新放在第一位,坚持填补以往学术研究的空白,不做重复性、整体性的发展史研究,以此推动抗战历史研究在已有基础上不断向前发展。

本项目坚持学术创新,扩大研究方向和范围。从以往十分关注的九一八事变向前延伸至日本国内,研究日本为什么发动侵华战争,日本在早期做了哪些战争准备,其中包括思想、政治、物质、军事、人力等方面的准备。而在战争进入中国南方之后,日本开始实施一号作战,将战争引出中国国境,即引向亚太地区,对东南亚各国及东南亚地区的西方盟国势力发动残酷战争。特别是日军偷袭美军重要海军基地珍珠港,不仅给美军造成严重的军事损失,也引发了日本法西斯逐步走向灭亡的太平洋战争。由此,美国转变为支援中国抗战的主要盟国。拓展研究范围,研究日本战争准备和研究亚太地区的抗日战争,有利于进一步揭露日本妄图占领中国、侵占亚洲、独霸世界的阴谋。

本项目以民族战争、全民抗战、敌后和正面战场相互支持相互依靠的抗战整体,来分析和认识中国抗日战争全局。课题以国共两党合作为基础,运用大量史实,明确两党在抗日战争中的地位和作用,正确认识各民族、各阶级对抗日战争的贡献。本项目内容涉及中日双方战争准备、战时军事斗争、战时政治外交、战时经济文化、战时社会变迁、中共抗战、敌后根据地建设以及日本在华统治和暴行等方面,从不同视角和不同层面,深入阐明抗日战争的曲折艰难历程,以深刻说明中国抗日战争的重大意义,进一步促进中华民族的伟大复兴。

对于学界已经研究得甚为完善的课题,本项目进一步开拓新的研究角度和深化研究内容。如对山西抗战的研究更加侧重于国共合作抗战;对武汉会战的研究将进一步厘清抗战中期中国政治、经济、社会的变迁及国共之间新的友好关系。抗战前期国民党军队丢失大片国土,而中国共产党在十分艰难的状况下,在敌后逐步收复失地,建立抗日根据地。本项目要求各根据地相关研究课题,应在以往学界成果基础上,着力考察根据地在社会改造、经济、政治、人才培养等方面,如何探索和积累经验,为1949年后的新中国建设提供有益的借鉴。抗战时期文学艺术界以其特有的文化功能,在揭露日军罪行、动员广大民众投入抗战方面,发挥了重要作用。我们尝试与艺术界合作,动员南京艺术学院的教授撰写了与抗日战争相关的电影、美术、音乐等方面的著作。

本项目编纂委员会坚持鼓励各位作者努力挖掘、搜集第一手历史资料,为建立创新性的学术观点打下坚实基础。编纂委员会要求全体作者坚决贯彻严谨的治学作风,坚持严肃的学术道德,恪守学术规范,不得出现任何抄袭行为。对此,编纂委员会对全部书稿进行了两次"查重",以争取各个研究课题达到较高的学术水平,减少学术差错。同时,还聘请了数十位资深专家,对每部书稿从不同角度进行了五轮审稿。

本项目自2015年酝酿、启动,至2021年开始编辑出版,是一项巨大的学术工程,它是教育部重点研究基地南京大学中华民国史研究中心一直坚持的重大学术方向。百余位学者、教授,六年时间里付出了艰辛的劳动,对抗战历史研究做出了重要贡献!编纂委员会向全体作者,向教育部、江苏省委省政府以及各学术合作院校,向江苏凤凰出版传媒集团暨江苏人民出版社,向全体编辑人员,表示最崇高的敬意和诚挚的感谢!

目　录

导　论

　　"慰安妇"是二战时期日本政府建立的军事性奴隶制度的受害者,是侵略国家侵犯人权的标志性问题,是日本发动的侵略战争的重大遗留问题。

　　然而,在战后很长时期里,人们对"慰安妇"问题几乎一无所知。日军"慰安妇"一词是从 1991 年开始才在世界范围内传播的。

一、"慰安妇"问题震惊世界

　　纪念太平洋战争爆发 50 周年时,日军的大规模战争暴行被揭发出来,对战时日本政府及其军队推行军队性奴隶——"慰安妇"这一闻所未闻的反人类罪行进行的报道迅速占据各国新闻媒体的头条。然后,日本、韩国、中国等国有关日军"慰安妇"的大量历史档案被发掘出来,各地幸存者不断挺身而出予以控诉,接着,出现了历史见证者的珍贵证词,各国学者、记者的实地调查与研究,媒体的追踪报道,各国国会和政府的追问,法庭的控诉、申辩与判决,影视片的制作与热映等,可以说,这股汹涌澎湃的热潮延续至今。

　　于是,日军"慰安妇"成为二战时期侵略别国、犯下战争罪行的代表和象征,成为二战遗留问题的标志性事件,也成为日本能否反省战争责任的关键问题。

那么,什么是"慰安妇"呢?

据日本的权威辞典《广辞苑》解释:慰安妇是随军到战地部队慰问过官兵的女人[①]。但是,"慰问"的含义是什么,是怎样"慰问"的? "随军"是自愿的还是被迫的? 都没有说明。1983 年第 3 版《广辞苑》对"慰安妇"的词义作了补充,解释为"慰安战地官兵的女性"。显然,该辞典释义仍然模糊了"慰安妇"一词的真正涵义,无法反映"慰安妇"所遭受的残酷无比的性虐待。

如今的《广辞苑》,终于跟上时代的步伐:

> 従軍慰安婦:日中戦争・太平洋戦争期、日本軍管理下に戦地の慰安所で将兵の性の対象とされた女性。植民地・占領地出身の女性も多く含まれており、徴募や服務にあたって強制があった。——《広辞苑》第七版(2018 年 1 月 12 日)

翻译为中文就是:从军慰安妇是日中战争、太平洋战争时期在日军管理下的战地慰安所中以官兵为性服务对象的女性。她们大多是殖民地、占领地出身的女性,被强制征募及服务。

《广辞苑》与时俱进了,但是日本政界、教育界在"慰安妇"等二战遗留问题上,却在推诿,却在倒退。

二、"慰安妇"就是日军性奴隶

其实,"慰安婦"这个日本词汇带有强烈的加害者色彩,无法表

[①] 新村出編『広辞苑』、岩波書店、1978 年第 2 版、62 頁。

达出"慰安妇"制度本身所具有的暴力性与强制性。从日本政府强征"慰安妇"的方式、目的、过程及暴力程度来看，尤其从亚洲各国幸存者的回忆、历史文献以及包括作为加害者的原日军官兵的证言来看，将"慰安妇"定义为"日军性奴隶"才最为确切。

　　0－1　图为在东京九段宾馆开设的民间"慰安妇"法庭开审的场景，这是战后世界关于日军"慰安妇"问题的最大规模集会。2000 年 12 月 8 日"慰安妇"法庭开庭，中国大陆有 34 人参加，其中包括 8 位来自山西、湖北和江苏的"慰安妇"。（张国通 2000 年摄）

　　1996 年，斯里兰卡的拉迪克·克马拉斯瓦密（Radhika Coomaraswamy）出任联合国人权委员会日本"慰安妇"问题的调查员，在最终报告中，这位女法学家指出：根据国际法，"慰安妇"制度是日本在二战时期犯下的有组织强奸及奴隶制的罪行。[①]

———————————

① Ms. Radhika Coomaraswamy, *Report of the Special Rapporteur on violence against women, its causes and consequences*, in accordance with Commission on Human Rights, Resolution 1996.

人权委员会的报告和这一结论,得到各国进步人士、组织和媒体的赞赏。笔者完全赞成并认定:"慰安妇"是指被日本政府及军队命令和强迫为日本军人提供性服务、充当性奴隶的妇女;"慰安妇"制度是日本政府在二战时期有计划地强迫各国妇女充当日军士兵的性奴隶的制度,是日本法西斯政权违反人道主义、违反国际法、违反两性伦理、违反战争常规的制度化了的、无可辩驳的政府犯罪行为。日军"慰安妇"的历史,也是世界妇女史上空前的、大规模的、最为惨痛的被奴役记录。

2000 年 4 月 1 日,第一届中国"慰安妇"问题国际学术研讨会在上海举行。闭幕式上,来自美、韩、日、中的四位学者分别用四种语言宣读决议书:

> 日本政府和军队在战前、战时的殖民地和占领地实施的"慰安妇"制度是军事性奴隶制度,是日本军国主义战争犯罪的重要组成部分,是对女性人权的严重侵犯,也是 20 世纪有组织、有计划、最残暴的战时性暴力犯罪。

2000 年 12 月,东京"慰安妇"民间国际法庭判决书也明确指出,日本政府推行"慰安妇"制度,强迫各国妇女充当日军的性奴隶,凌辱、残害日军占领区的妇女,违反了当时的国际法,已构成战争罪。

根据国际法,该法庭的判决书提出了八项要求:

> 一、日本政府应真诚地向日军性奴隶制度的受害者作出道歉和赔偿,请求受害者的原谅,并保证今后不再犯。二、日本应立即立法和采取措施,对受害者的所有经济和精神损失作出赔偿,金额可根据罪行的程度而确定。三、公开所有有关"慰安妇"问题的档案资料。四、动员政府机构和人力进行调

查。五、恢复"慰安妇"的人性尊严,在特定的地点建立慰灵碑。六、在正式和非正式的场合,鼓励记录"慰安妇"制度的事实,并在教科书中进行正确的记载,以教育国民。七、采取措施反对性奴隶制度,反对不平等。八、希望日本在战时的盟国能尽早诚实地公开书面记录,公开各种档案,并要求联合国负责监督日本政府尽早尽快地解决遗留问题。

2007年以来,美国、加拿大、荷兰、韩国、菲律宾等30余国的议会或国会通过了谴责日本政府实施"慰安妇"犯罪的决议。2007年7月30日,美国众议院通过了要求日本政府就二战中的"慰安妇"问题正式道歉的决议,决议指出:

　　一、从20世纪30年代直到二战结束,在对亚洲国家和太平洋诸岛进行殖民统治或占领的过程中,日本帝国主义的军队强征年轻女性,作为被称为"慰安妇"的性奴役。日本政府必须以明确的态度正式承认这一事实,进行道歉并同时负起历史责任。二、日本首相若能发表正式声明进行道歉,会有利于消除对之前出现的声明之真实性的各种疑惑。三、对类似于"日军绝对没有将'慰安妇'当作性奴役进行人身买卖"的任何观点,日本政府必须明确地、公开地予以反驳。四、日本政府必须按照国际社会提出的有关"慰安妇"的建议,对国民进行关于残酷战争犯罪事实的教育。

2012年7月,美国国务卿希拉里·克林顿下发指示,要求美国政府的所有文件和声明禁用日语直译的"慰安妇"一词(英语为comfort women),将其统一为"被强迫的性奴"(英语为 enforced sex slaves)。希拉里的这一见解与联合国人权委员会等国际组织的立场完全一致。此后,越来越多的历史著作和新闻报道直接使

0‑2 《朝日新闻》记者松井耶依女士,长期致力于"慰安妇"专题研究和传播,呼吁日本政府和社会正视战争遗留问题。图为她在阻止日本右翼历史教科书进入日本课堂的国际会议上进行演讲。(苏智良 2001 年摄)

用 enforced sex slaves 一词。

　　2016 年 3 月 7 日,联合国消除对妇女歧视委员会公布关于日本执行《消除对妇女一切形式歧视公约》情况报告的最终审议结果,用较大篇幅批评了日本政府在"慰安妇"问题上的立场,明确对 2015 年年底韩日两国达成的有关"慰安妇"问题的协议没有从受害者的立场出发表示遗憾,并敦促日本政府应该采取切实措施以解决"慰安妇"问题。该委员会在报告中指出,日本政府并没有接受联合国等国际机构的劝告切实解决"慰安妇"问题,报告向日本政府表达了四点遗憾。此外,委员会还就如何解决亚洲的"慰安妇"问题,向日本政府提出了五点建议和忠告,包括日本领导人和公职人员必须停止可能对受害者造成伤害的言论、在本国教科书中妥善处理"慰安妇"问题、向学生客观介绍历史事实等。①

---

① 《联合国批评日本慰安妇问题立场》,《法制日报》,2016 年 3 月 9 日。

概而言之，战争状态下的日本政府及其军队完全忽视女性人权，将数十万妇女作为战争工具去激发军队官兵的战斗力。日军"慰安妇"就是日军的性奴隶，"慰安妇"制度是由日本国家倡导，日军主导创设、维持并推广的战争系统，是严重侵犯女性人权的暴行。这在今天的世界已成为常识。但在日本，反对这一定义与提法的大有人在，有人甚至还在为"慰安妇"是商业行为还是战争犯罪进行旷日持久的争论。

三、日本的争议

迄今为止，日本社会关于"慰安妇"的性质还有多种观点。

日本进步学者的立场、观点和声音，以吉见义明（中央大学教授）、林博史（关东学院大学教授）、松井耶依（《朝日新闻》记者）、西野瑠美子（自由作家）、中原道子（早稻田大学教授）等为代表。

吉见义明认为日本"慰安妇"问题的本质是：第一，"慰安妇"制度是日本军方对女性实施的有组织的暴力犯罪，是对女性人权的重大伤害。第二，主要迫使日本女性以外的女性也就是外国女性成为受害者。这是人种歧视、民族歧视。虽有例外，但日本人"慰安妇"中未成年人较少，主要是有卖淫经历的人。这是因为日本警察禁止将未满 21 岁的女性及没有卖淫经历的女性作为"慰安妇"送往国外。然而，日军迫使日本以外的女性成为"慰安妇"时就没有这样的限制了。第三，迫使家境贫寒的日本女性成为"慰安妇"，这是等级歧视。所谓有卖淫经历的女性，就是通过人身买卖被监禁在妓院里的女性，她们家境贫寒。综上所述，被关押进慰安所的女性，被强迫成为日本军人的性对象。因此，日本政府的责任是难以赦免、无法逃脱的。

　　0‐3　图为日本中央大学吉见义明教授(右二)、关东学院大学林博史教授(右一)、苏智良与周新民先生在上海峨眉路 400 号——原日本海军下士官集会所遗址调研。(陈斌 2015 年摄)

　　林博史指出,运营"慰安妇"制度时,日军的行为都是违反国际法、国内法的犯罪。即使有一些事例有不同解释,但有一点可以明确,就是该制度由政府、军队、警察等各种强权来运营、实施,违反国际法,应判处反人类罪。

　　长期以来,日本的右翼政客无视并否认日本军国主义实施"慰安妇"这一性奴隶制度的战争罪行,并形成声势浩大的舆论氛围,在日本具有不可低估的影响力。

　　早在 1990 年 6 月,日本社会党国会议员本冈昭次在参议院预算委员会会议上,要求政府切实进行对"慰安妇"问题的调查。对此,劳动省职业稳定局局长清水传雄却回应道,"'慰安妇'是民间公司所做的事情,政府无法进行调查",完全否认当时有军方的介入。

　　早在 1996 年 11 月,安倍晋三就已得出"慰安妇"非强制的"结论"。在此之前,安倍还是 1995 年成立的"教科书议联"的成员,这个"教科书议联"组织自 1996 年始,大肆攻击"毫无例外地表述了'随军慰安妇'问题"的各种历史教科书,该组织还"公开宣称'慰安妇原为妓女'",后来,安倍晋三的智囊藤冈信胜、西尾幹二等不断鼓吹,"所谓慰安妇不是性奴隶,而是单纯的商业行为,只不过是卖淫女"。①

　　2007 年,安倍晋三在第一任首相任期里,紧紧抓住"不存在强征证据"的说法,漠视包括日本大量老兵、"慰安妇"受害者,以及保留至今足以控诉日本政府的大量文献实物在内的确凿铁证,遭到中国、韩国、美国、欧洲等媒体的一致反对。2012 年,安倍第二任期伊始,安倍政权将矛头对准了被认为是"慰安妇问题根源"的"河野谈话",启动研究河野谈话出炉过程的调查项目,最后得出的结论是,"在尚未完成向韩国'慰安妇'了解情况的调查之前,谈话的草案就已拟好"。对日本政府的倒退立场,韩国方面提出了强烈谴责,韩方认为,"日本的调查报告反映出了两层意思:一是意在表明'河野谈话'是政治妥协的产物,不是依据史实为论据,以此混淆视听,导致'河野谈话'的可信度受到质疑。二是强调'慰安妇'问题已在签署《韩日请求权协定》、发表'河野谈话'以及成立亚洲女性基金后告一段落,意在表明日本今后不会再接受韩国政府提出的对'慰安妇'受害者提供法律赔偿并道歉的要求"②。显然安倍晋三

① 李秀石:《日本教科书问题剖析(1868—2012)》,上海:上海人民出版社 2013 年版,第 195 页。
②《日本公布"河野谈话"调查报告何以激怒韩国》,《中国青年报》,2014 年 6 月 22 日。

政权旨在切割日本政府与"慰安妇"问题的关系,丝毫没有顾及道义、良知和受害者的感受。有必要指出,安倍晋三修正主义二战史观的本质是错误的历史认知,问题的根源是安倍晋三的历史观、亚洲观出现了问题,正如中国外交部长王毅所言:

> 由于日方在历史等问题上的错误做法,这些年中日关系确实伤得不轻。尽管在双方有识之士努力下,两国关系出现了改善迹象,但是前景仍然不容乐观。因为日本政府和领导人,一方面不断地声称要改善日中关系,一方面又不断到处给中国找麻烦。这实际上是一种典型的"双面人"的做法。中日两国比邻而居,隔海相望,两国人民有着友好的传统,我们当然希望中日关系能够真正地好起来。但是俗话说"治病要断根",对中日关系而言,病根就在于日本当政者的对华认知出了问题。面对中国的发展,究竟是把中国当作朋友还是敌人,当作伙伴还是对手? 日方应该认真想好这个问题,想透这个问题。①

四、"慰安妇"——日军性奴隶的类型

日军"慰安妇"——日军性奴隶,是指被日军直接或间接地有组织地以暴力、胁迫或欺骗等手段,禁锢在相对固定的场所内,在一定时间内持续遭受性侵犯的女性。被确定为"慰安妇"应满足以下条件:

第一,该受害女性处于被奴役状态。受害者遭受日军性侵害而失去人身自由,日军及协助者实施监控,她们无法逃离,一旦逃

---

① 《外交部部长王毅就中国外交政策和对外关系回答中外记者提问》,《人民日报》,2016年3月9日。

离失败，就有生命危险。这样一种处于被奴役的状态完全违背妇女本人意愿，所以也就不可能是商业行为。①

0－4　图为海南省东方县新街镇的日军慰安所旧址，20世纪90年代像这样的日军慰安所旧址在各地有很多，但随着城市更新、乡村建设，这类建筑已越来越少了。（苏智良 2001年摄）

　　第二，该女性在一个时期、一段时间内，被日军及协助者进行连续的性虐待。她们不是偶然被日军官兵强暴一次或数次，时间并不是衡量她们是否为性奴隶的关键，少则一周、半月，多则数年。只要该女子是连续地遭受日军惨无人道的强暴，就是日军性奴隶。这有别于一般的强奸或轮奸。

　　第三，该女性受害时一般有固定场所。

　　女性被日军奴役的场所主要可分为两类。

　　一是日军慰安所，或变相的慰安所。日军的慰安所是日本政

———————————

① 在有些慰安所，日军会给予"慰安妇"一些军票，这些"收入"与"慰安妇"所承受的苦难不成正比，绝非正常商业交易。而且，在战争结束后，这些军票便成为一张废纸。

府和军队允许的"合法"的强奸中心。战时有一些挂着牌子的慰安所，也有称为食堂、会馆、饭店、咖啡屋、集会所等变相的慰安所。

二是其他场所，主要有日军据点、炮楼，以及日军驻屯地附近的房屋，甚至是受害者自己的家里等。

"慰安妇"与一般日军性暴力受害者有相同点，也有不同处。日军性暴力受害者包括被日军官兵强奸、轮奸的受害者。相同点在于两者都是被日军施虐的受害者。区别在于，"慰安妇"不是一般意义上的日军性暴力的受害者，而是战时日本政府及其军队运用国家力量有目的地推行的军事性奴隶制度的受害者。

在 20 世纪 90 年代，有人认为，没有在慰安所被日军强暴者不能叫作"慰安妇"，这一观点的误区在于，如果"慰安妇"的定义是日军性奴隶的话，那么，只要是受害者处于被奴役状态，无论她是否身在慰安所，她就是日军性奴隶，就是"慰安妇"。

除了日军有计划、有组织地设立的指定"合法"强奸场所——慰安所，日军在驻屯地及其周围还设置了不固定的"强奸"场所，虽然有些不是在日军部队正式命令下建立的慰安机构，但在其中被强迫遭受日军性侵害

0-5　图为陈金玉女士，她生活在海南保亭，二战时被日军掳掠到慰安所，惨遭日本兵蹂躏。（苏智良 2009 年摄）

的女性，在日本军队的控制禁锢下也是"慰安妇"。从"慰安妇"这一名词定义看，被日军士兵肆意强掳到前线充当性工具的妇女，实际上也沦为了日军的"慰安妇"。以海南澄迈、临高两县林亚金等 7

位"慰安妇"幸存者为例,这 7 位女性都是被日军以绑架、抓捕等强迫手段押送到日军临时"强奸"场所,并被监禁在其中,成为日军士兵性欲的发泄工具。虽然这些受害者不是"在日本军队管理之下,在战场或日军占领地区所设置的慰安所内,供日军发泄性欲的女性",①但是这些受害者具备"慰安妇"的本质特征:被迫向日本军人提供性服务,完全是日军的性奴隶。

再举个例子,1940 年 3 月至 1941 年 5 月,在山东省章丘县南曹范的日军分遣队里,有山根信次伍长为首的 15 名士兵。当时,山根伍长通过伪村公所强掳 20 岁左右的中国妇女 5 名。15 名日本兵在该驻屯地对这 5 名妇女轮奸长达 1 年时间。② 这 5 名无辜的女性失去人身自由整整 365 天,天天遭受日军的蹂躏,完全处于被奴役状态,她们难道不是日军的性奴隶吗?

在日军看来,慰安所就是日军官兵随意进出的"性的公共厕所"。

为对付山西地区八路军的游击战并实施殖民统治,日军在华北地区设立大量的炮楼和据点,这些据点通常只有一个中队甚至一个小队守卫。由于日本"慰安妇"数量有限,这里几乎没有日本人"慰安妇"能到达,朝鲜人"慰安妇"也较为少见。于是,这些残暴的日本兵便就地掳掠当地妇女。最初,日军宣称征集当地的娼妓,但这里是穷乡僻壤,娼妓只寥寥数人,根本满足不了日军的需要。于是日军便命令伪政权提供良家妇女供其泄欲,甚至直接到村庄抢劫。

---

① [日]矢野玲子著,大海译:《"慰安妇"问题研究》,沈阳:辽宁古籍出版社 1997 年版,第 24 页。
② 《中央档案馆藏日本侵华战犯笔供选编》第 78 册,北京:中华书局 2017 年版,第 287—288 页。

0-6　尹玉林生活在山西盂县西烟镇的乌耳庄村,1941年,羊马山顶碉堡里的日本兵经常闯入她的家中,强暴她和她的姐姐尹林香,持续了两年。拍摄这张照片时她在诉说日本兵殴打她的往事。(苏智良2001年摄)

1939年,中国记者从由山西逃至陕西的难民那里获得一份山西省文水县汉奸当局颁布的征集"慰安妇"的训令原件,这一文件可谓是日军"慰安妇"史上的奇文了,特存录于此:

文水县公署训令,差字第一号令:南贤村长副,为训令事。查城内贺家巷妓院,原为维持全县良民而设,自成立以来,城乡善良之家,全体安全。惟查该院现有妓女,除有病者外,仅留四名,实不敷应付。顷奉皇军谕令,三日内务必增加人数。事非得已,兹规定除由城关选送外,凡三百户以上村庄,每村选送妓女一名,以年在二十岁左右确无病症,颇有姿色者为标准,务于最短期内送县,以凭验收。所有待遇,每名每月由维持会供给白面五十斤,小米五升,煤油二斤,墨(原文如此——引者注)一百余斤,并一人一次给洋一元。此外游客赠予,均归妓女独享,并无限制。事关紧要……①

这个训令的目的是,"皇军"要求增加为其服务的"贺家巷妓院"的"妓女"人数;除了城镇要送"妓女"外,连村庄也要送,那么村庄何来妓女? 没有妓女那就只能送上良家妇女。日伪还有附加条件:第

---

① 《文水汉奸"通令"强征妓女》,《文献》第5卷,1939年2月。

一,选送者的年龄必须是"二十岁左右",言下之意再大一些就不要了;第二,要"确无病症",否则会将性病传染给日本兵;第三,还要"颇有姿色者",要挑选漂亮的姑娘。只有这个"妓院"维持好了,才能"城乡善良之家,全体安全"。因为是伪政权奉命摊派,因此维持会向被选送妇女提供一些粮食、煤油,日军并不提供任何报酬。

0-7　湖南益阳县的日军慰安所旧址,当年由日军征用当地民房设立。(苏智良 2002 年摄)

在山西,被抓入日军炮楼、据点的中国妇女总数极其惊人。据研究,每个地区的据点和炮楼里有几十个甚至几百个"慰安妇"。例如在盂县一地,被第四混成旅团的日军抓入炮楼、据点充当"慰安妇"的不知凡几,20 世纪 90 年代站出来声明曾经被迫充当"慰安妇"的老人至少有 70 人。1937 年 10 月,日军第一混成旅团一支部队侵占宁武县城,当即掳掠大批当地妇女,并将她们关押起来,建立临时慰安所,每日奸淫虐待,当日军撤退时,竟残忍地将她们全部杀死。[①]　在垣曲

---

① 李秉新等编:《侵华日军暴行总录》,石家庄:河北人民出版社 1994 年版,第 344 页。

县,日军到处强征妇女,进行摧残,他们害怕将这些妇女放还后她们会控诉其恶行,最后就将其全部杀害。日军占领当地数月撤退后,县政府捡获妇女的衣裤达 60 余套,均鲜血淋漓,惨不忍睹。① 1940 年,日军在进占交城瓷窑沟时,向附近村庄征召 13 至 17 岁之少女 15人,将其分为两班,轮流调换,供其发泄兽欲。② 1941 年秋季,日军捕捉曲阳县党城乡郑家庄村的 472 名妇女,并用汽车运往东北当"慰安妇"。在灵寿县,被日军捕捉运走的妇女更多。在许多地方,被日军抓捕的妇女被奸后,凡稍具姿色者多被运往其他地区继续充当日军性奴隶。③ 所以从以上数个案例分析,被关押在据点和炮楼的中国女性受害者们,命运是相当悲惨的,而且人数也十分巨大。

当然,妇女被抓入日军驻屯地充当性奴隶的现象,并非只出现在山西一地,在内蒙古、河南、河北、江苏、浙江、云南、广西、海南,甚至南京、天津、上海这样的繁华城市,也并不鲜见。④

慰安所设立初期,日军主要在中国占领地,在朝鲜和中国台湾

---

① 范式之等:《"皇军"之兽行》,战时出版社,1938 年印行。
② 著者无,左铭三序:《抗战第一期之日寇暴行录》,重庆:中央陆军军官学校第二分校,1940 年,第 19 页。
③《日寇奸杀中国妇女的暴行》,联合出版社,1943 年 4 月 3 日。
④ 在东京、首尔等"慰安妇"资料馆、纪念馆,笔者曾看到四川高县被标记有日军慰安所,这是不准确的,因为战时的四川省并没有被日军占领过。后来读到《性与侵略》一书,才得知国外一些学者弄错的原因。日军第 110 师团 163 联队的一名一等兵战时在中国,他回忆说在华北的高县曾遇到过"慰安妇":因为那时候我们都年纪小,不太明白那种事。总之那个时候穿的是军服,当时在运输过程中女人也都穿军服。因为是真的在第一线,是和敌人面对面对抗的地方。有的时候还会遇到逆袭的可能。在那样的地方待一段时间后,这时慰安妇就会从后方过来。她们坐着卡车,有护卫守护。那些女人也全都是穿军服来的。(『性と侵略——軍隊慰安所84か所　元日本兵らの証言』,株式会社社会評論社、1993 年、164 頁。)资料整理者便据此将地点标注为:中国·高县。有人一查,只有四川有高县,于是在地图上便在高县标上了四川唯一的慰安所。当然,这个一等兵所说的华北高县究竟在何处,还需要查证。

这两个日本殖民地以及日本本土征召妇女。随着战争时间的延长及战线的扩大,菲律宾、荷属东印度、马来亚、东帝汶、越南、缅甸等日军占领地区的妇女中,甚至是居住在印度尼西亚的荷兰妇女中,都有大量妇女被强征为日军"慰安妇"。所以,日军"慰安妇"的主体并不是日本本土的妇女,而是被日军奴役的殖民地和占领地的妇女。

第一章　日军慰安所的起源

　　1932 年年初,世界上第一批日军慰安所出现。一开始,慰安所就与日军有着密切的关联。最初日本海军在上海设立慰安所之后,马上引起日军高层的高度重视,当"一·二八"淞沪战争爆发后,日本陆军随即模仿日本海军,也组织"慰安妇团",在上海战地建立了一批慰安所。这些慰安所成为后来日本大规模推广的"慰安妇"制度的雏形。

　　为什么世界上第一批日军慰安所会设在中国上海这个港口城市? 这是笔者对"慰安妇"问题的初心之问。对历史真相的渴望,是众人关注历史的一个重要原因,笔者也是抱着揭开"慰安妇"真相的目的开始探究的。本书除了文字叙述以外,以笔者 20 多年来搜集的各种历史照片以及从田野调查中获得的图片作为重要的历史资料,进行佐证与剖析。今天的历史学研究日益重视对图像资料的研究,图像资料是直观的、一手的、不可替代的珍贵史料。①

---

① 参见[英]彼得·伯克著,杨豫译:《图像证史》,北京:北京大学出版社 2008 年版。

第一节 日本海军设立第一批慰安所

自晚清以来，上海就是日本海军在海外的最大基地。

1-1 图为日本在上海的海军特别陆战队司令部大楼（今址为上海市四川北路2121号），"一·二八"事件后该楼重新建成。就是这个司令部批准并指定了世界上第一批日军慰安所。（上海师范大学中国"慰安妇"历史博物馆藏）

上海成为日本第三舰队的常驻地，由来已久。1925年日本海军特别陆战队的司令部就设在虹口（今址为上海市东江湾路1号、四川北路2121号）。当时虹口地区是日本在海外最大的侨民居住地，人口数万人，且不断增加。此地除日本人开设的一般店铺之外，还出现了日本人自营的妓院。

日本人在上海的卖淫史，可以追溯到明治初期。在1868年到1882年之间，在沪日侨由数十人增加到近600人，其中女性约占三分之二。为了谋生，60—70％的日本妇女是以西洋人为服务对象

的卖淫女。① 上海最早的日本妓馆,是 1877 年在北苏州路上开设
的东洋茶馆,老板是来自长崎的青木权次郎。② 繁荣时期的东洋茶
馆内有数十名日本女子,她们接待着各国的客人。由于生意兴隆,
所以东洋茶馆又在熙华德路(今长治路)设立分馆,上海东洋茶馆
的繁荣还刺激了日本国内娼妓业向海外的扩展。于是日本在华的
娼业以上海为中心,逐渐向汉口、厦门、香港等地扩展。当然,生意
最好的仍是上海,在沪日本娼妓不断增加,正如日本学者森崎和江
在《娼妓》一书中所写的,1882 年,在沪日妓已达 800 人。③

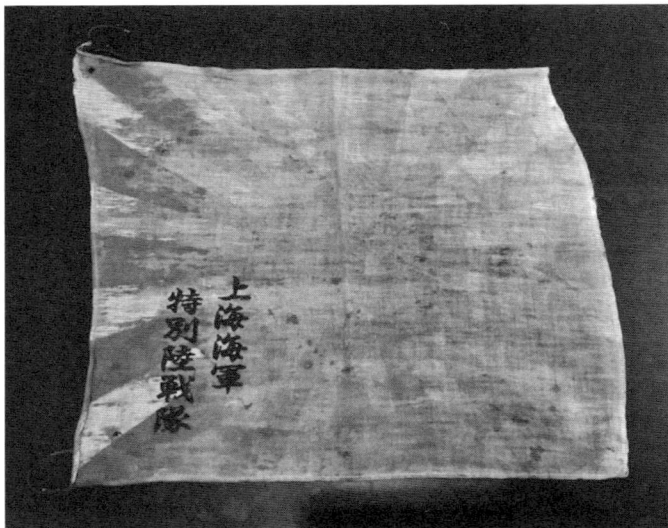

1-2　图为日本上海海军特别陆战队的军旗,军旗上面血迹
斑斑。(上海师范大学中国"慰安妇"历史博物馆藏)

随着日本明治维新的成功和国力的增强,日本政府感到,本国

① 池田桃川『上海百話』、上海日本堂、1921 年、1—2 頁。
② 金一勉『游女・からゆきさん・慰安婦の係譜』、雄山閣、1997 年、170 頁。
③ 森崎和江『からゆきさん』、朝日新聞社、1976 年、82 頁。

妓女在上海街头搔首弄姿有损于国家的形象,因此,1882年日本驻沪总领事品川忠道建议日本各地的地方政府取缔娼妓来华,随后,上海日本领事馆进一步行动,将在上海的日本娼妓集中遣送回国。据记载,仅1884年至1885年间,就有五六百名日本娼妓被遣返,余下的二百来人则潜伏在公共租界里。但后来,因日本领事馆取缔不力,日妓又有所增加。1897年,日驻沪总领事小田切在向外务省呈交的《关于娼妓的状况报告》中,承认了这一点。进入20世纪后,日本对海外日妓的政策方向开始由取缔向管理转变。1905年日本驻沪总领事馆公布《艺妓营业取缔规则》,其中第一条就规定,艺伎营业须从领事馆领取执照,由领事馆进行管理。这样就逐渐形成了日本式的公娼制度。

1907年7月,日本人经营的"贷座敷"在上海开张,这种"贷座敷"或称"女郎屋",也称"游女屋",是娼妓借店中的房间接客营业的场所。名义上"贷座敷"供应酒食、娼妓借他人场所自由卖淫,实际上,楼主因掌握着娼妓的卖身契而强逼后者卖淫。当时,日侨的社会组织——上海居留民团公开向"贷座敷"的娼妓征税,而且数字不小。如1908年,在上海的日本娼妓上缴的税款为4 750美元,竟占了当年居留民团总收入的22.3%。① 1928年,在上海拥有职业的日本人为13 458人,其中娼妓有628人,占5%左右。②

日本人开设的妓院与后来出现的日军慰安所在满足男性性欲这个目的上是一样的,可以说慰安所是妓院的一种延伸,但两者又有很大的不同。慰安所用于军事目的,是战争的产物,其在日本国家或军队的直接推动和管理下,有着较为严格的管理制度,"慰安

---

① 『上海居留民団匯報』、8 号。
② 冯精志编著:《青楼:罪恶之花》,北京:中国戏剧出版社1994年版,第298页。

妇"中的多数人是被胁迫强征或欺骗而来。而最初的慰安所就是由日本妓院改变而来的。

1932年1月,为了给常驻在上海的海军陆战队官兵提供可控的、健康的性服务,日本上海海军特别陆战队司令部指定虹口的四家日本妓院为海军的特别慰安所,这四家妓院即宝山路上的"大一"、虹江路大富里5号的"小松亭"、狄思威路(今溧阳路)的"永乐馆"和在吴淞路松柏里的"三好馆"。① 这四家既是日军在亚洲设立的第一批慰安所,也是世界上存在时间最久的日军慰安所。这一重要事实的认定,既有日本《外务省警察史》等历史资料为依据,又有中日两国学者们的研究相印证,也有1992年日本政府调查报告所确认。②

第二节 "大一沙龙"的由来

"大一沙龙"最早名称是"大一",它是日本人在上海较早建立的东洋风格的"贷座敷"。所谓的"贷座敷",也叫"游廓",是一种日本式的风俗营业店,这类店既向客人供应餐饮,也提供女子供客人狎游。上海的和式"贷座敷"所接待的客人,虽然说是不分国籍的,但实际上以日本人为主,既有日本士兵,也有日本普通侨民。"大一"的店名在1920年的《上海日侨人名录》中已有记载,最初"大一"由日本侨民白川经营,地点在属于公共租界的越界筑路区域的宝山路上。

---

① 前田朗「国外移送目的诱拐罪の共同正犯——隠されていた大审院判决」、『季刊战争责任研究』、1998年第19号、3頁。
② 吉見義明「第一次上海事变で海军が」、『ハッキリ通信』、1992年9月第4号、8頁。

图 1 - 3 "大一沙龙"位置示意图

在 1920—1923 年间,日本领事馆对在沪风俗店进行了调查,报告指出,为了躲避公共租界当局对废娼运动的检查,日商的"贷座敷"多设在越界筑路区域。1927 年 4 月南京国民政府成立后,开始实施禁娼,1929 年 6 月上海特别市政府公告宣布废除公妓,不准妓院公开营业,1930 年 3 月 20 日,上海政府就日系风俗店问题向日本总领事馆提出交涉,要求日侨设在闸北地区的"大一""三好馆""永乐馆"和"小松"等四个卖淫场所,或转为正业,或移入租界。① 在中方的施压下,日本领事馆被迫于 1931 年 11 月 25 日,将"贷座敷"内营业的"乙种艺妓"改称"酌妇"(即女招待),但仍然允许"贷座敷"继续营业。此后日商开设的色情店逐渐向虹口租界地区迁移。这个时候,"大一"由白川转让给了近藤ミツ。

在"大一沙龙"、"三好馆"等四家日本侨民经营的"贷座敷"里,1928 年共有"酌妇"32 人,到 1930 年下降为 19 人。② 根据日本驻

---

① 吉見義明编『從軍慰安婦資料集』、大月書店、1992 年、184 頁。

② 「昭和五年在上海總领事馆警察事务状况」、『外务省警察史.上海 1』、不二出版、2000 年、21093 頁、21096 頁、21104 頁。

1-4 "大一沙龙"慰安所的日式花坛至今犹存,其址今为
上海虹口区东宝兴路 125 弄 1 号。(苏智良 1993 年摄)

沪总领事馆警察署同一资料的统计,1930 年在上海的艺妓及其他接客的日本妇女共有 1 290 人,规模还真不小。其中有甲种艺妓 173 人,乙种艺妓(娼妓)19 人,旅馆、贷席、料理店、饮食店合计有 419 人,舞女有 164 人,"洋妾"即专门接待欧美男人的有 159 人,私娼有 346 人。①

　　前面已指出,在 1932 年 1 月,"大一沙龙"成为日本海军特别陆战队司令部批准的首批海军慰安所之一。根据我们的调查,"大一沙龙"没有慰安所的牌子,它除了接待日本海军军人外,也同时接待日本侨民,并逐渐形成体检制度,海军定期派遣军医对店中的女性进行体检。有必要指出的是,这一时期的"酌妇"——"慰安妇",无论是日本女性还是朝鲜女性,她们原来基本上都是娼妓,是从日本贫困山区招募来的年轻女子。

①「昭和五年在上海总领事馆警察事务状况」,『外务省警察史.上海 1』,21097 頁。

"大一沙龙"作为"海军指定慰安所",其规模获得了扩张。[①] 这一情况得到了日本外务省的一则档案的证实,日本在上海的海军慰安所在1932年初就已有记录。[②]

东宝兴路125弄1号的建筑为二层西式砖木结构。最初,此处的日本"慰安妇"只有7人左右,由于这里地处北四川路(现四川北路)东侧,周边有不少日本海军陆战队驻屯地,所以海军陆战队员相约而来,"大一沙龙"生意颇为兴隆。于是,经营者近藤夫妇便又从日本国内征募了20名女性,并逐渐吞并了后面相邻的两幢中国人的住房(今东宝兴路125弄2号、3号),那两幢房屋也是二层西式砖木结构建筑。近藤夫妇还购置了用来接送客人的汽车,在道路对面设立了停车库,车库地址为东宝兴路120、122、124号(该建筑于1997年被拆毁),形成一个规模颇大的慰安所。

1-5 "大一沙龙"慰安所的汽车库,共有两幢房屋,已被拆毁。(苏智良1995年摄)

根据1942年第33版《日人在华人名录》的记载(第271页),东

---

① 前田朗「国外移送目的の誘拐罪の共同正犯」、『戦争責任研究』第19号、3頁。

② 吉見義明編『従軍慰安婦資料集』、183頁。

宝兴路 125 号"大一沙龙"的经营范围为"咖啡贷席业",经营者近藤美津子来自东京,还有两个电话号码:46940、02 - 62801。

1 - 6　图为饱经风霜的陆明昌老人,他是世界上第一个慰安所"大一沙龙"最重要的见证人。(苏智良 **1998** 年摄于陆明昌高境庙新居)

在 20 世纪 30 年代中期,上海"大一沙龙"等接待日海军官兵的慰安所已建立起较为严格的体检制度。日本驻沪总领事馆会同海军陆战队派出军医,对其中的妇女进行检查,每周有 2 次,患有性病者必须进行治疗,不可以接待客人。

1994 年,笔者找到历史见证人——81 岁的陆明昌,他住在东宝兴路 108 号,就在"大一沙龙"旧址的对面。陆明昌籍贯是江苏南通,"一·二八"事件前后,他从家乡到上海谋生,经人介绍入"大一沙龙"做杂务工。晚年的他对"大一沙龙"的布局仍记忆犹新,进大门后是个日本式庭院,上台阶入内,有个大酒吧,平时招待客人,可以喝酒跳舞。两个厢房、二楼的房间以及后面的二幢建筑均是"慰安妇"的住所。楼房的东侧有个小花园,中间是个喷水池,四周的空地就是露天的舞场(地点在今东宝兴路 123 弄前的空地),这里每晚都是莺歌燕舞,尤其是晚上 7 点以后最为热闹。自 1937 年八一三事变开始,"大一沙龙"已成为日海军官兵专用的慰安所,普通的日侨不再进来。里面的日本"慰安妇"们一般穿和服，都是来自日本贫困山区的女子。后来还有朝鲜年轻女子。日本医生每周都会来检查，一楼的 4 号房间就是"慰安妇"检查身体的体检室。"大一沙龙"的营业情况极好，因此，后来老板近藤就带着钱财跑回东京享受去了，"大一沙龙"便由老板娘近藤美津子一人支撑。约在 1944 年左右，老板娘死了，此后则由其儿子负责经营，直到战争结束。

在"大一沙龙"，陆明昌的工作是烧饭、收拾酒吧、搬运啤酒等。因为每天与日本人打交道，所以直到晚年他仍能讲一些日本话。陆明昌在这个慰安所整整干了 14 年，可以说是世界上在日军慰安所内工作时间最长的人了。他每月的工资只有 6 块银元，远低于当时上海一般工人的工资，还时常遭到日本人的打骂，回忆这些痛苦的往事，陆明昌老人仍满腔怒火。1999 年，陆明昌因瘫痪年久去世。

1-7　图为"大一沙龙"慰安所时代的木雕——日本滋贺县琵琶湖的风景。从艺术风格来看，这些木雕是日本人从日本国内带来的。（苏智良 1995 年摄）

根据陆明昌等历史知情人的回忆，在战争的中后期，"大一沙龙"里面也有不少中国女人，她们遭受着日本兵的性奴役。

林铃娣 1924 年生,家住"大一沙龙"东侧,父亲是手艺高明的桶匠。1994 年笔者访问 71 岁的林铃娣,虽然战争已过去半个世纪,但她对"大一沙龙"慰安所还有比较清晰的记忆:"我父亲是桶匠。'大一沙龙'我们叫它'大一记',老板娘经常来我家订购小木盆,这种小木盆是给慰安女与客人洗澡时放置毛巾和肥皂用的。一次定做总有 10 只,每只价钱是 1 日元。那时我只有十来岁,这些木盆每次都是我送过去的。但只能送到门口,不准进去。里面的女孩都穿着和服、木屐。里面具体的情况,我也不敢看。对面两幢房子(东宝兴路 120 号、122 号、124 号)原来是车库,是专供客人们停车用的。战争结束时,日本女人也很可怜。"林铃娣还说,上海人叫"大一沙龙"为"大一记"。实际上"大一记"是日语"大一"的发音,上海人听日本人这样发音,就模仿流传开来了。

林铃娣的家就在东宝兴路 113 号,抗战后期她已经结婚,丈夫王金鑫 1922 年生,是启东人,就是她父亲的徒弟。王金鑫入赘继承了岳父的手艺。王金鑫老人回忆说,当年"大一沙龙"除了小的木桶外,还需要大型的木桶,他也时常制作那种成年人能进入洗澡的大木桶。

上海的"大一沙龙"等 4 家海军慰安所是日本"慰安妇"制度的重要起点。第一,这些慰安所由日本海军高层指定建立,日本海军直接介入慰安所的管理,日本领事馆也会参与管理,尤其是固定的体检制度已经确立。第二,这些慰安所里的日本、朝鲜妇女被称为"酌妇",尽管有人身束缚,但似乎仍有一定的收入。日本对华全面战争爆发后,日军"慰安妇"——性奴隶制度已非常完善,中国妇女也被征用到"大一沙龙",完全处于被奴役、失去人身自由的状态。第三,就接待对象而言,从 1932 年"一·二八"事件到 1937 年八一三事变,"大一沙龙"同时接待日本军人和日侨,此后则专门接待日

1-8　原"大一沙龙""慰安妇"房间里的富士山木雕,至今保存完好。它具有日本昭和时代的风格,在日本各地的观光地仍能看到不少类似的木雕作品。(苏智良 1995 年摄)

本军人,直到战争结束。

在日军中,"大一沙龙"可以说是知名度最高的慰安所。我们在 1937 年 8 月 15 日于东京印刷的《上海街区图》中也找到了"大一"的位置,这张图是配给 8 月 23 日登陆上海的日本上海派遣军的。同样,在 20 世纪 40 年代印制的多种提供给日军的上海城市地图中,都可以找到这个慰安所的位置。种种证据表明,"大一沙龙"慰安所一直经营到战争结束,作为日本海军慰安所,它存在了 14 年,是世界上存在时间最长的日军慰安所。

第三节　冈村宁次招募"慰安妇团"

1932 年春建成的"慰安妇团",是日本陆军第一次有组织参与建立"慰安妇"制度的行为,它成为日本后来战时推行"慰安妇"制度的重要尝试和样本。

这个"慰安妇团"的发起者是冈村宁次。[①] 1932 年 1 月 28 日,日本海军悍然向中国守军十九路军发动攻击,"一·二八"事件爆发。此后,在十九路军和驰援上海的第五军顽强抵抗之下,日军战线没有什么突破性进展,于是,日本政府组建上海派遣军增援。2 月 25 日,上海派遣军司令官白川义则大将准备出发,在军部为他饯行的宴会上,白川义则请求军部同意冈村宁次出任派遣军副参谋长,获得批准。于是,冈村宁次接受了任命,并于 3 月 6 日抵达上海。

当时,在上海的日军已达 3 万人,由于日军官兵军纪涣散、行为野蛮,发生多起强奸战地妇女的事件,遭到中国和各国舆论的严厉谴责。为了防止继续发生大规模的强奸事件而影响军纪和日军的战斗力,同时也为了搪塞外界舆论对日军军纪松懈的指责,冈村宁次决定征募日本妇女,建立一些专为日军官兵提供性服务的场所。这样重要的决定,应该是得到了白川义则司令官的首肯。

"慰安妇"团的具体操办者是日本上海派遣军高级参谋冈部直三郎,3 月 14 日,冈部直三郎在日记中记载:"这时,传来士兵们千方百计搜索女人、道德败坏的各种传闻,为了解决士兵的性问题,就着手积极建立这种设施。"[②]于是,冈部直三郎与永见俊德中佐商

---

① 冈村宁次 1884 年出生于东京,早年毕业于日本陆军大学,1917 年作为黎元洪大总统军事顾问团的成员到中国活动。1923 年,他担任日本参谋本部驻上海的谍报武官,1925 年起,他任中国北洋军阀孙传芳的军事顾问,也时常在上海活动。上海既是他的成功之地,也是他的伤心地,其次子冈村武正曾在上海患了猩红热而夭折。1927 年,冈村宁次任日本陆军步兵第六团团长,是出兵中国山东、制造五三济南惨案的主凶之一。作为日本军部对华谋略的谍报核心人员,他参与拟定了以"据江浙而制天下"的对华作战的具体方案。以后他参与了历次侵华事件。
② 冈部直三郎『冈部直三郎大将の日记』、1932 年 3 月 14 日、芙蓉书房、1982 年、23 页。

议"慰安妇"的招募、运输事宜后,向冈村宁次递交了实施报告。冈村宁次立即电请长崎县知事,要求对方迅速征召当地妇女,组成"慰安妇团",用军用船只运到吴淞口,然后送至上海日军的占领地区,以建立慰安所。冈村宁次之所以选择长崎县来征募女性,是因为"南洋女"(卖春妇)当中,长崎县出身的女性居多,陆军对此非常清楚。

由于此事已过去 90 多年,日军也没有留下任何资料,"慰安妇"团在上海的具体情况已很难复原。当时日本陆军主要驻扎之处,在吴淞、大场、江湾、纪家桥、庙行一带,估计这批慰安所设立于日军阵地附近的村子里,并跟随日军的行动而迁移。因为在激烈战斗下,日军根本没有可能让工兵来建造慰安所的房屋,所以最实用的方式就是驱逐当地的农民,将慰安所设在这些村镇的大型房屋里,如祠堂、庙宇、学校等。但是这批"慰安妇"团的妇女共有多少人,年龄几何,究竟设立了多少个慰安所,每天接待多少日本军人等,因属于日军军事机密,且至今未发现档案记载,所以均不得而知。

1932 年 7 月 15 日,冈村宁次升任关东军副参谋长。就是冈村宁次在上海任职的 4 个月间,日本陆军建立了史上第一批慰安所。

此后,冈村宁次因侵略中国有功而屡屡晋级,最后于 1944 年 11 月升任日本中国派遣军总司令。1945 年日本战败后,由于国民党和蒋介石的包庇,冈村被释放。1949 年 2 月,冈村宁次在返回日本的轮船上接受记者采访时曾洋洋得意地主动透露:"我就是那个无耻至极的慰安妇制度的始作俑者,昭和七年(1932 年)上海事变时,发生了两三起官兵强奸驻地妇女的事件,作为派遣军副参谋长的我,在经过调查后,我只有仿效海军早已实行的征召妓女慰军的做法,向长崎县知事申请征召来华进行性服务的慰安妇团。事实证明,当从本土征募而来的慰安妇团到达时起,便不再发生强奸的事情。"①冈村的这段话表明,日本海军在上海建立慰安所的事在日军高层中已众所周知并被允许,日本海军在上海设立的慰安所要略早于"一·二八"事件,日本陆军是效仿海军而征募妇女组织"慰安妇团"并建立慰安所的。

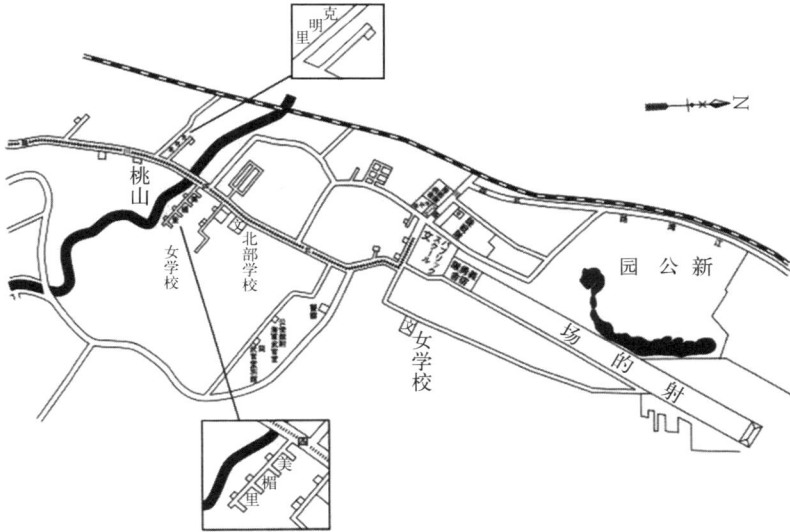

「付図第九 虹口方面地図」のうち、上海海軍特別陸戦隊所在地と「指定慰安所」が存在した
北四川路横浜橋傍美楣里と北四川路克明里の位置を示す範囲の抜粋及び部分拡大
(陸戦隊や「指定慰安所」に関係のない建物·施設や道路の名称の多くを割愛している)

1-9　日本上海海军特别陆战队颁发的《上海驻军外出人员须知》,附有克明里、美楣里慰安所位置图。(日本亚洲历史资料中心所藏)

冈村宁次在上海创立的"慰安妇团",比海军就地利用现有妓女建立慰安所更进了一步。它是由日军上层和日本地方政府共同策划下建立的,这个由日本军民合作、专门组建的"慰安妇团"来到上海前线的唯一目的,就是为日本陆军提供性服务,这个"慰安妇

---

① 稲葉正夫编『岡村寧次大将資料』、上巻(戦場回想篇)、原書房、1970 年、302 頁。

团"的成员显然已是一种"慰安妇"。而且,由日本陆军提供资金募集的"慰安妇团",是传统"军妓"向"慰安妇"——性奴隶演变中的中间物。冈村宁次参与设计的这个"慰安妇团"不能不说是一种"创举"——是法西斯战争机器侮辱人性的一种"创举"。当然,这个"慰安妇团",对比后来日军在亚洲大规模地推广的"慰安妇"制度,还只是一个开端。

"一·二八"淞沪战役结束后,上海的日本陆军慰安所在大批军人撤退后也关闭了,"慰安妇团"应该是回到了日本。然而,作为陆军慰安所样板的海军慰安所却依旧营业,并缓慢发展。

第四节 上海海军陆战队与慰安所

日本海军战时增援的军舰和数个海军特别陆战大队均撤退回国,但为海军服务的慰安所制度逐渐进入了常态化。

1933 年 11 月,日本驻上海海军特别陆战队司令部颁布《上海驻军外出人员须知》。该资料的原件现存日本防卫省防卫研究所战史研究中心史料室。① 拟定这份文件的是当时的日本驻上海海军特遣队的司令官。这一职位 1932 年 6 月 6 日至 11 月 15 日由衫坂二郎大佐担任,1933 年 11 月 15 日至 1934 年 8 月 15 日由宇野积藏少将担任,目前尚没有可靠资料证明是衫坂还是宇野在任期内制定的。毫无疑问,这是一份涉及日本海军初期设立慰安所的重要文献。

这份资料主要有以下两大特点:

第一,《第一项注意事项》中的内容反映出日军高层对基层士

---

① 该文件刊载于东亚历史资料中心首页,访问码:C14120189800。

1‑10　图为日本海军下士官兵慰安所——上海峨眉路 400 号,至今保存良好。(陈斌 2016 年摄)

兵在上海闹事、挑衅的关切与担忧。《第二项外出须知》中关于下等士官出行的规定,大体上参照了 1933 年 4 月 1 日颁布的昭和八年(1933 年)第三舰队令第 18 号《驻上海军下等官兵外出(离舰)条例》的内容。其中,"下等官兵在外留宿地"一栏,明确写有"指定慰安所"的字样。由此可知,这一时期日本海军第三舰队已经引入"慰安妇"制度,即允许官兵去指定的慰安所。《须知》中明确列有"第一大星""大正馆""海乐""曙""浮舟""都亭""梅月""千势登""筑紫""东优园""上海"等具体的"指定慰安所"。最后两所"东优园""上海"为下等士官所用。

第二,日本驻上海海军特别陆战队引入"慰安妇"制度的原因在《第七项卫生》有所表示,是"防止性病传播造成部队战斗力下降""防止日本军人闹事、挑衅事件发生"等。

在这个日本上海海军特种陆战队颁布的《上海驻军外出人员须知》中，已写明下士官兵可留宿的场所，第一个场所就是：下士官兵集会所。因此可以断定，下士官兵集会所至少在1933年11月时已存在了。据日本兵山中三平回忆称：

> 在陆战队，下班后除了去队内娱乐慰安机构外，军官们还去司令部旁的海军俱乐部，下士以下的士兵们大多都去密勒路的集会所。……下士官兵集会所以前在老靶子路，……但如今又有新建的地方，这里也是相当宽敞又设备俱全的三层楼摩登集会所。①

这个日本老兵的回忆明确指出，当时，"日本海军俱乐部"是日本海军陆战队直接经营的校官慰安所，而"海军下士集会所"则是日本海军陆战队直接经营的海军下士官、士兵共享的慰安所。

山中三平说的"海军下士集会所"，在今上海虹口区峨眉路400号，是一幢当年日军特地新建的凹形建筑，平面布置也比较蹊跷，凹形之口不像一般建筑朝向马路的大门，而是朝向南边的黄浦江日军码头。凹形的西侧面才是大门，开在密勒路（今峨眉路）上。整个建筑和隶属的院子类似正方形，若作为正规的军人俱乐部似没有必要这样布置。是不是当时设计者有意隐喻凹凸、阴阳之意？今人已无法考证。该建筑的正门实际并不大，进门后有个10平方左右的门厅，类似旧时的娱乐场所的"售票窗口"，至今仍旧存在（见图1-11）。对比门厅两侧的墙砖，南、北两面墙体彩色砖完全一致，包括"售票处"窗口周围的墙砖，几乎是建造时的原始状态。

① 山中三平「上海陸戦隊物語」、『改造』、1937年11月、上海戦勝記念臨時増刊号。

1‑11　上海峨眉路 400 号,这是当年海军下士官兵慰安所的售票窗口,窗口的铁艺颇为精致,四周贴着釉面砖。(陈斌 2016 年摄)

此外,极其稀疏、结构简单的铁窗栅,材质颇佳,做工精细,不像常规形式的铁窗栅。这里就是日军购买入场券的接待室。

从集会所的内部房型布置来看,非常类似近代规模较大的旅馆。

为日本海军陆战队服务的慰安所和各种变相的慰安所,主要是由日侨或是受日本人指使的韩侨开设的,在 20 世纪 30 年代中期以后得以发展,从而基本确立了日军性服务制的框架。

上海的日本人、朝鲜人经营的色情机构由来已久,进入 20 世纪 30 年代中期以后,由于中日两国矛盾激化,日本增加了驻扎上海的海军陆战队人员。于是,这些色情营业非但没有减少,反而有所增加。在日本军队的支持下,朝鲜人经营的为日本兵提供性服务的风俗店集中在虹口地区(见表 1‑1)。

表 1-1　在沪朝鲜人的风俗营业一览（1936 年）

商号	经营者	所在地	来沪日期
伦敦酒吧	姜汉朝	虬江路 97 号	
心酒吧	韩汶礼	虬江支路宝德里 8 号	
贝贝酒吧	赵秉铉	南浔路 121 号	
少女酒吧	朴钟善	海宁路 322 号	
伊甸园酒吧	吴贤海	虬江支路 362 弄 5 号	
亚细亚酒吧	朴日硕	汉壁礼路 35 弄 31 号	1937 年 9 月 7 日

资料来源：《在支邦人人名録·上海》，第 28 版，1936 年。赵炳淳（白川秀男）：《在支半岛人人名録》第 3 版，上海：上海白川洋行，1942 年。

这些经营者与日本人关系相当密切，他们在日本居留民团的领导下获得经营权，因此，其营业也被列入向日本海军开放"慰安"的慰安所的行列。1937 年这类酒吧由 6 家增加到了 8 家（见表 1-2）。

表 1-2　在沪朝鲜人的风俗营业、慰安所经营（1937 年）

商号	经营者	资本额	本籍	现在住处
贝贝酒吧	赵秉铉	2 000 元	平安北道义州郡	南浔路 121 号
伯格斯酒吧	朴正淳	2 000 元	平安北道义州郡	南浔路 135 号
亚细亚酒吧	朴日硕	2 000 元	平安北道义州郡	汉壁礼路 35 弄 31 号
乐酒吧	金字济	1 500 元	京畿道仁川府	汉壁礼路 37 号
少女酒吧	朴钟善	1 500 元	平安南道平壤府	静安寺路安乐坊 17 号
心酒吧	崔次礼	2 000 元	庆尚南道昌原郡	虬江支路宝德里 8 号
伦敦酒吧	崔鸿绮	2 000 元	京畿道京城府	海能路 81 弄 48 号
伊甸园酒吧	吴铉淑	2 000 元	平安南道平壤府	虬江支路宝德里 8 号
阿里郎酒吧	白利淳	2 000 元	平安南道大同郡	北四川路丰盛里 25 号

资料来源：在上海日本总领事馆警察部编：《昭和十二年管内状况ノ内特高警察ニ関スル事项》，上海：在上海日本总领事馆警察部发行，发行年份不明。

有些酒吧就是接待日本兵的慰安所。"伦敦酒吧"是 1936 年朝鲜人经营的6家风俗店之一。最初的经营者叫姜汉朝,地址在虬江路97号。到1937年时"伦敦酒吧"已改由崔鸿绮经营,资本额为2 000元。崔来自朝鲜京畿道京城府,酒吧地址也迁移到了海能路81弄48号。"心酒吧"也是1936年朝鲜人在上海经营的6家风俗店之一。经营者是韩汶礼,地址在虬江支路宝德里8号。1937年改由崔次礼经营,资本额为2 000元。崔出身于朝鲜庆尚南道昌原郡。

1－12　　图为当年的日军慰安所建筑,现址为上海虬江路8号(2001年摄,上海师范大学中国"慰安妇"历史博物馆藏)

南浔路上还有"贝贝酒吧"和"伯格斯酒吧"。"贝贝酒吧"是由朝鲜人赵秉铉设立的,至少在1936年已经存在,而且也是日军经常光顾的一个场所,地址为南浔路121号。赵秉铉出生在朝鲜平安北道义州郡,该酒吧的资本额为2 000元。该建筑尚存。这个酒吧存在的时间不短,在1942年出版的《在华朝鲜人名录》(上海白川洋行版)里仍可以找到。上海虹口的退休警官傅升先生早在2000年1月就对其进行了实地调查。"贝贝酒吧"建筑底层砌有女

墙,开有一小门,2 层楼,仍保存着 20 年代的原貌。而南浔路 135
号的"伯格斯酒吧",由朝鲜侨民朴正淳经营。资本额与"贝贝酒
吧"相同。2000 年这幢建筑是上海市永乐工贸公司。

　　海宁路 322 号的"少女酒吧"建于何时不详,但至少 1936 年就
已存在。它是朝鲜侨民在日军指使下开设的、为日军及日本人提
供性服务的机构。经营者为朴钟善,来自朝鲜平安南道平壤府,资
本额为 1 500 元。1937 年迁至静安寺路安乐坊 17 号。安乐坊后为
南京西路 1129 弄,弄内有 80 幢 3 层建筑的小洋房,房屋虽不甚华
丽,但设施齐全,地理位置优越。17 号在第 3 排支弄内。

　　"伊甸园酒吧"的经营者是朝鲜侨民吴铉淑,他的家乡是平安
南道平壤府,酒吧地址在汉壁礼路 35 弄 31 号,后为虹江支路宝德
里 8 号。虹江支路今仍称虹江支路,但在实地调查中未能找到宝
德里,估计已被拆除。

　　"亚细亚酒吧"由朝鲜人朴日硕开设,资本 2 000 元,这个酒吧
早在 1936 年就是朝鲜人经营的 6 个风俗店之一。酒吧地址为汉壁
礼路 35 弄 31 号,该处现为虹口区汉阳路 37 号,旁边为 35 弄公安
里,可与吴淞路 228 弄及 302 弄相通。

　　房屋为上海的石库门建筑。此外还有一些慰安所。"乐酒吧"
于 1937 年建立,经营者为朝鲜人金字济,来自京畿道仁川府。酒
吧设在汉壁礼路 37 号。"卡茂麦"(かもめ)是海军士官食堂,虽然
名为食堂,却也向日本士兵提供性服务。由高原惠一郎经营,设在
北四川路(今四川北路)志安坊 7 号。

　　1937 年日本全面侵华战争之前,上海的慰安所里,尚不称这些
女子为"慰安妇",通常叫"酌妇"。她们主要是日本女子和朝鲜女
子。日本女子多出自山区的贫寒家庭,因此到上海来谋生。

　　这些朝鲜女子实际也是日本殖民扩张政策的牺牲品。因为日

1‑13　南市梦花街慰安所,在梦花街 151‑153 号,该建筑至今尚存。(贝文馨 2015 年摄)

本殖民者占领并吞并了朝鲜,残酷剥削压迫朝鲜人民,致使朝鲜的城乡经济破产,民众背井离乡,有些女子为谋生而被迫出卖肉体。有个日本老兵在战后回忆到,1932 年 3 月,他在上海服役时进入过慰安所。那个慰安所设在前线中国人的民居内,里面约有 5 到 10 个朝鲜"慰安妇",年龄 20 多岁。当时日军士兵每月所得只有 8 日元,进去要 1 日元,如果在那里住上一夜,还得支付 2 日元。每到星期日,士兵们便带着预防性病的药,列队去慰安所,先是购买入场券,然后等待着轮到自己。

　　上海市历史博物馆四楼抗日战争时期的展品中,有一块引人注目的厚实铜牌。铜牌长 520 毫米,宽 120 毫米,厚 50 毫米,上有铸字"上海日本海军俱乐部"。2018 年馆方对展品做了如下的说明:"上海日本海军俱乐部铜牌,海军 411 医院捐赠。1914 年,供日本海军消遣娱乐的上海日本海军俱乐部成立。原在惠民路,后搬至四川北路、东江湾路、多伦路交界处。这是上海海军 411 医院院内施工时被发现的俱乐部铜牌。"

上述铜牌说明源自 2006 年 10 月上海历史博物馆官方网站发布的胡宝芳研究员撰写的"上海日本海军俱乐部铜牌小考"一文。文中写道,"上海日本海军俱乐部铜牌"在海军 411 医院扩建工地的地下土层被发现。上海日本海军俱乐部原在"今惠民路保定路口。约在 1934 年后,上海日本海军俱乐部才搬到今四川北路、东江湾路、多伦路三条马路交界处(当时俗称北四川路底)"。"在 1914 至 1928 年的《行名录》(《字林西报》出版社)中记载着'上海日本海军俱乐部'地址是贝开尔路 53 号(即现在惠民路保定路口)。"

1‑14 上海日本海军俱乐部的铜牌。该俱乐部设立了慰安所。(上海历史博物馆藏)

2018 年春,在日本生活的中国人于先生经过两年的不懈努力,终于说动田中先生捐出他父亲的部分战争遗物。他父亲生前曾告诉他,战前他即来上海参军服务,工作地点就是虹口的海军俱乐部,具体干什么,其父不愿多言。时间久了,才透露原来他父亲的工作就是给"慰安妇"检查身体,地点就在上海海军俱乐部。那里属于较为高级的慰安所,估计是接待海军陆战队军官的,因此都是日本内地来的"慰安妇"。田中发现父亲有本书非常珍视,保存完好。一次,父亲终于打开了这本书,书页中竟夹着两只安全套。父亲有些不好意思地说，这是上海时代的安全套。

　　原来，这两只安全套是田中父亲在上海海军俱乐部里使用过的。田中终于明白了。

1-15　日本人田中捐献的其父在上海海军俱乐部内使用过的两枚安全套，橡胶已经风化。（上海师范大学中国"慰安妇"历史博物馆藏）

　　现在，这两只橡胶的安全套，经过 80 多年岁月的风化，已成碎片，田中父亲将其存放在一只小瓶子里。这只小瓶子现在保存在上海师范大学的中国"慰安妇"历史博物馆里。

　　随着上海城市的更新，日本海军俱乐部建筑已拆除，新建筑为上海411 医院院舍。

　　当年，这个"上海日本海军俱乐部"往南，就是近在咫尺的日本海军陆战队司令官官邸，其址今为多伦路 215 号。那是一幢 1937年八一三淞沪战争后被日军强占了的西班牙式花园别墅。这里北有毗邻的位于四川北路、东江湾路路口的上海日本海军特别陆战队司令部，它是日军在上海的大本营（今四川北路 2121 号）。这座司令部建筑在 1932 年"一·二八"事件的次日被中国军队攻占，停战之后，日军拆除了旧有建筑，于 1934 年建成这个"最新式最坚固永久性"大本营，形成今日面貌，司令部四周采用坚固的墙壁，内设操场，一层安置防御武器，屋顶设立的瞭望台，使整栋大楼看起来很像一艘在中国航行的航空母舰。

　　从 1932 年初到 1937 年卢沟桥事变爆发前，上海因驻屯大批日

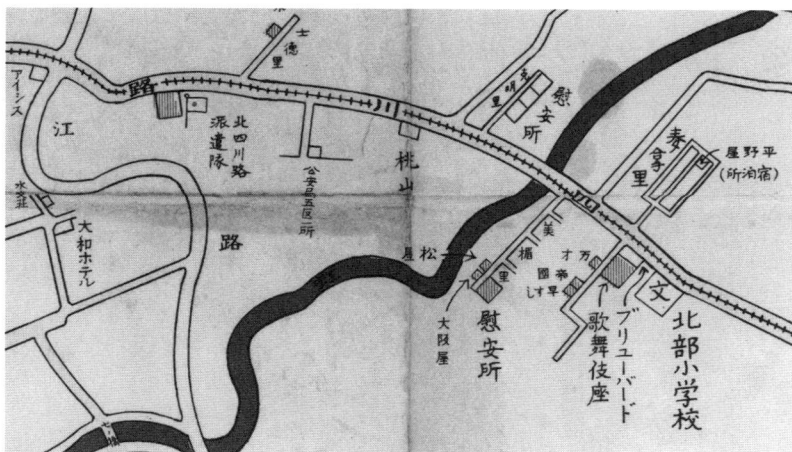

1-16 日本人 1942 年绘制的虹口地图中,标明了克明里、美楣里的慰安所。(引自孙逊、钟翀主编《上海城市地图集成》,上海:上海书画出版社,2017 年)

本海军陆战队员,所以成为日军慰安所的集中地。[1] 但比起后来日本全面发动侵华战争和太平洋战争、大规模推广"慰安妇"制度,这还只是一个开端。

[1] 详见苏智良、陈丽菲、姚霏:《证据:上海日军 172 个慰安所揭秘》,上海:上海交通大学出版社 2018 年版。

第二章 "慰安妇"制度的形成

1937年7月日本发动卢沟桥事变。全面侵华战争爆发后,日军进一步谋求在占领地普遍建立慰安所,慰安所与日军形影不离,从上海、东北迅速发展到日军各占领地。军方高层将设立慰安所作为军队的标配推广,并建立专门机构和岗位来负责建立与管理慰安所,后勤机构将安全套作为急需的战略物资运输到前线,医疗部门更加完善对"慰安妇"的体检,宪兵部门则负责治安和防谍,亚洲各地的日本领事馆也积极介入对"慰安妇"的管理事务以及对占领地慰安所的管理。于是,一个为日军服务的军事性奴隶系统——"慰安妇"制度便形成了。

第一节 上海派遣军建立慰安所

1937年8月,中日军队在上海展开淞沪会战,双方军队总量最后超过百万人。随后在日本上海派遣军、华中派遣军中枢机构的直接指挥下,日军迅速在上海、湖州、镇江、南京等地建立军队直营的慰安所。

日军占领上海后,就迫不及待地找女人。第36联队的一名上等兵后来回忆：

> 我就实话实说了。有警备的时候，一到晚上，到镇上跟大家说"这里治安很好，不会有危险的"……（我们）去钓女人，有警备的情况下。都说"不知道能不能活过明天"，打了3个月的仗，士兵减少，伤死以外只剩半数，这样一来剩下的士兵就会从内地过来。打仗3个月身体就变得皮包骨头，大家都需要进行警备。但是其中大多数是二十五六岁的青年，也有一些三十九、四十岁的人。年轻的（士兵）一到晚上就拿着枪去"夜游"，就是去强奸。晚上一片漆黑没有电，就这样也会去。那个时候的中国女人，都剪成光头，脸上抹着黑灰，但是大概是可以辨别的。士兵要是晚上一个人行动的话会被揍的，所以3个人一起，拿着枪就出去了。这样的人有很多，直接说的话，这是发生在上海罗店镇的事情。①

当时松井石根任华中方面军司令官，塚田攻任参谋长。方面军下达建立慰安所的命令，至迟在1937年12月11日。上海派遣军参谋长饭沼守在日记中记录："从（华中）派遣军那里收到关于建立慰安设施的文件。"②从中可知，在日军13日攻占南京前，华中方面军就已向上海派遣军布置设立慰安所。另外在上海金山地区登陆的第10军，也收到了同样的命令。随后第10军参谋寺田雅雄中佐指挥宪兵队在浙江湖州秘密征集女性，设立日军慰安所，时间是12月18日。③ 目前还没有更详细的资料披露这个湖州慰安所的基本状况，很有可能这是一个日军宪兵队强掳当地女性建立的军

---

① 『性と侵略——軍隊慰安所84か所　元日本兵らの証言』、253頁。
② 南京戦史編集委員会編『南京戦史資料集』、偕行社、1989年、211頁。
③ 南京戦史編集委員会編『南京戦史資料集』、411頁。

队直营慰安所。

为了保证在上海的占领地区尽快开设更多的日军慰安所,上海派遣军参谋部命令参谋部第二课长长勇中佐负责此事。12月19日,参谋长饭沼守记载:"委托长中佐迅速开设'女郎屋'。"①当月28日他又记录,"日本军的违法行为愈演愈烈,由第二课召集各部队负责人,传达参谋长的训诫令"②。这一资料表明,日军对占领地妇女的暴行已"愈演愈烈",所以急需建立慰安所。1938年1月19日,上海派遣军的招募"慰安妇"工作在档案里有这样的记载:"为慰安此次中日事变出征的官兵,受到在上海陆军特务机关之请托,需要酌妇三千人,到上海派遣军内陆军慰安所从事酌妇工作。"③这个计划已准备从日本国内募集3 000名女子了。

于是,上海的日军直营慰安所系统,便是在这样的背景下被迅速建立起来。根据我们20多年来的实地调查,上海派遣军直接建立、管理的慰安所有万安路陆军慰安所、峨眉路400号海军下士集会所、第一师团丰田纺织厂慰安所、虹口行乐所、浦东旗昌栈陆军慰安所、千田部队慰安所、崇明庙镇日军据点慰安所等。④

1910年1月7日,麻生彻男出身于福冈市博多区,他的祖上历代行医,1935年,麻生毕业于九州帝国大学医学部,专业为妇产科,毕业后麻生在母校医学部的附属医院担任妇产科医师。两年后中日战争爆发,麻生于9月7日应征入伍,随即被派往上海战场,当时

---

① 南京戦史編集委員会編『南京戦史資料集』、220页。
② 南京戦史編集委員会編『南京戦史資料集』、228页。
③ 王学新编:《台日官方档案·慰安妇史料汇编》,台湾省文献委员会2001年编印,第2页。
④ 详见苏智良、姚霏、陈丽菲:《日军上海慰安所实录》,上海:上海三联书店2005年版;四川建川博物馆收藏:《荻岛静夫日记》,人民文学出版社2005年版。

2-1 日本上海派遣军军医麻生彻男毕业于九州大学医学部,经常记日记,这是他保存的战时日记。(麻生徹男:『上海より上海へ』)

麻生的身份是日本陆军卫生部的见习士官,隶属上海派遣军的第 2 兵站医院。①

麻生彻男酷爱照相,经常拍摄照片并进行交流。上海千代洋行照相部主任田中新一看了他的摄影作品予以了肯定,于是,麻生从田中那里得到了日军报道部的臂章,这样,麻生便可以自由出入日军占领地。于是,在侵华战争中,麻生彻男拍摄了 1 300 多张战地照片,其中自然包括战争中的女性——"慰安妇"。参加日军后,麻生彻男经历了上海—南京—九江—汉口—武昌—上海的战火旅程,因此战争结束后他将回忆录命名为"从上海出发,回到上海"。②20 世纪 90 年代初,当"慰安妇"被世界民众和媒体所关注时,麻生公开了他拍摄的"慰安妇"专题作品,立即引起了人们和媒体的关

---

① 该医院于 1938 年 7 月改称为日军第 2 军第 14 兵站医院。

② 下文未写明出处的资料、多引自麻生彻男『上海より上海へ』、石風社、1993 年。

注。上海杨家宅慰安所的系列照片,正是军医麻生彻男在上海的
纪实之作。

2-2　庆子乘坐在运输舰上。(千田夏光『從
軍慰安婦·慶子』)

上海杨家宅慰安所于 1938 年 1 月建立,它被国际学界公认为
日军自建自营慰安所的重要样本。[①] 根据隶属上海派遣军的一位
老兵证言,该慰安所是上海派遣军东兵站司令部(也称第 11 兵站
司令部)直辖的。[②] 日本早期的战史研究者甚至认为,杨家宅慰安
所是日军设立的第一个慰安所。[③]更重要的是,这个慰安所的日本
军医的回忆和日本资深记者对其的追踪调查被完整记录保存。首
先,第 11 兵站的军医麻生彻男参与了"慰安妇"团进行卫生检查与

[①] 理论上说,在九一八事变以后沦陷的东北,关东军完全有可能建立直营的慰安所;但
到目前为止的调查研究所见,1937 年前在东北地区为数不少的慰安所,均是民营性
质的慰安所。

[②③] 『1 億人の昭和史　不許可寫真史』、每日新聞社、1977 年、10 册、62 頁。

治疗等事务,时间是 1938 年 1 月 2 日,他不但直接用相机和文字记录了检查的全过程,并跟踪这些女性到杨家宅,后来负责杨家宅慰安所的体检工作,从而写下了杨家宅慰安所的诸多细节。其次,《每日新闻》的资深记者千田夏光历经十数年调查,将一名原日本"慰安妇"的亲身经历写成《从军慰安妇·庆子》,并于 1985 年出版。庆子来到上海后,正隶属于接受麻生彻男体检的 104 人的"慰安妇"团。庆子本人就是在杨家宅慰安所开始了不堪回首的"慰安妇"岁月。军医麻生彻男与艺名庆子的慰安女笹栗富士,两人尽管身份不同,却在 1938 年 1 月的上海,有过共同的刻骨铭心的慰安所记忆。

1937 年 12 月,上海派遣军准备建立一个大型的慰安所,该军参谋部考虑其官兵主要来自日本的关西地区,因此认为征用关西的女子充当"慰安妇",会更有效、更亲切些。于是该军致电日本关西各县的地方政府,告知本军将派遣人员去募集"慰安妇",务必予以协助,并协力将"慰安妇"运往上海。①

接到上海派遣军的请求电报后,关西的地方政府立即在福冈、长崎等各县设立"慰安妇"募集处。为了迅速而有效地募得"慰安妇",负责上海派遣军给养任务的东兵站司令部派出石桥德太郎、田口荣造(化名)等军官和军队聘用人员前往关西。

12 月 23 日,在军官的带领下,带着巨款的石桥德太郎等十二三人乘船到达长崎。他们与当地政府合作,参与在关西各地设立"慰安妇"募集处,征募条件是 35 岁以下的、没有性病的年轻女子。当时,日本人还不知道"慰安妇"这个词的含义,当有市民询问时,军官和石桥等人就哄骗说:"慰安妇"的工作就是在后方为日本军

---

① 千田夏光『従軍慰安婦』、雙葉社、1973 年、31 頁。

人烧饭、洗衣等。他们还高声招徕市民：谁愿意去,马上领取1 000日元。

这天,艺名庆子的卖笑女郎笹栗富士,从工作地点福冈县博多区大浜镇118号的"朝富士楼"回家,路上见到了上海派遣军的"慰安妇"募集处,她立即被1 000日元的高额预付金所吸引。因为庆子的父亲是位煤矿工人,因嗜好赌博而欠下巨债,不得不将亲身女儿抵押给了妓院。要知道在1937年的日本,这1 000日元可是一笔巨款。

募集处的军官估量出年轻的庆子本来就是妓女时,立即坦率地给庆子算了一笔账:如果你到了前线每日接待5个士兵的话,大约4个月就可以自由回家了。庆子听了,颇受诱惑和鼓舞,这可比在"朝富士楼"所挣的多得多了。于是她便决定报名,加入"慰安妇"的行列。但是,头脑简单的庆子无论如何也不会料到,为了这1 000日元,她竟要付出7年的青春和一生的幸福。①

在关西地方政府的配合下,"慰安妇团"随即征发完毕。1937年12月31日的晚上10时,装载着庆子等104名女性的海运丸从长崎港启航。经过46个小时的航行,于1月2日晚上8时停靠在上海吴淞镇的码头。庆子等妇女下了船,随即登上了军用卡车。又经过两个多小时的行驶,卡车在一所学校前停了下来。庆子看到,这里四周是白色的围墙,大门上方赫然写着"上海市立沙泾小学校"。1932年成立的沙泾小学坐落在其美路(今四平路)上,拥有多幢平房教学楼,是东部上海市区的

---

① 详见千田夏光『従軍慰安婦・慶子』,光文社、1985年。

重要学校。① 自淞沪战争爆发后师生均逃难离去,校园已空无一人。上海派遣军第 11 兵站司令部便将这里作为这些妇女的安顿之所。

2-3 麻生彻男军医带着护士等,在沙泾小学校前合影。(麻生徹男:『上海より上海へ』)

到达沙泾小学后,日军命令妇女们集合点名,接着由中尉伊藤一男训话,他要求所有人严守纪律,不准逃跑。然后由石桥等带领进入各教室就寝。上海的腊月,是一年中最寒冷的季节。这些妇女每人只分到两条毛毯,在书桌拼成的临时床上躺下,外面有士兵们站岗。庆子将毛毯裹在身上,因为路途的疲乏,很快就睡着了,但没有多久,就因为太冷而被冻醒了。她听到了远处传来敲打做

---

① 经笔者的考证,这个上海市立沙泾小学便是现在虹口区幸福村小学,其址后为天宝路幸福村 283 号。战时的校舍均已拆毁,有意思的是,这个曾被作为日军"慰安妇"体检所的学校,1975 年起与日本福井市一学校建立了姐妹学校的关系。(参见苏智良、陈丽菲、姚霏:《上海日军慰安所实录》,上海:上海三联书店 2005 年版。)现在幸福村小学已被拆除,那里是上海市虹口区教育局。

木器的声音。

麻生彻男 1937 年 11 月 14 日从北九州的门司港出发,并于 28 日到达上海,进入兵站医院,立即投入抢救伤员的工作。在写给其父的信中,麻生描述了战场恶劣的条件:"南京攻克前后,每日的伤病员达 100 人左右,护士都是生手,我们在没有任何暖气设备的房间里做手术。"①

1938 年 1 月 2 日下午,还在军队医院做手术的麻生彻男,突然接到兵站司令部的紧急命令:"为了设立陆军慰安所,即赴其美路小学校,对集结在那里的百余名妇女进行身体检查。"②麻生在战后回忆说,当他接到这道命令时,感到有些不解:陆军慰安所是什么功能? 是为慰劳官兵进行文艺演出的场所吧? 这些女子是来前线慰问士兵吗? 如果是慰问士兵那为什么还要给这些女子做妇科检查呢?

军令如山,当天晚饭后,带着疑惑的麻生即率领助手军医 1 人、卫生兵 7 人,以及虹口福民医院③的护士 2 人共 11 人,赶到沙泾小学校。这时兵站特务部已经将一些检查器材运到了沙泾小学。但麻生清点后认为,准备工作很不充分,连必需的妇科检查台都没有。于是,他便与助手们一起,做了一个检查台。那天晚上,不少妇女被"咚""咚"的敲钉子声和"吱""吱"的锯木头声音所干扰,而久久不能入睡。

1 月 3 日上午,麻生已经将沙泾小学的医务室改造成了妇科检查室。哨兵们便命令所有妇女依次排队,接受身体检查。于是,在

---

① 麻生彻男『上海より上海へ』、石风社、1993 年、序言。
② 麻生彻男『上海より上海へ』、41 頁。
③ 福民医院地址今为上海市第四人民医院。

2-4 麻生军医指挥工兵赶制的检查台,现在亚洲各地"慰安妇"博物馆的检查台展品,多是根据这张照片仿制的。(麻生徹男『上海より上海へ』)

白墙黛瓦的教室前,妇女们排起了长队。当庆子到达时,前面已经排着不少人了。根据麻生医生的回忆,日本的妇女对这种妇科检查,动作非常熟练,庆子的检查只用了 10 分钟。她记得军医边检查边问:

"过去患过淋病吧?""是的。"庆子一点也没有隐瞒,因为她知道也无法隐瞒。"几次?""也记不得了。""好了,算及格了。"①

根据麻生彻男的记录,有些日本妇女的检查花了 20 分钟。而朝鲜女子的检查大多只用了短短的几分钟。当天,104 名妇女的体检便全部完成了。晚上,麻生彻男书写了给特务部的报告:"24 名日本妇女的年龄在 20 多岁到 40 岁之间,她们过去患有花柳病,可

---

① 千田夏光『從軍慰安婦 慶子』、106 頁。

以断定她们多是卖淫的;而 80 名半岛人①年龄约 20 岁,基本上是处女。"②

当检查出曾患重度性病的多名日本女子后,麻生自己也颇为吃惊,因此他判断这些女性不会是后方来的演员;有些人的腹部有很长的刀疤,这显然患过重症花柳病。日军特务部随即要求麻生对日本女子中患有性病的个别人,进行了紧急治疗。

数天后,这些妇女被日军用卡车运往军工路的兵营,路上只行驶了 30 分钟。到了目的地,这些女子便被要求进行使用安全套的训练,至此,麻生彻男恍然大悟:原来这是要开设军妓院(他当时大概还不知道慰安所这个名词)。这时军官石桥德太郎才对妇女们宣布:过去我曾说过,你们到战场来是为了给官兵们烧饭洗衣,现在你们大约已经知道,真正的工作就是用自己的身体慰劳士兵,也就是满足士兵们的性欲。

接着士兵拿来了和服,命令朝鲜女子们脱下朝鲜服装,要日本妇女教她们穿和服,并规定:明天起里面不准穿内裤,一律只穿内裙。至此,那些还以为要来做饭洗衣的朝鲜少女们,也知道了未来等待她们的是什么了,不禁抱头痛哭。

1 月 13 日,日本华中方面军③的东兵站司令部在杨树浦路等地树立了"杨家宅慰安所"的广告木牌。④ 杨家宅慰安所是日本在侵华战争中由日军设立和管理的、有确切资料可资查证的慰安所。

---

① 当时日本人多将朝鲜人贬称为半岛人——引者注。
② 麻生徹男『上海より上海へ』,42 頁。
③ 1937 年 10 月 29 日,日本大本营命令组建华中方面军,下辖上海派遣军、第 10 军等部。
④ 根据麻生彻男拍摄的照片,在杨树浦路上,竖着写着"杨家宅陆军慰安所"的木牌。字是用楷书书写的。而且这种指示牌还不止一块。

杨家宅慰安所的大门口有宪兵守卫，日本兵进入慰安所后，接待室内负责管理的军人会出售 2 日元一张的入场券，并有专人发放安全套。于是，地处上海东北角的偏僻的东沈家宅①，便成为日本陆军官兵最向往的地方之一。每天上午 10 时开始，日军士兵"一批接一批地杀到"，他们或步行，或骑马，或坐三轮摩托，或乘坐卡车开进慰安所，有时"慰安妇"房间的门前排起了长队。庆子回忆说：有的军

2－5 上海派遣军兵站司令部树立的杨家宅慰安所的木牌。

人等不及排队，甚至从窗口直接跳进她们的房间里来了。② 到了下午 5 时，军官们开着车从驻地赶来。在支付 5 日元后，他们可以不受时间的限制。甚至再付点日元，便可以在慰安所里过夜。这点钱对于军官来说，并不是大问题。当时日军少尉军官的月薪为 70 日元，中尉为 85 日元，此外还有 105 日元和 115 日元战地津贴。因此，军官们非常向往杨家宅慰安所，他们希望能借此忘却战争的血腥和无情。

日军直营慰安所已开始建立准军事化的管理制度。杨家宅慰安所有以下几项制度和规定必须执行：

----

① 根据笔者的实地调查，杨家宅慰安所的实际所在地为东沈家宅。东沈家宅在翔殷路的北侧，而杨家宅在翔殷路的南侧。

② 千田夏光『従軍慰安婦 慶子』、138 頁。

1. 卫生检查制度

上海派遣军东兵站司令部对"慰安妇"实行严格的性病检查制度,以防止"慰安妇"感染性病,并将性病传染给日军官兵。慰安所内设有医务室,是军医麻生等专门给"慰安妇"进行体检的场所。最初,麻生彻男每周都来一次,每次都是带着卫生兵开着军车过来。除了给"慰安妇"治疗一般的病患之外,主要任务就是妇科检查。

2. 安全套发放制度

为了严防感染性病,日军向官兵发放安全套。当时日军大本营将安全套作为战略物资而紧急赶运至前线。这些安全套的纸袋上不仅印有日军标志的圆和星,还有"突击一番"4个汉字。实际上,不少日军官兵嫌麻烦,加之安全套质量有点问题,比较硬,他们往往不愿使用安全套,在离开慰安所时又将安全套还掉了。尽管如此,根据日军的测算,仅上海地区每个月就需要4.3万个安全套。①

3. "慰安妇"使用分配制度

按照旧时妓院的惯例,客人可以挑选自己喜欢的女性。但在慰安所里是否允许挑选"慰安妇",这在日军官兵中曾引起争议。这件事最后报送到上海派遣军高层那里裁决。将官们认为,设立慰安所的目的仅仅是为了解决官兵们的性欲,因此,只要是女人就可以,遂决定不能选择"慰安妇"。这一决定也成为后来大多数日军慰安所的一条准则。"慰安妇"庆子后来回忆:当日军官兵付钱后,便得到一张入场券,上面写着第某某号房间,或者被口头告知:你到某某号"慰安妇"的房间去。

---

① 吉見義明編『従軍慰安婦資料集』、271頁。

4. 慰安所管理细则

1937 年 2 月 3 日,麻生彻男拍摄了一张贴在杨家宅慰安所接待室墙壁上的《慰安所规定》。该规定有印章和落款,上面明确写明"东兵站司令部",显然这个规定就是东兵站司令部颁布的,从而给日军推行"慰安妇"制度留下了一份极为重要的物证。《慰安所规定》内容如下:

一、本慰安所只限陆军军人、军方聘用人员入场,入场者须持有慰安所出入许可证;

二、入场者必须登记并支付费用,才能得到入场券及安全套一只;

三、入场券的价格,下士、士官、军聘人员为 2 日元,军官为 5 日元;

四、入场券当日有效,在未使用前可退票,但如果已将票交给酌妇后,则一律不可退票;

五、购买入场券者进入指定的房间,时间为 30 分钟;

六、入室的同时须将入场券交给酌妇;

七、室内禁止饮酒;

八、完毕之后即退出房间;

九、违反规定及军风纪紊乱者须退场;

十、不使用安全套者禁止碰女人;

十一、入场时间,兵士为上午 10 时至下午 5 时,下士官及军方聘用人员为下午 1 时至 9 时。①

从以上的规定,我们大致可以得出以下结论:

---

① 麻生彻男『上海より上海へ』、17 页。

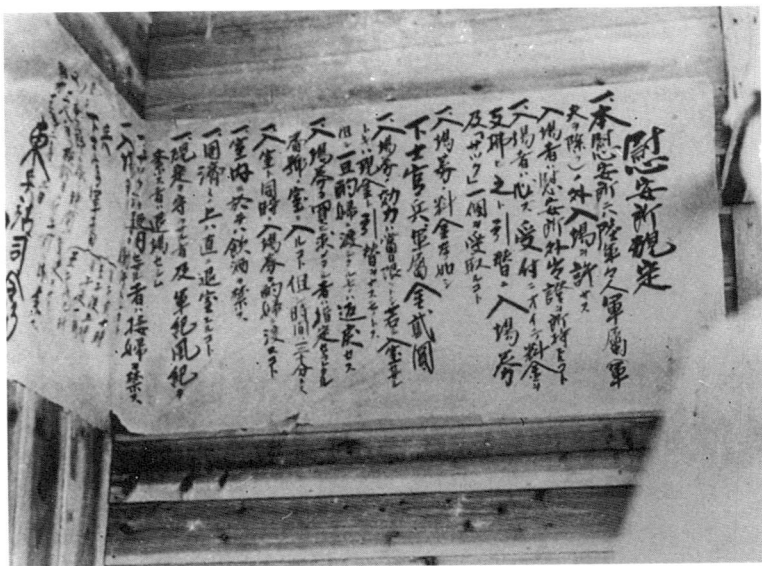

2‐6　图为杨家宅慰安所张贴的《慰安所规定》,这是日本上海派遣军的东兵站司令部发布的。各地发现的日军慰安所规定的内容基本与此相似。(麻生徹男『上海より上海へ』)

日军慰安所有宪兵等军人站岗,只有军人和军聘人员持许可证才能入内;"慰安妇"必须严守纪律不准逃跑;军医每周检查"慰安妇"的身体状况以保证卫生安全;由军队给慰安所发放军用安全套以避免军人性病感染;慰安所内执行"慰安妇"叫号分配使用规则,不能自由选择女性;军人使用"慰安妇"的时间是半小时;慰安所内执行日军的军纪。很明显,杨家宅慰安所作为军队直营慰安所,具备了准军事机构的明显特征。

根据笔者团队的长期调查,在1938年底到1939年初之间,杨家宅慰安所里的日本、朝鲜"慰安妇"奉令跟随陆军部队向中国南方进发。后来,军方将慰安所交给了日侨间狩源治来管理。据知情者回忆,新来的老板戴着无框眼镜,年龄约30岁。从口音上辨认,中国"慰安妇"来自东北、浦东等地。[①] 这样,这个军队专营的慰安所就变成了日侨经营的慰安所了。

综上所述,通过上海杨家宅慰安所的建立、管理、运营的过程,可以一窥日军直营慰安所的基本共同特征。无论是从"慰安妇"的募集、运输、体检到慰安所房屋的建筑,还是慰安所的管理、警卫,直到慰安所的规定,均由日军直接参与谋划、指挥和统属管理,这是有各种资料证明的历史事实。仅这一点,就戳破了日本政府长期宣扬的"慰安妇"是从业者带到前线去的,与日本国家、军队无关的谎言,而且杨家宅慰安所的早期经营者就是军队自身。同样,在中国其他地区及后来的东南亚日军占领地,日军均设有直营慰安所。日军之所以建立军队管理的直营慰安所,第一,是为了弥补指定的民间经营的慰安所数量上的不足;第二,日军高层担心民间人士管理的慰安所卫生检查有漏洞,企图通过推行直营慰安所,加强体检制度,来减少官兵的性病。第三,在日军官兵看来,军队自建的慰安所可以杜绝外人进出,可以杜绝情报泄露,安全性更高。第四,日军各部队自建的慰安所,使用自由度高,行事最方便。如果使用上级指定的慰安所,就会受到时间、纪律等影响,而本部队设立的慰安所,就不受任何限制了。所以,在日本实施的侵略战争中,各级日军部队自行建立的、形态各异的慰安所,曾遍及亚洲各地。

第二节 南京大屠杀与"慰安妇"制度

1937 年 12 月初,当日军准备进攻南京时,华中派遣军第 10 军

[①] 苏智良、陈丽菲、姚霏:《上海日军慰安所实录》,上海:上海三联书店 2005 年版,第 223—228 页。

军长柳川平助无情地命令士兵们：（在你们的面前）"山川草木，都是敌人！"上海派遣军也给下属部队发出了"一概都杀"的命令①。于是，在向南京进军的途中，日军已开始了惨绝人寰的大屠杀。根据1994年才解密的日本战争档案，1938年1月17日，日本外务大臣广田弘毅签发的给日本驻美大使的电报中说："日军在南京及其他地方所犯的暴行……不少于三十万的中国平民遭杀戮，很多是极其残暴血腥的屠杀。"②这场日军在南京城乡进行的屠杀，历史学界后来定名为"南京大屠杀"。

在南京大屠杀之中，有令和平年代的人们无法想象的以女性为攻击目标的虐杀，实际上也是一场大规模的性暴力事件。第16师团的第9联队的辎重兵，战后反省：

> 南京战的时候或是在任何战争中，在第一线都没有慰安所。性欲旺盛的士兵一看到中国女性就那样了，马上就强奸或是轮奸，为了毁灭证据，结果都杀掉。如军官发现的话会受到惩罚，所以就瞒着上级犯罪，为了毁灭证据就把女性杀掉。我们是最低级的，四五个人去做的时候，我是那个放哨的人，然后有上级过来的话，咳嗽两声，然后装出一副什么事儿都没有的样子。我就是个放哨的人，我对那种事情不太感兴趣。

> 在战争中抓住了中国女人，要看女人的私密处的时候，就会说"屄看看"。这是一些在士兵之间说的话，中文不知道是什么意思。大概的意思就是说要看看局部或是私密处的意

---

① 转引自[日]洞富雄著，毛良鸿、朱阿根译：《南京大屠杀》，上海：上海译文出版社1987年版，第222、224页。

② 转引自高兴祖：《南京大屠杀事件研究现状和今后的课题》，《抗日战争研究》1996年第4期。

思。这样的说法大家都知道的。性行为的时候说"最好",中文有没有不清楚。好的时候说"挺好""最好",这是性行为好的意思,这都是士兵之间说的话。

参加11月至12月南京攻略战的都是性欲旺盛的士兵,找个女人就强奸或是轮奸,各种侮辱。结果是为了毁灭证据都杀死了。之后进入了上级的耳朵,变成了国际问题。因为受到了来自各国的严厉批判,南京战争结束后,增加了很多的"慰安所""屁屋"。

如果不是这样的话,一旦发动了战争,占领了城镇,就会马上以女人为目标进行强奸轮奸等暴行。已经无法控制了,没有办法,陆军信息部门开始着手设立慰安所。从朝鲜半岛用铁路把朝鲜女性强制带到各战地的"慰安所"。

南京战在高峰期时,军队棘手,所以就出现了慰安所。1937年的南京之战,从卢沟桥事变过了3个月之后,在南京市内做了惨不忍睹的事情。在紫金山、女子大学的许多中国女人都遭到了宪兵队的强奸。在石家庄看到的,虽然规模很小,但也发生过。南京之战结束之后,发生了数不胜数的强奸、轮奸事件。因此,军队觉得很无奈,就急忙增加了慰安所。①

关于南京地区日军慰安所的筹建,早在1937年12月28日,上海派遣军副参谋长上村利道在日记中记载过,"军队不法行为越来越多,……审议了第二课关于南京慰安所开设问题的提案"②。这段史料透露出日军高层完全清楚占领南京后日军的暴行,而他们的对策就是建立慰安所。当时上海派遣军已经确定第一批南京

---

① 『性と侵略——軍隊慰安所84か所　元日本兵らの証言』、246—247頁。
② 南京戦史編集委員会『南京戦史資料集』、偕行社、1989年、280頁。

"慰安妇"的人选,并开始准备身体健康检查,军医部的渡边大佐在日记中记载:"送走丰岛大尉,和某某联系明天对 78 人进行梅毒检查。"①另一个日军文件记载:"此次在军部的了解下,于华中方面以慰安皇军官兵为目的,决定设立慰安所,拟以下列条件约招募五百名酌妇,事属至急,烦请办理。"②第一批就要招募 500 名,规模颇大。

于是,当日军刚占领南京不久,慰安所便迅速出现于中国首都的城乡各处。1938 年 2 月,华中派遣宪兵队司令官大木繁向华中派遣军参谋部递交报告指出,南京已有 141 名"慰安妇",1 名"慰安妇"应对的士兵数是 178 名。③ 显然,"慰安所被认为是士兵所必需的设施"④。为了加强、协调日方各部门对南京慰安所的管理,4 月 16 日,南京的日本陆军、海军与总领事馆举行联席会议,总领事馆方面出席的是花轮总领事、田中领事、清水警察署长、佐佐木警部补,陆军与海军方面出席的也均是高级首领,这足以表明此会议的重要性。这次会议作出如下规定:

1. 陆、海军专属的军队慰安所与领事馆无关;

2. 关于一般人也能利用的慰安所,其老板方面由领事馆之警察管理,对出入其间的军人、军属则由宪兵队负责;

3. 必要时宪兵队可对任何慰安所进行检查、取缔;

---

① 苏智良、陈丽菲编著:《"慰安妇"与性暴力》,济南:山东画报出版社 2015 年版,第 63 页。

② 王学新编:《台日官方档案·慰安妇史料汇编》,台北:台湾省文献委员会,2001 年编印,第 18 页。

③ 华中派遣军宪兵队司令官大木繁:《关于南京宪兵队辖区治安恢复状况调查之件(通牒)》,昭和十三年(1938 年)二月二十八日,吉林省档案馆藏。

④［日］松冈环编著,新内如、全英美、李建云译:《南京战·寻找被封闭的记忆——侵华日军原士兵 102 人的证言》,上海:上海辞书出版社 2002 年版,第 346 页。

4. 将来军队也可将民间的慰安所编入军队的慰安所;

5. 军队开设慰安所时,需将慰安妇的原籍、住所、姓名、年龄、出生及死亡等变动情况及时通报给领事馆。①

由此可见,慰安所的管理与控制事务方面,日军与各领事馆分工明确,军用慰安所主要由军队管控,而民用慰安所主要归各地领事馆及领事馆管辖的警察署管理,所有的慰安所和"慰安妇"都要向各地领事馆通报详情、确认身份及建立档案。为了战争需要,满足日军的需求,外务省、各地领事馆与警察系统为各个慰安所的稳定经营提供保障,两者相辅相成,互相协作,有秩序、有组织地推进"慰安妇"制度的发展。日军与外事系统达成的这一成果,使得慰安所更加合法化。

于是,慰安所迅速地在南京城乡各处建立起来。所以日本兵山冈敏一的印象就是:"慰安所,南京到处都是。"②一名京都师团的老兵回忆:

南京附近。(慰安所)有很多。我们经常到处移动,在第一线,守卫南京。驻扎在南京城周边的城镇、村落。这时候从其他地方源源不断地送过来慰安妇。③

老兵坂田贞一后来回忆了他所目睹的南京慰安所:

慰安所很早就有了。男人最初去的地方就是有女孩子的地方。下关有两处,城外有 10 处或 12 处。对岸的浦口也有三四处慰安所。因为没有专门照顾女孩子的机关,所以暴行更加严重。下关的慰安所里朝鲜人比较多,中国人从十二三岁到二十

---

① 吉見義明编『従軍慰安婦資料集』、179 頁。

② [日]松冈环编著,新内如、全英美、李建云译:《南京战·寻找被封闭的记忆——侵华日军原士兵 102 人的证言》,第 355 页。

③ 『性と侵略——軍隊慰安所 84か所 元日本兵らの証言』、141 頁。

五六岁的都有。中国人有中国人待的房子,朝鲜人有朝鲜人待的房子。南京城内也有一处日本妇女的慰安所。[1]

2-7 1938年1月,一家南京慰安所开张了,日军士兵们非常兴奋,争先恐后地在窗外张望。1938年2月,上海派遣军司令部在编辑纪念集时,就使用了这张开设南京慰安所的照片,这也表明了日军高层对慰安所的立场。

(一) 日军直接建立和经营的慰安所

从南京的日军慰安所类型来分析,第一类就是日军直接建立和经营的慰安所,这类慰安所可以分为自上而下设立的和基层部队自行设立的两种。战时的中国报纸杂志曾揭露日军花费巨资来建立"军人慰安所"。[2] 我们不妨来解析几个日军直接建立和经营

---

[1] [日]松冈环编著,新内如、全英美、李建云译:《南京战·寻找被封闭的记忆——侵华日军原士兵102人的证言》,第338—339页。

[2]《南京魔窟实录——群魔乱舞的"新气象"》,《大公报》(香港版)1939年9月20日,第5版。

的慰安所。

1. 第 33 联队第 2 大队慰安所

在南京，日军自下而上建立慰安所的现象比较普遍，这表明一线部队非常积极地设置慰安所，同时也体现出军队高层的放任纵容。第 33 联队第 2 大队的士兵大泽一男回忆，在外面的慰安所还没有开设之时，第 33 联队已抓来几个女孩办起了慰安所。驻屯南京期间，不知从何时起，准尉动了个脑筋，把女孩分配给士兵，让士兵付钱。这是没有办法的、干了不好意思说的事。① 所以士兵们只能付钱给长官。同一个大队的士兵西田泰雄也承认，1938 年的"新年里我们也去过慰安所。是部队带来的，16 师团的部队"②。可见 16 师团刚入城不久就建立了慰安所。

2. 光华门附近的慰安所

第 33 联队第 3 大队的日本兵井户直次郎回忆，占领南京的时候，大部分的部队都带着"慰安妇"一起行动，他们部队就有 30 多名"慰安妇"，几乎都是朝鲜妇女。他所在的部队也设置过慰安所，不是设在中队，而是设在野田部队的联队里。在南京的驻屯地光华门附近也设置了慰安所。③

3. 女郎屋

一位老兵曾在京都第 16 师团第 20 联队当兵，在 76 岁时他回忆，1937 年 12 月 12 日晚上，20 联队从中山门进入南京城内，此后一个月里，该部队在南京市内担任警戒。慰安所这个东西，过去是"女郎屋"的经营者在管理运作，数量有不少。当然慰安所是在军

---

① ［日］松冈环编著，新内如、全英美、李建云译：《南京战・寻找被封闭的记忆——侵华日军原士兵 102 人的证言》，第 146—147 页。

② 同上书，第 159—160 页。

③ 同上书，第 299—300 页。

队指挥下展开经营的,"慰安妇"中有日本人、朝鲜人和中国人。[①]

4. 傅厚岗慰安所

战前的傅厚岗是南京的高档住宅区,一些国民党中委的公馆不仅有精致小楼,还有美丽的花园。日军占领南京后,汉奸乔鸿年等引导日军占领这里,并从金陵女子大学的收容所等处抢来约百名良家妇女,于是傅厚岗慰安所便开张营业了。时间是 1937 年 12 月 22 日,这时日军占领这座城市才仅仅 9 天。这个为军官服务的傅厚岗慰安所,由现役日军军官大西任主任,乔鸿年为副主任,开办慰安所的经费也是日军提供的。日军对乔鸿年全力为"皇军"服务很是满意,支付给乔的月薪达 140 日元。每日进出傅厚岗慰安所的,都是开着军用汽车来的日军军官,直到战争结束。[②] 现在这幢房屋及其花园都完整地保存着。

5. 铁管巷慰安所

铁管巷慰安所在日本军官大西指使下,由汉奸乔鸿年等设立,地点在铁管巷瑞福里,是日军强行征用新金记康号营造厂的房产而设立的。里面的"慰安妇"也是由金陵女大难民收容所抓来的中国妇女充当。该慰安所为普通日本兵和下级军官服务,规定每小时收军票 2 元,不可过夜。1938 年 2 月 12 日,房屋主人、新金记康号营造厂的老板滕听涛、滕三葆等曾上书日伪当局,强烈要求将房屋退还给业主。[③] 但结果自然没有如愿。

6. 清富士楼

一户彰晃是日本云祥寺的和尚,他几乎每年都来中国,他捐赠

---

① 『性と侵略——軍隊慰安所 84 か所　元日本兵らの証言』、1993 年、48—49 頁。

② 参见乔鸿年供词,南京市中级人民法院档案室藏。

③ 参见《滕听涛、滕三葆之呈文》,南京市档案馆藏,档案号 1002.37。

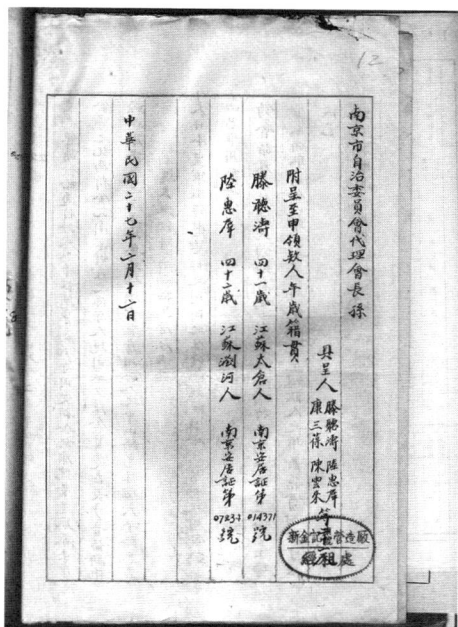

**2 - 8 图为滕听涛、滕三葆为收回被日军
慰安所占领的铁管巷厂房提出的呈文。(南京
市档案馆藏)**

的这张慰安所照片(图2 - 9),是当年的日军卫生兵下士坂本多喜拍摄的,拍摄时间为1938年,战后一户彰晃与坂本多喜一直有来往,坂本于1991年去世。照片上可以看到,慰安所门口挂着一块门牌,这个清富士楼被认定为"兵站御指定将校慰安所"。尽管招牌"清富士楼"上面还有几个日文字有待考证,但"清富士楼"是一个日本军官专用的慰安所,应该是确凿无疑的。

7. 安乐酒店慰安所

安乐酒店慰安所位于南京繁华的商业街太平南路上,由日军军部开办,正式名称是"日军军官俱乐部"。日军中上级军官可以在这里吃喝玩乐,并专门有日本、朝鲜和中国"慰安妇"来陪伴跳舞

2－9　日军在南京设立的清富士楼慰安所。

与过夜。实际上这是一家由日本军方直接开办的高级慰安所。直到1945年8月日本投降，这家慰安所仍在公开营业。参与接收南京的中国南京警备司令官、第四方面军参谋长、第74军第51师师长邱维达将军指出："日军成立慰安所是公开的，当时南京就有好几处挂着牌子的慰安所，如坐落在太平南路的安乐酒店，就是日军的一个高级慰安所。"①

8. 松下富贵楼慰安所

这个慰安所位于常府街细柳巷福安里5号。战前这里原是一个李姓市民的住房，于1931—1932年修建，共有3幢建筑，前后2幢均为2层楼房，中间1幢是瓦房，建筑面积达1 200多平方米。战争爆发后，日机不断轰炸南京，李家于1937年8月逃离南京。日军攻占南京后，宪兵队便将3幢房子全部用铁栅栏围起，在大门前竖起一块水泥牌"松下富贵楼"，所谓的"松下"就是慰安所经营者夫妇的姓。里面的"慰安妇"多是日本妇女与中国妇女。规模不小，40多间房间除一间办公外，其余都是"慰安妇"的房间。到这家慰安所寻欢作乐的是将、佐级的军官。附近居民曾亲眼看到，经常

---

① 邱维达：《冈村宁次在中国的最后日子》，《南京文史集萃》第3辑，南京：江苏古籍出版社1991年版，第135页。

有日军军官开车前来,有时楼门前停有十几辆军车,松下夫妇时常到门口迎接军官们。四周的中国居民都知道,这家慰安所没有体检室,"慰安妇"们每星期都要外出去检查身体。慰安所时代的一些家具、日式浴缸、榻榻米等保存至今。

9. 江浦汤泉镇慰安所

在江浦汤泉镇日军据点里,关押着中国和朝鲜的"慰安妇",日军在据点里设立了慰安所。妇女们非常屈辱地被迫在衣服上缝上"大日本娼妇"的布条,以示与常人的区别,并防止妇女们逃跑。[①]在这里,"慰安妇"饭吃不上,觉睡不好,每天麻木地躺在慰安所的房间里,里面经常同时挤着三个日本兵。"慰安妇"们饿了通常只能在日本兵的腹下吞点饭团子。有的"慰安妇"躺下去,就再也未能爬起来。对于稍有不从或反抗的"慰安妇",日军轻则施以饥饿惩罚,重则用军刀割其乳房、剁其手足,甚至让狼狗将她们一片片撕烂示众,借此威胁其他"慰安妇"。有的"慰安妇"不堪日本兵无尽头的蹂躏,自杀身亡。勉强活着的"慰安妇"则形同僵尸。若一旦患有疾病或精神失常,"慰安妇"则被赶到荒郊等死。[②] 到1945年初时,这个慰安所里只剩下4个朝鲜女子了。

(二) 侨民设立的慰安所

第二类慰安所是日本侨民以及朝鲜人奉命开设的。日军占领南京后,即要求各地的日本娼妓业老板征召日、朝妇女,实际上也大量网罗中国妇女,以开设慰安所。

---

① 经盛鸿:《对南京市浦口区(原江浦县)原日军慰安所旧址的调查报告》,未刊。
② 经盛鸿:《南京沦陷八年史》下,北京:社会科学文献出版社2005年版,第908—909页。

2-10　南京浪花楼日军慰安所,一队士兵正兴冲冲地往慰安所赶去。

1. 浪花楼慰安所

慰安所位于中山东路四条巷树德里 48 号,这里的建筑原是市民李树德所建之住宅,为两层西式别墅。日军占领南京后,日本侨民河村依仗日军的势力,在此建立了浪花楼慰安所,估计房子是日军托付给河村的。日本兵拍摄了一张照片,可以清晰地看到,在门首立柱上,右面挂有浪花楼木牌,左面写着"下士官兵用兵站指定料亭慰安所",而一队日本兵正兴冲冲地往里走去。树德里建筑遗址 2004 年还存在。

2. 东云慰安所

在日军命令下,日本侨民千田开设了东云慰安所,地点在利济巷 2 号。这里的建筑为国民党中将杨春普于 1935—1937 年间所建,有 4 幢楼房,形成田字形状。青砖黑瓦的两层建筑,一幢房屋就有 30 个房间,其中一楼有 14 个小房间,二楼有 16 个小房间,可见规模不小,至少有数十名"慰安妇",以朝鲜女子为主。虽经历了 70 多年的风雨,这几幢民国建筑基本保存良好。利济巷 14 号的原住民杨秀英(1909—2003.11.2)接受调查时回忆:

　　我家一直住在利济巷,住的多数是日本人,当时左右隔壁都住着日本人,有的开店,我向他们学会了讲日语。利济巷49号有四座房子,是日本人住的,不是窑子。利济巷18号原房主姓杨,叫杨春普,故叫"普庆新村"。日本人侵占南京时,姓杨的逃走了,房子被日本人占据开慰安所,叫"东云慰安所"。日军慰安所有一个大铁门,门朝南开。这慰安所是日本人开的,里面的"慰安妇"是日本女人,穿日本和服。利济巷2号,是朝鲜慰安所,"慰安妇"是朝鲜人,穿朝鲜服。2号慰安所的老板叫千田,经常到我小店来买烟酒,所以知道是朝鲜"慰安妇"窑子。①

2003年,朴永心老人重返南京,确认了在该慰安所2楼19号房间受难的事实。经过各方长期的努力,终于在2015年12月建成南京利济巷慰安所旧址陈列馆。

3. 故乡楼慰安所

　　这个慰安所又名"安乃家",位于利济巷18号,它紧邻利济巷2号"东云慰安所"。这里原是杨春普建造的"普庆新村"的主体部分,有相同式样的二层楼砖木结构洋房8幢。日军占据南京后即在此建成慰安所。里面都是日本籍"慰安妇",主要接待日军军官。当地居民曾亲眼看到,那些日籍"慰安妇"都穿着日本和服与木屐。穿着军装的日本人一般都是晚上来,周末人更多。慰安所门口挂着"安乃家"的牌子,门口有日本人收钱。周边的南京居民称它为"日本窑子"。2000年初,住在周边的以卖米为生的张万宣接受学者调查时回忆:"利济巷18号是日本窑子,是日本人开的。来此的嫖客是日本军人,买票入内。卖票的也是日本人。妓女都是日本

---

① 侵华日军南京大屠杀遇难同胞纪念馆馆藏资料,1999年9月采访。

人,穿日本衣服。"张传铭世代居住在利济巷 14 号,2003 年 1 月,72 岁的他作证指出:"日本投降时我十多岁,知道一些事。当时我家左右隔壁都住着日本人,利济巷 16 号是日本人开的池田洋行。离我家不远有一个垃圾箱,里面丢了很多避孕套。当时中国人不知道用这些东西的,所以证明利济巷 18 号是日本窑子。18 号里面女人都穿和服。"①

(三)占领军指使伪政权组织建立的慰安所

我们先来考察由南京伪政权编印的《南京指南》,上面刊载了 9 个慰安所(见表 2 - 1)。

表 2 - 1   南京的部分日本陆军慰安所

	地点	名称
1	白下路 312 号	大华楼慰安所
2	桃源鸿 3 号	共乐馆慰安所
3	利济巷普庆新村	东云慰安所
4	中山东路	浪花楼慰安所
5	湖北路楼子巷	菊花馆慰安所
6	太平路白菜园	青南楼慰安所
7	相府营	满月慰安所
8	鼓楼饭店	鼓楼慰安所
9	贡院东街 2 号	人民慰安所

资料来源:"维新政府"行政院宣传局新闻训练所编辑:《南京指南》,南京新报社,1939 年,第 93 页。

---

① 南京师范大学"侵华日军南京大屠杀研究中心":《对南京利济巷 18 号侵华日军慰安所旧址的调查报告》。

1. 大华楼慰安所

大华楼慰安所亦称"大观楼慰安所",位于白下路 219 号。原建筑现已拆除,在原址上建起了"太平洋保险公司"大楼。

2. 青南楼慰安所

该慰安所又名菊水楼慰安所,在大行宫以南,地址为太平南路文昌巷 19 号白菜园大院。当年有 8 幢规格一样的二层别墅洋房,以及另外几幢式样不一的二层、三层洋房,总建筑面积约 5 000 平方米。这片洋房群落的四周,围以高墙与铁丝网,大

2 - 11 汪精卫伪政权出版的《南京指南》书影,里面刊载不少慰安所信息。(南京利济巷慰安所旧址陈列馆藏)

铁门两边的门柱上写着"菊水楼",里面的"慰安妇"多来自菲律宾、朝鲜和中国。菊水楼慰安所是南京南部地区规模最大的一家慰安所。来这里"游乐"的都是日军将、佐级军官。① 2000 年初,曾住在科巷的潘纪文老人对来调查的学者说:"东白菜园与西白菜园的洋房内有日军慰安所,有中国妇女包括台湾妇女,还有朝鲜妇女。"②

3. 满月慰安所

又作鼓楼饭庄,由伪政权奉日军之命而设立,具体情况尚需进一步调查。

---

① 郝炳贺:《魔窟菊水楼》,《金陵晚报》2003 年 1 月 12 日,第 6 版。

② 陈娟:《南京日军"慰安妇"制度的实施》,苏智良、荣维木、陈丽菲主编:《二战时期的日军"慰安妇"制度》,上海:学林出版社 2000 年版,第 157 页。

4. 上军南部慰安所、上军北部慰安所

1938年初,在日军的指使下,王承典、乔鸿年与孙叔荣等人在南京开办多家慰安所,如在城西铁管巷瑞福里(即四达里)设立"上军南部慰安所",在山西路口设有"上军北部慰安所"。乔鸿年自任这两家慰安所的总主任,另一个汉奸唐力霖担任副主任。① 这两家慰安所的"慰安妇"都是中国人。②

5. 鼓楼慰安所

2-12　南京鼓楼饭店慰安所之旧屋,从规模来看,里面的"慰安妇"数量不会很少。(苏智良1999年摄)

这个慰安所的主体建筑在鼓楼饭店,也被称鼓楼饭店中部慰安所。有日本老兵回忆,在1938年2月初到南京时,他就去过鼓楼慰安所,入内只见十七八岁的可爱的姑娘们正在烤火。③市民钱永和1909年生在南京,他对高兴祖教授和笔者回忆:当时我经常开车接送日本官兵到这个慰安所里去,因此知道一些内幕。原来这里有个鼓楼饭店,旁边是鼓楼教堂,教堂主要是供附近鼓楼医院的教徒做礼拜用的。日军

① 参见白芜《今日之南京》,重庆黎明书局1938年版;张宪文主编、马振犊等编:《南京大屠杀史料集》第64册《民国出版物中记载的日军暴行》,南京:江苏人民出版社2010年版,第119页。

② 陈娟:《南京日军"慰安妇"制度的实施》,苏智良、荣维木、陈丽菲主编:《二战时期的日军"慰安妇"制度的实施》,第157页。

③ 佐佐木元胜『野戦郵便旗』、現代史出版会、1973年、247頁。

占领南京后,就在鼓楼饭店开设慰安所。里面的"慰安妇"规定都要穿和服,日军军官坐汽车前来,日本兵则坐黄包车。慰安所的大门朝东,规模非常大,房子至少有 5 进,也就是有 5 幢建筑,都是 2 层的楼房。①

6. 人民慰安所(两所)

1938 年 4 月 12 日,已参与开办多家慰安所的乔鸿年接受日军特务机关的"委托",以"上军慰安所主任"的身份,向"南京市自治委员会"会长孙叔荣、工商课课长王承典呈文,申请在南京城南闹市区夫子庙一带再开办一家新的慰安所——"人民慰安所"。乔鸿年的呈文如下:

> 呈为分设人民慰安所,仰祈鉴核,准予备案事
>
> 窃所顷奉南京特务机关委托,为繁荣夫子庙市面,振兴该区商业,调剂全市人民生活计,指定在夫子庙贡院街海洞春旅馆原址,及市府路永安汽车行原址暨永安里全部房屋,分设人民慰安所二处,业已修理,一俟工竣,即行开幕。除已分别呈报各主管机关外,理应备文呈报,仰乞鉴核,准以备案,并加以保护,是为德便。谨呈
>
> 南京市自治委员会会长孙
>
> 　　　　　　　　　　上军慰安所主任　乔鸿年
> 　　　　　　　　　中华民国二十七年四月十二日②

王承典深知日军的意图,所以不敢怠慢,立即批示:"照准并转警务厅派员前往查看。"仅过了一夜,第二天即 4 月 13 日,伪南京市

---

① 参见 1997 年苏智良、高兴祖等采访钱永和先生记录。
②《申请开设"人民慰安所"的呈文》(1938 年 4 月 12 日),南京市档案馆藏,档案号
　1002 - 19 - 56。

自治委员会就专为此事发出第 239 号训令,内容如下:

> 南京市自治理委员会训令　　第 239 号
>
> 令警察厅
>
> 案据上军慰安所主任乔鸿年呈称:窃所奉南京特务机关委托,为繁荣夫子庙市面,振兴该区商业云云,仰乞鉴核,准予备案,并加以保护等情。据此。合行令该厅长饬属派员前往调查,具报核办。此令。
>
> 中华民国二十七年四月十三日①

此后,所谓的"人民慰安所"就这样正式挂牌营业。"人民慰安所"的 2 处地点,分别在贡院东街 2 号海洞春旅馆和市府路永安里。

20 世纪 90 年代末,侵华日军南京大屠杀遇难同胞纪念馆副馆长段月萍来到夫子庙调查人民慰安所,通过居委会找到当地居民张友保,张友保的舅舅曾在海洞春旅馆当会计。据张友保回忆,他的舅舅的确跟他讲述过,海洞春在日本人占领时期是一家慰安所,叫人民慰安所。据学者 2000 年初的调查,李甫老人当时 90 岁,住在贡院街 15 号 204 室,他回忆:"贡院街海洞春旅馆原是韩姓老板开设,韩老板在日军占领南京前即逃走。旅馆由汉奸乔鸿年在海洞春旅馆原址开设人民慰安所,里面的妓女都是中国人。"②在报刊广告中留下了海洞春旅馆慰安所 24 名女子的名单。③ 1938 年 8 月 20 日的《南京新报》刊有《人民慰安所检验结果,

---

①《南京市自治理委员会第 239 号训令》,南京市档案馆藏,档案号 1002 - 19 - 56。

② 张宪文主编:《南京大屠杀全史》(上),南京:南京大学出版社 2012 年版,第 370 页。

③《南京新报》1938 年 8 月 1 日第 6 版刊有女性名字:陈天红、亚飞、孙彩飞、陈竹清、孙彩琴、陈玉楼、林鸿声、刘爱弟、钱翠华、王素珍、张秀琴、张桂红、康桂芳、江桂花、陈菊香、张桂英、张桂宝、王月娇、陈翠兰、丁霞飞、胡文卿、胡月卿、孙金銮、潘丽飞。

七妓患花柳症》的报道:"卫生处兹以人民慰安所送请检查之妓女仅十六人,兹查尚有林鸿声、孙金銮、丁霞飞、陈天红、王丽君、江桂花、素娟等七人,未遵送检。日前,曾函警厅催令该妓来所检验。该处昨据第四诊疗所报告,检验结果,该妓林鸿声等七人,均患花柳脓液症。除令其停止接客外,并函警厅转饬该管警局严加取缔云。"①目击证人白芜在 1938 年 11 月 25 日出版的《今日之南京》一书中记载:"(南京)慰安所是非常多的,汉奸利用流民之多,无依的女孩子之多,强迫收容了来卖淫。有一个流氓汉奸乔月琴主办了几个慰安所,自任总主任,另以一唐少霖任副主任,在铁管巷四达里设有'上军南部慰安所',在山西路口设有'上军北部慰安所'。在夫子庙海洞春内设有人民慰安所。这些女同胞逐日受到无数次的凌辱,日日寸桀其灵魂。"②

1939 年第 4 期的《浙江妇女》杂志发表了一篇名为《南京慰安所里》的文章,作者任重冒险潜入人民慰安所,看到了里面的一些情况,文章这样写道:

> 第一号的门帘掀起,是一个脱了鞋的日本军官。第二号的布帘掀起,是一个搂着妓女的伪警官。第三号的门开着,三个日本兵围着四个妓女在抽纸烟,第四个第五个……十九号里门紧闭着,房内的声音透出房门,似乎是在哭泣,间或带了些怒骂的声音:
>
> "益阿罗!"日语的咤声,接着是什物的倒塌声,"益阿罗"日本军官的皮带向妓女抽了几下,前前后后的客人都惊扰起来。

---

① 《人民慰安所检验结果,七妓患花柳症》,《南京新报》1938 年 8 月 20 日第三版。
② 白芜:《今日之南京》,张宪文主编:《南京大屠杀史料集》第 64 册,马振犊、林宇梅等编:《民国出版中记载的日军暴行》,第 119 页。

十九号的茶房给它打开,接着日军官斜戴着尖顶帽闯出来了,他气愤不堪,茶役垂下双手,恭敬地送出大门。①

在这篇文章里,作者将自己亲眼所见的人民慰安所的真实情况描写了出来,可以看出在人民慰安所内有很多日本军人,不仅有普通士兵,也有日军军官。所谓的"益阿罗",日语就是讨厌的意思。

2-13　图为南京的人民妓院的历史照片。由日本军人拍摄,时间应在 1938 年。该照片存放在一部由日本兵拍摄的相册中,2017 年购自东京。出售该相册者是拍摄者的儿子,已将拍摄者的信息和照片清除,因此目前尚不清楚拍摄者的姓名和所属部队。(中国"慰安妇"历史博物馆藏)

从图 2-13 可见,"人民慰安所"也称为"人民妓院",门牌 11号。出入者很明显,都是日本军人,门内有 2 个日本兵,门前有 4 个日本兵,且笑逐颜开。

① 任重:《南京慰安所里》,《浙江妇女》1939 年第 4 期,第 139 页。

7. 日支亲善馆（四所）

金陵大学美国籍教授贝德士在 1938 年春，曾亲眼看到张贴在南京中山北路上的两大张日军慰安所的海报，上面写着：

> 支那美人，兵站指定慰安所
> 第四日支亲善馆
> 由此循河边前行
> 600 米

2－14 南京第四日支亲善馆的广告。（藏于美国贝德士档案，耶鲁大学神学院，章开沅教授提供）

2－15 华中日军宪兵队司令大木繁呈送上级的江南各城慰安所、"慰安妇"数量统计的文件，现存于吉林省档案馆。

这个第四日支亲善馆在南京干河沿前街，位于中山路金陵大学附属中学（今金陵中学）附近，按照常理还应有第一、第二、第三亲善馆。贝德士教授在《关于"慰安妇"的新闻发布稿》中转录了这张海报，并说明："海报照片代表装点南京街道之一种象征模式。这种特殊招贴有两大种展示于中山北路，离广场不远。经调查属实，它正对着一所规模很大的女子学校，也靠近宪兵司令部。"对于日军在南京设立慰安所，贝德士愤怒地斥责说："甚至连海报的语言都是中日淫秽的混合物,令每个有教养的中国人作呕,同时又是对于受过某些教育的普通日本人的冒犯。南京那些正派家庭所想到的由日本军队促进的这种'友好关系',最好别印出来。沦陷区居民知道,日军离开邪恶即无法存在,而且愈加增多。但他们希望应该多少考虑一下对于年轻一代心灵的影响,以及一个过去习惯于礼仪的社会的市容。"[①]

综上所述,南京不仅是日军大屠杀的受害地,也是日军推行"慰安妇"——性奴隶制度的重要城市。而且,日军在南京建立、管理、运作慰安所的实践,对于其在军中推行这一制度,有着重要的示范意义和推广价值。

第三节　日军高层推广慰安所

上文已指出,日军高层在上海到南京的挺进过程中,已在积极推动慰安所的建立。再补充一个重要史料,在1938年2月,华中宪兵队司令部对江南9个地点慰安所的统计,表明在日军看来慰安所完全是合法化存在。

当时,日军华中宪兵队司令官大木繁在向该军参谋部等的报告中,统计了南京、下关、镇江、金坛、句容、常州、丹阳、芜湖和宁国等9个地区的日军慰安所情况,该文件写道:目前除宁国因交通不畅情况不明和句容以外,其他7地均已设立了慰安所。在芜湖,"慰安妇"人数原来只有25人,现在比上一旬增加了84人;在芜湖的109名"慰安妇"中,日本女性有48人,朝鲜女性有36人,中国女性有25人。

[①] 贝德士:《关于"慰安妇"的新闻发布稿》,章开沅编译:《天理难容:美国传教士眼中的南京大屠杀(1937—1938)》,南京:南京大学出版社1999年版,第40—41页。

2－16 日军曾在汉口的生成北里设立慰安所。(苏智良 2001 年摄)

报告明确记载,在 2 月中旬(11—20 日)的 10 天里,有 8 929 人次的日军官兵进入了镇江的日军慰安所,比前一旬增加了 3 195 人次;在镇江,1 名"慰安妇"平均 10 天中接待了 82 人次的官兵,也就是 1 天接待 8 人次官兵。在丹阳,"慰安妇"暂时只有 6 人,人员严重不足,因此报告中明确写道,要"就地征募当地慰安妇"①。这份出自日本华中宪兵队司令部的旬报,明白无误地披露了日军建立、管理慰安所的事实,是"慰安妇"历史中非常珍贵的一手资料。在大木繁的另一份报告中记载:湖州的慰安所里,有中国女性 11 人,朝鲜女性 29 人;当桑名旅团开到湖州时,日军数量已有所减少,但还是增开了一家"特种慰安所"。无锡最近也要增加 20 名"慰安妇"。②

1938 年 3 月 4 日,日本大本营签发了[陆支密 745 号]秘密文件,这份给华北派遣军、华中派遣军参谋长发送的文件的内容就是

---

① 华中派遣军宪兵队司令官大木繁:《关于南京宪兵队辖区治安恢复状况调查之件(通牒)》,昭和十三年(1938 年)二月二十八日,吉林省档案馆藏。

② 华中派遣军宪兵队司令官大木繁:《关于南京宪兵队辖区治安恢复状况的调查之件(通牒)》,《中支宪高第二四一号》,昭和十三年(1938)二月十九日,吉林省档案馆藏。

募集"慰安妇"、建立慰安所。文件规定,"慰安妇"的征募工作由派遣军一级进行"统制";各军须选派合适的专门人员来担任此事;征募女性时要与当地警宪取得联络。① 这是目前为止,我们能看到的日军最高层关于募集"慰安妇"的详细指示和规定。这一文件是陆军省次官梅津美治郎批准的,明白无误地揭示除军方之外,日本政府的警宪系统也加入到"慰安妇"制度的建立与实施中。同时也印证了陆军省作为日本政府军事最高领导机构在推行"慰安妇"制度中的领导者角色。

1938 年 5 月 25 日,日本陆军省的教育总监部向各地部队发出《战时服务提要》,共分为八章,在第八章《人马的卫生》中规定:关于性病要有积极的预防办法,军队慰安所的卫生设施必须完备,并严禁官兵接触军队指定以外的娼妓、土民等。②

1940 年 9 月 19 日,日本陆军省副官川原直一向陆军部队下发《由中国事变的经验观测军纪振作的对策》文件。这份《对策》中承认,日军在中国战场发生了很多"掠夺、强奸、放火、杀害俘虏"的事件,因此,要求各部队对慰安所进行有效的管理。据该文件记载,1937 年至 1939 年底,日军在中国共发生放火、残杀事件 420 件,强奸并致死伤的事件 312 件。这一数字显然是大大缩水,颁发这个文件的目的,不是在于杜绝这类事件,而是担心强奸案的频发导致日军中性病的流行,从而影响日军的战斗力。③ 日军的这个目的在下面这份文件中也得到了印证。

1942年6月18日,陆军省医务局卫生科起草了《关于大东亚战争

① 吉見義明编『從軍慰安婦資料集』、105 頁。
② 吉見義明编『從軍慰安婦資料集』、163 頁。
③ 吉見義明编『從軍慰安婦資料集』、165—170 頁。

2 – 17 慰安所的名称各种各样,图中是名为食堂的日
军慰安所(《日本的战历》,每日新闻社,1967 年版)

中官兵的性病处置文件》。这个文件出笼的背景是由于侵华日军中性
病流行,一些官兵退役回国后,将性病带回到日本本土,从而引起了
日本内地民众和军部的极大恐慌。因此该文件要求,第一,必须切实
指导作战部队的性病防治工作,尽量避免感染的机会,执勤地(占领
地)的慰安所的管理要切实加强。第二,在官兵返回日本本土前,必须
在现地进行严格的检查,发现性病患者应由医院收容治疗,痊愈后才
能返回内地。第三,如果性病患者在治愈后仍有复发可能,须由医院
院长在病人返回家乡之际,通知其出生地的地方长官。文件要求有关
各方面从日本民族的前途着想,严防性病在日本国内蔓延。①

　　鉴于这种情况,陆军省便积极行动,进一步策划设置和完善慰安
所。在陆军省军官金原节三编写的《陆军省业务日志摘录》中,记载
着陆军中央部门着手建立慰安所的许多事实。金原节三曾担任近卫
第 2 师团的卫生部长,对前线日军的慰安所实状非常了解,所以他积

---

① 吉見義明編『従軍慰安婦資料集』、171 頁。

极推动陆军省大规模扩大慰安所。1942 年 9 月 3 日,陆军省举行科长工作会议,恩赏科长发言指出,还要在现有数量的基础上追加慰安所,"将校军官以下的慰安设施,拟按以下规模:华北 100 所,华中 140 所,华南 40 所,南方 100 所,南海 10 所,库页岛 10 所,共 400 所"。①

2-18　战时报刊刊登的关于上海虹口"帝国妇女慰安所"的报道。(《工人》1938 年第 2 卷第 2 期)

1939 年 11 月,日军攻克南宁,29 日举行了入城式。此后第 22 军司令部便指使各部队设立了一批慰安所。根据原第 5 师团师团长今村的回忆录,1940 年 2 月中旬时,有 15 个慰安所的日本业主,

① 矢野玲子著,大海译:《慰安妇问题研究》,沈阳:辽宁古籍出版社 1997 年版,第 220 页。

他们带着 150 个"慰安妇"到达南宁,驻屯该地的第 22 军管理部长立即与第 5 师团长今村和近卫混成旅团旅团长樱田商谈,征用一批西式旅馆、学校、寺院和民屋,开设一批慰安所,并给部队分配了"慰安妇"的名额。为了能让所属官兵都能进入慰安所,第 5 师团副官建议,向所有官兵每人发一张慰安所入场券。后来由于部队转移,这些慰安所又迁回了广东。另一则史料说,在 1940 年 9 月,南宁街头的日军慰安所多达 18 处,其中的中国"慰安妇"就有一百好几十人。① 日军台湾旅团在南宁也设有大批的慰安所。②

就这样,在日军高层的倡导下,各部队纷纷设立了慰安所。

第四节 外务省系统的参与

建立"慰安妇"制度是战时日本的一个系统工程,由日本军方(海军省、陆军省、关东军及各派遣军参谋部)牵头策划和主导,其他的政府部门都参与其事。如内务省、法务省、各级地方政府、警视厅、外务省及其各驻外领事馆、朝鲜总督府及其各级政府、台湾总督府及其各级政府等。

日本内务省警保局、各府县知事、警视厅总监曾制定《关于渡航妇女前往中国的文件》,该文件完成时间是 1938 年 2 月 23 日,这一在日本各地征集"慰安妇"运往中国的"工程",始于 1937 年底到 1938 年初。该文件的内容为:最近,从中国各地来了不少募集"慰安妇"的日本从业者,这些业者了解军事情况,从在中国的日军现状考虑,"慰安妇"从日本渡航到中国非常有必要。因此,应予以特

① 小俣行男『戦場と战场与記者』、冬树社、1967 年、203 頁。
② 吉見義明、林博史『共同研究 日本軍慰安婦』、岩波書店、1995 年、84 頁。

别考虑。在征集、遣送"慰安妇"时,不要损害日本帝国的威信和皇军的名誉,不要给出征的士兵及其家族带来不利的影响。

外务省在日本国内遣送"慰安妇"前往中国等地时,会开具"渡航"证明书,以提供方便。在中国的使领馆也会协同日军,积极参与建立"慰安妇"制度,我们可以以上海、南京、武汉三地的日本领事馆为例进行考察。

在七七卢沟桥事变发生前,从日本前往中国,原来是可以自由往返的。但当侵华战争全面爆发后,日本政府加强管控,规定要取缔"无赖不良之徒"即各种影响日本国家利益的人前往中国,赴华需要有当地警察署长发行的身份证明书。1937 年 8 月 31 日,外务省外务次官堀内谦介给日本警视厅警视、北海道厅长官、各道府县知事等地方官厅颁布《关于对不良分子渡航赴华进行管控之事宜》外交文件,并提出赴华者通过渡航的两项宗旨。

> 以往要渡航赴支那不需护照,来去自由,但因此次日支事变,如今在华日侨多数撤退回乡,对其遗留财产之保护警戒等亦难保周全。对于或欲煽动残留国人(即日本人——编者注)闹事,或欲趁乱一赌打劫发财等无赖不良之徒向支那渡航者,此时有必要严加取缔管控之。现已于满洲国及关东州分别采取应对措施,另外相关在华(日本)帝国使领馆亦有以上取缔管控之通知,因此在此仅献若干建议以供参考。今后一段时日,对于欲渡航赴支那之(一)一般本国人士由所辖警察署长,而对于(二)因公务被派遣赴华者由派遣官署公署依照另页所示手续发给身份证明书,望对除持有以上身份证明书或被发给正式护照者之外,一概做不予准许乘船赴支那之处理。而对于发给以上身份证明书者,望依照前述宗旨,除业务上或家庭上或为其他正

当目的急需渡华者外,劝其在此之际尽量自发克制而不渡华,以配合确保在华皇军后方地区之治安。另,本文之宗旨乃望酌情适当争取一般民众普遍周知,兼与以上相关官厅协商之意,依命特此进谏。①

这个文件明确规定前往中国的日本人:第一,一般本国人士须持有所辖警察署长发放的身份证明;第二,如是公务派遣者,须由派遣官署依照一定手续发给身份证明书。身份证明书上面必须写明姓名、户籍、现住址、出生年月日、渡航目的和时间等,同样,征召的"慰安妇"也适用这一规定。外务省甚至还规定了证明书的格式:

(甲号样式)

身份证明书

户籍所在地

现住址

职业

姓　　　名
出生年月日

一、需要渡航赴华之目的、理由、逗留时间

以上特此证明

昭和 12 年　　　月　　　日
警察署　长官姓名(印)

---

① 吉見義明『従軍慰安婦資料集』、95—96 頁。

2-19 武汉的日军慰安所——和平馆,旁边还标着"第六慰安所",时间是 1942 年秋。

（乙号样式）

身份证明书

官职

姓名

出生年月日

一、需要渡航赴华之目的、具体事务

以上特此证明

昭和 12 年　　月　　日

（派遣官公署）　官职姓名（印）①

---

① 吉見義明『従軍慰安婦資料集』、98—99 頁。

从以上日本外交文件的内容与条款可分析,外务省对赴华者的渡航手续办法提出了详细说明。包括分类发放不同的身份证明书,从而在前往海外时分别采取不同的处理办法。这也便是将募集业者与"慰安妇"等"特殊"渡航者与其他普通国民区别开来,为业主和"慰安妇"顺利出航提供法律依据。可见,在"慰安妇"的招募与渡航过程中,外务省直接参与并推动,从而为"慰安妇"制度的顺利推进奠定了基础。

日本驻上海总领事馆是外务省系统中最早参与筹建慰安所的领事馆。自清末起,该领事馆就每年统计在上海的日本娼妓人数,并予以遣返。到1932年初,当日本海军在上海建立第一批特别慰安所时,日本上海总领事馆已经是重要合作方了。领事馆会统计"慰安妇"的人数,但不会遣返;还会统计慰安所的数量,领事馆的警察署担负慰安所的治安工作;还与军方一起建立可控的"慰安妇"体检制度。

根据《外务省警察史》的记载,隶属于日本海军的上海"慰安妇"每周有一次健康检查,由海军陆战队与领事馆警察署共同负责,这就表明,慰安所是由日本海军与日本领事馆共同管理,也就是说,已经形成日本政府和军队共同参与慰安所的监督统制。

南京的日本公使馆在日军占领南京后即与军方紧密合作,包括建立和处理慰安所事务。前面已作介绍,1938年4月16日日本陆军、海军与日本南京总领事馆召开联席会议,以合作加强对南京慰安所的管理。①

1938年9月,当武汉会战还在激烈展开时,日本的外交部门与军方就已在合谋设立武汉慰安所的事宜了。9月14日,日军和驻

---

① 吉見義明編『従軍慰安婦資料集』、179 頁。

汉口日本总领事馆进行"联络会议",并通过《对于攻占汉口后赴汉口的日本人应急处理纲要》。"纲要"第3条规定,对准备赴汉口的日本侨民将"优先考虑赴汉口后能迅速开业者",但是,"为了开设军队慰安所而赴汉口者,不受此规定"。① 在这种"特殊照顾"之下,不到半年,即1939年2月3日,日军已在汉口开设20家慰安所。外务省美洲局局长吉泽清次郎宣称:这些"慰安所"是"经驻日军兵站、宪兵队,在总领事馆的同意之下开设的"。② 这一案例说明,日军驻汉口部队与驻汉口日本领事馆之间,为开设慰安所相互"合作"极其密切。

　　因此第一批慰安所几乎是与日军同步进入武汉的。10月25日,日军宣布完全占领武汉,在随之不久实施的武汉市人口调查中,标识为艺妓、娼妇身份的"慰安妇"已达492人。③ 1939年2月3日,驻汉口总领事花轮义敬在致外务大臣有田八郎的《关于管理去汉口渡航者的文件》中写道:"军队慰安所已有20家(包括兵站、宪兵队和本馆批准的慰安所)。"④这些来自日本的"慰安妇"均有身份证明。⑤ 当时的中国报纸刊文指出:"敌军到了武汉,边将'随营娼妓'集合起来,指定区域居住,名为所谓'陆军公娼区''海军公娼区',如老联保里、新联保里、生成里,以及特一区已烧去二分之一的六合里,现在都是公娼区。敌军在汉抢掠的我国女同胞,奸淫以后便送到公娼区里去卖笑,在这些淫窝中和那些魔窟中一样,是充

① 吉見義明编『從軍慰安婦資料集』、115—116頁。
② 吉見義明编『從軍慰安婦資料集』、118頁。
③ 吉見義明编『從軍慰安婦資料集』、193—194頁。
④ 川田文子『皇軍慰安所の女たち』、筑摩書房、1993年、222頁。
⑤ 山田清吉『武漢兵站』、图书出版社、1978年、93頁。

满了黑暗、惨痛和残酷的景象。"①所以,送入武汉各个慰安所的中国妇女人数应该不少。武汉地区的慰安所一直开至日本战败投降,前后历时长达 7 年。

六合里地处汉口日租界,当时已被战火毁去一大半。日军占领汉口后不久,军官木村少佐即命中川中尉和森本军曹等,在民权路等地选定开设慰安所的房屋。1939 年春,兵站负责调配房屋的家屋股根据日本侨民的申请,批准了六合里慰安所营业。于是这里出现了四五家慰安所,里面都是被日侨控

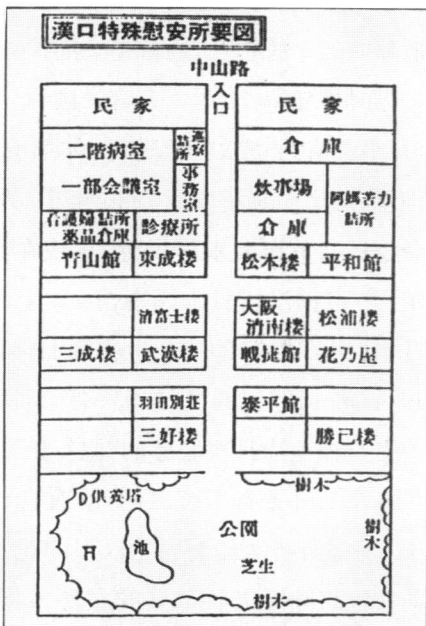

出典:山田清吉『武漢兵站』
(図書出版社) 76 頁。

2-20　日本兵山田清吉手绘的汉口积庆里慰安所要图(山田清吉《武汉兵站》,图书出版社)。

制的 20 岁左右的中国女子,她们是从汉口难民收容区和华界诱骗来的贫困少女,其中有的已做了母亲,也有些是被卖到这里来的女孩。老板逼着她们接待日军官兵,让她们在一层的厅里集中,由士兵来挑选。六合里的慰安所费用比积庆里低廉,这里的慰安所也是由当地日本领事馆管理的。② 后来日本总领事馆警察署经过调

① 延安时事问题研究会编:《日本帝国主义在中国沦陷区》,解放社 1939 年,第 279 页。
② 村上千之助『野戦預備病院:ある衛生兵の私記』,1992 年私家版、62 頁。

研提出,慰安所有些业务需要向军队移交,如性病检查,后来多由现地部队的军医担任,通常是一周检查一次。

　　当时担任第 11 军司令官的冈村宁次承认,在进攻武汉的部队中,几乎都有"慰安妇团"随行,如第 6 师团,尽管有"慰安妇团"同行,但仍发生了强奸案。1938 年 10 月 27 日,第 11 军的先遣参谋已命令兵站负责人木村少佐,尽快在积庆里建立 300 人的大型慰安所。① 根据汉口日本领事馆 11 月 30 日的调查,仅汉口一地,就有日本"慰安妇"150 人。② 实际日本"慰安妇"还不止这个数字。1940 年,汉口登记的"娼妓"只有二百数十人,实际上有两三千人。其中多是被迫为日军服务的"慰安妇"。

　　日军与外务省系统之间,既有合作,也有分歧。1939 年 12 月 23 日,日本外务大臣野村给汉口的花轮总领事发来密电《关于慰安妇前往汉口陆军天谷部队的文件》,指出来自香川县的天野部队,现在驻扎在汉口,为了开设军队的慰安所,需要在日本国内募集 50 名妇女。这些妇女前往中国的许可证,将由该部队与香川县政府联络斡旋。这件事外务省已通报内务省,所以要汉口的领事馆了解,这些妇女将于年内从日本出发。文件原文如下:

　　　　外务大臣野村致汉口花轮总领事

　　　　暗电送第 34890 号

　　　　昭和 14 年 12 月 23 日下午 7 时发

　　　　　关于慰安妇前往汉口陆军天谷部队的文件

　　　　第 323 号

　　　　汉口花轮总领事

---

① 山田盟子『從軍慰安婦』、光文社、2006 年、27 頁。

② 吉見義明編『從軍慰安婦資料集』、263 頁。

　　驻扎汉口的香川县天野部队为了开设军队慰安所，需要募集 50 名妇女。前往中国的许可证将由该部队与香川县有关方面联系斡旋。此事已通报内务省，并请贵领事馆谅解。妇女一行将于年内出发。期待贵方之回电。

野村大臣

　　日本汉口总领事花轮接到电文后，即与该部队的司令部取得联系。12 月 27 日，花轮致电野村外务大臣，并指出：

　　汉口花轮总领事致外务大臣野村

　　秘

　　昭和 14 年　　四五五八五　　暗　汉口　12 月 27 日发

　　本省　　　　　　　27 日达

　　野村外务大臣

　　第 734 号

　　尊电第 323 号《关于慰安妇前往汉口陆军天谷部队的文件》收悉，并已与当地军队的司令部联络。从内地招募慰安妇已采取许可制度。关于此次天野部队的慰安妇招募事，将履行正式手续。鉴于该部队办理招募事宜已成事实，本领事馆是否须予以追认？此前，本领事馆对此事毫无所知。如果军队准备招募慰安妇营业，本领事馆将予以监督，慰安妇如来汉口时，本领事馆将出面引导（终）。①

　　花轮总领事指出，在内地招募"慰安妇"已采取许可制度，表明征用"慰安妇"制度日臻完善。花轮表示："此前，本领事馆对此事毫无所知。"但鉴于天谷部队招募"慰安妇"事宜已成事实，军队非

---

① 吉见义明编『従軍慰安婦資料集』、121—122 頁。

常强势,因此他请示外务大臣:本领事馆是否须予以追认?最后表示:如果部队准备招募"慰安妇"营业,本领事馆将予以监督,"慰安妇"到汉口来时,本领事馆将出面引导,予以配合。

从该案例中可知,军队在招募"慰安妇"、建立慰安所的过程中,比日本政府部门更强势。

2017 年和 2018 年度,日本内阁官房新收集到 23 份"慰安妇"文件。其中的 13 份材料是外务省名为《关于取缔支那渡航妇女事项》的机密文件,成文年代是 1938 年,都是日本各领事馆与外务省的汇报、联络"慰安妇"事宜的内容。

在日本驻华领事馆的报告中,记载了"陆军方面考虑每 70 名兵员需要 1 名左右女招待""搭乘军用车南下的特殊妇女"等内容。"女招待""特殊妇女"在这些报告中被解释为"与娼妓同样"、"被强迫从事丑业",意指"慰安妇"。显而易见,在国家参与下日本军队和外务省征用、输送了"慰安妇"。

济南日本总领事提交给外务大臣的报告中记载,随着日军部队进入山东,在当地从事色情业的女性不断增加。详细记述了"内地人艺妓 101 人、同女招待 110 人、朝鲜女招待多达 228 人","预想皇军前进的情况,到 4 月底至少在当地集中 500 名特殊妇女"。此外报告还写道,占领徐州后,她们"搭乘军用车",有 186 人南下。

青岛日本总领事的报告中记载了"海军方面希望增加艺妓女招待合计 150 名,陆军方面考虑每 70 名兵员需要 1 名左右女招待"①。

尽管强征"慰安妇"的数量不算很多,但这佐证了以日军为主体、有计划地集中女性的内容。通过领事馆询问了外务省,这再次

---

① 共同社:《日政府公文记载"陆军每 70 人需要 1 名"慰安妇》,2019 年 12 月 6 日。

2－21　大连武昌街一面街一带的日军慰安所原址,这里是战时大连慰安所最集中的地方。(苏智良 2007 年摄)

表明外务省系统参与了日军建立慰安所的计划。

第五节　日军慰安所在中国的分布

日军在中国的占领地从沿海到内陆、从城市到农村,军队规模从军、师团、联队到警备队、小分队,甚至于在前线的碉堡、炮楼里都设有慰安所。可以说日军与慰安所如影随形。

战争的初期,日军的慰安所分布在江南、东北一带的占领区,主要有上海、杭州、嘉兴、苏州、常州、镇江、南京、九江、芜湖、南昌和东北等地。不久,各地日军利用各种手段,大规模地强迫中国妇女充当"慰安妇",其活动日益规范化和合法化,强征中国"慰安妇"、设立慰安所的犯罪几乎遍及日军占领区。主要有黑龙江、吉林、辽宁、热河、河北、山西、北京、天津、山东、河南、安徽、江苏、上海、江西、浙江、湖北、湖南、福建、广西、广东、云南、海南、香港等地,在当时日本的殖民地台湾,也设有大量的慰安所,陈海洋的研究指出,台湾各种日军慰安所有 130 个以上。① 在所谓的治安地区(也就是占领区),日军的统治秩序较为稳定,因此会设立各种类型的慰安所;在准治安地区(游击区),日军主要靠强掳村庄里的姑娘在炮楼、据点中设立临时慰安所;而在非治安地区作战时,日军则是烧杀抢掠、无恶不作。 在对战地中国女性强奸的同时,他们也会掳掠一些年轻女子与军队同行,这些女子便在一段时期里失去人身自由,成为日军的性奴隶。

　　2-22　汉口积庆里的联排民居,战时这里是武汉日军慰安所的"花街"。(苏智良 1999 年摄)

---

① 陈海洋:《台湾日军"慰安妇"问题研究》,上海师范大学硕士学位论文,2020 年。

（一）武汉积庆里慰安所

积庆里位于汉口中山大道中段南侧、六渡桥的东南部，由纵 7 横 8 多条巷道组成，两层砖木结构的 60 多栋房屋排列整齐，面积约 13 000 平方米。东边三个出口通文书巷，还有两个出口接汉池里，主要进出口是后城马路（今中山大道），正对着济生二马路（今前进二路）。积庆里初名同善里，后取"积善之家必有余庆"之意而改名。战前这里是中国人居住的街区，房屋全部是砖墙相围。日军占领后便在此设立慰安所，5 个街弄的出入口都安装上铁门，由日军士兵站岗。

根据日军武汉兵站司令部慰安股长山田清吉的记载，日军认为，积庆里的规模、结构和地理位置，非常适合建立特殊慰安所，于是兵站司令部便决定在此建立一批慰安所。这些慰安所属于第 11 军，由汉口兵站负责管理，兵站本部设在江汉路左侧的第 18 码头，首任兵站司令是池田龙大佐；兵站主要干事是藤井源治中佐副官和高桥慰安系长（股长），他们二人合力，创建并完善了积庆里的慰安所体系。

兵站接收 68 户积庆里的住房后，第一步建立了 12 家慰安所，并在中山路入口砌有砖墙，设立岗亭（即"诘所"），由宪兵站岗守卫，其他通道则全部用砖头封闭。

积庆里慰安所的密集程度在日军占领区中非常少见。积庆里的幸存者河大娘回忆，积庆里有 2 家慰安所里面是日本"慰安妇"（当然，实际情况日本"慰安妇"的慰安所不止 2 家——笔者注）。积庆里入口靠左的是澡堂，右面是诊疗所。诊疗所是日本陆军设立的汉口特殊诊疗所，专门负责检查汉口的"慰安妇"身体，并治疗性病，负责人为长泽健一（后由宫崎菊雄和大泽义夫担任）。战后

2‑23　日本老兵根据记忆绘制的武汉积庆里慰安所群。（户井昌造《战争指南》）

有很多日本老兵回忆，曾在积庆里玩乐过。其他均是朝鲜人的慰安所，接待的士兵就更多了。

仅仅过了一个月，即 1938 年 11 月底，积庆里慰安所已增加到 30 家，内有日本"慰安妇"130 名，朝鲜"慰安妇"150 名，共 280 名。慰安所的规则是士兵 30 分钟 2 日元，下士官 30 分钟 1.5 日元，将校和军队聘用人员 1 个小时 3 日元，并且允许将校留宿，价格是 10 日元。① 1943 年 4 月后又增加新规定，如支付储备券时，100 元储备券汇率相当于日币 18 元，当时，进入慰安所的价格是士兵储备券 30 元、下士官 50 元、将校 100 元。这一年，积庆里有日本人经营的大阪清南楼（大阪）、东成楼（神户）、羽田别庄（广岛）、清富士楼、战捷楼、松本楼、胜已楼、松浦楼、杉本楼等 9 家慰安所；朝鲜人经营的慰安所 11 家，如三好楼、青山馆、三成楼、泰平馆、平和馆、花乃屋、武汉楼等。其中的大和馆慰安所是积庆

---

① 长泽健一『漢口慰安所』、図書出版社、1992 年、54 頁；山田清吉『武漢兵站』、図書出版社、1978 年、77 頁。

里 24 号,老板是来自广岛的日侨二鹿静香,电话为 21870。这些慰安所的建筑都是占据中国人的居所而改建的。

一个九州出生的日本女人与中国人结了婚,日军占领武汉后,她便与日军兵站联络,在积庆里 1 号开设了慰安所。里面的"慰安妇"有 14 到 15 人,是从汉口难民区里抓来的中国姑娘。① 由于中国妇女的生活习惯不同,语言不通,日军更担心泄露军事机密。因此,约一个多月后,经营者决定将中国性奴隶清理退出,但并没有给她们以自由,而是把她们带到六合里的慰安所,继续充当日军"慰安妇"。②

日军的武汉兵站司令部为管理慰安所,专门设立慰安股,由将校 2 人、下士官 2 人、士兵 4 人共 8 人组成。慰安股职责是管理"慰安妇"、监督慰安所运营,如积庆里慰安所的入口,有日本兵的步哨日夜守卫。此外,慰安股还负责食堂、酒家、演剧、放电影、迎送慰问团等事情。积庆里设有日本陆军汉口特殊诊疗所,给"慰安妇"治疗性病。各慰安所每日接

2–24 由于一些"慰安妇"的死亡,积庆里建起了"慰安妇"供养塔。以祭奠死者的亡灵。这是目前为止所发现的唯一的"慰安妇"供养塔。(长泽健一:《漢口慰安所》)

---

① 山田盟子『從軍慰安婦』、132 頁。
② 山田清吉『武漢兵站』、87—94 頁。

待日军的人数、金额等,须每天向慰安股报告。在积庆里,还曾建有一座病故"慰安妇"供养塔,说明战时有不少"慰安妇"在这里失去了性命。抗战胜利后供养塔被拆除。① 直到 20 世纪 90 年代,附近做晨操的大妈们对此塔还有记忆。

进入积庆里,两边的墙壁上便排列着"某某楼""某某馆"的广告。慰安所贴着女性的照片。日本官兵评价说积庆里与日本内地的游廓吉原有许多相似之处。这里的日本女子多是日本南方出生的人,还有很多是朝鲜半岛人。晚上只对军官开放。② 日军的慰安股力求要将积庆里营造成日本红灯区的延伸,以使得日军官兵有一种亲近感。1943 年,积庆里的"慰安妇"有 300 人以上(日本 180 人、朝鲜 130 人,还有相当数量的中国妇女),她们平均每人每月要接待约 150 名日本官兵,合计每月接待约 4.2 万人次。③

从日军占领武汉起,积庆里的慰安所一直经营到战争结束才关闭,这个拥有建筑 80 多栋、占地 13 000 平方米的里弄,是亚洲日军慰安所最集中的区域之一。当时在武汉周围地区的朝鲜人"慰安妇"共有 2 100 人。日本投降后,慰安所人员被集中到中山路北与江汉路西的日军司令部军用宿舍,随后依次坐船运到上海,再遣送回国。实际上有不少朝鲜"慰安妇"幸存者留在了武汉,河大娘就是其中的一位。

河大娘生于 1928 年,故乡是忠清南道瑞山,家里非常贫困,尤其是父亲病故以后。1944 年她 16 岁时,被骗到中国的工厂去做

---

① 《日军曾在汉口积庆里开慰安所沦陷期慰安妇 280 名》,《长江日报》2014 年 2 月 26 日。长泽健一的《汉口慰安所》中刊有供养塔的照片。

② 村上千之助『野戦預備病院:ある卫生兵の私記』,1992 年私家版,62 页。

③ 《汉口租界志》编辑委员会编:《汉口租界志》,武汉:武汉出版社 2003 年版,第 396—398 页。

2-25 积庆里22号曾是韩国河大娘的受害地。战后她一直居住在武汉,并找到40位与她相同身份的韩国受害者。(苏智良2000年摄)

工,从平壤出发时坐的是汽车,经过丹东、天津到达南京,然后坐船到武汉。河大娘被送到金老板开设的慰安所,地点就在积庆里22号。她有了一个新的名字:君子,从此成为日军的性奴隶。河大娘回忆:在积庆里慰安所时,每天要接待5到10名日本兵,星期日至少是20—30个日本兵。幸运的是,这样的生活还不到一年,日本投降了。

积庆里的房屋在战后已进行了改造。受害者河大娘对夺取她青春和幸福的积庆里的所有一切都非常痛恨,打心底里感到厌恶。1998年,当我提出请大娘引路,去寻访积庆里慰安所遗址时,河大娘非常坚决地予以了拒绝,她说:"这辈子我再也不想去了,积庆里22号,你自己去吧!"[1]与河大娘有着相同经历而战后留在武汉生活的朝鲜女子,至少有40位。

---

① 参见苏智良、陈丽菲采访河大娘记录,1998—2016年。

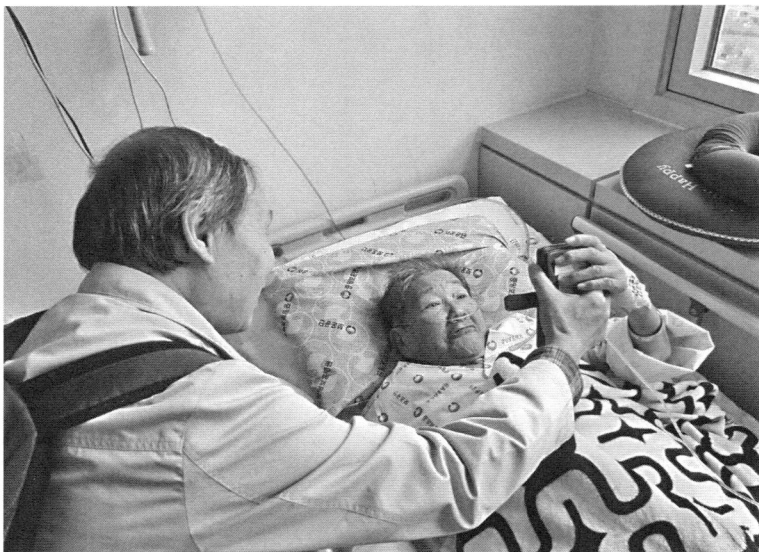

2－26　2016 年 10 月,笔者到首尔的报勋医院探望河大娘。这也是最后一次见到河大娘了。

　　战后,河大娘与一位武汉的电工结婚,抚育 3 位非自己所生的女儿长大,自己成长为武汉市优秀工人。2000 年,河大娘作为原告,出席了东京的国际"慰安妇"民间法庭。2003 年,在韩国热心朋友的帮助下,河大娘的弟弟接姐姐回韩国住了两年,大娘因为思念在武汉的女儿们而重返武汉。2016 年 2 月,河大娘因骨折入住武汉医院的重症监护室。我与陈丽菲教授寄去 1 万元治疗费,以示慰问。此后在韩国外交官的关心下,4 月,河大娘被接到韩国治疗。当年 10 月,我到首尔的报勋医院看望大娘,当时大娘虽已有所恢复,但不能行走。2017 年 8 月 27 日,苦难一生的河大娘在首尔病逝。积庆里的建筑在 2019 年秋完成了动迁,即将进行改造。许多武汉的专家、市民、媒体讨论、呼吁多年,希望能保全这个华中地区最大的慰安所建筑群。

2-27　韩国女性家族部为河大娘的逝世,举行了隆重的吊唁仪式。
(韩国女性家族部提供)

(二)安徽芜湖凤宜楼慰安所

"芜湖自治会"成立后,投靠日军的汉奸们为满足日军欲望,四下搜捕年轻姑娘。这些姑娘有些是芜湖当地人,有些还是从宜兴等沦陷区逃难到芜湖的女子。汉奸们把这些姑娘分成两类,被送入慰安所的都是些年轻貌美的姑娘,她们无一幸免地被汉奸当作向日军献媚讨好的物件,承受着日军军官的蹂躏。而长得不怎么样的女子则均被控制羁押,饱受日军下等士兵的折磨。① 不久,姬斌便将 16 名抓到的芜湖城内年轻漂亮的中国平民女子,全部关进芜湖下二街的凤宜楼旅社。姬斌之所以将凤宜楼旅社作为慰安

---

① 孙震编『暴行——侵華日本軍罪悪実録』、三环出版社、1991 年、69—74 頁。

所,是因为旅社原主人为避难已离开芜湖,将其定为慰安所,姬斌不用付出任何金钱上的代价。凤宜楼慰安所的门口专门设置日本士兵岗亭,为了防止慰安所内妇女逃跑而昼夜站岗。

2-28　芜湖凤宜楼慰安所旧照,日本兵正排队进入。(《明治·大正·昭和》,東京:朝日新闻社 1975 年版,第 199 页)

　　1938 年 1 月,凤宜楼慰安所正式营业,这是我们所知的安徽省境内伪政权为日军开设的第一个慰安所。2 月,日军华中派遣宪兵队司令官大木繁在向该军参谋部等的报告中,统计了包括安徽芜湖和宁国在内的一些地区的慰安所情况,除了宁国因交通隔绝情况不明外,其他地区均已设立慰安所。档案记载,芜湖的"慰安妇"

比上一句增加了 84 人在芜湖的 109 名"慰安妇"中,有日本女性 48 人、朝鲜女性 36 人、中国女性 25 人。①

1938 年 4 月,日军往芜湖又送来一批日本妇女和朝鲜妇女,于芜湖寺码头等处开办慰安所,那里是日军进出的要道,因此生意兴隆。

当年曾被哄骗到芜湖凤宜楼旅馆慰安所的王氏,是目前已知的、愿意指证受害经历的安徽籍受害者之一。早在 1951 年,王氏就写了控诉材料:日军侵入芜湖是民国二十六年(1937年)旧历十一月初八。日军一进城便奸淫妇女,无恶不作。当时王氏将她的两个年幼的孩子托付给他人,自己孤零零地躲在剧院布景里,从早到晚动也不动,连

2-29 安徽宁国望阳阁慰安所的"慰安妇"。(香川茂摄于 1938 年 4 月 23 日)

2-30 安徽紫金庄慰安所中国"慰安妇"。(香川茂摄于 1938 年 5 月 2 日)

---

① 华中派遣军宪兵队司令官大木繁:《关于南京宪兵队辖区治安恢复状况调查之件(通牒)》,昭和十三年(1938 年)二月二十八日,吉林省档案馆藏。

2‐31　1938 年,安徽芜湖的日本人"慰安妇",她们也要照料伤兵。
(《不许可写真史》第 10 册,第 63 页)

大气都不敢出,靠着朋友在黑夜送来的冷饭菜艰难为生。王氏躲
藏了近 30 天,终究还是被姬斌发现。姬斌先是恐吓王氏,接着又
哄骗她说:"凤宜楼有人守卫,日本军是不会到那去的。"误以为姬
斌是好人的王氏就这样被姬斌骗进慰安所。到凤宜楼旅馆后,王
氏才发现那里根本就是淫窟,有七八十个类似王氏的姑娘也一同
被关在凤宜楼旅馆里。她们整天承受着日军的侮辱,若是不服从,
便以性命相威胁。在凤宜楼旅馆里,"慰安妇"们是没有人身自由
的。① 由于这段经历带给王氏伤痛太深,以致后来如有人问到她关

---

① 汪业新:《凤宜楼"慰安所"始末》,中国人民政治协商会议安徽省芜湖市委员会文史资
　料研究委员会编:《芜湖文史资料》第 3 辑,安徽人民出版社非正式出版字(87)第 2145
　号,第 118—121 页。

于凤宜楼的事,她都绝口不提,甚至要求来访者不要公开她的姓名。

(三) 云南龙陵董家沟慰安所

云南龙陵的董家沟慰安所,为日军 56 师团 113 联队开办。该慰安所地处龙陵县老城区中心的董家沟小河边,开办时间从 1942 年 6 月至 1944 年 11 月,历时近两年半。慰安所的房屋系日军强占董家沟田家大院,该民宅于 1921 年建造,占地 842 平方米,为两层砖木结构楼房,建筑面积 367 平方米,有大小房舍 23 间,这一建筑布局严谨,属典型的民国时走马串角楼四合院民居建筑,内部装饰精巧华丽,是当地有名的富家大院。

2 - 32 在各方的呼吁下,云南龙陵董家沟慰安所遗址终于建成了陈列馆。(苏智良 2009 年摄)

董家沟慰安所是日侨经营的,老板是被叫作阿云婆的日本女人,军医森山大实负责"慰安妇"的身体检查。1952 年首批到达的

"慰安妇"有 23 人,其中日本妇女 10 人,另外 13 人是朝鲜人和中国台湾人,年龄一般在 20 岁左右,每隔一段时间"慰安妇"就有些调换。这里所有的"慰安妇"都有日本名字,平时还要穿和服木屐,以迎合日军官兵的口味。慰安所的管理者还将"慰安妇"分三等。一等"慰安妇"是日本妇女,接待日军上级军官;二等的"慰安妇"来自朝鲜及我国东北等地,接待日军下级军官;三等的"慰安妇"是从当地强征、强掳来的妇女,接待士兵及军聘人员。董家沟慰安所的每个房间都有号牌,日军凭票入内。有老人说,1944 年 11 月,日军从龙陵败退时,这里的"慰安妇"全部被日本兵押到观音寺脚下的汤家沟,然后被枪杀或强迫服毒自杀。在两年中,龙陵当地先后约有500 名滇西妇女被掳掠做"慰安妇"。

2-33　日军拍摄的众来馆慰安所,具体地址不明,照片刊登在饭田部队的纪念册《支那事变出征纪念》里。

第三章 "慰安妇"制度的运作

　　日本学者认为,慰安所作为日军后方设施而开设的法律依据是 1937 年 9 月 29 日发布的陆达第 48 号《野战酒保规定改正》①。随着日本侵略中国战争的长期化和全面化,《野战酒保规定改正》的第一条规定,原来"野战酒保是在战地或是占领地给军人、军属以及其他的指定的从军人员提供饮食等生活必需品为目的而设置"。简单说,酒保就是军队里的小卖部。这一条规定修改之后,另外附上了"野战酒保除了前项以外还要开设必要的慰安设施"的内容。这里的"必要的慰安设施"主要就是指慰安所。慰安所就是日军兵站所属的后方设施之一。

　　在日军武汉兵站的慰安股股长山田清吉看来,"慰安所"这个词语刊布在军队的正式文件里,似乎是在 1938 年 7 月作为对外保密文件由陆军省教育总监部编纂的《战时服务提要》里。该文件在论述防疫的"消除传染源及杜绝传染"之项里记载有:

　　　　关于性病当然要讲究积极的预防法,要完善慰安所的卫生设施,同时要严格杜绝与军队所定以外的卖淫妇、土民的

---

① 永井和『日中戦争から世界戦争』、思文閣 2007 年、78 頁。

接触。①

实际情况当然要早得多。但这份由陆军省教育总监部于 1938 年 7 月颁发的文件，清楚地表明了陆军省在推行慰安所中的角色和所持的立场。

第一节　"合法强奸中心"——慰安所

无论是自上而下还是自下而上建立慰安所，在日军看来，这些均完全"合法"，没有日军官兵因为建立慰安所而遭受处罚。相反，

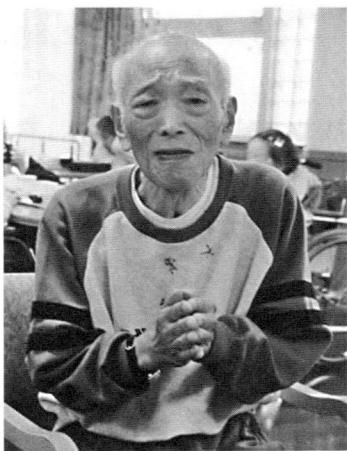

战斗部队或下级军官会接到上级机构及上司命令，要求迅速建立并使用慰安所。

早在 1937 年 9 月 29 日，陆军省制定的《野战酒保规程改正》（陆达第 48 号）第一条明确规定，野战小卖部（酒保）"如有必要可以设立慰安设施"。② 此后不少日军的小卖部就设立了慰安所，从而使日军部队设立慰安所更加合法化。在 1998 年"亚洲战争的真实证言"国际电视会议上，战时担任日军特务上校的永富博道公开作证，他承认："1937 年南京大屠

3-1　曾是黑龙会会长头山满徒弟的日军特务永富博道，终于在晚年认识到所犯的罪行，他祈求人们宽恕。（网络照片）

---

① 山田清吉『武漢兵站』、3 章、1 頁。
② 陸達第 48 号『野戦酒保規程改正』、防衛省防衛研究所図書館藏。

杀期间,我作为日军特务机关的一名成员,专门负责诱拐中国妇
女。部队从上海向南京进攻途中,我亲自负责设置了 6 个慰安所。
在沿途,我把一些逃难的中国年轻妇女诱拐到慰安所。"①显然永富
博道的行为正是其上司所要求做的。

自下而上建立慰安所的情况也非常普遍,这弥补了日军上层
配送日本、朝鲜"慰安妇"方式的不足。1937 年 11 月 18 日,石田菊
寿在山西崞县的宪兵队担任上等兵,该宪兵队要求忻县治安维持
会协力设立慰安所,强制抓来 10 多名中国妇女,投入慰安所。石
田承认他自己也"强拉"了两名中国妇女交给慰安所。② 甚至士兵
个人也可以自由设立慰安所。第 6 师团第 78 大队的士兵小田二
郎,在占领河北高阳县时,强制将 7 处房屋里的中国人赶走,然后
又控制 5 名朝鲜妇女,建立了慰安所。③

从经营者的角度分析,日军慰安所可以分为日军直营、日侨、
朝鲜人、汉奸政权建立的慰安所。

(一) 日军直营慰安所

日军自己设立的慰安所就是日军直营慰安所,从军一级到小
队规模均曾设立慰安所。从某种意义上看,日本军方策划"慰安
妇"制度的目的,是在为日本士兵提供"性享受"服务的同时,也为
日本高级军官集团提供高档次的"性享受"。

---

① 《参考消息》1998 年 8 月 19 日。
② 中央档案馆藏:《侦讯石田菊寿的终结书》,中央档案馆 119-2-726-1-4;中央档案
馆藏:《石田菊寿的口供》,中央档案馆 119-2-726-1-5。
③ 《检举小田二郎设置慰安所的罪行》,档案号 119-2-781-2-30,中央档案馆藏。此
事由中队长关口藤治、小队长铃木信吾等 5 人作证。

1. 军级慰安所

3-2　侵华日军在浙江省兰溪县城南门三益堂设立的"皇军慰安所"。（浙江省兰溪县档案馆藏）

《南京战史资料集》一书中刊载有日军第 10 军参谋山崎正男少佐的日记,山崎记录说,"早在 1937 年 12 月 18 日,日军第 10 军就在湖州设立了慰安所。1937 年 12 月 8 日,日军在湖州强拉当地妇女充当'慰安妇','先遣的'寺田中佐指导宪兵在湖州设置娱乐机关,最初虽只有 4 人,而今日已达 7 人。但是她们因有害怕心理而'服务'不良,因此,宪兵透露将保证生命安全,并付给报酬,希望征集 100 名中国妇女……(慰安所)门口挂上标记,士兵们不知从何处听到传闻而云集于此,……先遣的寺田中佐亲身进行了尝试,今日到达的大坂少佐、仙头大尉听后忍耐不住,与宪兵队长一起很早就奔赴(慰安所)去,约一个半小时而回。宪兵队长尤其对慰安妇的'服务'赞不绝口,一副完全满足的模样。并劝说我也一起去"。这个负责建立慰安所的寺田中佐,是第 10 军司令官柳川平助派遣的,[①]也就是说,湖州慰安所是奉第 10 军司令官柳川平助的命令而开设的。

1938 年 11 月 3 日,第 2 军在司令官东久迩宫率领下占领武汉,立即推行慰安所制度。日军在领事馆等各方的紧密合作下,很快

[①]『南京戦史資料集』、偕行社、1989 年、411 頁。

建立了一批慰安所。12 月 10 日,第 2 军司令部完成了《第二军状况概要》,这份机密文件中写道:为了发挥皇军应尽的作用,军人除前往慰安所之外,其他理由的外出一律不准。进入慰安所须购买慰安券,这一制度已从 11 月 25 日开始实施。① 这表明,第 2 军应该在 11 月就设立了慰安所。当时,第 2 军有官兵 134 000 人,那么,为了"发挥皇军应尽的作用"而设立的日军慰安所,究竟有多少呢?

3-3 河南的一个日军慰安所,日本兵正兴高采烈地在排队等候进入。这张照片是在被击毙的日本兵身上搜到的。

第 12 军参谋部的情报员雨宫健治供认,1944 年 5 月,该军司令内山英太郎中将命令从济南、天津、北京、青岛、泰安、张店、德县等各"后方城市"的日侨妓娼业公会,组织 200 名朝鲜和日本妇女到前方战场,充当"慰安妇"。结果由于日军数量太多又特别兴奋,

① 吉見義明編『従軍慰安婦資料集』、213 頁。

在许昌附近,3 名朝鲜"慰安妇"负伤,全体女性"病弱过劳"。战犯北泽藤一郎也承认有这一事实。[1]

日军第 21 军(波集团)占领广东后,即开始营建慰安所,他们通常指定在中国人的民居里开设。根据该军的《战时旬报》(1939年 4 月中旬号)记载,当年上半年,第 21 军所辖的"慰安妇",由军方控制的约 850 名,各部队从乡下"召唤"过来的有 150 名,合计 1 000名。其中,是随着军队人数的增加新增"慰安妇"400—600 名,还是就直接增加"慰安妇"1 400—1 600 名,旬报并没有写清楚(见表 3-1),不管怎么说,第 21 军随着军人的增加强烈要求激增"慰安妇"的人数是毋庸置疑的。

表 3-1　日第 21 军所辖部分"慰安妇"概况

区分	场所	人员	患病率(%)
军直部队	市内	159	28
久纳兵团	广东省东部	223	1
浜本兵团	广东省北部	129	10
兵站部队	河南	122	4
佛山支队	佛山	41	2
饭田支队	海口	180	
合计		854	

资料来源:吉見義明编:《從軍慰安婦資料集》,第 215—216 页。

根据战时担任日军 18 师团兵站军曹野村武(1993 年时 72 岁)的证词,第 18 师团的兵站部队当时驻屯在广州中山大学附近,他们将一些民居改建为慰安所。1997 年 11 月,笔者到广州调查走

---

[1]《中央档案馆藏日本侵华战犯笔供选编》(第二辑)第 100 册,北京:中华书局 2017 年版,第 249 页。

3-4 日本兵金子安次等在山东临清县慰安所前合影,前排右为金子安次。金子安次晚年多次提供证言,日军在战时推行慰安所。(中国"慰安妇"历史博物馆藏)

访,当时中山大学周边建筑变化不大,据当地老人提供的资料,日军占领时期,曾在今新港西路一带设立兵营。新港西路在中大的南侧,当时存有不少旧屋,有知情老人说,新港西路88-102号可能是我要找的地方。这是一排红砖的3层建筑,位于中大西门的对面,建筑年代为20世纪20年代,当时是海珠区新港街第13居民委员会、邮局、杂货店等,也有民居。战前这里都是市民的住宅,日军第18师团占领广州后,看中了这一排较好的房子,并将市民们驱逐。有老人回忆,看到过士兵们进进出出,但门口没有挂慰安所的牌子。

战犯广濑三郎交代,1944年4月上旬,他作为第13军的副官,曾参与管理济南日军后方设施的军人会馆、星俱乐部、"樱"饭店、偕行社饭菜部及日军酒保(小卖部)等业务。星俱乐部属日军官兵专用,里面有中国人"慰安妇",其经营由济南中国妓馆组合长负责,房子是日军占领济南时从中国人手里掠夺而来,然后将其内部加以改造,就作为慰安所使用。工作人员的食粮、日用品等,由日军的酒保以廉价供给。为使日本军官兵能以很少的钱玩乐,规定30名"慰安妇"每人每天要接待20名日军官兵,多的时候要接待30名。中国"慰安妇"都是年轻妇女,年龄在17到20岁。"由于过度疲劳,患病者不少"。军人会馆是为日本官兵(主要是下士官)设立,可以廉价看电影、吃饭、饮酒、理发、洗澡、娱乐,购买日用品、甜食等。工作人员中日本人有一百二三十名(其中半数是妇人),中国人有60名,这些中国人的待遇,无论住处、工资都比日本人低劣得多。1944年6月,日本第12军要求将"慰安妇"送到前线去,日本人饭店组合因日本"慰安妇"显著减少而不能满足,故委托济南朝鲜人饭店组合派约30名朝鲜人"慰安妇"到郑州去。交换条件很简单,即答应朝鲜饭店组合当其派遣"慰安妇"到前线后,负责给予补充。"侥幸这些妇女无一名死伤者,派遣时间约三个月"。①

　2. 师团级慰安所

　1932年9月,佐佐真之助开始参加侵华战争,他曾担任关东军第10师团步兵第63联队的大队长,到1945年7月已升任第39师团师团长。战后他供认,1945年5月,第19师团在占领湖北省期间,在当阳县城有一家日本人经营的饭馆叫"春屋"。这个饭馆是该师团1942年从荆门迁移到当阳的,实际上,"春屋"就是39师团的慰安所,至少已经营了3年。该饭馆的日本人老板成为师团的御用商人,他可以依仗日军的势力从中国人那里低价收购蔬菜、猪

①《中央档案馆藏日本侵华战犯笔供选编》(第二辑)第113册,第141—143页。

肉等物资提供给部队,还可以通过部队低价买进鸦片烟再高价倒卖给中国人,以赚取高额差价。"该慰安所里有中国妇女十数名,都是因日本帝国主义之侵略战争,而陷于生活困苦,被强制的收容从事贱业",佐佐真之助供认,39师团对这家饭馆的所作所为听之任之,因为它向师团官兵收取的慰安费十分低廉。实际上,这是日军通过"春屋"剥削中国人民。佐佐真之助后来忏悔:"这一罪行也是由我批准的,其罪责应当由我来负。"①

3 - 5 日军在宜昌平和里设立了"国际馆"慰安所,此为旧址的大门。(2001年6月孙维玉拍摄)

日军39师团的军官鹿田正夫、塚本一登、柴田修藏、宫崎弘、黑濑市夫、中尾邦广、中崎嘉明、安村清谷川进等9人供述,第39师团师团长佐佐真之助曾制定《第39师团慰安所规定》,在驻区内设置慰安所。仅仅在步兵第232联队的驻地,各个慰安所内就监禁了160名中国妇女;在第233联队驻地的慰安所内,监禁了51名中国妇女。由此可见,该师团的慰安所规模非常庞大。

1944年5月,日军第68师团占领湖南株洲,在株洲朱亭镇,日

① 袁秋白、杨瑰珍编译:《新中国对日本战犯的历史审判》,北京:解放军出版社2001年版,第63页。日本の战争责任资料センター编印『战争责任研究』,23辑、26页。《中央档案馆藏日本侵华战犯笔供选编》(第一辑)第2册,北京:中华书局,2015年,第119页。

军与维持会合作,设立了一个慰安所,抓捕 10 多名当地妇女供日本兵淫乐,由于日军的野蛮暴行,后来其中竟有 8 名"慰安妇"丧生①。1944 年,日军刚进占宝庆城,第 116 师团的后方主任参谋立即命令驻宝庆的宪兵队长山田定准尉去搜寻中国妇女,准备开设慰安所。山田定即命令当地汉奸找来 10 多位中国女子,山田定把她们交给了后方主任参谋,不久,日军期待已久的师团慰安所便开业了。在长沙和衡阳,日军兵站本身经营管理着慰安所。在湖南的安化,日军野战医院负责管理着"特殊慰安街"。②

　　3. 联队级慰安所

　　日军的联队相当于团。1938 年 1 月 12 日,第 3 师团第 68 联队的阵中日志中记载,下午 5 时从第三师团参谋部收到慰安所规定的文件。根据 2 月 20 日的《慰安所配置要图》标明,该联队拥有 8 个慰安所,其中日本"慰安妇"89 名(含近日将到达的 43 人),中国"慰安妇"42 名,朝鲜"慰安妇"17 名。③

　　第 27 师团步兵第 1 联队的横仓满供认,1940 年在河北唐山市驻屯期间,该地司令官川合裕次郎大佐诱骗监禁中国妇女 5 名,横仓满本人就进去强奸达 5 次。1941 年 10 月,他再次到司令官川合裕次郎大佐设立的临时慰安所,对诱骗来的 3 名中国妇女实施强奸。1942 年 3 月,在同样的地点,他又强奸了 1 名中国女子。④

　　第 35 师团 220 联队的军曹相川松司回忆,1939 年 11 月中旬,联队在河南新乡市设立慰安所,名叫"一二三楼",他自己曾去过并强奸 1 名 23 岁的朝鲜"慰安妇"。1940 年 2 月,该联队又在开封市

---

① 李秉新等编:《侵华日军暴行总录》,第 10 页。
② 『性と侵略——軍隊慰安所 84 か所　元日本兵らの証言』,148、160 頁。
③ 第 3 師団第 68 聯隊『陣中日誌』第七号、防卫研究所战史研究中心史料室藏。
④《中央档案馆藏日本侵华战犯笔供选编》(第二辑)第 114 册,第 439—440 页。

新民公园附近大街,设立"正月"慰安所,由军队管理。他也曾去强奸过 20 岁左右的朝鲜"慰安妇"。①

第 110 师团第 139 联队的通信中队小队长贵船正雄 1942 年参加侵华战争,1944 年 7 月上旬驻扎在河南临汝县白沙镇。他回忆,当时根据联队长大佐下枝龙男的命令,将监禁中的朝鲜"慰安妇"送到各中队巡回轮奸,他亲自指挥部下两个分队,赴临汝镇和白沙镇第 3 中队的驻地,在那里用大车将 6 名朝鲜妇女拉到白沙镇,监禁在中队营房内的一室,命令通信中队部下 130 名士兵,连续轮奸 3 天,"轮奸后这 6 名妇女们,容颜苍白憔悴,又送交第 139 联队本部"②。

第 13 师团下辖的各个联队同样设有慰安所,有些"慰安妇"还被迫随着军队转移他地。该师团的第 104 联队本部附近有一慰安所,里面有来自日本和朝鲜的 12 名"慰安妇",每个人住一个房间。有一次,上村伍长在深夜点名时,发现少了小柳一等兵,之后才看到他从慰安所的方向赶回来。一般而言,晚上,只有将校才能进入慰安所,③士兵擅自晚上去慰安所是不被允许的。

日本老兵藤井忠也有慰安所的记忆。1942 年,下士官藤井忠在湖北当阳的联队本部,负责部队生活方面的杂务,杂务有收取和分配信件、分发慰问品等。他们联队本部就设有慰安所,有十四五个"慰安妇"。每当藤井忠办完事后,就会到慰安所去,因为在那里不仅有女人,还能喝到当地出产的酒。这个联队约 2 000 人,联队本部为防卫的中心,四周各重要地点分别驻扎着部队,距离本部有 40 公里。藤井忠回忆,每次去慰安所要花 2.5 日

①《中央档案馆藏日本侵华战犯笔供选编》(第二辑)第 114 册,第 522 页。
②《中央档案馆藏日本侵华战犯笔供选编》(第二辑)第 108 册,第 36 页。
③ 山田盟子『從軍慰安婦』,光人社、1995 年、115、120 頁。

元到 3.5 日元。当时士兵的津贴,上等兵一个月才 6 日元,所以尽管有慰安所,但士兵是难得去一次慰安所的。1945 年 3 月,第 232 联队的一等兵深石薰曾进入当阳县老场的慰安所,他发现里面全是中国妇女。①

　　独立步兵第 3 联队在鄂州葛店驻扎时,设立了第一、第二慰安所。全体官兵便兴高采烈地在那里得到了"慰安"。日军占领鄂城

　　3 - 6　2002 年,陈丽菲教授与袁竹林老人合影于鄂城县城隍庙慰安所旧址,那里就是袁竹林最初受害的地方,也是老人战后第一次来到这里。(中国"慰安妇"历史博物馆藏)

县后,竟将城隍庙也改成了慰安所;袁竹林就是在城隍老爷的神像下,天天遭受着日本兵的侮辱。1939 年时,鄂城岳王庙旁有幢建筑物,主人已逃亡。日军便在此设有"金星楼"慰安所,有 6 名朝鲜女子,价格是 30 分钟 1 日元。②

----

①《中央档案馆藏日本侵华战犯笔供选编》(第一辑)第 44 册,第 316 页。
② 佐佐木元胜『続　野戦郵便旗』、現代史出版会、1973 年、191—192 頁。

4. 大队级慰安所

根上民夫于 1943 年应征入伍,在 117 师团担任小队长,他回忆,1945 年 3 月,大队长服部大尉计划在驻地河南中牟县大段庄开设慰安所,便向师团高级副官武内少佐要求派遣朝鲜妇女,其结果是通过开封日本领事馆抓来了 7 名朝鲜妇女。根上民夫向大队长申述有必要组织建设这个强奸所,更派出部下 2 名去张罗设立。将中国居民撵出,强夺房屋 3 栋,修缮后建立了慰安所。7 名朝鲜

3-7　泗水新村:这里曾是杭州最大的慰安所之一。至今建筑完好保存。(苏智良 2006 年摄)

"慰安妇"年龄在 20 到 25 岁之间,日本兵每天去强奸。根上民夫对 7 名朝鲜"慰安妇"都实施了强奸,①当然也有其他士兵利用这个慰安所。

1939 年 5 月,日军一个大队级别的部队驻扎在湖北通山县,因

————————

① 《中央档案馆藏日本侵华战犯笔供选编》(第一辑)第 41 册,第 280—282 页。

为村庄没有慰安所,队长山崎以"将来对良家妇女恐发生奸淫之暴行或杀人之行为,此乃双方之不幸事也"为理由,"为防止上述之事故,并保护良家妇女安居乐业起见",要求维持会提供中国妇女,开设慰安所。这是中国军队缴获日军文献后,在第1卷第2期的《精忠导报》①上予以刊登的,题为《特殊慰安所》。文中刊登了翻译名为"金城"的一则日军文件。报道如下:

> 原件系我××师于6月中旬在通山(今天湖北省咸宁市通山县)附近获得,虽短短数语,而敌军之兽行和做顺民之不易,由此可见,今特译出,使国人知道敌人之所谓[王道][怀柔]者,亦不过如此!
>
> 请开设[特殊慰安所]事
>
> 查该村无[特殊慰安所]之设备,兹考察吾人之性的心理状况,结果,将来对良家妇女恐发生奸淫之暴行或杀人之行为,此乃双方之不幸事也。
>
> 为防止上述之事故,并保护良家妇女安居乐业起见,希加明察,以适当方法开设为盼!
>
> 此致
>
> 　　　　　　　　　　　　　　　　徐会长
>
> 　　　　　　　　　　　　　　　　山崎队长
>
> 右项(原文为竖排)能否即时办到,请即回复?
>
> 　　　　　　　　　　　　　　昭和十四年五月二十七日

---

① 《精忠导报》创办于1939年9月,半月刊,是综合性刊物。其出版单位是第九战区司令长官司令部战地服务团。该报阐扬三民主义,研究国内外政治经济。刊登内容包括士兵教育问题及方法、民众动员、抗战中的实际问题分析、国际时事分析、内地通讯、战地特写、战斗生活的文艺创作等。

宫崎弘 1943 年 7 月至 12 月间,担任日军第 232 联队第 1 大队副官,奉大队长岸孝夫的命令,他唆使日本商人鬼壕留吉,在当阳县老场设立大队所属的慰安所,用诱惑欺骗手段从汉口及沙市领来七八名朝鲜和中国妇女当作"慰安妇","束缚了其自由并蹂躏了其人权"。① 这个慰安所便是日军和日本商人合作建立的大队一级的慰安所。梅崎治郎 1941 年参加侵华战争,1944 年 6 月至 11 月,在湖北的当阳县清溪河驻屯,当时的职务为 232 联队 2 大队情报班兵长,他去日军"专用商人"设立的慰安所,强奸中国妇女傅某某,这名湖北省沙市姑娘只有 19 岁。梅崎治郎去了 40 多次,还掠夺了该姑娘的食物。有证人中间清可以作证。② 上等兵矢田朝义 1942 年参加侵华战争,1944 年 1 月至 1945 年 4 月,在当阳县干溪场驻兵,他在该地附近老场,去第 232 联队 1 大队本部的"军专用特设慰安所",强奸 25 岁的中国"慰安妇"前后两次。③

湖南岳阳的吴胡驿慰安所成立于 1939 年 10 月,最初里面有 14 个"慰安妇",其中岳阳当地妇女 4 人,湖北妇女 2 人,朝鲜妇女 8 人。这个慰安所由日军第 11 军的一个大队管理,而其经费开支却由维持会向当地民众摊派。在日军的蹂躏摧残下,这些"慰安妇"个个面黄肌瘦,形容枯槁,有的后来被折磨致死。一次,日军宣抚班长清水与一日军中队长为争夺谁先进入李姓"慰安妇"房间的权利发生争执,凶狠的清水强行脱光李的衣服,逼迫李站在谷场上,并提一桶冷水灌入李的口鼻内,再用皮靴使劲地踩踏,李已经奄奄一息,最后清水放出狼狗将李咬得血肉模糊而死去。④

---

① 《中央档案馆藏日本侵华战犯笔供选编》(第二辑)第 80 册,第 565 页。

② 同上书,第 543 页。

③ 同上书,第 155 页。

④ 李秉新等编:《侵华日军暴行总录》,第 1010 页。

3－8　上海丰田纺织株式会社慰安所的中国"慰安妇"。
(《荻岛静夫日记》,第 63 页)

日本上海派遣军第 101 师团的上等兵荻岛静夫,在 1937 年 8
月 23 日应征入伍,那年他 27 岁。部队派往上海,隶属于加纳部队
的卯野部队本部。他在战地日记中,记录了上海市西苏州河畔丰
田纺织株式会社的慰安所情景。

　　　　　1938 年 1 月 8 日　　　　　　阴　　　丰田纺织株式会社
　　　早上冷,下午有很多重要的事情,一直工作到晚上一
　　点钟。
　　　上午去第六中队,受到了煮甜小豆粥的款待。
　　　晚上,听队长说开设慰安所的事,高兴的人很多。
　　　　　1938 年 1 月 9 日　　　　　　晴　　　丰田纺织株式会社
　　　今天,首次来了 3 名中国妓女。听说在本部附近要开设
　　随军小卖部,古谷伍长和田中上等兵两个人去做小卖部的工

作人员。

1938 年 1 月 13 日　　　　　阴　　　　丰田纺织株式会社

今天我突然被任命为随军小卖部（酒保）的工作人员，因此去了小卖部。在战地军队里，有乐趣的地方大概只是有女招待的随军小卖部吧。再说，店里出售的东西都是上等的，买者云集。从下午到深夜我们都很忙，直到寒冷的半夜才得还家，在警戒状态下休息。①

（附　两张中国"慰安妇"照片）

3 - 9　士兵荻岛静夫拍摄的上海丰田纺织株式会社慰安所的中国"慰安妇"。（《荻岛静夫日记》，第 62 页）

从荻岛静夫的战争日记中可以得知，上海丰田纺织株式会社

---

① 四川建川博物馆收藏：《荻岛静夫日记》，北京：人民文学出版社 2005 年版，第 50—52 页。

的慰安所由日军第 101 师团的卯野部队（中队）设立，在 1938 年 1
月初已经开始筹备。这一时间与上海杨家宅慰安所的建立几乎同
步，由此可见，日军全面侵略中国以后，慰安所在日军中自上而下、
自下而上已纷纷设立。

荻岛静夫在卯野部队的本部服役，因此他获得的消息比较多。
1 月 9 日，该部队来了 3 个中国"慰安妇"，是怎样获得这 3 名妇女
的，他没有透露更多的细节。1 月 13 日，荻岛静夫奉命到小卖部工
作，他记载"有女招待的随军小卖部"，可见这个慰安所是设在丰田
纺织厂的日军小卖部里了。

从荻岛静夫保存的两张中国"慰安妇"照片来看，该慰安所至
少有 8 名中国"慰安妇"。一张合影的前排坐着一对男女，穿着高
贵，可以肯定是这个慰安所的老板夫妇，那男子还抱着一头狼狗，
但他们究竟是日本人还是中国人，从照片上并不能分辨。当年的
上海丰田纺织株式会社，现为上海市静安区万航渡路 2318 号。

5. 中队级慰安所

稻叶绩于 1943 年参加侵华战争，1945 年任山西省繁峙县独立
混成第 3 旅团步兵第 6 大队见习士官和中队附。3 月 5 日拂晓，该
中队攻击山西繁峙县一个村庄时，接到中队长金子傅三郎的命令，
稻叶绩指挥部下抓捕了在该村东北凹地里避难的 10 名妇女，目的
就是建立中队慰安所。回驻地时，稻叶绩和其他日本兵又将村庄
里 17 到 20 岁的 20 名妇女带走。押送途中毫无人道可言。稻叶绩
承认："我为了使这些妇女不掉队，即将全员用麻绳像串珠似的捆
成二列，在离开该村后因为走太慢，将绳扣拴在马鞍上，让马带着
跑，结果是一个一个被拉倒，不少人受伤。"[①]这样，中队慰安所便建

---

① 《中央档案馆藏日本侵华战犯笔供选编》（第一辑）第 13 册，第 467 页。

立起来了。

3-10 日军士兵拍摄的松江特殊慰安所,设在观音桥小学,建筑已毁,地点在松江二中后门东侧。(上海师范大学中国"慰安妇"历史博物馆藏)

在黄冈的北新洲,日军组建的慰安所由军队直接管理。日本老兵回忆,在沿着扬子江两岸行进的部队后面,就跟着"慰安妇",她们被从后方输送过来。或者说部队沿着军队后方驻扎的主要城镇来设置慰安所,即使像第65联队那样的总是沿着农道或者小路前行的一线部队,1939年1月26日,在11中队的战斗日志中也再次出现了慰安所的记录。

到难民区的饭店举行了酒宴,山根准尉宴会后去了慰安所,……新州竟然有慰安所,这确实让我感到一丝意外。之所以这么说,是因为虽然新州有第3大队驻留,但当时的旅团司令部在宋埠(新州北方 20 公里),师团司令部在黄陂(新州西方 30 公里),那里有着数倍于新州的部队驻扎。

第二天(1 月 27 日)因为警备轮换第 11 中队被调往了淋山河(位于新州南方 15 公里)。令人惊讶的是,连仅仅一个中队(150 人左右)警备驻扎的小镇,不久从新州竟送来 3 名"慰安妇"。然后开设了慰安所。池田军曹负责设备,大室伍长负责会计。"慰安妇"的名字是浅子、照子、和子。(2 月 25 日)①

日本兵第 2 大队副官中尉山田浩造回忆,该部队自 1944 年 2 月至 11 月间在湖北省驻扎,他曾为第 2 大队士兵设立慰安所。山田命令日本商人门胁某,在穿心店安置 7 名中国妇女(15—20 岁),在淯溪河安置 8 名妇女,这些妇女都是从沙市、金沙铺附近带来做肉体奴隶而遭受日本兵虐待。他曾命令日本商人三双带来 3 名中国妇女(15—20 岁)及命令门胁带来 8 名(包括大队本部军用小卖部内的 5 名),命令加茂川带来 2 名,共计 13 名中国妇女,这些妇女白天被束缚在大队士兵饭厅内作为使女,晚上则遭受日本兵的侮辱与虐待。②

6. 小队级慰安所

日军的小队比中国军队的排略大些,一般由 3 个分队和 1 个装备 3 个掷弹筒的掷弹筒分队构成,计 54 人。不少日军小队也有自设的慰安所。

村山隼人 1942 年参加侵华战争。他供认,1944 年 9 月下旬,所在部队在山西陵川县城内设立慰安所。这是在原有慰安所的基础上,又撵走了 7 间房子的当地居民而扩建的,因此是个规模较大

---

① 高崎隆治『「陣中日誌」に書かれた慰安婦と毒ガス』、梨の木舎、1993 年、100 頁。
②《中央档案馆日本侵华战犯笔供选编》(第二辑)第 90 册,第 510 页。

的慰安所。10 月 24 日,村山隼人作为队长,同意将 7 名 20 岁以下的中国妇女充作日军慰安所里的"慰安妇"。"我于慰安所开张之日,应井下之邀,参加了宴会,心想由于慰安妇是众人所共同使用的,有伤队长的体统,(但是)又想独霸处女,所以就利用队长权力,把给井下的妻看娃娃的一个十五岁的少女,不管她的拒绝,强拉了推进房子里强奸,此后又干了两次。"当村山隼人离开陵川时,那 7 名女性都患上了花柳病,以后的人生肯定是非常悲惨的。1945 年 3 月起,潞城县微子镇日军分遣队把生活困难的一位 25 岁的中国妇女以做杂活为理由诱骗到驻地,然后供约 20 个士兵"肉体慰安",这位不幸的中国女人便成为这伙日本兵的专用性奴隶。潞城县黄碾镇分遣队长宫山准尉进行扫荡时,由黄碾镇北方带回一中国妇女(年龄不详)加以窝藏,每日狎玩。村山虽接到士兵的报告,但考虑到宫山是老准尉,如加处罚,"怕他今后不听我的话,便放任未加过问。其后 5 月间直到他调任"①。

堀江贞雄大佐战时担任汉口兵站司令官,他在回忆录《无声的战线——兵站物语》中记载,在汉口郊外的中鲸兵团某个联队的货物监视队,有中尉以下 40 人,转移命令下达后却迟迟未动,原来是因为当时他们强征 5—6 名中国人"慰安妇",并建立了慰安所。这种军队司令部管辖以外小部队设立的隐秘的慰安所,不可能出现在公文档案中,但士兵的体验记录中有时会保存。

与之同时,负有维持日军军纪使命的宪兵队也建有慰安所。1937 年 11 月 18 日,石田菊寿在山西崞县宪兵队任上等兵时,该宪兵队与忻县治安维持会合谋设立慰安所,强制 10 多名中国妇女在

---

① 《中央档案馆藏日本侵华战犯笔供选编》(第二辑)第 54 册,第 156—158、162 页。

其中受害。石田承认他自己"强拉"了 2 名中国妇女交给慰安所。①
由此表明,建立慰安所,无论是一般的日军部队还是宪兵队,都是
上级所允许的。

有兵站管理的地区,设立慰安所需要得到其认可。还有一些
是等级不详的野战医院、兵站设立和管理的慰安所。在长沙和衡
阳,日军的兵站自己经营着慰安所。在安化,日军野战医院管理着
"特殊慰安街"。② 老兵高泽健儿笔供承认:浅田准尉与自治会联
络,强奸中国妇女 1 名,在兵站支部经营的慰安所,强奸朝鲜妇女 2
名,士兵们都在慰安所进行强奸。③

(二) 日侨经营的慰安所

1937 年 7 月,日军全面发动侵华战争之后,为了迅速增加慰安
所,满足士兵的需要,日军改变了由军部包办一切的做法,参照过
去海军慰安所的方式,采取与战地日侨合作的办法,制订建立一批
慰安所的计划。他们一面要求日本国内和朝鲜殖民当局尽快派遣
"慰安妇"来中国,一面物色业主,准备开办新的慰安所。

根据我们的长期调查和史料分析,日侨在上海江湾地区至少
建有 15 家慰安所。

当时,居住在上海虹口等处的日本侨民已达 7 万人,其卖笑业
也颇为发达,仅在吴淞路、北四川路(今四川北路)上,"东洋堂子"
就有数十家。日军很快找到这些娼妓业老鸨,在"国家利益为重"
的口号下,军民很快就达成了设置慰安所的秘密协定,主要内容

---

① 中央档案馆藏:《侦讯石田菊寿的终结书》,中央档案馆 119 - 2 - 726 - 1 - 4;中央档案
馆藏:《石田菊寿的口供》,中央档案馆 119 - 2 - 726 - 1 - 5。
② 『性と侵略——軍隊慰安所 84 か所 元日本兵らの証言』、148、160 頁。
③ 《中央档案馆藏日本侵华战犯笔供选编》(第二辑)第 80 册,第 355 页。

3-11 20世纪90年代尚存的上海万安路769号原日军慰安所的大门入口。现在建筑已经不存。(苏智良1996年拍摄)

如下:

(一)开设慰安所必须征得军方的同意和批准;

(二)为确保慰安妇的来源,由朝鲜总督负责征用未婚女子来华,并建立征用未婚女子的组织系统;

(三)业者不得私自征集慰安妇,如需征集时,一定要确保其身体健康;

(四)慰安所的管理由业者负责,而卫生方面则由军方监督;

(五)军方提供慰安所的房屋,而慰安所须尽量设在军队驻地附近;

(六)对于协助建立慰安所的人,军方将给予将校级的待遇;

(七)一般而言不征用日本女子,但日本女子如本人愿意,

亦可为慰安妇;

　　(八)慰安妇与军人的比例以 1∶29 为最理想。

　　由于江湾地处中日八一三淞沪会战的中心地区,因此,很多中国居民早已逃亡。日本陆军部队便将一些较为宽敞、坚固的房屋拨给日侨妓院的老鸨,以合作开办慰安所。1938 年的初春时节,有 70 名朝鲜年轻女子被运送到了上海,以后又有大批朝鲜女子到达。于是,江湾镇上一下子涌现了十余家日侨经营的日军慰安所。

　　江湾慰安所最为集中的区域是万安路。据史料记载,江湾镇的万安路上有一二三陆军慰安所,是来自长崎的松下芳松开设,当时的地址为万安路 777 号;来自香川的日侨泷田良助开设的朝日楼慰安所,地址为万安路 761 号;原籍香川的泷端良介,在朝日楼旁边开设了平和庄陆军慰安所,地址是万安路 759 号。

　　据上海地方史志专家许洪新先生的调查,万安路 769 号是日本浪人开设的慰安所。这幢石库门房屋在笔者 20 世纪 90 年代进行调查时犹存。房屋的主人是张葆荪,据其女婿毕礼明(1922 年生)回忆:日军侵入上海时,其岳父举家逃到租界内,直到抗战胜利后才返回万安路。当时有一个日本浪人,胁迫一些中国女性充当"慰安妇"。原来的厢房与正屋均被日本人用三夹板隔成一间间小屋,地上铺着榻榻米。直到抗战胜利我们收回这幢房屋时,地上仍铺着榻榻米。李阿婆(1997 年时 78 岁)回忆道,769 号的"慰安妇"全部是中国妇女,这里只接待日本士兵,而日本军官则都去了万安路 745 号。吴阿五(1997 年时 79 岁)老人回忆,日本兵是整日整夜地来,数星期六、星期日最多,喝足酒的日本兵还要打人,因此,中国人走过这里都不敢停留,迅速离开躲避。

　　769 号对面的万安路 774 号居民吴宝初老人(1919 年生)、万安路 720 号的李阿珠老人(女,1920 年生)等指出,769 号的慰安所名字是"陆军慰安所",老板确实是个日本浪人,约 30 岁左右,有个妻子但没有子女,中国话说得非常流利,一般人听不出是外国人。所内的"慰安妇"有 10 多个中国姑娘。每天日军川流不息,但基本是士兵。一次,日本兵因酗酒而争斗起来,最后有一名日本兵被刺死在慰安所里面。有时"慰安妇"会出来坐在门口与邻居交谈。战争结束后,有一个原"慰安妇"留了下来,她住在 779 号,名字叫根娣,是个苏北籍的女子。根据与她最熟悉的房东杜佩华(1997 年时72 岁)回忆,根娣所租的是后面一间小屋,房间里没有什么像样的家具,她战后才 30 岁左右,却与比她大 20 多岁的阿宝结了婚,阿宝只有一只眼睛。1948 年的春天,根娣总算有了身孕,结果因难产而死去,就这样结束了苦难的一生。

笔者的案头有一张清晰的老照片,是军医麻生彻男带卫生兵到江湾的慰安所体检后在门口拍摄的。这是当年日侨在江湾经营的一家慰安所。门首贴着一副日文对联,上面写着:热烈欢迎圣战大胜的勇士,请接受大和抚子奉献身心的服务。"大和抚子"在日语中指性格文静、温柔稳重并且具有高尚美德的女性。大门两边有精致的铁窗花,入内是个大院子,二层建筑,一排落地红漆大门,具有地方富绅的气派。20 世纪 90 年代以来,这张照片被各国的新闻媒介不断转载,成为知名度非常高的日军慰安所的见证物之一。

据麻生记载,这是当时江湾地区规模最大、人数最多的慰安所。这幢旧屋还在吗?笔者于 90 年代中期带着疑问与旧照,来到江湾镇寻觅访查。

90 年代的江湾镇,早已失去了田野芳菲、小桥流水的乡村景致,融入了上海的大都市,但高楼下面的镇中心,仍然残存着一大片负载着历史记忆的旧屋。在万安路上,笔者从世居此地的缭树勋老人(1994 年时 74 岁)那里得知,万安路 745 号严泉秋曾是江湾

3-12　被日军称为江湾最大的慰安所,门口贴着日语对联。(转引自麻生彻男《从上海到上海》)

镇的首富,严宅建于抗战前,战时曾被日本人作为慰安所。

严泉秋为江湾镇大户人家,祖上曾出过举人,子孙比较富裕,在镇上有几幢洋房。

笔者遂来到镇西的万安路 745 号,然而昔日绅商豪宅,今日已是江湾镇的公安派出所,对比旧照,入口处已毫无相似之处。当笔者怀着一丝失望的心情往里走去时,不禁眼睛一亮。大门内是个深宅大院的格局,宽敞庭院的两侧各有一棵挺拔的百年古树,以及三两假山石装饰的角落,庭院的后面是一幢老屋。站在楼房的入口处,取出旧照片相对照,其格局竟然基本一致,只是落地的木门下面部分已改建为半墙,但那一长排红漆的天窗则面貌依旧,而且中间的落水管也保持着原貌。

当笔者入内与该所的民警交谈时,不少民警均晓得这个建筑原是严姓的富绅之寓,战时曾是日军的慰安所。一位 50 多岁的女民警指着旧照片说:"当年我来这里工作时还是个小姑娘,门口就是这样的一排木门,后来为了安全起见,就把两旁的木门改成了半墙。窗格上的铁窗花也是这样的。"

调查至此,这里就是当年江湾最大的日军慰安所已是确认无疑。但是,史学工作者应该尽可能追求考证的科学性,经历了半个世纪的风雨后,还能不能找到与旧照上相同的遗留物呢?

在征得所长同意后,笔者又入内查看。这幢二层木结构的房屋,现在进门是接待室,地上仍是当年铺就的

3-13 江湾镇公安警署的旧建筑,二楼晒台的铁窗花与麻生彻男拍摄的旧照片上的窗花,完全一致。(苏智良 1996 年拍摄)

花砖,两侧是厢房,有木梯通往二楼。二楼正中的朝南房间,正阳光明媚,外面有一个很大的晒台。往左右观察,只见西侧的晒台已经改建了,而东侧的晒台仍是面貌依旧。突然,笔者看见东晒台的铁窗花似曾相识,急忙取出旧照片相对照,这铁窗花与旧照上的铁窗花竟完全相同。这样,完全可以肯定这里就是麻生照片上的慰安所遗址了。

据实地调查,日侨开设的这个慰安所建于 1938 年春,慰安所入口处是一个接待室,同样贴有日本华中派遣军东兵站司令部颁布的"慰安所规定"。平时只有日本陆军官兵和军夫才能入内,取

乐时也必须领取安全套,而且,有日本军医负责定期给"慰安妇"检查身体。据负责这项工作的麻生彻男回忆,由于这家慰安所建在中国民居中,消毒设备均不齐备,因此,日军对其卫生方面并不满意。这里的"慰安妇"主要由从朝鲜来的女子担任,也有少量日本女子。后来"慰安妇"来源不畅,便征用与强逼中国女子充当性奴。严宅上下房间只有 17 间,所以其规模比杨家宅慰安所要小得多。

该建筑的一层有 10 个房间,二层有 7 个房间,东西阳台供"慰安妇"晾晒衣物,对"慰安妇"的体检则在一楼的房间里进行。与日军直营的慰安所的区别是,它由日侨管理,所得由业者进行支配。因此,为了招徕日本兵,入场券价格被略为调低,分为 3 个等级,日籍"慰安妇"为 2 日元,朝鲜籍的"慰安妇"为 1.5 日元,而中国"慰安妇"只需 1 日元。另外,日本兵在这个慰安所事实上可以喝酒,营业时间也常常突破规定而延至深夜。因此,军医麻生称其风格如自由的妓院,而与有宪兵站岗的看管严格的杨家宅慰安所不同,因此颇受日军官兵的欢迎。

据当地老人反映,这个慰安所存在的时间也不短。严泉秋在八一三淞沪战争爆发后已举家逃亡,直到战后才从重庆返回江湾。战后严泉秋一家因与国民党有联系,这里曾作为国民党军队的仓库。严氏全家于 1949 年前移民美国定居。解放后,这幢房屋被人民政府征用而设立公安派出所。改革开放后,严家第二代曾重返江湾故里,参观祖居,不胜感慨。

在 1993 年,曾有一位年迈的韩国老太来到万安路 745 号,她一边拍照,一边用不太流利的中国话讲述,40 多年前,她曾在这个慰安所里度过人生最屈辱的苦难日子,现在正在搜集史料,以控告日本政府,要求赔偿。回忆那不堪回首的岁月,老人不禁老泪纵横,泣不成声……

90 年代时,笔者每年都要
去江湾进行调查,或带外宾、
外媒参观。万安路 745 号也
在变化中。1998 年江湾公安
派出所改造,先是准备将这幢
楼房拆毁,据说因为施工人员
感到房屋质量相当好,于是最
后决定保留建筑结构,而重新
装修。

在万安路上,曾经还有好
几家慰安所,这里简直可说是
日军在上海的"花街"。

万安路 588 号至 594 号
曾是江湾镇上规模较大的慰
安所。这排房子也属于富商

3‐14　1996 年,万安路 588 号至
594 号是江湾的新华书店,现已拆毁。
(苏智良 1995 年拍摄)

严泉秋所有。这里原来是严家开设的酱园,已有 200 多年的历史。
"一·二八"事件时,酱园被日军的战火所毁。到 1934 年,严家出
资重建新屋,由严家的管家沈介逊负责筹划与督造。前面的新屋
为四层楼房,广漆的地板和门窗,很有气派。后面有 4 间平房,再
后面是一方空地,濒临市河,筑有石头的驳岸与水桥。严家新屋曾
开设过茶馆。八一三事变爆发后,严氏全家避难外逃,日军即占据
开设慰安所。这个慰安所的管理者是个日本浪人。首先日军将建
筑进行改建,改为日式小房间,一式拉门移窗,室内铺上了榻榻米,
共有 30 间房屋。后边的平房则改作厨房、仓库和下人的居住之
处。中间的夹弄改为卫生间,还安装了日式抽水马桶和洗澡设备,
天井里挖了防空洞。慰安所里的"慰安妇"多数是日本人,少数为

朝鲜人,规定都要穿和服和木屐。还有少量中国姑娘做"女招待"。
这家慰安所只接待军官,少数日军的特工则穿着便衣进进出出。
入夜后华灯通明,各种军用车辆充塞道路,军官不断进入,里面不
时传出日本音乐。直到日军战败后,慰安所才消停,"慰安妇"等人
员有的撤回日本,有的不知所终。

万安路位于保宁路和万寿街之间,有一段被叫作"春生街"。
日军占领时期,日本新潟的江口シン来到江湾,在春生街 73 号开
设了天狗慰安所。

除此之外,来自大分县的立胁辰雄,在江湾的花园路建立了立
花楼陆军慰安所;泷田武浩在江湾镇上新建有常盘慰安所。此外,
江湾上海市市中心区还有敷岛楼、京屋、日东俱乐部、第二加茂川、
陆军军人俱乐部、闸北庄等陆军慰安所。(见表 3-2)

表 3-2 上海江湾市中心区的部分慰安所概况

名称	所属	开办者姓名	开办者原籍	地址
京屋	慰安所(下士官俱乐部)	船津屋政次郎	长崎	市中心区昭和路
敷岛楼	慰安所	西井コヨネ	冈山	市中心区杨家宅
第二加茂川	慰安所	中村忠信	长崎	市中心区樱花园内
日东俱乐部	军慰安所	中谷三保松	滋贺	市中心区五角场九州旅馆
闸北庄		须本ワメ		江湾市中心区二条路
陆军军人俱乐部		藤原勉		江湾市中心区南八条路政益路 357 号

资料来源:《支那在留邦人人名録·上海》32 版、33 版,上海:北四川路金风社,
1942、1943 年。

还有一则史料记载,1939 年,日本侨民材川善美在五角场邯郸

路的末段,租地 19 350 平方米,建造 36 开间的房屋,是 4 幢日本样式两层砖木结构。定名为"旭街",开建慰安所。"旭街"应该是规模很大的慰安所了。这里不远处就是日本华中派遣军的司令部,且江湾一带日本陆海驻军非常多,这个旭街慰安所,就是为这些日军官兵服务的。

可以说,江湾是二战时期日本侨民经营的上海慰安所最为集中的地区之一。而且随着日军与日本人民间合作的展开,日军慰安所数量和规模也迅速扩大。

(三)朝鲜人经营的慰安所

1910 年朝鲜被日本吞并后,日本驱使各种身份的朝鲜人到中国,为日本的侵略事业服务,其中一个方面就是设立慰安所。朝鲜人经营的慰安所,通常使用的是用欺骗或强迫手段运至中国的朝鲜贫苦女子。

武昌有个朝鲜人开设的世界馆慰安所,设在一幢 3 层的砖房里。宋神道从家乡朝鲜新义州被诱骗到武昌,那年是 1938 年,她只有 16 岁。宋神道看到世界馆慰安

3‑15 武汉日军慰安所——平和馆。(1942 年)

所的墙壁上还有血迹,附近甚至还有女性尸体竟然没人去收拾。当宋神道被强制拉到检查台上进行妇科检查时,少女的她感到极

其羞辱。随后士兵进入她的房间时,她只能在角落里哭泣。那个士兵见她这样,有些无奈,没有立即动手。老板见状后立即对宋神道拳打脚踢,还训斥道:为何不接待?最后,宋神道还是成为遭受日军蹂躏的性工具。每天从早晨 7 时到下午 5 时接待士兵,下午 5 时以后到深夜 12 时再接待军官,没有分文报酬,这真是性奴隶的悲惨遭遇。①

南京的华月楼慰安所又叫花月楼慰安所,位于下关地区商埠街惠安巷。世居于此的徐先生,几代人都居住在商埠街附近的天保路。据他介绍,惠安巷早已经拆除了。商埠街东边本来有一条惠民河,一直通到三汊河。河上有四座桥,分别是中山桥、惠民桥、铁路桥和龙江桥。如今惠民河已经被填实了,河上的四座桥也已消失了。惠安巷就在他家附近,向南折向商埠街。后来商埠街的大部分建筑被拆除,只剩下少量建筑。华月楼是一幢 3 层木质结构的楼房,占地约 200 平方,每一层楼有六七个房间,内有一个大院,在大门旁有一排平房,据徐先生言当时是慰安所的食堂和澡堂。由于商埠街一带 3 层楼很少,因此,华月楼显得十分瞩目。据徐先生介绍,这所房子的主人姓黄,周边的居民都叫他黄老师,估计是个知识分子。日本人占领南京时,黄姓一家逃离了南京,后来这幢房子便为日军强制征用。华月楼的经营者是两个朝鲜男人,日本名字叫做松元景养和松元致福。②

1999 年,南京师范大学教授张连红曾对南京下关地区的日军慰安所做过详细的调查。据樊桂英老人回忆,她和丈夫原来是在商埠街开裁缝店的,后来由于华月楼里的"姑娘"需要经常缝补衣

① 菅原幸助『初年兵と従軍慰安婦』、三一書房、1997 年、202 頁。
②《在支半岛人名录(第三版)》,上海:白川洋行,1942 年第 3 版,第 106 页。

服,于是华月楼的老板(日本人)便让她的丈夫搬到惠安巷16号一个小屋里开设裁缝店。因此,她对华月楼里的情况比较了解。她回忆,当时这里的日本人很多,白天晚上都有,全部是日本军人。在客厅,有一个人负责售票,周围的墙上挂满姑娘的照片,但这里的姑娘不叫名字,都称呼多少号,大概是从1号到25号,也就是说,这里的女孩子一般都在20人以上,大多数是扬州姑娘。这些姑娘的生活情况一般,吃饭基本能保证,有时也有一些菜。在日本人投降之后,这些姑娘都离开了,其中有一个17号姑娘,她嫁给一个广东商人,但没有生育,后来抱养一个女孩做养女,现在她的女儿还在,今年已52岁了。17号在几年前已病逝,而她的这个养女一直不知道她是抱养的。樊桂英的回忆也得到了住在附近的许多老人的证实,其中顾如贵老人补充指出,华月楼慰安所里也有一些日本婆子。

3-16 日军在南京华月楼慰安所内设置的"慰安所规定"告示牌。可惜这块木质告示牌未能保存下来。(张连红摄)

在调查的过程中,家住商埠街惠安巷14号的居民顾翔主动提供了一张珍贵照片,上面是兵站指定特殊慰安所的规定,这张照片是顾翔在 20 世纪 90 年代初拍摄的。他回忆,住在惠安巷 16 号平房里的邻居樊桂英家拆迁时,一块刻有字的木板引起他的注意,上面的字虽是日文,但有不少汉字,如"慰安妇""兵站""特殊检查"等,中国人都能看懂。他联想到经常听邻居说到他家旁边的这幢三层楼房曾是日本人开设的妓院①,猜测这块木板一定与这个妓院有关,他的这一猜测得到了房主樊桂英的证实。樊桂英回忆说,日本人投降时,由于她家的房子下雨漏水,因此便将这块曾挂在华月楼慰安所的木板拆下,钉到自家屋后来挡雨。顾先生立即意识到这块木板具有重要的历史价值,便要了回来。他曾主动同南京的一些单位联系,希望能将这块木板收藏并研究,但一直未能引起重视,后顾先生因装修房子,该木板已无处收藏。在给隔壁邻居顾如贵老人当作柴火烧掉之前,他拍下了这张照片。从这张照片上,我们基本上还能辨认出华月楼慰安所的规定,下面是复原的详细条文:

兵站指定日军慰安所的规定如下:

1. 每个兵站慰安所内的特殊妇女每隔 5 日必须接受宪兵分队兵站分部医官的检查。

2. 检查结果不合格者须到特殊治疗所接受治疗,未经许可严禁接客。

3. 每名"慰安妇"的检查结果均应有记录,全部检查结果应汇编成册,以便随时检查。

4. 慰安所开放时间规定如下:

---

① 当时的中国并没有"慰安所"的概念,老百姓眼里的日军慰安所都是妓院,或叫东洋堂子。

士兵:上午 10 时至下午 6 时

军官:上午 10 时至下午 9 时

5. 慰安所使用的价格规定如下:

士兵:1元(一次 30 分钟)(每次延长 30 分钟追加 50 钱)

将校:3元(一次 1 小时)(每延长 1 小时追加 2 元)

高等军官:3元(一次 1 小时)

军官:判任官以下 1.5 元(每次 30 分钟)(每延长 30 分钟再追加价钱)

6. 使用指定慰安所内的人员必须付费,领取和使用安全套,而且事后必须到洗涤室清洗。

7. 除军人和辅助军人外,任何人不得进入特定慰安所。

8. 严禁携带酒类饮料进入指定慰安所。

9. 严禁酗酒者入内。

10. 不得进入所认定号码以外的慰安室。

11. 不按规定使用安全套者严禁与"慰安妇"接触。

12. 不遵守本规定及违反军纪者勒令退出。

昭和十四年三月六日(1939 年 3 月 6 日)①

整个慰安所规定用日文书写,内容涵盖了"慰安妇"的卫生检查,慰安所的营业时间、价格、营业对象,军人和辅助军人专用,必须使用安全套等。可以说,这个规定体现了日军在慰安所管理方面的严格与细致。日军所建的慰安所几乎都有慰安所规定,这些规定基本大同小异。我们发现的多个规定内容与下关华月楼的规定基本上一致。所有利用慰安所的人员都要遵照这个规范。"慰

---

① 慰安所规定的文字原为日文,部分损坏无法辨识,这里引用的为翻译版本,根据日军慰安所规定整理推断出损坏部分的文字,或有出入。

有关浦上路慰安所设立的档案

3-17　上海浦东浦上路日军慰安所的申
请文件，现存上海市档案馆。

安妇"要定期接受身体检查，检查是否有性病，有性病的"慰安妇"
不允许继续待客。军人或军属进入慰安所要买票，凭票进入，不同
官阶的军人价格也不同。必须按照规定的时间进入。尤其强调，
与"慰安妇"接触时必须使用安全套，有的慰安所设有专人检查是
否使用，不按规定的要进行处罚。日军设立慰安所的初衷之一，是
企图让这些在健康方面有保障的"慰安妇"，来系统性解决日军官
兵的性欲问题。

（四）汉奸政权建立的慰安所

在日军胁迫与指使下，各地的傀儡政权也参与公开征集妇女供日军蹂躏。1939 年，中国记者在由山西逃到陕西的难民那里，获得一份山西文水县汉奸当局颁布的征集"慰安妇"的文件原件，这可谓日军"慰安妇"史上的奇文了，特存录于此：

> 文水县公署训令，差字第一号令：南贤村长副，为训令事。查城内贺家巷妓院，原为维持全县良民而设，自成立以来，城乡善良之家，全体安全。惟查该院现有妓女，除有病者外，仅留四名，实不敷应付。顷奉皇军谕令，三日内务必增加人数。事非得已，兹规定除由城关选送外，凡三百户以上村庄，每村选送妓女一名，以年在二十岁左右确无病症，颇有姿色者为标准，务于最短期内送县，以凭验收。所有待遇，每名每月由维持会供给白面五十斤，小米五升，煤油二斤，墨（原文如此——引者注）一百余斤，并一人一次给洋一元，此外游客赠予，均归妓女独享，并无限制，事关紧要……①

"皇军谕令"除了城镇要送"妓女"外，连村庄也要送，村庄何来妓女？没有妓女那就只能送上良家妇女。但日伪还有条件：首先，选送者要年轻，年龄必须是"二十岁左右"；其次，女子"确无病症"，否则会将性病传染给日军；最后，女子还要"颇有姿色者"。

因地处东沟港而得名的东沟镇，在上海黄浦江下游、复兴岛的对岸，南面毗邻直通浦东腹地的一些河流，地理位置较为重要。八一三淞沪会战期间，日本海军舰队入侵黄浦江，之后海军陆战队在

---

① 《文水汉奸"通令"强征妓女》，《文献》，第 5 卷，1939 年 2 月。

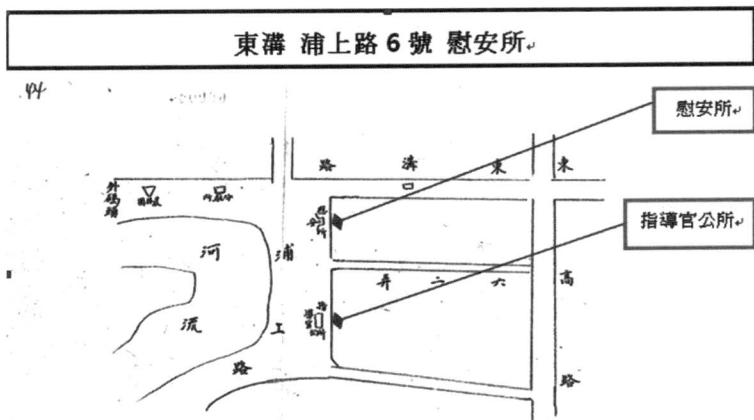

3-18　浦东浦上路的日军慰安所示意图,现存上海市档案馆。

浦东登陆,随着战事的发展,浦东沦为了日占区,东沟镇也饱受着日本侵略者的摧残。近年在上海市档案馆中发现了东沟日军慰安所的档案,引起了学界的注意。2014年2月,在沪召开的“慰安妇”问题学术会议上,韩国成均馆大学的韩惠仁女士使用了这份档案,报告了相关论文①,这份由时任伪上海特别市警察局局长卢英过目的档案内容如下:

> 为呈报事案据高桥区分局呈称窃据职局东沟分驻所巡官戎汉卿呈称窃于本月十日有市民杨水长领得浦东宪兵队、东沟指导官公所、东沟陆军警备队等机关之许可证在本镇浦上路六号开设慰安所,雇用账房通译男女仆役十二名口,业已照章登记户口,其所接待之客人仅为陆海友军,对于华人概不招待等,请速同该所男女仆役姓名年籍呈报前来,据此除饬该巡

---

① 韩惠仁:《中日战争时期在上海地区建立的慰安所以及相关管理制度的变化》,2014年2月。

官督属严加注意以免发生事故外,理合将该慰安所开设情形并所雇男女仆役姓名年籍及草图一份具文呈报,仰祈鉴核备查等情,附呈草图名单各一份,据此除指令外,理合抄同原附件备文呈报,仰祈鉴核备查谨呈。

文件的落款为时任伪上海特别市市长傅筱庵和伪警察局局长卢英。这是上海华界沦陷后由日本势力扶植起来的傀儡政权,为了配合所谓"陆海友军"即日军在上海的统治,制订了有关慰安所管理的详细条例。档案中还提到迎合日军的市民杨水长。1939年,这个杨水长计划在东沟浦上路 6 号开设慰安所,限于当时上海特别市政府的相关规定,杨水长必须先后向浦东宪兵队、东沟指导官公所、东沟陆军警备队提出申请并获得日本方面的许可,接着才能向警察局登记员工信息和备案,然后获得开设慰安所的资格。档案显示,这个慰安所还雇用了包括账房、通译、男女仆役在内的12 人,规模应该不小。慰安所的服务对象仅为日本陆海军,华人一概不予招待。

笔者和研究生李君益根据这份《为据高桥区分局呈报市民杨水长在东沟浦上路 6 号开设慰安所情形祈鉴核备查由》文献,2015年对东沟东高路(原浦上路)进行了实地走访。

东高路西起东葛路,东至杨高北路,全长约 3 公里。改革开放后,东高路东段兴建起了新村,只有东高路中段依然保留着一小片瓦房,依稀让人看出昔日的村落痕迹。这些瓦房有些已经进行了加盖和翻新,有些由于属于公家房屋,在 1949 年后被分配给了军属,至今仅翻新而未予以加盖,保留了最原始的当地风貌。东沟地区的道路名称经过变更,浦上路为今天东高路中段部分,而解放前的东高路今已湮没在老宅中,成为无名的小道,浦上路南面毗邻的河流在解放后经过了填埋,今天已经在河流上建起了熙熙攘攘的

3‑19　浦上路 6 号的建筑就是当年的慰安所旧址,2018
年拆除。(李君益 2015 年摄)

菜场。当地的住户大多年事已高,不少是生于斯、长于斯的本地
人。年轻时经历抗战的老人,对于东沟曾存有慰安所的情况并不
十分清楚,只听说过一些零星关于日军对当地人暴行的传闻。

　　根据当时杨水长开设浦上路 6 号慰安所的档案及所附略图可
知,1939 年 2 月开设的慰安所在浦上路 6 号(今东高路)距离东沟
指导官公所仅一巷之隔。在高行镇东沟居民委员会工作人员姚晓
春热情帮助下,李君益找到了一位老人,根据他的指认,浦上路 6

3‑20 浦东浦上路原日军指导官公所建筑,2018 年拆除。(李君益 2015 年摄)

号位置为今东高路西首南鹏鞋业处,该幢房屋未经过加盖,大致保持最初的外貌,今已成为沿街店铺,同一屋檐下被分隔成了五家店铺(香烛店、烤鸭店、鞋店、饼店、童装店)对外经营。而指导官公所在今东高路 157 号,该建筑外形、占地面积与慰安所相同,今天已经成为蔬菜超市和肉铺。

对于这两处房屋,目前尚需当地公安部门提供更多的地契、户籍档案,方可最终确定。有鉴于此,笔者建议当地有关部门应先保留该处遗址,留待日后认定。但 2018 年,这里的街区和建筑全部

3-21　吴淞淞兴路 60 号原吴淞食堂,后来为水果店。(李雯 2005 年摄)

拆除了。

　　1937 年 12 月 10 日,日军第 18 师团占领芜湖后,便大肆侮辱中国妇女,哪怕是见到白发苍苍的老媪也会一哄而上。当日军刚刚建立稳定秩序后,便命令汉奸们组织"治安会",日军交给该会最大的任务就是搜罗妇女,这项任务由"芜湖中央治安维持会"会长任凤昌负责。由于汉奸们人熟地熟,很快就抓到很多当地的年轻女子和由宜兴等地逃难至此的少女。日军把最年轻漂亮的姑娘集中在一起,设立俱乐部,供日本军官们侮辱;其余的则押送到兵营,让日军士兵泄欲,于是,日军在芜湖的整个兵营成了临时的大慰安所。

　　日军侵入安徽太湖县后,在县城附近抓到 48 名 18 岁至 40 岁的妇女,并把她们关押在城北的西风洞庙内,这里便成了一个充满血腥味的慰安所。经日本兵的摧残,其中有 9 名妇女被割去阴部和乳房,其余的妇女后来也生死不明。①

　　近代上海名医陈存仁晚年在香港生活,写下多种早年在沪生活的回忆,在《抗战时代生活史》一书中,他记录了日军指使汉奸歹徒成立的两个慰安所。一个设在宝山县城隍庙,成立的时间非常早,是宝山沦陷的第三天。日军以 1937 年 9 月 5 日为占领宝山城的日子,这样推算,这个慰安所在 9 月 10 日前已建立。另一个地点在罗店。

　　下面是陈存仁的回忆。

　　　　到(宝山)沦陷的第三天,地方维持会也出现了,成员多是地痞流氓,加上几个当地的歹徒,居然皇皇然贴出安民告示。他们成立一个"慰安所",要拉二百个妇女,供日军泄欲。这班汉奸奉命连日到处拉适龄的妇女,不少良家妇女被用绳捆绑起来,送到城隍庙去,就成立了一个慰安所。一时妇女们哭声震天,在汉奸们的看守下,受尽了日本兵的蹂躏。最初有十几个妇女,把衣衫脱下来撕成布条,悬梁自尽。后来日军下令所有妇女一丝不挂,脱得精光,以免再有自杀事件发生。其中许多妇女在日军的淫威之下,活活地被摧残致死。有时因军务紧急,日军调出去的很多,毫无人道的汉奸也穿上日军的军服,乱来一通,这种暴行,当然片刻之间就轰动全城。许多妇女想尽办法,逃出虎口,可是有许多地方早已架设了通电的铁丝网,人触上了铁网便惨叫一声而死,有衣服穿得多的人,竟烧成一个焦炭人,因此不少人都绕道小径逃出。

　　　　在日军的暴行下,宝山城几乎变成死市,日军感觉到要是每占一城都这样,也不是办法,过了十多天,居然贴出告示说:

---

① 李秉新等编:《侵华日军暴行总录》,第 741 页。

3－22　　山西大同华亭慰安所的门楼。(2014 年摄)

"奸淫掳掠行为,尽是不法歹徒所为,与日军无关。"除下令禁止之外,而且还作出一幕戏剧性的手法,枪毙了十几人,其实这十几个人之中,有三个还是效忠于日军的汉奸,因为他们抢的财物实在太多,日军对汉奸本来有一种不成文的办法,先让他们抢一个饱,等到抢饱了之后,日军就坐享其成地把财务接收过来,所以借此弄死几个小汉奸,作为掩饰。这在初期的宝山已经如此,后来在各省各县也脱不了这一套。

又据说,罗店的汉奸鉴于宝山如此情况,所谓地方维持会的人,就改变了一个办法,早就预备了大批土娼,等日军一到,就欢迎他们进入慰安所。①

日军慰安所的建筑往往就地取材,强征占领地的建筑而设立。

---

① 陈存仁:《抗战时代生活史》,上海:上海人民出版社 2001 年版,第 24—25 页。

1992 年,来自韩国的梨花女子大学教授尹贞玉等到吉林珲春实地调查,发现了原日军慰安所的建筑,她记录道:

> 那是一个只有两个半榻榻米(约 4 平方米)的狭小房间,安装了很粗的铁栏杆的窗至今残存,"慰安妇"们就像动物一样被囚禁在这里,充当日军的"公共厕所",我感受到了"慰安妇"们的痛苦。①

第二节 炮楼成了"P"屋

在全面侵华过程中,到 1938 年春夏之际,日军的"慰安妇"制度逐渐形成。其表现为:日军已普遍在占领地建立慰安所。除了慰安所以外,在据点、炮楼等日军驻屯地设立慰安室或囚禁"慰安妇"的场所,使之变成"合法"的"强奸中心"。

日本兵住冈义一 1939 年 12 月入伍。1943 年 1 月中旬到 3 月下旬在山西驻扎期间,他命令部下抓获中国妇女 7 名,其中南温川 2 人、北温川 1 人、沙岭子 1 名、缰士坊 1 名、龙宗庄 1 名、石槽村(也许是白玉沟)1 名。拘留在分遣队前面的房中,作为军队慰安所,每天都有士兵来蹂躏。② 这些中国民居便成了临时慰安所。

早坂襄藏 1939 年参加侵华战争,被捕后供认,1941 年 4 月下旬到 6 月下旬,那时担任池上兵团樱井支队村田大队步兵炮独立小队长,率领部下 42 名参加山西作战。扫荡中,在西北沟南面逮住妇女 3 人(约 45 岁、25 岁、20 岁),带回韩家店交给大队本部情报系的森中尉。在大队本部监禁所中,妇女中的 2 人(25 岁左右一人

---

① 『女たちの21世紀』、第 3 期、1995 年 6 月。
② 《中央档案馆藏日本侵华战犯笔供选编》(第一辑)第 5 册,第 414 页。

和 20 岁左右一人)遭到部下上等兵系野某与大队本部管马兵二人连夜强奸达 5 次之多,虽然部下兵长杉山喜代志向早坂襲藏报告过,但早坂襲藏以为"这是战争中的常事不算什么,而且被强奸的又是中国女人"。未作任何处置,默许了他们的行为。①

日军第 1 混成旅团于 1937 年的 10 月侵入宁武县城,即掳掠并关押大批中国妇女,圈成临时慰安所,每日奸淫虐待。当日军撤退时,便将这些妇女全部杀死。② 在垣曲,日军到处强征当地妇女,无一放还,他们害怕妇女放还后会暴露其恶行,于是最后就全部杀戮。当日军占领数月撤退后,我军在县府捡获同胞妇女之衣裤达 60 余套,均鲜血淋漓,惨不忍睹。③ 有些被捕妇女被运往更远的地方,在其他日军部队中受辱。1941 年秋季,日军侵入曲阳的郑家庄,抢走我 472 名妇女同胞,用汽车运往东北当"慰安妇"。在灵寿县,被强制运走的女性更多,史料记载,各地被捕之妇女被日军奸后,凡稍具姿色亦被运往其他地区继续充当性奴隶。④

池田部队古贺队分队长舜田安登于 1938 年 6 月上旬在河南省陇海线三义砦附近某村庄曾逮捕不及避难的一名中国妇女,25 岁左右,带回盘踞地后在一个民房里监禁,他每天令 10 名士兵去轮奸,自己亦去强奸了 2 次,结果致使该妇女行走困难,痛苦万分,一周后这支部队才将该妇女释放。⑤

1940 年后,日军在山西方山县进行长期扫荡,并设立大批据点,据点一建立,他们便命令伪政权召"花姑娘"。于是,伪政权便

---

① 《中央档案馆藏日本侵华战犯笔供选编》(第二辑)第 86 册,第 253、254 页。
② 李秉新等编:《侵华日军暴行总录》,第 344 页。
③ 参见范式之等:《"皇军"之兽行》,战时出版社 1938 年版。
④ 《日寇奸杀中国妇女的暴行》,1943 年 4 月 3 日,联合出版社出版。
⑤ 《中央档案馆藏日本侵华战犯笔供选编》(第二辑)第 70 册,第 123 页。

将"花姑娘"的数量摊派到各村各户,宣布有姑娘的家庭交姑娘,没姑娘的家庭交大洋,然后再由汉奸去雇佣娼妓,送到日军的碉堡里。有时,日军还自己到各村去抢姑娘,看见有点姿色的妇女就抢到碉堡里。1942 年,峪口村一个 17 岁的女孩正在准备第二天出嫁,结果闻讯而来的日本兵将她抢入碉堡,从此这个可怜的女孩未做新娘却做了"慰安妇"。① 日军 1940 年在进占交城瓷窑沟时,向附近村庄征发 13 至 17 岁之少女 15 人,分为两班,轮流调换,供其发泄兽欲。②

所谓的临时慰安所,有时并不一定存在时间很短。1940 年 3 月至 1941 年 5 月,山根信次伍长以下 15 名士兵隶属于章丘县南曹范分遣队。伍长山根通过伪村公所强制带来 20 岁上下的中国妇女 5 名。15 名日本兵在驻屯地对这 5 名妇女轮奸长达 1 年时间。③ 也就是说,这个临时慰安所至少存在了 1 年。

日军官兵随时可抓捕中国妇女,满足他们的性欲,且不受任何惩罚。豫湘桂战役时日军军纪极坏,每到一地就会强捕当地妇女,进行监禁,逼迫为性奴隶,有的时间较长,有的因部队要转移而受害时间较短。但这类事件层出不穷。1943 年 10 月下旬,糸长丰参加江南歼灭作战,宿营于桃源县城东北约 8 公里的村庄,他命令分队长野本伍长出去抓捕妇女,野本伍长率兵捕来妇女 4 名。糸长丰把 40 岁左右的妇女分给松竹兵长,把 17—18 岁的妇女分给中山兵长,把 22—23 岁的妇女分给野本伍长,他自己要了一个 30 来岁的妇女,各自找房子强奸去了。以后他又将那个

① 李秉新等编:《侵华日军暴行总录》,第 441 页。
② 著者无,左铭三序:《抗战第一期之日寇暴行录》,第 19 页。
③《中央档案馆藏日本侵华战犯笔供选编》(第二辑)第 78 册,第 287—288 页。

17—18 岁的妇女也强奸了,然后"叫老兵们轮奸以封他们之口"。
1944 年 6 月中旬,在醴陵县城南方约 15 公里村庄宿营,糸长丰
奉中队长芸中尉之命,指挥中队的下士官兵约 40 名,到宿营地西
方约 8 公里的村庄去掠夺妇女。回来途中抓住两名妇女,便强奸
了她们。1944 年 8 月中旬,到达秋田七的前两天,在某村(村名不
明)宿营,中队捕捉来一个 24—25 岁的妇女,监禁在一间房子里,
他就实施了强奸。然后中队部的下士官兵进行轮奸,以后那女子
的下落情况不明。①

第三节　慰安所的管理

不管是日军开设的还是民间开设的慰安所,军方都管理着慰
安所,这种管理包括:

第一,慰安所的卫生方面。在慰安所,"慰安妇"必须定期接受
性病检查,患性病者将随时淘汰;慰安所须经常保持清洁,有些地
区还对慰安所的接客室、盥洗室、厕所、走廊、被褥、枕套、床单等的
清洁消毒制定了评分标准,并定期进行检查评定。② 这些并不是为
了"慰安妇"的安全,而是要保证日本兵的身体健康。实际上由于
许多慰安所地处前线,或者经常转移,不可能保持清洁。

一个东京部队的军医曾回忆 1942 年参加"慰安妇"体检的
往事:

　　我想提供相关信息。我以前当过军医,在东京的部队。
有一天我接到了检查女性身体的命令。

---

① 《中央档案馆藏日本侵华战犯笔供选编》(第二辑)第 78 册,第 434—436 页。
② 『马尼拉认可饮食店.慰安所规则』(1943 年 2 月)、日本防卫厅防卫研究所藏。

还有一两个人跟我一起去的。大概有 100 人。

（100 人都进行了体检吗?）嗯,然后就开始进行体检。

那个时候,不仅是妇科检查了,说希望全面的体检。因为要送她们到战地,身体不好不行,说希望跟军人一样的体检。

我想您应该也知道,以前男性的征兵体检是非常严格,大家都是只穿一个内裤,阴部和肛门都要进行检查。要是得那种病就麻烦了,进行全面的体检。①

第二,慰安所的使用方面。为了维护"皇军"的威严,维持慰安所的秩序,日军各部制定了各种慰安所的使用规定。从早期的上海杨家宅慰安所到菲律宾岛第一慰安所,日军都颁布了详细的慰安所规定。如规定各分队去慰安所的时间分配、使用慰安所的价格、一次使用的时间、必须使用的工具（安全套）等。有的还规定在慰安所内不得饮酒、不许有粗暴行为、将校和士

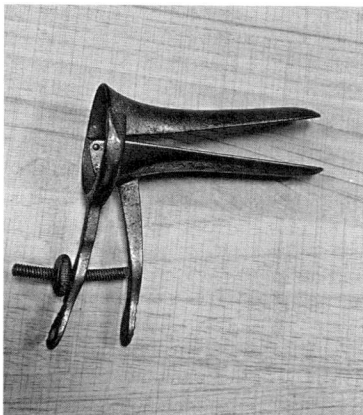

3-23 图为检查"慰安妇"下身的鸭嘴器,这一器械曾在上海海军俱乐部使用,由日军军官田中的儿子捐献。（上海师范大学中国"慰安妇"历史博物馆藏）

兵的出入口要分开等。有些部队发明了一种"号牌制度",即规定到慰安所去的军人每人每次只能买一枚"号牌",只能使用一次,由慰安所回收,无牌者一律不得入内。② 为了防止性病蔓延,军方极为注意安全套的生产,将其列为重要的军需品,分配到各个地区和

① 『性と侵略——軍隊慰安所 84 か所　元日本兵らの証言』、185 頁。
② 防衛厅戦史部编『支那事変陸軍作戦史』、朝雲新聞社、1976 年。

各个部队,并经常统计部队的需求数量,考察官兵的使用状况和实际效果。

第三,"慰安妇"的管理。在慰安所里,"慰安妇"受到严格的管控、监督和限制。首先管理方要强制训练"慰安妇"掌握各种技巧,以便性欲旺盛的士兵在两三分钟内解决性问题,有的管理者对不能做到这一点的"慰安妇"作出处罚。还有规定,"慰安妇"必须随时接受宪兵的监督检查,必须定期由军医检查身体、不准随便外出、不许与当地居民接触、要将日本兵赠予的钱财上缴军方等。中国的"慰安妇"往往受到的限制最多。

第四,生活日常的管理方面。在大多数日军慰安所内,饮食、器皿、衣物、自来水、化妆品以及日常用品等原则上由军队供给,不过要收取费用。一个知情的老兵回忆:所以比如"慰安妇"的食物,米啦、麦啦、盐啦、酱油啦、味噌这些东西,都是军队的野战仓库分出来给她们。① "慰安妇"一旦生病,一切费用由"慰安妇"个人承担;如患重病,日军多将其丢弃了之。如果"慰安妇"怀孕了,日军往往是杀子留母,因为对于他们来说,只有女人才有用,女人就是战争物资。当危急时刻或濒临失败时,日军常常将"慰安妇"杀死,然后撤退。

"慰安妇"的来源,逐渐形成了从日本募集、殖民地征募、占领地强征的互补模式。在侵华战争初期,"慰安妇"的征集一度十分混乱,有些日侨利用军队的名义,强行抓捕日本民家的妇女,尤其是在日的朝鲜女子,以从中谋取暴利;有些部队则通过随军记者或"慰问者"在日本私自征集诱骗,引起不少混乱;有的部队委派进行征集工作的人选还使用绑架手段,有的人甚至被当地的警察扣留。

---

① 『性と侵略——軍隊慰安所84か所　元日本兵らの証言』、178頁。

有鉴于此,后来陆军省兵务局发
布《关于募集军慰安所从业妇等
的通牒》文件规定,今后凡有此
类召募,一律由派遣军一级进行
统制;各军在征集"慰安妇"时,
一定要选择合适的人选来担任;
而且在日本进行召募时,要事先
与当地的警宪取得联络。[①] 当然
事实上,各部队实际上并没有文
明"募集",强征仍是主要手段,
并创造出各种形式,特别是在占
领地。如日军少尉队长平山盘

3-24 扬州绿扬旅社,战时这
里是日军慰安所。

踞于太原西里街时,该部队向洛阳、里解、刘家堡、马村等周围的 23
村发出命令,要求每天提供 4 个女人,各村轮流。顺马坊据点的日
军,命令附近各村每天提供年轻妇女 5 人,7 天换班一次。[②] 在这
种"摊派"方式下,受害的年轻女子数量是十分庞大的。

日军设立专门机构对慰安所进行管理。从副官统筹管理"慰
安妇"到军队出现专门机构,这表明日军在制度安排和设计方面的
推进。慰安所事务通常由派遣军的参谋部负责,特别是后方参谋
具体参与,他们根据陆军省的命令展开工作。战时日军的战略单
位是师团,师团的司令部下面设有参谋部、军医部、兵器部、兽医
部、管理部等机构,慰安所事务由军医部和管理部共同负责。军医

①陆支密第 745 号:《副官给北支那方面军及中支派遣军参谋长的通牒》,1938 年 3 月 4
 日。该通牒是由陆军省次官梅津美治郎及兵务局长今村均签发。藏于日本防卫厅防
 卫研究所。
②《新华日报》华北版,1942 年 5 月 16 日。

部的工作主要是在慰安所的卫生方面确保"慰安妇"能正常工作，负责召集军医对"慰安妇"进行身体检查，以防止性病的流行。由于日军中妇科医生较少，因此，这个任务多由内科医生或外科医生来完成。军医部掌控着整个师团所有"慰安妇"的档案。每个"慰安妇"都有一本户籍本（主要是日本和朝鲜"慰安妇"），上面贴有该"慰安妇"的照片，记录着该女子的征用、体检、移动等基本情况。军医部还有权命令患病的"慰安妇"停止接待。而管理部则负责慰安所的建立、运行、物资调配、转移等事务。

有些部队在酒保部或兵站下面专门设立慰安所科，以具体管理慰安所事务。如驻上海的日军第 7331 部队，就设有慰安所科。①

日军的兵站司令部专门设立慰安股，其任务就是：负责文艺演出、电影、慰问团接待；管理日式餐厅、食堂、餐馆，以及特种慰安所。

慰安股一般由 8 人组成，有将校 2 人、下士官 2 人、士兵 4 人。其职责是管理"慰安妇"、监督慰安所运营。如汉口积庆里慰安所的入口，有日本兵的步哨日夜守卫。此外慰安股还负责酒家、食堂、演剧、放电影、迎送慰问团等事情。各慰安所每日接待日军的人数、金额等，须每天向慰安股报告。

管理过慰安所的军官山田清吉回忆，慰安所的老板们对于找怎样的女子来担任"慰安妇"似乎非常精通。一般在挑选中国"慰安妇"时，他们会用手伸入对方的阴部，然后闻一闻气味，一边说"太臭了""太臭了"，一边说"合格"了。原来他们只要稍微嗅一下女子阴部的分泌物，便知晓这个女子是否有性病了。②

---

① 吉見義明編『從軍慰安婦資料集』、271 頁。
② 山田清吉『武漢兵站』、92 頁。

渡边雅夫 1938 年参加侵华战争，1945 年 8 月被俘。他认为济南的慰安所——星俱乐部监禁 16 到 25 岁的中国"慰安妇"共有 50 名，是由日军济南最高司令部的高级副官负责管理的。而济南军人会馆是济南最高司令部的高级副官充当馆长，允许军人喝酒，故而秩序较乱，因此里面只有 16 到 22 岁的中国"慰安妇"15 名，中国男人 30 名，日本人 70 人左右。时常"受到酒醉侵略军人的虐待"①。渡边雅夫是军队的会计，所以对其中的情况比较熟悉。

第四节　战略物资——安全套

日本政府和日军实施的避免性病的措施，除了体检，主要是发放安全套。生产安全套由陆军省主计课和战备课负责。陆军省通过《关于阵中用品的配备文件》向陆军军需品厂发出生产通牒。1942 年在"防疫材料"中指出需要军用安全套 1 530 万只。按照陆军省的补给标准来看，1530 万个军用安全套是一年所需量的 80% 左右，这样可以算出年所需量是 1 912.5 万个。到 1942 年 4 月中旬为止，日本陆军总兵力约 249 万。地面约 223 万人，航空约 10 万人，剩余的是船舶部队、官衙、学校等。地面兵力按地区划分，南方军 42—43 万人、中国派遣军约 63 万人、东北和朝鲜约 78 万人、日本和台湾约 40 万人。1941 年太平洋战争爆发时，在国外的日军总兵力大约 170 万人。1 912.5 万个除以 170 万，海外日军士兵一年每人分到 11 个安全套，也就是说，配备计划基本上一个月一只。显然是不够的。

1942 年 1 月，陆军省制定了"一个师团一个月的阵中事务用品

---

① 《中央档案馆藏日本侵华战犯笔供选编》(第二辑)第 107 册，第 385—387 页。

3‑25　日本陆军使用的安全套,纸袋上写着"突击一番",翻译过来就是"冲锋一号"。(上海师范大学中国"慰安妇"历史博物馆藏)

所需的基准表"。是年1月10日,副官向陆军军需品厂的通牒中提到了关于阵中用品的交付的指示。受领的部队是山川部队(治集团)。其中附有"基准表"。根据这个表格,一个师团一个月所需的安全套是5万个。一个师团有25 000人左右,由此可以算出,士兵每人每月分配到2只安全套。

关于安全套生产与配送的文件,都是"陆密亚"或是"陆支密"的有序列号的文件下发,陆军省副官向陆军军需品厂寄出的通牒,都有"交付"或是"追加"的命令。陆军省高级副官、主务副官、陆军省经理局建筑课(局长、科长、主务人员)、大本营陆军兵站总监部参谋长、陆军军需品厂长等,直接参与军用安全套的交付过程。关联一栏中,还盖有主计课长(经理局)、交通课长(整备局)、"兵总"课长(兵站总监部课长)、"野经"课长(大本营陆军部野战经理长官部的课长)的印章。这些文件资料都是根据陆军大臣和次官的委任,由高级副官来处理的,陆军省以经理局为中心来参与其中。而各地日军是由中国派遣军、华南派遣军、南方军等名义来申请发放安全套的。

1942 年日本中国派遣军发出文件《总经衣第 79 号》,内容是请求陆军省在 4 月到 9 月的所需阵中事务用品的"追送",其中写到,至 1942 年 3 月 24 日已收到安全套 325 万个。《总经衣第 552 号》请求发放"阵中事务用品",1942 年 9 月 22 日的通牒中记有安全套 420 万个。这两个文件都是兵站总监部参谋长寄送中国派遣军总参谋长的,是交付给华中派遣军的。这里派遣军请求 1942 年的上半年和下半年的所需的量,也说明陆军中央的"交付"手续已经完成。所以从总量来分析是巨大的。

关于华南派遣军,据第 23 军部队 1942 年 2 月 28 日《波集经衣第 53 号》文件,3 月 25 日作为"4 月至 9 月的所使用量"发送了 150 万个。下半年又发送了 112 万个安全套。

而关东军方面,1942 年 2 月 5 日的通牒中,陆军省命令寄送安全套 400 万个。这一数量是"基于关东军消耗品配备要领的不足数量和补给数量"。说明关东军有自己独特的配备标准,相比其他部队,关东军的安全套数量是比较多的。

日军上层要求官兵高度重视,对患了性病而影响战斗力的士兵要进行惩罚。第 16 师团第 20 联队的一名老兵战后回忆:

在军队中,要是得性病了就是个很麻烦的事情,在外出时

3-26 日本海军使用的安全套,纸袋上印着"完胜"两字。(日本友人提供)

需要登记,然后发给一个避孕套。患性病的话,会被降级,有严厉的惩罚制度。①

在九江、武汉驻扎的电信第2联队的老兵也指出罹患性病的恶果:

有传言说:患了恶性性病的人回到日本后,还会被送回去似岛(驻屯地)。所以在这点上,士兵也非常敏感。得了严重的性病的话,好像真的回不了日本。似岛的检疫所对其进行检测。②

日军的性病问题实际上非常严重。1940年1月据对日本华北派遣军的多田部队、富家部队、福岛队的一次调查,已治愈而出院的官兵为7 963名,正在治疗的5 418名,其中被日本女人感染者为26.34%,被朝鲜女人感染者为45.31%,被中国女人感染者为28.37%,被西洋女人感染者仅0.02%,因喝酒后没带安全套而被感染者有2 563名。③ 当时的日军军医认为,一旦被感染性病,必须经过数十天入院治疗,这必然影响日军的战斗力。④ 因此,1942年6月18日,陆军省《关于涉及大东亚战争的将士性病,向全体陆军的通牒》中指出:"随着参加大东亚战争的将士的回国,如果其性病向

---

① 『性と侵略——軍隊慰安所84か所 元日本兵らの証言』、56頁。

② 『性と侵略——軍隊慰安所84か所 元日本兵らの証言』、158—159頁。

③ 吉見義明編『従軍慰安婦資料集』、236—239頁。

④ 吉見義明編『従軍慰安婦資料集』、237頁。

国内蔓延,这不单单是回国士兵家族的问题,而且是在我国人口政策上极其重大的问题。对此,很有必要采取紧急而严厉的对策。"①可见,当时前线的日军官兵的性病问题是非常严峻的。据 1943 年 7 月 15 日第 36 师团司令部的资料,对在朝鲜人妓院感染性病的 4 名士兵进行了处罚,其中 1 人受到轻禁闭,3 人受到重禁闭。②

安全套是日军最主要的避免性病的工具。在慰安所普遍建立之后,日军明确规定:严禁不使用安全套的官兵与"慰安妇"性交。这样规定,首先是为了进一步确保日军的健康,另一方面也是为了防止"慰安妇"怀孕。于是,安全套便成了日军必备的军需品。

这种安全套用优质橡胶制成。早在战争初期,安全套就作为日本前线急需的战略物资而被紧急运输到中国。这些陆军使用的安全套上印着 4 个日本汉字——"突击一番",意思就是"冲锋一号"。日军士兵又把它叫作"钢盔",以避免性病的入侵。在黑龙江温春第 39 机场大队服役的老兵回忆,士兵们习惯都把安全套叫"钢盔"。③

1942 年 9 月,日本中国派遣军司令部的副官提出建议,军方须保证平均每两个月给一位士兵发 1 只安全套。其理由是:一、过去慰安所使用的安全套多是在市场上所购,而且是慰安所无偿提供给官兵使用的,但最近市场上已无法买到安全套;二、在上海的慰安所,虽然慰安所老板将安全套交给前来的官兵,但官兵们多不使用,在结束后,他们又将安全套还给了老板。根据他们的测算,仅上海地区每个月就需要安全套 4.3 万个。④ 在有条件的慰安所,日

---

① 吉见義明编『從軍慰安婦資料集』、171—172 頁。

② 吉见義明编『從軍慰安婦資料集』、280—282 頁。

③ 『性と侵略——軍隊慰安所 84か所　元日本兵らの証言』、45 頁。

④ 吉见義明编『從軍慰安婦資料集』、271 頁。

军应派出值日官,监督日军士兵使用安全套,如查出不使用者,就要取消其进入慰安所的资格。有时在前线的战斗部队得不到安全套,所以卫生兵们只能到慰安所回收使用过的安全套,用消毒液浸洗后晾干,再撒上面粉,分发到部队去。[①] 有些日军官兵在面对日本"慰安妇"时,往往很老实地使用安全套,因为他们知道,相当多的日本"慰安妇"曾是性病患者,而面对长着少女脸庞的中国或朝鲜"慰安妇"时,就不用戴安全套了,因为他们根本不担心会染上性病。直到日本战败时,各地日军仍存有大量的安全套。在收容所里,等待回国的日军官兵食物奇缺,因此,常有日军军官将整盒的安全套与中国人交换食品。[②]

　　军方要求每个士兵在同"慰安妇"接触时,必须使用安全套。当时由于技术较落后,安全套质地比较硬,因此,"慰安妇"使用后疼痛难忍,经常发生炎症,由于得不到休息,遂发展为性病。另一方面,日军官兵也讨厌不舒服的安全套,因此,他们多偷偷不使用安全套,有些部队甚至公开反对使用安全套。尤其是战场上的主力部队,当慰安所的管理者要求他们使用时,士兵们根本不理。结果不仅性病上升,而且有时还致使"慰安妇"怀孕。如山西盂县的受害者曹黑毛曾两次怀孕,朝鲜的朴永心就是在云南怀孕的。当时的日本,法律禁止流产手术,如果医生施行流产手术,就会被加上堕胎罪而取消医生资格,并关进拘留所。这一法律也适用于战场,因此,有很多慰安所都有婴儿诞生的记录。日本"慰安妇"所生的,多带回国内。如上海杨家宅慰安所一位日本女子产下一子,曾托周围的本地农民代喂奶,后来送回了日本。而中国"慰安妇"如

---

① 千田夏光『従軍慰安婦』、89 頁。
② 见戴芳栋致笔者的信。

果怀孕的话,其下场往往十分悲惨。海南保亭县的黎族少女李亚茜被日军抓入南林据点充当"慰安妇",这个据点有一个小队的日军,他们不使用任何避孕措施,不久李亚茜就怀孕了,日军即以中国人怎能怀日本"种"的罪名,把这位无辜的少女绑至庆训村的坡地上,残忍地将其剖腹,致使母子双亡。[①]

还有一位受害者回忆说:

> 每只安全套只使用一次,用完后就扔到房间里的垃圾桶里去,一天下来,垃圾桶里全是用过的安全套,那些东西散发出的臭味经常使人恶心得想呕吐。有些军人不愿使用安全套,"慰安妇"也没有办法。[②]

1944年,日军第23军独立步兵第13旅团的远山队制定《关于外出及俱乐部的规定》,严禁士兵个人外出,以及规定松月军人俱乐部即松月慰安所必须每天向部队报告每个"慰安妇"的营业额、来所人员数量、安全套的使用数等。[③]

日军的安全套还有不同类型。海军使用的有印着海军军旗的安全套,其实物我们直到2019年才得以见到。陆军使用的最普遍的就是"突击一番"。存放安全套的小纸袋上印着日军的标志和4个字"突击一番"。

除了安全套外,日军还使用其他的避孕和预防性病的办法。一般规定,"慰安妇"在接待士兵前后要"确实洗涤"。在一些慰安所的入口处,备有洗涤设备,在一个盛有高锰酸钾溶液的玻璃瓶

---

① 符和积编:《实录》,第549页。

② 韩国挺身队问题对策协议会、韩国挺身队研究会编:《被掠往侵略战场的慰安妇》,金镇烈、黄一兵译,北京:中国文史出版社2001年版,第434—438页。

③ 吉見義明编『從軍慰安婦資料集』、292頁。

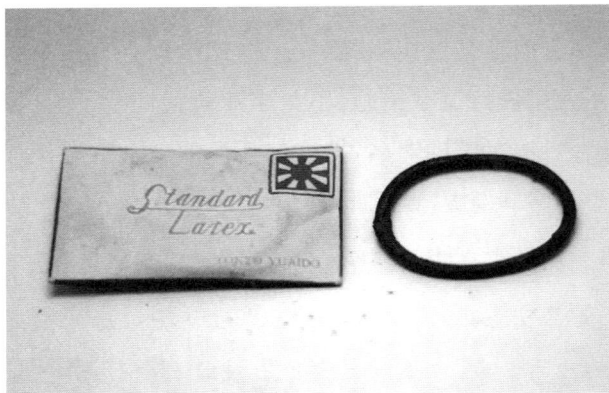

3‐27 日本海军使用的纸袋上印着海军军旗的安全套。实物首次在中国"慰安妇"历史博物馆展出。(陈斌 2019 年摄)

上,垂下一根橡皮胶管,在性交结束后用以洗涤生殖器。

在南方的一些占领区,日军要求"慰安妇"们按规定时间服用预防丸,实际上,这种预防丸的效果并不理想,因此,一旦中国"慰安妇"怀孕后,多被日军凶残地杀死。[1] 还有的日本军医逼迫"慰安妇"定期吞服黄色的奎宁药片。有些"慰安妇"由于长期服用奎宁,身体产生严重的副作用,导致一生都无法正常怀孕生育。[2] 在上海等地,日军给"慰安妇"注射一种 606 抗生针剂,宣称预防性病。这种针剂据说防止梅毒很有效,但这也成为"慰安妇"们终生患不孕症的原因之一。

星秘膏是日军推广使用的另一种防止性病的药品。操作方法是事先涂上药膏,事后再将身体洗涤干净。星秘膏曾被日军大量运到中国和东南亚前线,供日军官兵使用。

---

[1] 符和积主编:《铁蹄下的腥风血雨——日军侵琼暴行实录》,海口:海南出版社 1995 年版,下册,第 547 页。

[2] 高木健一『従軍慰安婦と戦後補償』、25 頁。

星秘膏的首次使用是在九一八事变时期,1932 年 7 月 2 日,混成第 14 旅团步兵第 27 联队第一大队在"保险防疫用卫生材料分配使用的注意事项"中写着,为了"预防花柳病",士兵每人三个星秘膏、安全套两个。到 1933 年 4 月混成第 14 旅团设置了慰安所,旅团司令部命令士兵为了防止性病传染必须使用安全套和星秘膏。

此后二银膏和星秘膏作为主要的性病预防药品来加以使用。1937 年 7 月 29 日,第 6 师团的军医部长在"对于卫生部队将校以下的指示"中提到,出征前要留意预防花柳病,出征后预防性病也要配备二银膏和星秘膏。从出征后还要配备可以看出,这两种药已经成为日军专门使用的性病预防药物。

大本营陆军部认为,性病患者当中大多数没有正确使用星秘膏、二银膏等这些预防性病的药物,认为只要是坚持使用安全套和星秘膏,百分之百能有效[1]。星秘膏作为"野战酒保品"由陆军来实施递送[2]。1939 年 5 月 2 日,临时陆军东京经理部决定向关东军的仓库递送 3 000 箱星秘膏[3]。星秘膏是为了慰安所的士兵的性病预防而由陆军亲自制造、递送以及投入使用的。这是为了在慰安所里使用而特意制作的药品,是证明日本陆军推行的"慰安妇"制度的有效的物证。

第 18 师团的少尉原田上川战后回忆南京汉口路慰安所里的场景。

---

[1] [日]吉田裕、松野诚也:《十五年战争期军纪·风纪相关资料》,现代史料出版社,2001 年。

[2] [日]永井和:《从日中战争到世界战争》,日本思文阁出版社 2007 年版,第 432—436 页。

[3] 陆军省经理局衣粮课起案「野戦酒保品追送するに関する件」、1939 年 5 月 2 日。陆军省『陸満密大日記』,1939 年第 11 号,防衛省防衛研究所図書館所蔵。

　　慰安所内,有不少中国女人。日本慰安妇在南京攻克半年后才到。这些女人都是良家妇女,身体健康,年轻美貌。我去过汉口路慰安所多次,每次都找一个叫兰英的妇女,她20岁,半懂日本话。她说:这个慰安所有50多个中国女人,每天每人要接待30多个日本官兵,给她们吃糠糙米,喝冷水,每天被蹂躏得死去活来。她几次想死,均未成功,她要求我救救她。我表示无能为力,她绝望的脸上布满泪痕。

**　　3–28　雷桂英保存的南京慰安所的高锰酸钾,现在作为珍贵文物在上海师范大学中国"慰安妇"历史博物馆、利济巷慰安所旧址陈列馆等处展出。(苏智良 2006 年摄于雷桂英家中)**

　　中国女人一进慰安所,就失去自由,进门便被剥去衣服,发一件睡衣式的日本和服,从上午开始,一睁眼,和服便被看守搜去,怕女人们逃跑。有的慰安所设在小学里,有的设在仓库、寺庙、饭馆里,用木板隔成许多小间,放一块床板、一条席子、一条军毯,日本兵上慰安所要请假,时间有规定,拿到"红券"就跑到门口排队,15分钟一个。时间一到,管理员便打铃开门,催人出去,让下一个进来。

染上性病的,就发给一包高锰酸钾,让其清洗。有的经过治疗后,又被逼做慰安妇。还有的患上性病根本不治,太严重的干脆拉到野外喂狗。①

原田上川的证词,讲述了中国"慰安妇"被日本兵奴役的实状。这就印证了南京受害者雷桂英长期藏着的、从慰安所逃出时携带的高锰酸钾的真实性。2006年5月6日,我们在汤山雷桂英家询问她出逃时带出来什么东西没有,她立即说有一个东西在床底下,放了很多年了。

拿那个药。有五六十年了。我摆在家里,没动它。我也不晓得有什么用,我就摆在家里。我不知道,我只知道是姑娘用的。

作为那个年代的农村妇女,自然不会养成使用高锰酸钾来消毒自己身体的习惯,所以这半瓶消毒剂存放了60多年。② 现在,这些高锰酸钾保存在南京利济巷慰安所旧址陈列馆、上海师范大学中国"慰安妇"历史博物馆和南京民间抗战博物馆。

尽管日军高层希望实施严密的避孕措施,以减少被强暴女性的怀孕和生育,实际上战争中受害者怀孕的情况,可以说是成千上万,比比皆是。广西的韦绍兰在马岭慰安所怀孕,逃回家后生下来罗善学。1944年远征军在松山解救朴永心时,她已怀孕9个月,

① 赵肃:《南京强奸血案》,《民国档案》增刊号,第57页。
② 2007年4月25日,雷桂英老人病逝。

"怀孕的慰安妇"成为最著名的"慰安妇"历史照片之一。第 232 联队第 6 中队分队长军曹间濑康德在湖北当阳县清溪河日军设立的慰安所内，强奸十八九岁左右中国妇人，前后数十次，使她怀孕，在 4 月中旬到下旬前后使她堕胎，为堕胎，日本兵给怀孕妇女烈性药吃，严重地影响她的健康。①

　　"慰安妇"怀孕后，日本兵会设法打胎。军曹须贝太一自 1940 年 1 月至 1940 年 4 月上旬，在湖北云梦县城内北大平街驻扎，曾侵入同街经营杂货铺的中国人的房屋，对一名妇女实行强奸。其后继续强奸多次，致使该女子受孕。在怀孕 3 个月后，须贝太一便令这名 20 岁的中国妇女服毒，使婴儿脱胎，对该妇女生死不予关心。②

①《中央档案馆藏日本侵华战犯笔供选编》(第二辑)第 106 册，第 18—19 页。
② 同上书，第 238 页。

第四章 事实与真相:案例解剖

战时日军在中国各占领地遍设慰安所。有些地方没有条件建立慰安所,日军就直接将妇女囚禁在据点炮楼里,或者强占民房、寺庙、教堂、学校等建筑,甚至临时搭一个军用帐篷,将这些地方变成了"合法"的"强奸中心"。本章将依据历史资料,通过一些典型案例,来深度剖析日军慰安所的建立、管理、运作,以揭示日军主导推动的性奴隶制度的强制性、反人类性。

第一节 上海:海军慰安所海乃家

海乃家是日军退役老兵奉日军之命建立的、服务于上海日本海军的大型慰安所,存在时间为 1939 年到 1945 年战争结束。

这是一张在虹口公园(即现上海鲁迅公园)拍摄的旧照。照片上共有 32 人,从穿着上看,其中有当时日本现役海军的官兵,还有老人、小孩,最多的是妇女,约 23 人,她们有的穿着和服,有的穿着旗袍。

这张照片是海乃家慰安所的集体照,摄于 1944 年春,为该所部分人员到虹口公园赏樱花时拍摄的。正中席地而坐的正是海乃

4-1　海乃家慰安所老板与"慰安妇"的合影,看起来很祥和,实际隐藏着刀光血影。(转引自华公平《从军慰安所"海乃家"的故事》)

家的老板坂下熊藏,穿和服的大多是日本、朝鲜的"慰安妇",而站立在后排、穿着旗袍的则是中国的"慰安妇"。

据坂下熊藏的儿子坂下元司(即华公平)回忆,海乃家慰安所是日本海军全权委托他父亲经营的海军慰安所。

1898年,坂下熊藏出生于日本和歌山县,曾加入过海军,并于1919—1920年间在海军军舰"浅间"号上服役。[①]退伍以后,坂下回到神户开设煮豆屋谋生,但经营惨淡。经亲戚、同乡介绍,1939年坂下来到上海虹口开设煮豆屋,为日侨提供服务。作为海军的退役士兵他与上海的日本海军时常来往。此时随着侵华战争的扩大,在上海的日本海军官兵激增,海军指挥机构急需为海军陆战队员建立一批专用的慰安所,因此,海军方面找到坂下熊藏,希望他

① 華公平「従軍慰安所"海乃家"の传言」、日本機関纸出版センター、1992年、73頁。

能与海军合作建立慰安所。

坂下夫人曾强烈反对日本海军的建议,当时她已经知道慰安所的用途,作为女性她总感觉这样的黑心钱是不能赚的。但是,坂下熊藏为利所驱,决定与海军合作,遂同意创办海乃家慰安所。

"海乃家"这个慰安所的名字为日本海军所命名,还是坂下熊藏所起,我们已不得而知了,其意思就是"海军之家"。海乃家慰安所坐落在虹口公平路公平里 12 号,即今公平路 425 弄 12 号。那里距黄浦江的日军码头不到一公里。

海乃家慰安所的房屋约建于 20 世纪 20 年代,是一幢上海最常见的石库门建筑,主人是一家纺织厂的老板,原籍广东。八一三淞沪

4-2 坂下熊藏拍摄的海乃家慰安所的旧照。(转引自華公平《从军慰安所"海乃家"的故事》)

会战爆发后,这位老板因担心在虹口遭到日本兵的袭扰而逃亡内地。于是,日本海军派部队占领了该房,并把它移交给坂下熊藏。海军与坂下订立合同,由坂下每月向海军象征性缴纳 5 日元的房租,经营海乃家慰安所,并可以享受海军"军属"即军队聘用人员的待遇,慰安所所需物品均由海军提供。但海乃家慰安所归海军所有,坂下只有日常的经营权。这清楚地表明海乃家慰安所是日本海军开设的军队慰安所。

于是,坂下熊藏在日本海军的配合下,对公平里 12 号整幢房

4-3　在"浅间"号战舰服役时的坂下熊藏(右),退役后在上海接受了海军的命令,建立慰安所。(转引自华公平《从军慰安所"海乃家"的故事》)

屋进行了内部装修。公平里原与旁边的川本里(公平路411弄)相通,日军为安全起见,将通往川本里的道路封死,并在从公平里弄堂进入12号海乃家的地方,新安装了大铁门。据当地居民回忆,大铁门战后还存在,直到1958年大炼钢铁时,居民们将这扇大铁门送交了上去。坂下熊藏将房间分割开来,扩大了浴室。进入海乃家,走过天井便是个大厅,旁边是仓库、经理室、厨房等,西侧有3间"慰安妇"的房间,加上2楼的14个房间,共有17个"慰安妇"的房间,每间房间12—16平方米。2楼的当中是个大厅,供宴会使用。

1939年,经过紧张的装修,海乃家便开张了。

海乃家的底楼大厅贴有全部"慰安妇"的照片,旁边写着"一花5日元"。慰安所规则指出,支付须用军票。不久,汪精卫的伪国民政府在南京成立,1941年发行储备券,此后日本兵也可以用储备券支付进入慰安所的费用。根据坂下元司的回忆,日本兵多支付不值钱的储备券。平时,"慰安妇"在大厅的长凳上坐着,以等候客人。为了联络方便,日本海军还给坂下熊藏的经理室安装了电话,号码为52124。当日军官兵进入时,管理者即上前询问:

"喜欢日本人,还是中国人呢?"当然也可选择朝鲜人或混血妇女。由于日军官兵长期在中国作战,因此,往往希望找日本"慰安妇"以解乡愁。海乃家慰安所的"客人",主要是杨树浦、虹口一带的日海军陆战队和军需厂的"军属",也就是军队聘用人员。

海乃家慰安所的日本籍"慰安妇",多是老板坂下熊藏亲自去日本招募来的,因此坂下几乎每年要到日本去 3 次。朝鲜籍"慰安妇"有的是从日本招募来的,也有从朝鲜拐骗来的。中国"慰安妇"则是日军在中国占领地掳掠或诱骗的女子。在海乃家慰安所里等级分明,日本"慰安妇"地位最高,其责任是接待高级军官,收费自然也最高。日本、朝鲜的"慰安妇"均持有日军"军属"的证明书,唯有作为敌对国的中国"慰安妇",从未收到过这种日本海军颁发的证明书。1940 年时,海乃家慰安所拥有日本"慰安妇"10 人、朝鲜"慰安妇"10 人、中国"慰安妇"20 人(参见表 4-1)。

表 4-1　海乃家本馆部分"慰安妇"情况(1944 年)

姓名	概况
いさむ	日本神户人,嗜酒。
清香	日本九州人,18 岁,为年龄最小的"慰安妇",性格活泼。
すみれ	日本人,年轻漂亮,1945 年 7 月 5 日,死于美军空袭。
小铃	日本人,21—22 岁,容易怀孕。直到战争结束。
娟代	朝鲜人,沉溺于鸦片,后被开除,乞讨为生,惨死于上海街头。
一二三	朝鲜人,30 岁,聪明漂亮。
さちこ	东南亚人,混血儿。
花子	中国人,21—22 岁,活泼开朗,日语最好。
櫻花	中国人,23—24 岁。
佚名	日本人,1944 年秋因肾炎而死去。

　　资料来源:華公平:《從軍慰安所"海乃家"の傳言》,大阪:日本機関纸出版センタ一,1992 年。

上海的日本海军当局对"慰安妇"实行严格的检查。入所时,"慰安妇"必须服药,以抵抗性病病毒,并防止怀孕。以后每周会派军医来海乃家检查所有的"慰安妇",一旦患上性病就会被强迫治疗。

出乎人们的意料,这个开设慰安所的坂下熊藏竟还是个日本佛教徒。也许他对自己经营慰安所还是有所内疚,因此常常请虹口的东本愿寺的和尚来念经诵佛,当然,能接受听讲的只能是日本籍的"慰安妇"。①

战时日本海军陆战队总人数超过 10 万人,上海是日本海军的中心基地之一,陆战队员加上"军属"总有上万人,这样,一个 40 来名"慰安妇"的海乃家,当然就应接不暇,公平里外面,经常挂着"全部客满"的牌子。

1944 年,坂下熊藏之子坂下元司从日本来到上海,考入上海日本工业学校读书,业余时间他会帮助其父经营"海乃家"。据坂下元司回忆,当时由于日本兵接踵而至"海乃家",天天爆满,每天晚上钱箱里塞满了储备券,离他家步行几分钟就有一家银行的储蓄所,坂下元司的任务就是将这些储备券存入银行。当时他只有十五六岁,坂下元司后来回忆说,每天傍晚,当他手里抱着厚厚的两大捆钞票去存款时,心中不免有些得意。

海乃家慰安所一直经营到 1945 年 8 月日本无条件投降。到 1946 年 3 月,坂下熊藏全家乘坐"丰荣"号轮船返回日本。坂下历经战争、荣华与波折,到了晚年又回到了煮豆为生的生活,1991 年年老体衰的坂下熊藏在家乡逝世。

战后的坂下元司生活在东大阪市,在 1944—1945 年的两年时间里,他在上海协助其父经营慰安所,目睹"慰安妇"的种种惨事,

---

① 華公平『従軍慰安所(海乃家)の传言』、29 頁。

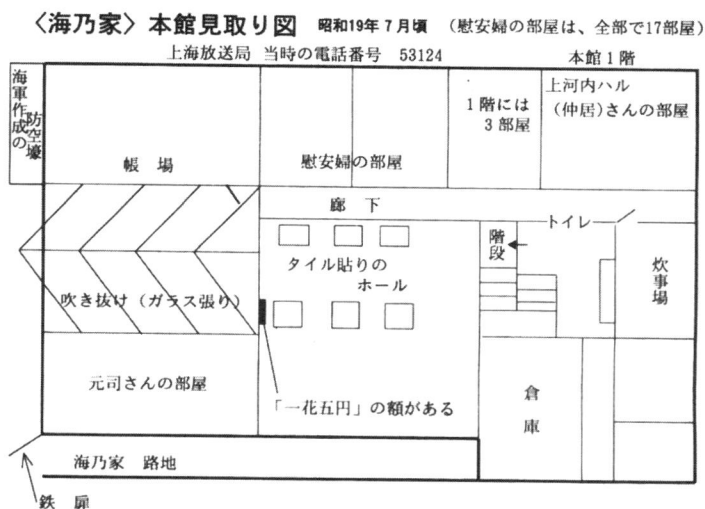

4-4 海乃家一楼平面图。(转引自华公平《从军慰安所"海乃家"的故事》)

多少受到良心的谴责。"慰安妇"事件刚刚被揭发后,他便于 1991
年 10 月重返上海,寻觅海乃家慰安所的故地。住在 12 号的张荣辽
(笔者于 1995 年在该地调查遇见张先生时他 79 岁),曾见到过重返
公平里的坂下元司。坂下元司写道,公平里"海乃家"的那幢房子,
与作为慰安所时几乎没有什么变化。

坂下元司对海乃家的"慰安妇"们还有些记忆,他回忆,有的
"慰安妇"吸上了鸦片烟;有的因偷同伴屋子里的财物而被管理者
殴打,死在道边。"在鹿儿岛开往冲绳的运输船上,有十多名朝鲜
人'慰安妇',当受到美军飞机攻击时,我游上了奄美大岛,没有去
帮助那些女人。""男人从军是当然的事情,生命没有保证,在死之
前,体验女性也是当然的事,这种思想很流行。"①

---

① 《朝日新闻》晚刊,1992 年 5 月 26 日。

当坂下元司再度回到上海,来到公平路425弄公平里时,70多岁的老人们认出了他,并对他说:"对你父亲十分熟悉。"坂下元司回国后写成《从军慰安所"海乃家"的故事》,并使用了"华公平"这一笔名,这显然是为了纪念海乃家慰安所开设在上海公平里这件事。他向新闻界和世人公开了他所知道的海乃家慰安所的内幕和罪行。

4-5　坂下元司1991年重返上海,在原海乃家慰安所建筑前留影(转引自华公平《从军慰安所"海乃家"的故事》)

20世纪90年代以来,笔者多次到公平里调查,深深为这里的气氛所感染。

公平里的居民对当年日本人在这里做的肮脏事情和罪行,愤恨不已,记忆犹新。那时,日本海军为了安全,将公平里与川本里通行的弄堂用砖墙封闭。这样,中国居民的进出就大为不便。居住在该弄10号的徐伯伯(1995年时72岁)回忆说,经常看见到来"海乃家"这个"日本堂子"的日本兵排着队,兴奋地往里疾走。史阿婆(1995年时70岁)回忆,每天有宪兵队的军官到"海乃家"来,人很多。

"当时的日本人包括慰安所老板全家,对我们中国人都是穷凶极恶的。"6号的老伯(1995年时近70岁)不肯说出姓名,但他仍怀着愤恨的心情回忆说:

　　战争的辰光我只有五六岁,一天,我踏着一辆三轮小童车在弄口玩,不巧慰安所老板的儿子看中了我的车子,一定要我让给他骑,我不答应,日本人一拥过来,抓住我的头发,把我的头撞在墙上,咚咚作响。不仅如此,我的父亲还被他们抓入"海乃家",受尽折磨。

老伯伯口中的这个慰安所老板的儿子,究竟是坂下元司,还是他的哥哥呢?已经无从考证了。因为一辆童车,连父亲也被抓入慰安所殴打,对于这位老伯来说,就是人生最大的耻辱。

4-6　海乃家一楼的石雕非常精美,显示了房屋原主人——一位中国纺织厂老板的审美品位和经济实力。(陈斌 2016 年摄)

住在 8 号的罗老妈妈(1995 年时 74 岁)回忆说:

那年我只有 20 岁,一天到阳台晒衣服,我家正面对着 12 号的"海乃家",有时晒衣服时,会朝北面的"海乃家"看一眼,立即就会遭到日本人的训斥。但是,没有人的时候,我还是会好奇地朝"海乃家"看看,有时就会看到穿旗袍的中国姑娘生着病,在灶披间(沪语,指厨房——笔者注)偷吃冷饭团。

4-7　海乃家旧址,这是 2016 年 2 月部分拆除时的场景。由于媒体和市民的介入,虹口区政府表示暂缓拆除。2019 年 5 月,海乃家旧址仍被拆除了。(陈斌 2016 年摄)

　　数十年来,公平里的居民们对日本侵略者的暴行一刻未忘。实地调查时他们对笔者说,近些年来,时常有日本人到这里参观,包括过去曾在这里住过的日本人。一想起被侵略时所受的种种苦难,我们就坚决地将日本人轰出去,从小孩到老人,大家一致行动。说到这里,一位旁观者插话,公平里的房子已经破旧了,要是日本人来投资造房子,总可以住新房子了。他的不和谐声音,立即遭到众人的训斥。

　　笔者走访过不少地方,也调查过不少战争的受害者和见证人,但是,在上海这个较为温和的大都市,像公平里居民这样的刚毅坚勇的民气,还是第一次遇到,使我深深为之感动,尽管这给我的调查也曾带来不便。

　　2015 年,在纪念抗日战争胜利 70 周年的日子里,公平里的居民们将要搬迁,在离开这个既有战争苦难记忆又有许多日常生活快乐的公平里时,他们呼吁是否可以将海乃家旧址建成一个博物馆,以把这种历史记忆传诸后世。

4‑8　2016 年 6 月,面对中央电视台的镜头,苏智良无奈地站在正被拆除的海乃家旧址前。(陈斌 2016 年摄)

中央电视台新闻频道的记者们多次来上海,用心地拍摄了纪录片《一座慰安所遗址的去与留》,展示了不同身份人群的看法,还特地到韩国,采访从政府、民间组织到学生的看法与做法。然而,海乃家的旧址仍没能留住。2019 年 5 月,建筑被拆除,该地块划入澄衷中学的校园。2020 年 9 月,华东师范大学陈子善教授在网上呼吁,澄衷中学曾有孙中山、陈独秀等名人来校演讲,杰出校友辈出,不能因为北外滩的建设而一拆了之。但虹口区政府新闻办公室随即发布告示:澄衷中学现址位于东余杭路 800 号,因校舍存在一定的安全隐患,且无法满足日益提高的教育需求。为满足澄衷中学提质需求,更好传承澄衷精神,结合新一轮北外滩规划研究,拟将澄衷中学另行选址。澄衷中学现址因历史风貌不存,于 2017 年被公布为澄衷蒙学堂遗址,无整栋文物建筑。现实就是这样无情:2019 年因为澄衷中学的建设,海乃家慰安所被拆除,土地并入澄衷中学;2020年,官方宣布澄衷中学并无历史风貌建筑而被拆除,让位于北外滩建设。

第二节　山西:盂县进圭村的记忆

　　中国"慰安妇"的受害地点主要有两种类型,一种是日军设立的慰安所,另一种是日军的据点炮楼,或者以民房、寺庙、学校等临时改建的慰安所。有人认为,没有在专门建立的慰安所里生活的受害妇女不能认定为"慰安妇",这种观点是完全错误的。将二战时期日军实施于占领地的"慰安妇"制度定义为军事性奴隶制度已经是世界范围内的共识,因此,"慰安妇"的定义就是日军性奴隶,只要是非自愿(于日军占领地被抓捕或者被诱骗、被强逼,包括在占领地的妓院中被强逼为"慰安妇")、处于失去人身自由的被囚禁状态、在一段时间内被日军官兵反复强奸作为性工具使用的受害女性,则无论她是否身在正规慰安所,就是所谓的"慰安妇",就是日军性奴隶,更准确地说,即二战时期日军"慰安妇"制度的受害者。

　　我们来剖析山西盂县进圭村女性在日军据点受害者的调查案例。

　　山西盂县地处太行山西侧,山峦起伏,地势险要,是晋察冀抗日根据地的组成部分。日军集中主力发动扫荡,试图侵占抗日根据地。在1937年秋之后,日军陆续设立22个炮楼据点,如西烟镇据点、河东村据点、上社村据点和进圭村据点等,以对付八路军的游击战和实施统治,这些据点通常只有一个中队甚至一个小队守卫。由于战线拉长,日军后勤给养十分困难,于是,粮食多在当地强征,后方的日本、朝鲜"慰安妇"更不可能送来。于是,日军便就地掳掠中国妇女,或者命令伪政权提供良家妇女供其欺侮。被抓入炮楼的中国妇女总数极其惊人,据研究,每个地区的据点和炮楼里有几十个"慰安妇"。盂县一地被抓入炮楼充当"慰安妇"的有1000多人,后来站出来指证曾长期遭受日军性暴力的老人有70余人。

进圭村在今阳泉市盂县西潘乡的乌河畔。当年驻守着日军第4混成旅团第14大队的1个小队,他们在山坡的制高点上修建炮楼,控制周边。然后就进入村庄抓捕妇女,把妇女关押在炮楼下面的窑洞里。1942年,侵华日军在盂县实施"三光"政策,抢掠妇女举动变得愈加猖獗。经过20年来相关人员的调查证实,仅仅在1940年到1943年,有据可查被日军强行带入进圭村炮楼的中国妇女就有20多个,她们是万爱花、李秀梅、李喜梅、柴玉花、曹黑毛、陈林桃、冯壮香、郭喜翠、韩银梅、侯冬娥、侯金良、侯巧良、胡壮娥、武春林、刘二荷、刘银爱、刘面换、邢三妮、张改香、张二妮、张小妮、周喜香、周变香、周润香等。这些女性年龄最大的25岁,最小的只有13岁。

受害者万爱花女士的遭遇就是很典型的例证。

1938年,日本侵略军占领了盂县,接着日军扶植汉奸成立维持会和伪县政府。到次年的春天,日军在盂县县城、东会里、上社和西烟等村镇设立了据点。1940年百团大战后,日军第36师团、独立混成第4旅团实施"晋中作战",推行碉堡战术,独立步兵14大队和5大队相继在进圭村、西烟镇、河东村和东郭湫等地修筑炮楼,设立据点。面对日军的疯狂扫荡,八路军120师359旅的717团来到盂县,发动农民参加抗战,苦大仇深的万爱花便是其中的一员,她自述:

> 我听共产党的话,成为对敌斗争的积极分子。我带头加

4-9　山西盂县日军在进圭村的临时慰安所——窑洞。万爱花等在此
受害。(苏智良 1998 年摄)

入了儿童团,并被选为儿童团团长。16 岁那年(实际只有 12
岁,我从小长得高大,卖童养媳的时候多报了岁数),我与李五
小离婚,嫁给了比我大 29 岁的村干部李季贵。不久,我在李
园林、张兵武的介绍下加入了共产党。小小年纪的我,却遭受
了很多的灾难,人人都同情我,八路军第 19 团团长刘桂华还
专门给我改名叫克灾,希望我从今后克服灾难,一切顺利。我
积极工作,先后担任村支部委员、副村长和妇救会主任。

　　日本人进入盂县后,在上社、进圭等村镇设立了据点。
1943 年春,记得院子里的扫帚草长嫩苗的时节,驻扎在进圭的
日军到羊泉村扫荡,我为了服侍患病的公公,没来得及躲避就
被抓住,日本人将我和另外 4 个姑娘带回进圭村据点。进圭
村是个背靠山头的小山村,日本人占领这里后,便在山顶上修
了炮楼,并且将炮楼周边窑洞里居住的村民们全部赶走,强占

了这些窑洞。我们就被关在这些窑洞里。

由于叛徒的告密,我的党员和抗日分子的身份暴露了。这引起了日军的仇恨,日本鬼子白天将我吊在窑洞外的槐树下,并不停地拷打我,逼问村里其他共产党员有哪些人;晚上则将我关在窑洞里,野蛮地轮流强奸我。吃的饭是由日本兵命令当地人送进来的,当地人有个叫张孟和的,他一直记得此事。在被关押大概二十天后的一个深夜,乘看守我的汉奸不注意,我悄悄地弄断了窑洞窗户上的井字形木栅栏,从窗户跳了出来,然后逃回了羊泉村。这段经历张孟和知道得很清楚,张孟和老人告诉我说,当时我曾经给你送过几次饭来。(1999年张孟和去世)

在那个窑洞里,我看到我盖的被子,是住在河峇头村侯大兔家的,侯大兔当年是基干民兵,和我很熟,今年大概有 74 岁了。当年日军下村扫荡时,将他

4 - 10　万爱花大娘。(马建河 2000 年摄)

家中的被子抢走,正好放在关押我的窑洞里,而这床被子我过去到侯大兔家串门时曾见过,那个时候被子少,也是家里的财产。我逃跑时,便将这床被子用草绳捆起来,带了出来。当我逃到大转地山棱坡时,正巧遇见李孟孩等一些村干部准备营救我,我当时不知道他们做什么,躲着听,正好听到他们商量着怎么救我,当我自己从藏身处走出来与他们见面时,把这些抗日的战友给惊呆了。那条被子后来由村干部们转送到了侯大兔家。

这是万爱花 1943 年第一次被日军抓入据点受辱的经过,性格刚烈的万爱花不仅反抗,设法逃跑,逃跑时还将日军抢掠村民侯大兔家的棉被也给带出。2000 年 8 月 11 日,笔者与陈丽菲教授在盂县调查时,翻山越岭特地到侯大兔老人家中,证实了此事。侯大兔大爷也清楚地记得万爱花遭日军摧残的往事。我们拍了照片并摄像。

不久,万爱花第二次被日军抓捕。

可是,我很快又落入了虎口。1943 年 8 月正是吃西瓜的季节,我正在池塘边洗衣服,驻守西烟镇和进圭村的日军同时行动,兵分两路从南北两个方向包围了羊泉村,我再次被日军抓住,并带到了进圭据点,这次我被关押欺负了大概 20 多天。9 月的一天,我趁据点里的日军外出扫荡,逃了出来,回到了羊泉村。

几个月后,记得是 1943 年腊月里,刚吃过腊八粥时,日军再次包围羊泉村,我第三次落入虎口。

这次日军把我打得一塌糊涂。为了惩罚我两次逃跑的行为,日本鬼子更野蛮地摧残我。两三个日军士兵轮番审问拷打,我咬紧牙关什么也不说,他们见问不出什么,又将我带回窑洞,四五个日本兵把我的手脚按住,另外一个人进行侮辱,然后轮流进行。我多次被折磨得昏死过去。直到吃年夜饭时,1944 年 1 月,日本鬼子见我昏死过去很长时间都未醒来,以为我已经死了,便将我扔到村子旁边的乌河边。那么冷的天,河水都结了冰,恰好被好心的张孟孩的父亲发现,他后来说我那时全身都没有衣服。他将我救了起来,村里藏不住,又偷偷将我送到我丈夫的妹妹王喜贵家里养病。

此后,我在床上躺了整整 3 年,慢慢地活了过来。但整个身体都变了形,胯骨和肋骨骨折,手臂脱臼,颈部陷向胸腔,腰部陷入骨盆,原来 160 多公分的个子萎缩到了 140 多公分,右耳耳垂被日本兵扯掉了一块,头顶被日本兵扎打过钉板后,头顶凹陷,有两处

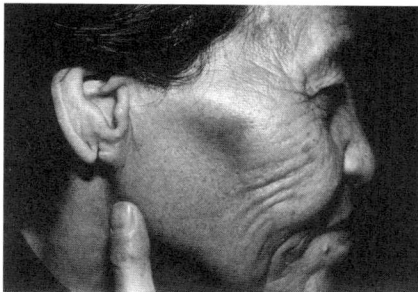

4-11　为对付反抗中的万爱花,日本兵将她的右耳耳垂撕去,留下永远的伤痕。(苏智良 2000 年摄)

伤疤不长头发了,两腋腋毛在遭吊打时被日本兵拔光了。还患有严重的妇科病,多处的骨折让我一到阴雨天就全身骨头疼痛难忍,需要长期接受按摩。之后丈夫也患病死去。为了活下去,我改姓了万,慢慢地从羊泉村山里流浪讨饭到了太原,靠给别人缝补衣服、做点短活为生。

　　我记得强暴我的日本兵的长相特征,最凶残的是"红脸队长"和"獠牙队长"。

第三次的经历最刻骨铭心,万爱花几乎奄奄一息,尽管她"在床上整整躺了 3 年,慢慢地活了过来",但是身心所遭受的伤害非常严重。万大娘后来在东京等地控诉日军暴行时多次昏倒,2013年 9 月 4 日在太原病故,归葬羊泉村。

受害者李秀梅的控诉:

　　我生在 1928 年 8 月 12 日,现在住在盂县西烟镇北村。我出生在西潘乡的李庄村,家中有爸爸妈妈和哥哥姐姐,过着平静愉快的生活。抗日战争爆发后,姐姐出嫁了。1942 年的秋天,阴历八月,日本兵侵入了村庄,我们全家与乡亲们一起往

山里逃跑。到了晚上，我们以为日军已回炮楼去了，便纷纷回来。回到了家中，我与母亲刚开始做饭，突然十多个日本兵冲了进来，他们看着我，就高叫着"花姑娘""花姑娘"。我那50多岁的母亲苦苦哀求日军放过我，并死死拉住我不放手。结果我母亲被一个日本兵打了一巴掌，我还是被日军抓走了，两手被反绑着。当时日军在高庄抓了侯冬娥，和我一起押走。

我被抓到了进圭村，关进一个窑洞，窑洞里面除了石头砌的小土炕和一个便桶以外，什么也没有。一起被关押的有侯冬娥和板先梅。当天就有一个"红脸队长"进来，先是欺负了侯冬娥，后来又欺负了我。此后日本兵除了外出作战以外，每天都要来欺负我们，有时十几个日本兵、有时几个日本兵来欺负我，有时日本兵还在窑洞外排起了队。来了月经，日本兵照样强暴我们。

刚开始，我不肯忍受欺负而反抗，曾被日本兵用皮带抽打，金属的皮带扣抽在右眼上，立即鲜血直流，此后我的右眼就看不清楚了，至今仍视力模糊。我的头部、腿部都留下了日本兵殴打的伤痕。那个时候非常害怕，除了身体上的伤痛，主要还日日夜夜的害怕，怕得发抖。

我在这口窑洞里过了5个多月生不能生、死不能死的生活，除了要倒便桶以外，不得外出一步，所以周围是什么情况，我一点也不知道。日本兵在窑洞的门外加了锁，我也无法逃跑，我想即使我能逃出去，日本鬼子也会到村子里搜查报复，家人和村里人都会遭殃的。记得每天吃的是冰冷的玉米粥，身上穿的仍是被抓来时穿的衣服。

全家在我被抓后，像丢了魂似的，父母卖掉了家财，又借贷、典当，筹集了600块银圆。到处托伪军、伪政权的人，希望

4-12 苏智良 2000 年 8 月到盂县探望李秀梅夫妇,12 月,勇敢的李秀梅大娘出席了东京"慰安妇"国际法庭活动。(陈丽菲摄)

能赎出我,但钱全部花完后,结果还是没有任何音信,绝望的母亲在我被抓走 3 个月后,上吊自杀了,我的父亲也得了精神病,疯了。

有个日军负责人,人称"红脸队长",最坏。他要虐待我,遭到我反抗后,便毒打我,打我的头顶。我便不顾一切地咬他,红脸队长发怒地对准我乱打,打得我头部血肉模糊,眼睛鲜血直流,直到最后只剩下一口气。旁边有个伪军是负责喂养军鸽的,他看到我要死了,便通知了我的哥哥,找了个箩筐,将我抬了出来。

我哥哥李守基将我接回了家里,这时的我,只剩下一口气了,医治了很长一段时期才算救活。等我好了后一看,好端端的一个家,由于日军的迫害,财产全部没有了,母亲也死了,爸爸又疯了。哥哥发誓报仇,去参加了抗日游击队,后来加入

4‑13　陈丽菲于 2003 年 9 月探望李秀梅大娘，与大娘和她的女儿合影。(赵蓓红 2003 年摄)

了杨成武将军的队伍。解放后在河北宣化工作，2000 年逝世。

哥哥参加抗日后，只有一个叔伯哥哥叫李喜成的来帮助我。这个善良的人只比我大两岁，现在还健在，他能证明我当年遭受的苦难。

我不仅遭受了 5 个月日本鬼子的欺负，而且因为这一经历而留下终身的残疾，至今还有 5 处伤痛：一是左胳膊血脉不通，天冷时便不停地哆嗦；二、头顶有两道伤疤，那是日本兵棍棒毒打所致；三、左大腿有拳头大的淤包，且左腿比右腿明显短了两厘米；四、棍棒砸伤了腰部，左侧留有一片疤痕；五、皮带抽打时打坏了右眼，视力微弱，基本看不见。一回忆过去受欺负的日子精神上就会感到十分恐惧和耻辱，这是我一辈子也难以忘记的。同时，我还遭到周围人的歧视。

我当年还不到 20 岁,但右眼被日军打瞎,腿被打断。村里人都瞧不起我,家境好的人家当然不会娶我。

1942 年,农民李秀梅 14 岁被日军抓到进圭村的据点,与侯冬娥等关在一起,遭受日军长期强奸。右眼被日军打瞎,腿被打断。过了"5 个多月生不能生、死不能死的生活",从此,产生自卑情绪,"村里人都瞧不起我,家境好的人家当然不会娶我"。我们再来看看幸存者刘面换的回忆:

1943 年,那年我 16 岁。记得 3 月采柳叶、榆树叶吃的时候,那天的天气很好,我们一家早晨吃了早饭,妈妈在炕上,爸爸去地里干活了。这时一队日本兵闯进了羊泉村,包围了村庄,日本兵让翻译官高叫着:"开会""开会",所有的村民被日本兵赶到草堆边的空地上,全部蹲下。有个约 30 岁左右的军人,汉奸和日本兵叫他"毛队长"。然后日本兵就开始在人群里面寻找"花姑娘"。这个"毛队长"走到我面前,瞪眼看着我,让翻译对我说:"你长得特别漂亮。"这样我被日本兵挑上,与刘二荷、冯壮香等其他女孩一起,五花大绑地被押上了路。路上我不停地反抗,遭到日本兵的毒打,结果左肩骨错位,疼痛难忍。至今仍变形,左臂活动不便。

大约走了三四个小时,我们被日本兵押到了进圭村,关进了日军的据点。当天晚上,就有两名日本兵强奸了我。以后日本兵开始白天黑夜地轮奸我,每天至少有 5—6 名日本兵进来。"毛队长"每天晚上来强暴我,队长走了之后才轮到士兵。那时,我因为只有 16 岁,还没有月经,遭到日军的摧残后,下身糜烂,全身浮肿,子宫受到很大的伤害。坐不能坐,站不能站,只能在地上爬,连上厕所也只能爬着去,每天的生活就像

4-14 曾经多次到日本控诉日军暴行的刘面换大娘。
(苏智良 2000 年摄)

是地狱。

我的房间门口由汉奸轮流看着,无法逃跑,我当时的身体状况也根本不可能逃跑。一天只能吃两顿,是由当地人送进来的,每顿只有一碗玉米粥。我曾经想死,又想念着爹娘而忍耐着。这时,进圭村的亲戚知道了我的情况后,跑到羊泉村去告诉了我的父母。我父亲把家中仅有的一圈羊给卖了,得了100多个银圆,便跑到进圭村去,求日本兵,他趴在地上磕头,求他们开恩放了女儿,日本兵不耐烦地说,身子养好了,就送过来。

当时我已被关押了40多天。日本兵看我身体确已不行了,便收下了银圆。我父亲将无法走路的我放在驴背上,驮回了家。我一面在家养伤,一面还得提防日本兵再一次找来。于是,我父亲挖了个地窖,将我藏了进去。果然,在半年之中,日本兵来找过几次,因为我事先都躲到地窖里,才没有再被抓去。

17 岁的刘面换与刘二荷、冯壮香一起,抓入进圭村据点,遭受日本兵的蹂躏 40 余天,下身糜烂,全身浮肿,"连上厕所也只能爬着去,每日的生活就像地狱","父亲把家中仅有的一圈羊给卖了,得了 100 多个银圆",给日本兵才赎回一条命。

在进圭村据点受害的还有陈林桃、侯巧莲、李喜梅等。另有一位妇女是被日军指名抓捕的,这就是侯冬娥。

1936 年,15 岁的侯冬娥由父母做主,嫁给盂县高庄的一个农民,婚后育有一子一女。1941 年初,侯冬娥的丈夫从军,留下她一个人带着 3 岁的儿子和刚满月的女儿艰难过活。

尽管侯冬娥是位不识字的农民,且已有两个孩子,但仍非常美貌。她的绰号就叫"盖山西"。侯冬娥还参加了抗日活动,加入了共产党,并担任高庄的妇救会主任。

经过汉奸的传播,侯冬娥的美貌早已传到了日本兵的耳朵里,他们对侯冬娥垂涎三尺。1941 年 8 月,日本鬼子进驻西烟镇后,就计划抓捕侯冬娥。

大约在 9 月里,一伙日本兵闯进高庄村里,逼着伪保长郭孟娃交出侯冬娥。伪保长虽然是为日军服务,但要他指引去抓侯冬娥,心里也是不愿意的,因为侯冬娥当时是党员,身后还有抗日游击队,他害怕出卖了侯冬娥游击队会找他报仇。于是就骗日本兵说侯冬娥不在家里,可是日军说侯冬娥不在就让保长家的姑娘陪。无奈郭孟娃只能让自家的两个姑娘陪了日军一夜。第二天,日本兵竟要把他的姑娘带走,权衡再三,为了救自己的女儿,郭孟娃带日军找到了刚刚生完孩子的侯冬娥,日本兵将侯冬娥带到了进圭村据点。

传说中的"盖山西"抓来了,兴奋的日本兵一个又一个、一队又一队地轮番上阵。

4-15　晚年侯冬娥的画像。
（班忠义先生提供）

侯冬娥自述道：

去了圭进据点以后，一个红脸队长先上来动手，我骂他不是人，他就拿那个刺刀来扎我的胸口，让我自己脱衣服。当天夜里，我被一个叫伊藤的队长强奸后，关到了日军临时建立的一处慰安所，在这里，我与五六名同村的妇女每天都要忍受十几名日军的强暴和蹂躏。在据点里，只要日军不出去扫荡，就要野蛮地强暴我和姐妹们。几乎每个晚上都没有休息，最多的一次，我身上经过了五十多个日本鬼子。

很快，侯冬娥的身体就被日本兵搞垮掉了，经血不止，瘦得皮包骨头。于是，家人和亲戚千方百计筹集了150块大洋，把她从日军的炮楼里赎了回来。回到家的侯冬娥看到，女儿已经饿死了，家里只剩下3岁的儿子和她的母亲，还有一个瞎眼的婆婆。这时她发现自己竟然怀孕了，她怀上了仇人日本鬼子的孩子，又不敢让家人知道。

白天她主动承担重体力活，搬大石头、挑水、上山砍柴，做最苦最累的活儿，从早到夜，就是想把肚子里的孩子打掉。这样苦干了一段时间后，侯冬娥肚子里的孩子终于掉了下来。但因为劳累过度，导致大量出血，她晕倒了，从此无法生育。

1951年，当兵的丈夫回到村里，把他与侯冬娥生的儿子接走了，从此再无音信。为了生活侯冬娥不得不在高庄几次改嫁，生活穷困潦倒。1994年春季，饱受苦难的侯冬娥悄无声息地死在高庄一处最矮小破旧的窑洞里。

以上的案例,很清楚地展现了在山西盂县一地,日军有组织、有系统、普遍地抓捕女性,并设立固定场所囚禁女性,以供日本兵作为性工具之用。在日军"慰安妇"制度实施的过程中,慰安所多设在据点炮楼和炮楼附近的窑洞里,还要受害者家族出钱粮,以赎回的形式将受害女性救出,这是日军性奴隶制度实施中地方变异的一种形态。可以说,像盂县这些女性被日军抓捕监禁的性奴役状态,是日军"慰安妇"中最苦难、最凄惨的一种类型。

第三节　海南的两个慰安所

我们再来剖析有目击者留下详细回忆的两个慰安所,一个是海南的黄流机场慰安所,另一个是海南陵水县新村镇的日军慰安所。这两个慰安所的史料,非常有力地揭示了当年日军在慰安所对受害女性极其严重的施虐实状,有助于我们了解"慰安妇"制度实施过程中受害女性的更替率之高,以及不同区域军队慰安所的不同形态。

钟强生于海南黄流西坊村,幼时读过书,抗战时参军,后担任第152师情报参谋(营级)。1945年冬,钟强从儋县奉调到黄流机场,与投降日军部队接交,后留在机场担任司书、特务长等职。所以,钟强对日军黄流机场慰安所的内情较为熟悉,并留下了详细的回忆录。

1. 黄流机场慰安所

黄流机场的慰安所被日军称"军中乐园"。设在黄流机场东门的外围,有宿舍两间,分为两个"乐园"。第一"乐园"有"慰安妇"5人,第二"乐园"的"慰安妇"有16人。第一"乐园"

的"慰安妇"专供日本空军军官玩乐,第二"乐园"供空军士兵享用。"慰安妇"大部分是从广州抓来的女性,我到黄流机场接收日军投降时仅存4人,我们给她们都安排了工作。其中一人名叫吴惠蓉(广州人),是活下来的4人当中最年轻也是最有姿色的一个,时值日军惶恐慌乱之时,她已和台湾籍日空军汽车队驾驶兵结了婚。有一天她和我谈军中(乐园)情况,泪水直流,诉说道:我16岁被日军抓来,同时被抓来的约100人左右,到黄流后只剩下40多人,其中留一部分在黄流派遣队(即黄流司令部)。我们是从中挑选出来送到黄流机场的,挑我们5人为军官"乐园""慰安妇",余者为士兵"乐园""慰安妇",任由日军轮班玩弄取乐。有时月经不调,或是因病不能满足他们兽欲时,就遭毒打,有的甚至被打重伤。特别是日军

4-16　2000年,苏智良、陈丽菲、西野瑠美子等陪同黄有良老人去寻找慰安所的遗址。正遇上该房屋遭遇火灾,黄有良老人在海南藤桥慰安所旧址前留影,百感交集。(西野瑠美子2000年摄)

喝酒后,我们更受不了,被污辱被折磨更甚。"乐园"有哨岗日夜看守,我们完全失去人身自由,如陷囹圄之中。我们日夜思念自己的父母、姊妹,泪水浸透枕头。黄流日军派遣队慰安所的姊妹们境况,也是跟我们一样,异常悲惨。

吴惠容在海南解放前夕,随丈夫去了台湾。[①]

2. 陵水县新村镇日军慰安所

陵水县新村镇日军慰安所的历史见证人赵向仍,原名赵生,1920 年生于陵水县新村镇。1939 年日军侵占海南,赵向仍刚好 19 岁,被日本人指派担任新村治安维持会会长,直到 1945 年日本战败投降,在此期间,赵向仍曾先后两次进入新村镇日军慰安所。2001 年赵向仍已 82 岁,住在陵水县新村镇新建路 181 号,他讲述了他眼中所见的新村镇慰安所。

1939 年 2 月 10 日,日军从今海口的天尾港登陆,开始了侵略海南的兽行。但新村镇的日军慰安所设置的时间比较晚,大约在 1944 年。这一年日本人打到陵水县的新村之后,便在今天的旅游码头西北方向约 500—600 米的地方建起了日军慰安所。慰安所是日本人强抓当地的民工建造而成的。

这家日军慰安所是木结构的房子。不仅地板和墙壁都是木头的,房顶也是由木板钉成的,只是为了防止漏雨水而在房顶的木板上又钉了一层铁皮。从总体上看,慰安所的房子排成一排,一共有十多间,每间的面积约有 10 平方米。这个慰安所里的地板不是紧贴地面铺就而成的,而是离地面有 70 公分左右的高度,这样的结构大概是为了防止潮湿。每个小房

---

① 钟强:《我所知道的日军黄流机场"慰安所"》,符和积主编:《铁蹄下的腥风血雨——日军侵琼暴行实录》,下册,海南出版社 1995 年版,第 646—647 页。

间便是"慰安妇"的住房,一个"慰安妇"住一小间。每一小间里只有一张床、两张凳子,一张桌子作梳妆台用。

慰安所在对外营业期间,是挂牌的,牌子上面写有这个慰安所的名称,叫××庄(具体名称已记不清了)。这家慰安所是日军自己直接设立的,设立慰安所的这支部队叫日军海军施设部。但营业期间,却没有看见有日军在门口站岗。

慰安所对外只接待日本人、朝鲜人、台湾人,主要的对象是日军的官兵,中国大陆的人不允许进入。至于这些来慰安所的日本官兵到底是哪个据点里的,我不太清楚。但从他们的着装上看,其中有日本的工兵、海军、海军特攻队。因为慰安所距离今天的旅游码头位置很近,所以有的日军来慰安所时还乘坐快艇。日本的军官和士兵来慰安所的时间是不同的。军官可以随时进慰安所销魂,士兵只能等到周末,而且是轮流分派。所以一到周末,来慰安所的日军最多,尤其是周日显得比往常更为繁忙。有的时候,因为日本兵多而"慰安妇"少,几个日军就会为了争一个"慰安妇"而相互打骂起来。通常这个时候由日本的宪兵队派人来调停,因为几乎所有的日本兵都害怕他们的宪兵队。日军进入慰安所时,需要在门口买票,票价每次2块,用的是日本的军票。卖票的是一个日本人模样的女人。从时间上讲,慰安所一个星期几乎每天都营业。营业时间大约从早上8点钟开始一直到晚上,具体到几点结束是不固定的。但每晚10点钟左右的时候,是慰安所的高峰点。人多的时候,来慰安所的日军还需要排队等候。每个人进入慰安所里"享受"的时间不等,有的是5分钟,有的是半小时,但一般都在十多分钟。

这里的"慰安妇"共有十多人。他们当中有日本人、朝鲜人、台湾人、广东人和海南本地的。海南的女子有来自陵水县的、临高县的等。她们的年龄大都在 19 岁到 20 多岁之间,最大的也不超过 30 岁。平时,日本和朝鲜的"慰安妇"穿着日本和服,中国的"慰安妇"穿着自己的衣服,着装上没有明确的规定。日军给予她们的待遇很差,虽然每天三餐,但吃的都是米饭再加少量的青菜,或茄子和南瓜之类的东西,难得有一点点肉。

每个"慰安妇"接待的日军是有规定的,一般日本的和漂亮的"慰安妇"都用来服务日本军官,而其他的用来服务士兵。他们当中有一个临高县新盈镇的"慰安妇",名叫王藤桂,长得十分漂亮,就一度被日军的军官独占。我就曾和她开玩笑说:"你有福气,做日本人的太太,谁也不敢碰你。"她听了之后苦涩地说:"您别笑话我了。"这些可怜的"慰安妇",不仅作了日军发泄兽欲的工具,而且还经常遭受日军的毒打。特别是酗了酒的日军,便会借酒装疯,经常毒打这些"慰安妇"。轻则是拳打脚踢,重则用军刀的刀背狠狠地拍打她们。有的时候,在慰安所的外面都能听到"慰安妇"挨打时的凄惨哭叫声。更惨的是,每个"慰安妇"每天少则遭到几个日军的蹂躏,多则遭到12—13 个日军的轮奸。

日军还安排军医给这些"慰安妇"检查身体,一般是一星期体检一次。虽说是检查,但也只是发一些避孕药和安全套。慰安所规定每个官兵在接受"慰安"时必须戴上安全套,但这一切也抵挡不了性病的传播。患上了性病的"慰安妇",就会被日本人赶走,根本得不到治疗。

对于这些"慰安妇",日军每个月会发一定的工资,但工资不是固定的,要根据慰安所的生意和每个"慰安妇"接待日军的数量而定。有的"慰安妇"每个月只得到十多块钱,有的"慰安妇"每个月可拿到 80 块钱。王藤桂因为长得好,又是军官包下来的,她有一个月收到过 80 块钱。"慰安妇"的这些工资是用日本的军票来抵发的。在日本人占领期间,"慰安妇"可以拿着这些军票到街上去买东西。到日本战败投降时,日本人就拿他们在中国的物资从"慰安妇"和中国人那里换回军票,也许是害怕军票以后会成为他们侵略中国的一个罪证。

　　这家慰安所直到日军投降的时候才解散。解散后,这里的日本和朝鲜的"慰安妇"被集中在三亚的码头等待遣返回国,剩下的中国"慰安妇"都各奔东西,不知去向。①

第四节　金华:《鸡林会名簿》里的秘密

　　浙江省金华市档案馆馆藏有日文版《金华鸡林会会则及名簿》②,这是有关二战日军"慰安妇"的一件非常重要的文献。所谓"鸡林",是古代新罗国的国号,也可泛指朝鲜半岛。所以,朝鲜人同乡会也称为"鸡林会"。这个名簿成于"昭和十九年四月",即 1944 年 4 月。因此解剖它可以了解战争后期在金华地区的朝鲜人概况,尤其是可以了解名簿所刊载的日军慰安所的分布状况。

　　太平洋战争爆发后,美军曾从航空母舰上起飞轰炸机对东京进行轰炸,然后迫降在浙江山区。1942 年 4 月,日军为防止中美两国再度合作袭击东京,集中主力发动浙赣战役,占领衢州机场,并在 5 月 18 日占领金华。此后,在日军的驱赶下,作为殖民地战争人

---

① 胡海英、侯桂芳口述,2001 年农历六月初六采访于新村镇。
② 金华市档案馆藏:《抄呈金华鸡林会会则及名簿文》,1945 年 1 月 30 日,档案号 L001-001-636-020。本文未注明出处者,均出自该史料。

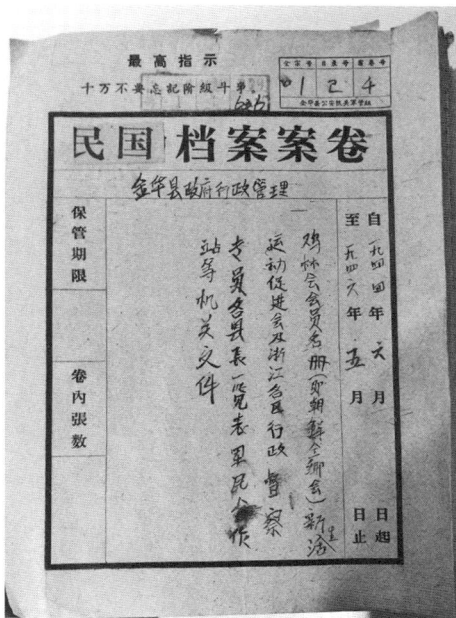

4-17　浙江省金华市档案馆所藏的鸡林会名簿档案,是一份非常珍贵的日军"慰安妇"制度档案。(苏智良 2016 年摄)

力资源的朝鲜人,也纷纷进入金华地区谋生。1945 年初,已有数百名朝鲜人在此生活,这就是金华鸡林会产生的背景。

那么,朝鲜人同乡会的名簿怎么会收藏在浙江金华档案馆里呢? 1945 年 1 月 16 日,金华县官员陈斌福呈文给金华县长蒋一鸣,①说明了得到金华鸡林会名簿的原委。

原来,这个名簿是"本府为明瞭该会内部实情起见,经运用策反力量获得"。当时不少朝鲜人来到金华地区谋生,在日本的压迫下,其中有些朝鲜人怀有强烈的反日情绪,当时中国情报人员

---

① 根据金华市档案馆所藏资料,蒋一鸣,浙江兰溪人,1944 年 2 月 3 日担任金华县县长,直到 1946 年 5 月 16 日。该呈文为毛笔书写。

已认识到"朝鲜居留民不乏革命分子",便积极展开策反工作。国民党情报员发现,"金华鸡林会即朝鲜同乡会之别名,该会会长岸岛子峰思想纯正、颇堪接近"。根据金华鸡林会名簿的记载,这位岸岛子峰就是金华鸡林会的理事长,家乡在朝鲜宣川,只有 28 岁,[①]他住金华后街 55 号,在"浙赣物产公司"工作。所以这本会章和名册就是国民党情报员从岸岛子峰那里获取的。金华县政府得到名簿后,即由蒋一鸣县长给浙江省主席黄绍竑写了呈文,时间是 1945 年 1 月 30 日,并"将该会会章及名册一本先行附奉",直呈浙江省主席黄绍竑,说明当时的地方政府非常重视这份材料。

金华市档案馆所藏的《金华鸡林会会则及名簿》,首页注有"机密"字样。原件有两种,一为手抄本,一为油印本,对比下来内容相同。

(一) 金华鸡林会会则

名簿首先刊有"金华鸡林会会则",也就是第一部分。内容如下:

第一条 本会名为金华鸡林会;

第二条 本会是在金华地区居住的半岛人(朝鲜人)组织;[②]

第三条 本会的总部在金华,支部在其他各处;

第四条 本会以"皇国臣民誓词"为基础,以培养大国民为目的;

---

① 今朝鲜平安北道宣川郡。

② 半岛人是当时日本人对朝鲜人的带有贬义的称呼。

第五条　为了达成前述各条,本会设置以下四部门：

总务部　培养部　后勤部　妇人部

第六条　本会设以下职务：

理事长　　　　　1名　　　　副理事长　1名

理事　　　　　若干名　　　部长　　　　4名(理事兼任)

区长(支部)　若干名　　　班长　　　　若干名

第七条　本会设顾问若干名；

第八条　职务任期为一年；

第九条　总会在每年一次3月,理事会每年8月由理事长召集,若有特殊情况也可临时召集；

第十条　本会的经费来自会费及赞助金；

第十一条　本会的职务人员有报酬；

第十二条　对于本会则中规定的事项,理事会有最终解释权及更改权。

从章程的内容分析,金华鸡林会是朝鲜人旅居金华地区的正规侨民组织,这个团体经费自筹解决,有较完整的组织机构,设有总务部、培养部、后勤部和妇人部；在金华,在兰溪、武义、诸暨、义乌等县设有支部。章程内容比较真实地反映了金华地区朝鲜人的情况。

(二) 皇国臣民誓词

第二部分是"皇国臣民誓词"：

一　吾为皇国臣民,必当忠心耿耿报效君国；

二　吾等皇国臣民,要相互信任、相互帮助、团结友爱；

三　吾等皇国臣民,应培养吃苦耐劳精神,宣扬皇道。

这一誓词的内容体现了鸡林会是日本殖民地所属组织的性质。自1910年日本吞并朝鲜后,推行"皇国臣民化"政策,对朝鲜民众实行严酷的思想统治,措施之一就是"创氏改名"。所以名簿中登记的朝鲜人的姓氏,有"金川""金泽""安田""藤本""宫本"等日本人姓氏。

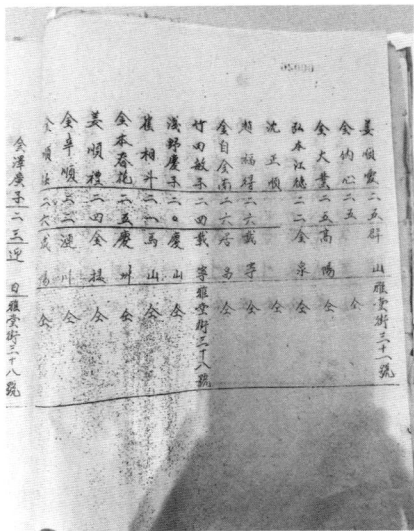

4－18　鸡林会名簿中雅堂街"慰安妇"名录。(苏智良2016年摄)

第三部分就是"名簿"。在名簿中的统计栏目,有姓名、年龄、籍贯、现在住址、职业等,包含着许多有价值的信息。

名簿上的金华鸡林会成员共有210人,分布为:金华县127人、汤店12人、兰溪县4人、武义县29人、诸暨县17人、义乌县21人。

根据名簿的记录,金华地区朝鲜人的职业,基本可划分为两种类型,一类是日常商业性质,有商事、饮食、公司、洋行、照相、运输、组员、店员、社员、点心商等,当然并不能排斥有些商社与日军之间的服务关系;还有一类是直接为日军服务的,如金谷一成、李东俊的职业,就是宪兵队翻译。

在这210位金华的朝鲜人侨民中,有百余位年龄为20至30岁、名字特点明显为女性的朝鲜人并没有登记职业,占所有人员的一半以上,这显然不是疏漏。

对照名簿,这些女性基本是按"现在住址"栏目,分批记载的,经查证这些被集中登录的女性,她们的居住地址分别与"慰安所主"或者"菊水主""金泉馆主"等的地址完全相同。也就是说,这些女性与直接写明为慰安所以及有一个花名的慰安所如菊水楼、金泉馆之间具有从属关系。

在朝鲜,充当日军"慰安妇"是一件非常令人感到耻辱的事。根据此前中韩学界的研究与调查,战时有大量朝鲜女性被动员来中国"做工赚钱",她们并不知道是为日军提供"性服务",对此鸡林会的管理层应该是十分清楚的①。因此在同乡会的名簿中,隐去了这些"慰安妇"的真正职业身份。

所以,这些没有标明职业而居住地与慰安所地址完全相同的年轻女性,可以认定为是慰安所里的"慰安妇"或者相关人员。在这份短短的二百余人的名单中,隐藏了不少日军建立性奴隶制度的信息。

首先是慰安所主即慰安所老板的情况。

名簿中有 3 个人的职业明确写着"慰安所主",也就是慰安所的经营者。他们分别是武义县的新井搏、金泽贵乐和诸暨县的金城丽坤(见表 4 - 2)。

表 4 - 2　名簿所列"慰安所主"概况

所属县	姓名	年龄	籍贯	现住所	职业
武义县	金泽贵乐	32	京城	武阳镇第一保	慰安所主
武义县	新井搏	33	济州	下邵	慰安所主
诸暨县	金城丽坤	24	义州	花园岭头	慰安所主

---

① 日本侵华和太平洋战争时期,朝鲜半岛的殖民政府协同日军,经常以招工赚钱的名义,诱骗大量年轻的朝鲜姑娘背井离乡,到中国大陆与东南亚战地"服务",甚至强逼、强掳朝鲜女性,成为日军性奴隶。详见韩国挺身队对策协议会、挺身队研究会『中国に連行された朝鮮人慰安婦』、三一書房、1996 年;金一勉『天皇の軍隊と朝鮮人慰安婦』、三一書房、1991 年。

其次是这三个慰安所的"慰安妇"基本情况。

金泽贵乐是武阳镇慰安所的老板,其住所写着"武阳镇第一保"。而名簿中,有14名人员的住所,也是"武阳镇第一保",并且"职业"一栏为空白。由此可见这些没有记录职业的年轻女性,应该就是武阳镇第一保慰安所中的朝鲜"慰安妇",其中13人年龄在20到29岁之间。[①] 余下的李氏64岁,从年龄上推测,这位李氏很有可能是慰安所的管理人员或打杂工(见表4-3)。

表4-3 武义县武阳镇慰安所人员

序号	姓名	年龄	籍贯	现住所	职业
1	吴贵男	20		武阳镇第一保	
2	卞良顺	23		同上	
3	李顺正	20	马山	同上	
4	吴达先	24	京城	同上	
5	姜德顺	20	庆州	同上	
6	郑海仙	20	清道	同上	
7	方南烈	25	和顺	同上	
8	庐月仙	21	漆谷	同上	
9	林福林	21	山清	同上	
10	高山玉仙	22		同上	
11	藤本信子	27	狭川	同上	
12	金泽判达	29	山清	同上	
13	金泽英子	24	迎日	同上	
14	李氏	64	京城	同上	

---

① 鸡林会名簿没有统计会员性别,但从居住在"武阳镇第一保"的14名会员的名字分析,基本为女性。

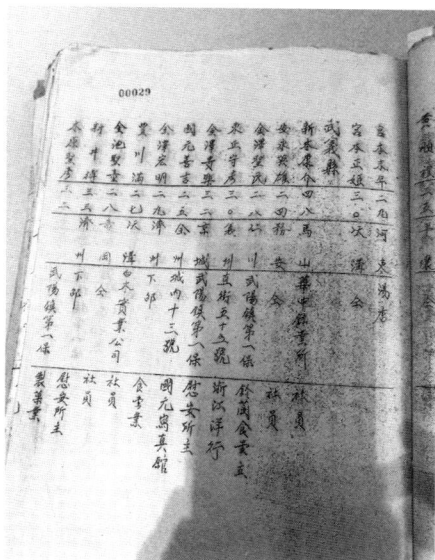

4‑19　这一页的鸡林会名簿中记载了两名慰安所老板的名字、住址等信息。（苏智良 2006 年摄）

在武阳镇第一保内，还有金泽圣民开设的"铃兰食堂"，从事点心业的木原圣彦，以及宪兵队翻译金谷一成。估计这些人可能直接为日军服务，随部队移动或住在据点内外。这点在后面对金华"慰安妇"幸存者的口述中，会给予印证。

通过实地勘测发现，在城头巷与花园殿巷之间，有一家如意旅馆曾在战时被征用为武阳镇第一保慰安所。知情者回忆，该慰安所的妇女有日本人，也有从朝鲜、中国掳掠的，既有年少貌美者，也有中年色衰者。①

金城丽坤是诸暨县花园岭头慰安所的老板，名簿中住所地址

---

① 赖耀卿：《日军在武义曾设有六处慰安所》，《今日武义》2015 年 8 月 21 日。武阳镇第一保慰安所的旧址在今武义县壶山街道星光社区，已拆除。

在"花园岭头"的还有 7 名女子,平均年龄 24.6 岁(见表 4-4)。

表 4-4　诸暨花园岭头慰安所"慰安妇"名录

序号	姓名	年龄	籍贯	现住所	职业
1	沈瑞粉	22	晋州	花园岭头	
2	张末顺	30	中迎	同上	
3	白月净	24	黄州	同上	
4	朴爱基	30	瑞兴	同上	
5	金春子	22	海州	同上	
6	金今道	23	迎日	同上	
7	金城玉先	21	义州	同上	

　　诸暨的方志研究者朱因多次到实地调查,他确认花园岭头慰安所的遗址在香店弄堂北口花园岭顶,当地民众俗称该地为"高踏步"(今胜利路 21 弄 5 号)。老人们一般称其为"日本堂子",虽叫"日本堂子","其实没有一个真正的日本女子。自日军 1942 年 5 月 17 日侵占县城后,6 月上旬即从杭州调来 6 个朝鲜女子和 5 个台湾女子,专门接待日本军官和日商老板"。① 战时就住在附近的老人洪国仁回忆道:"日本军官天天来,进进出出,军刀拖在台阶上,咣当咣当地响。原先这幢房子前面有一棵杏子树,他们寻欢作乐后,把避孕套扔在树下面。"②

---

① 朱因先生原为诸暨市史志办研究人员,他多方搜集资料,根据边美棠、杨汉升、周萌、郭荣耀、冯天枢、赵作铭、金以宣等当地居民的采访记录,整理成《香店弄堂慰安所》一稿,收录于中共诸暨市委党史研究室编:《血与泪的诉说——回忆侵华日军在诸暨的暴行》。北京:中共党史出版社 2010 年版。

② 朱因:《香店弄堂慰安所》,中共诸暨市委党史研究室编:《血与泪的诉说——回忆侵华日军在诸暨的暴行》,北京:中共党史出版社 2010 年版,第 39 页;《诸暨首次确认一处慰安所旧址》,《诸暨日报》2016 年 1 月 13 日。

名簿中登记着新井搏的职业，是武义县下邵慰安所的老板，但没有记录住址在下邵慰安所的女性。笔者推测，一种是"慰安妇"漏报了，另一种下邵慰安所也许是中国籍的"慰安妇"（因为本名簿只记录在金华地区的朝鲜侨民）。根据战时文献，下邵曾驻屯过日军部队，实地调查得知，日军在下邵的慰安所的建筑至今犹存，战时这里被称作"战友俱乐部"，也就是慰安所。① 所以可以肯定下邵日军慰安所是真实存在的，在文献和实地调查记录中已得到了互证。

（三）日军在金华的"花街"——雅堂街

根据以往的研究，日军占领中国的城市后，时常在热闹或便利的城区集中设立慰安所，以方便日军部队使用，也便于管理。上海的万安路和四川北路、武汉的积庆里、南京的利济巷、大连的一面街等，都是著名的日军慰安所街区。根据《金华日报》记者李艳的调查，金华雅堂街也是战时著名的日军"花街"，被痛恨日军的当地民众视为肮脏之地。居民李祖泉对雅堂街的日军慰安所有着清晰的记忆："经常可以看到一些喝醉的日本鬼子在闹事。里面那些女的都是从外地来的。"②直到现在，居住在雅堂街的市民去办身份证时，仍不愿意写上"雅堂街"这三个字。③

这一口述得到了鸡林会文献的印证。根据名簿的记载，在不足 300 米长的雅堂街上，有 5 个无职业登录的女性集中居住地，分别是：雅堂街 20 号（慰安所名为菊水楼）、雅堂街 31 号（慰安所名为

---

① 中共金华市委党史研究室编：《金华市抗战时期人口伤亡和财产损失资料汇编》，北京：中共党史出版社 2010 年版，第 495 页。

② 中共金华市委党史研究室编：《金华市抗战时期人口伤亡和财产损失资料汇编》，北京：中共党史出版社 2010 年版，第 390 页。

③ 李艳：《金华战时"慰安妇名单"引广泛关注》，《金华日报》，2016 年 1 月 6 日。

金泉馆)、雅堂街 38 号、雅堂街 39 号(慰安所名为金华楼)、雅堂街
66 号。其实,雅堂街的慰安所还不止这 5 家。金华市另一份 1943
年的档案记载,在雅堂街的电话局、胡家骟律师住所,当时都设立
了日军慰安所。[①]

　　1. 雅堂街 20 号

　　根据《金华鸡林会会则及名簿》所录,河锡焕居住在雅堂街 20
号,开设菊水楼,职业"菊水主";金华市档案馆有一份档案记录着雅
堂街"第二菊水慰安所"的历史,这表明"菊水"是慰安所应确凿无疑。
名簿中在雅堂街 20 号居住落户的有 17 名女子。可以确认,这 17 名
女子就是雅堂街 20 号菊水楼慰安所中的朝鲜"慰安妇"(见表 4 - 5)。

表 4 - 5　雅堂街 20 号的"慰安妇"名录

序号	姓名	年龄	籍贯	现住所	职业
1	大山处子	23	东莱	雅堂街 20 号	
2	张确实	22		同上	
3	徐箭金	26	海州	同上	
4	姜一鹤	26		同上	
5	金泽达礼	20	长兴	同上	
6	新井达粉	23	永州	同上	
7	宫本キソ子	25	昌原	同上	
8	金真姬	25	昌原	同上	
9	郭福必	24	大同	同上	
10	金川福善	24	平泽	同上	
11	李太璇	26	漆谷	同上	

①《黄肇峰致县长蔡呈文报告》,1943 年 6 月 20 日,兰溪县档案馆藏,档案号 L105 - 005
　- 1015 - 1。

序号	姓名	年龄	籍贯	现住所	职业
12	冈田曲点	22	侠川	同上	
13	崔永华	23	龙城	同上	
14	都仁漱	25	山青	同上	
15	金顺爱	23	大邱	同上	
16	大村真顺	24	昌原	同上	
17	申太任	21	晋州	同上	

雅堂街 20 号的住户人数共计 17 人,平均年龄 23.6 岁。名簿中另有 1 人住址也在雅堂街 20 号,名叫桧小德晋,性别不详,但桧小德晋没有与 17 人列在一起,估计他(她)也许是慰安所的管理人员。①

2. 雅堂街 31 号

木川昌贤在雅堂街 31 号开设金泉馆。据名簿的记载,这个金泉馆慰安所里的"慰安妇"也有 17 人(见表 4－6)。

表 4－6　雅堂街 31 号的"慰安妇"名录

序号	姓名	年龄	籍贯	现住所	职业
1	禹直子	24	平壤	雅堂街 31 号	
2	金谷任顺	28	咸阳	同上	
3	安顺伊	22	京城	同上	
4	金村成道	23	义州	同上	
5	徐英子	26	马山	同上	
6	金香花	27	晋州	同上	
7	李点年	24	高灵	同上	

① 桧小德晋也是居住在雅堂街 20 号的,但他(她)并没有与 17 名女子列在一起,而是分开登记的。

序号	姓名	年龄	籍贯	现住所	职业
8	山本真顺	28	京城	同上	
9	高本申顺	24	宜宁	同上	
10	石田美子	22	长端	同上	
11	姜顺爱	25	群山	同上	
12	金纳心	25		同上	
13	金大业	25	高阳	同上	
14	弘本江德	22	金泉	同上	
15	沈正顺			同上	
16	赵福得	26	载宁	同上	
17	金自金南	26	居昌	同上	

在金泉馆的 17 名"慰安妇"中,有 1 人的年龄没有记录(沈正顺),16 人的平均年龄为 24.8 岁。在同一地址内,还有一位与这 17 名女子分开登记的、43 岁年龄的、职业登记为"事务员"的丰岛英泽,应该就是慰安所的管理人员。

3. 雅堂街 38 号

在金华鸡林会名簿中,雅堂街 38 号是金华规模最大的日军慰安所,共有 30 名女子(见表 4 - 7)。

表 4 - 7　雅堂街 38 号的"慰安妇"名录

序号	姓名	年龄	籍贯	现住所	职业
1	竹田敏子	24	载宁	雅堂街 38 号	
2	浅野庆子	20	庆山	同上	
3	崔相斗	21	马山	同上	
4	金本春花	25	庆州	同上	
5	姜顺礼	24	金提	同上	

序号	姓名	年龄	籍贯	现住所	职业
6	金辛顺	22	涟川	同上	
7	金顺任	26	咸阳	同上	
8	金泽广子	23	迎日	同上	
9	吴玉乭	30	凤山	同上	
10	朴先玉	23	金提	同上	
11	河东政子	27	河东	同上	
12	朴甲顺	21	居昌	同上	
13	金山玉珠	26	添谷	同上	
14	煲在顺	22	河东	同上	
15	梅田允伊	24	昌原	同上	
16	冈山玉礼	25	井邑	同上	
17	李凤女	24	义州	同上	
18	金顺癸	22	马山	同上	
19	金广实	21	善山	同上	
20	金本末岳	26	昌原	同上	
21	姜处理	19	海南	同上	
22	高出伊	23	庆州	同上	
23	宫本金子	23	义州	同上	
24	姜点柱		安州	同上	
25	朴玉仙	25	益山	同上	
26	孙福礼	21	达城	同上	
27	李红伊	21	陕川	同上	
28	平居敏子	29	新义州	同上	
29	金田奉顺	30	新义州	同上	
30	平井敏子	28	新义州	同上	

这30人中,最小年龄的姜处理为19岁,最年长的金田奉顺、吴玉亘为30岁,姜点柱的年龄无记录,故29人的平均年龄为24岁。我们在战后由上海归国的朝鲜人名单中找到了金顺任的名字,文件明确标明是女性。①

4. 雅堂街39号

鸡林会名簿记载,林道潜的住所雅堂街39号,开设有金华楼慰安所,该地址同住的有13名女子(见表4-8)。

表4-8　雅堂街39号的"慰安妇"名录

序号	姓名	年龄	籍贯	现住所	职业
1	李锦珠	24	釜山	雅堂街39号	
2	林达仙	22	庆州	同上	
3	林炳玉	19	延白	同上	
4	李叶粉	27	海州	同上	
5	小岛荣	23	釜山	同上	
6	白泰香	23	大邱	同上	
7	白玉珠	24	新义州	同上	
8	高山莫淑		元山	同上	
9	印义逸	26	新义州	同上	
10	金泰如	21	平原	同上	
11	方南淑	23	平壤	同上	
12	平贺福枝	31	奉化	同上	

在这12名"慰安妇"中,最年长的是31岁,最小的林炳玉只有19岁,其中一人高山莫淑年龄没有记录,所以11人的平均年龄为23.9岁。

① 上海市档案馆藏:《上海市警察局调查韩国侨民姓名住址清册》,1946年12月,第89页。

5. 雅堂街66号

居住在雅堂街66号共计9名女子,平均年龄22.7岁。其中的任田玉善还只是个17岁未成年少女,是鸡林会名簿中最年轻的"慰安妇",宫本玉元、卢村顺玉、木阳春子也只有18岁。但在名簿中并没有发现该慰安所的管理者(见表4-9),当然,也有可能管理者并非朝鲜人。

表4-9　雅堂街66号的"慰安妇"名录

序号	姓名	年龄	籍贯	现住所	职业
1	新井福代	28	平壤	雅堂街66号	
2	金陵鹤星	21	信州	同上	
3	宫本玉元	18	安州	同上	
4	新井春代	26	安州	同上	
5	新谷显珠	27	泰州	同上	
6	宫本华白	31	安州	同上	
7	卢村顺玉	18	平原	同上	
8	木阳春子	18	宁边	同上	
9	任田玉善	17	镇南浦	同上	

以上是笔者整理分析金华鸡林会名簿所记录的雅堂街5家与朝鲜人有关的慰安所情况。金华档案馆的其他档案所载,将雅堂街20号菊水楼称为"第二菊水楼",又将这个菊水楼称为"雅堂街敌军第三慰安所",并由国民政府抗日武装埋地雷引爆破坏,结果炸死日军军官2人。这反映了当地国民党势力将雅堂街慰安所视为日军军事设施的认知,再次印证了日军普遍实施"慰安妇"制度的历史事实。①

————————————

① 1945年7月,为了纪念七七事变,浙江省保安处人员唐福祥等在雅堂街第　(转下页)

在金华实地调查中,有些老居民对雅堂街慰安所还有记忆①。有些遗憾的是,由于战争的破坏,以及旧城改造,雅堂街的老建筑几乎已经荡然无存。

(四) 金华地区其他的慰安所

1. 青叶慰安所

战争期间,在金华县还有青叶慰安所,地点在法院街 72 号。名簿中有"青叶主",也就是青叶慰安所的老板松山春美,还有一人是同住法院街 72 号的菅原金泰,其职业是"青叶员",应该就是这个慰安所的管理人员。但名簿中并没有出现法院街 72 号同住的"慰安妇",所以最初笔者仅凭名簿难以判断这就是一个慰安所。此后在金华市档案馆发现了一份档案,录存时间是 1945 年 8 月 22 日,当时日本已经投降,该情报记载,"青叶慰安所及军政机关等,已由联络部通知准备撤退中",②这就证实了日军青叶慰安所的存在。

2. 汤店村慰安所

汤店在今金华开发区苏孟乡汤店村,离金华城区有五六公里,

（接上页）三慰安所也就是第二菊水慰安所内埋下地雷,欲炸日军官兵。6 日上午 9 时,地雷爆炸。据金华县二大队谍报队长黄文治报告,当场炸死日军军官 2 人,"慰安妇"不幸死了 2 人（金华市档案馆藏:《情报:敌慰安所(第二菊水)六日上午我方某部地雷爆炸》,档案号 L001-001-2343-093)。爆炸发生后,日军如临大敌,马上关闭城门搜捕（金华市档案馆藏:《情报:城区雅堂街敌军第三慰安所内地雷爆炸》,1945 年 7 月 10 日,档案号 L001-001-2320-148)。唐福祥被捕后于 9 日被日军杀害（金华市档案馆藏:《情报:城区雅堂街敌军慰安所及伪军八号发生地雷爆炸》,1945 年 7 月 11 日,档案号 L001-001-2320-149)。

① 李艳:《金华战时"慰安妇名单"引广泛关注》,《金华日报》,2016 年 1 月 6 日。

② 金华市档案馆藏:《有关日伪动态之情报文件》,1945 年 8 月 21 日,档案号 L001-001-2343-044。

据知情人回忆,战前和战时汤店村颇为热闹。金华鸡林会的名单中,住在汤店村有名有姓的年轻朝鲜女子就有 12 名,平均年龄 26.2 岁,她们来自平壤、京城、河东等地。

表 4-10　金华汤店"慰安妇"名录

序号	姓名	年龄	籍贯	现住所	职业
1	木村庸瑞	29	大同	汤店	
2	新井元礼	22	中和	同上	
3	金井若子	26	京城	同上	
4	新井顺爱	28	咸阳	同上	
5	文真德	23	晋州	同上	
6	安田鹤声	30	平壤	同上	
7	林玉子	24	达城	同上	
8	沈正顺	26	谷城	同上	
9	田寿礼	22	平壤	同上	
10	黄顺礼	25	平壤	同上	
11	宫本末年	29	河东	同上	
12	宫本正姬	30	沃沟	同上	

3. 义乌文昌巷"亚细亚亭"慰安所

名簿记载,庆山基次郎在义乌的文昌巷开设"亚细亚亭",管理人员有庆山平太郎、山本寿男等。在文昌巷居住的有 9 位朝鲜女子,年龄从 21 岁至 28 岁,平均年龄为 23.9 岁。这 9 位女子应该是"亚细亚亭"的"慰安妇"(见表 4-11)。文昌巷建筑现已拆毁,其址今为义乌秀湖广场。

4-20　日本兵战时拍摄的慰安所里的女性,写着"姑娘"的是中国受害者,写着"半岛美人"的是朝鲜的受害者。(上海松江区档案馆藏)

表4-11　义乌文昌巷"慰安妇"名录

序号	姓名	年龄	籍贯	现住所	职业
1	金山都子	23	凤山	文昌巷	
2	达城敬子	24	大邱	同上	
3	夏山千代子	23	昌原	同上	
4	金井百合子	21	侠川	同上	
5	金本明子	23	大邱	同上	
6	新井ヒトミ	23	安岛	同上	
7	木村由纪子	28	密阳	同上	
8	庆山德顺	24	平泽	文昌巷	
9	金本顺伊	26	长端	文昌巷	

　　综上所述,名簿刊录的11个慰安所是:金华县雅堂街20号菊水楼慰安所、雅堂街31号金泉馆慰安所、雅堂街38号慰安所、雅堂

街 39 号慰安所、雅堂街 66 号慰安所、青叶慰安所、汤店村慰安所、诸暨县花园岭头慰安所、武义县武阳镇第一保慰安所、武义县下邵慰安所、义乌县亚细亚亭慰安所,慰安所老板为 8 人,管理人员有 7 人,而"慰安妇"多达 126 人(还有两个慰安所的"慰安妇"名单空缺);"慰安妇"占金华鸡林会朝鲜人的 60%;慰安所人员共计 141 名,占金华鸡林会朝鲜人的 67.6%。这一比例之大,是非常惊人的(见表 4 - 12)。

表 4 - 12 《金华鸡林会会则及名簿》所见金华地区慰安所一览

序号	慰安所名称	地点	老板	"慰安妇"人数	备注
1	菊水楼慰安所	金华雅堂街 20 号	河锡焕	17	桧小德晋为管理人员
2	金泉馆慰安所	金华雅堂街 31 号	木川昌贤	17	丰岛英泽为事务员
3	雅堂街 38 号慰安所	金华雅堂街 38 号		30	
4	金华楼慰安所	金华雅堂街 39 号	林道潚	13	
5	雅堂街 66 号慰安所	金华雅堂街 66 号		9	
6	青叶慰安所	金华法院街 72 号	松山春美	不详	菅原金泰为管理人员
7	汤店村慰安所	金华		12	
8	武阳镇慰安所	武义武阳镇第一保	金泽贵乐	13	64 岁李氏为管理人员;宪兵队翻译金谷一成

续表

序号	慰安所名称	地点	老板	"慰安妇"人数	备注
9	花园岭头慰安所	诸暨	金城丽坤	7	
10	下邵慰安所	武义	新井搏	不详	
11	亚细亚亭慰安所	义乌文昌巷	庆山基次郎	9	庆山平太郎、山本寿男为管理人员

　　目前笔者尚未在中国找到第二份类似的朝鲜人同乡会资料,不能进一步做同类史料中朝鲜人在中国各类身份的相似度研究。但可以相信,金华朝鲜人同乡会中"慰安妇"的情况绝不会是孤立的。也就是说,战时来中国的朝鲜年轻女性,不少人是被迫进入了慰安所。根据韩国学者的一项研究,在战争后期,朝鲜在华民众约有 250 万人①。朝鲜"慰安妇"应该有一个非常庞大的数字。

　　随着研究的深入,我们发现,鸡林会名簿中的"慰安妇"并非金华地区朝鲜人"慰安妇"的全部名单。如前面所言,武义县下邵慰安所、金华县青叶慰安所的"慰安妇"名单是空缺的。又如,1991 年 9 月 2 日的《朝日新闻》刊登过战时加入日军的郑琪永(战后担任韩国晋州农科大学教授)讲述的在诸暨一个日军慰安所的特殊经历:

---

① 황선익, <동북아정세와중국지역한인의귀환(1944~1946)-중·미교섭을중심으로>, <<한국독립운동사연구>>(46), 2013, 285~326. (黄善翌:《东北亚形势与中国地区韩人的归还(1944—1946):以中美交涉为中心》,《韩国独立运动史研究》(46), 2013 年,第 285—326 页)。

1944 年 1 月，郑琪永还在东京帝国大学求学，当局以"学生特殊志愿兵"为名，强迫他加入大邱步兵第 80 师团。1945 年 7 月部队开到浙江省的诸暨驻防，已成为见习官的郑琪永第一次去慰安所。他记得那是一幢两层楼的漂亮房屋，里面有 30 位"慰安妇"。为他服务的是名叫金作幸子的朝鲜女性，只有 22 岁。当金作幸子知道作为日本军人的郑琪永也同她一样出生于朝鲜庆尚南道时，同乡之情油然而生。引发她讲述身世……正好那个晚上，联队长也来到慰安所。那联队长是金作幸子的常客，虽然知道她已经有了客人，但还是大声喊叫着她的名字。因为郑琪永是见习官，晚上不准到慰安所来。要是发现，就要以军法论处，遇到麻烦了。在这样危急关头，幸子决定，即使豁出命也要保护他，于是就把郑藏起来。郑琪永铭记着幸子的恩情。1946 年 3 月，已经退役的郑琪永来到上海准备回国。在上海他遇见几百个被日军遗弃的朝鲜人"慰安妇"，金作幸子和她同学的姐姐也在这里。当时，十多万朝鲜民众争先恐后抢着回国，郑琪永和同情"慰安妇"的朋友给美军特伊拉上尉写了一封请愿书，希望让这些"悲惨的女人们"先上船。请愿生效了，3月 6 日，两艘开往釜山的 3000 吨的军舰，其中的一艘船就是用来运送那些女子。

而诸暨慰安所里的这位金作幸子以及郑琪永提到的另外 30 位朝鲜"慰安妇"，也同样没有出现在记载着包含诸暨的金华朝鲜人的鸡林会名簿里。

近年根据知情者提供的线索，《金华日报》记者李艳多次寻访到婺城区徐大娘，大娘回忆了当年的受害遭遇。同时笔者与陈丽菲教授在 2016 年与 2017 年，两次探望徐大娘并进行口述访谈。

据徐大娘的回忆和知情者的旁证,1942年日军占领金华后,她曾先后被抓入3家慰安所。第一家在叶店村,日军驻扎在叶家大祠堂,而在叶家小祠堂开设了慰安所。经笔者与李艳记者共同调查,叶家店的老人大多知晓叶家小祠堂曾被日军设立慰安所的历史。现在,叶家大祠堂保存完好,而小祠堂因数年前遭遇火灾而被拆除,其址现为叶家店文化中心。徐大娘受害的第二家慰安所是在婺江边的中山码头慰安所,地址在战时金华火车站附近,那里是日军重兵把守的交通要道与物资集散之地。目前日军建造的日式老火车站建筑仍然存在。第三家就在雅堂街。这家慰安所很有可能叫比佐古慰安所,里面都是中国女性。① 根据徐大娘回忆,在雅堂街的街口、慰安所的外面,都有日本兵站岗,她们不能擅自外出。徐大娘所在的慰安所主要是中国女性。徐大娘还回忆,她们吃饭大多都是从雅堂街上的食堂小店买回来吃,②老人讲述的这个解决吃饭问题的方式并不多见,但是,参照这本金华鸡林会名簿,在武阳镇第一保慰安所的相同地址里,还有朝鲜人开办的"铃兰食堂",它可能开在武阳镇慰安所的里面,或者开在慰安所的紧邻,否则不会共用一个门牌号码。那么,徐大娘回忆中在雅堂街慰安所一条街上,设有专门为慰安所服务的食堂点心馆之类的设施,也是完全可能的。关键是徐大娘的回忆,与"铃兰食堂"的记载互相印证,在细节上进一步完善了我们对二战时期日军慰安所制度服务体系的认识。同样,徐大娘当年受辱的这3个慰安所,除了当年她在雅堂街是哪个慰

---

① 中共金华市委党史研究室编:《金华市抗战时期人口伤亡和财产损失资料汇编》,北京:中共党史出版社,2010年,第487页。

② 陈丽菲、苏智良、李艳采访徐大娘记录,地点金华婺城区徐大娘家,2016年10月26日,2017年1月17日。

安所尚无法确认之外，至少其他两个慰安所，也并没有出现在朝鲜人鸡林会名簿上。

　　笔者曾邀请抗日游击队队员、83 岁的徐维经先生协同调查，在婺城区长山乡石门村考察慰安所旧址。据李艳记者调查，这个石门村慰安所曾经有四五位外国"慰安妇"①，这个慰安所和其中的"慰安妇"也没有出现在金华鸡林会名簿中。童年住雅堂街 29 号的毕复生，晚年回忆所见的慰安所，"当时叫日本人的堂子"，管理者是个 30 来岁的日本人，帮忙管理的女人是一个姓王的中国人，20 来岁。"出入堂子的都是穿着军装的日本宪兵，有军官，也有士兵。堂子里面的女子个个浓妆艳抹，穿着旗袍，打扮很妖艳。她们长着亚裔的面孔，分不清是中国人、日本人，还是朝鲜人，但大多讲的是中国话。"②在金华城内，还有两个日本"慰安妇"的慰安所，这就是傅宅的将校俱乐部和东岳庙斜对面的大东亚饭店，都是军官慰安所。③

　　据兰溪县的档案记载，1942 年 5 月日军占领兰溪县城后，在东门三益堂药店建立了"皇军慰安所"，并有照片为证④。6 月，日军又在新生路 5 号地段的天然饭店（后为大丰商场）和柳升记的民房（后为六洞山事业公司）开办仙岛子慰安所，有楼房 29 间、平房 6 间，规模不小。仙岛子慰安所下午开始营业。1943 年 10 月 14 日的《兰溪导报》报道，仙岛子慰安所等"均甚热闹"。老农章裕海常

---

① 记者张苗、见习记者朱浙萍：《金华发现一处侵华日军慰安所》，《钱江晚报》2012 年 7 月 18 日。

② 李艳：《金华战时"慰安妇名单"引广泛关注》，《金华日报》，2016 年 1 月 6 日。

③ 中共金华市委党史研究室编：《金华市抗战时期人口伤亡和财产损失资料汇编》，北京：中共党史出版社 2010 年版，第 487 页。

④ 兰溪市档案馆藏有兰溪"皇军慰安所"的老照片。

给日军送菜,在清湖头有日军的"哄部"(日语"本部"的发音),星期天上午 10 时,日军会押送"慰安妇"到清湖头供日军军官发泄兽欲,直到下午 3 时返回。①

根据实地查访,诸暨的长澜村曾设有日军慰安所,慰安所里的 3 名女子被日军迫害致死后,日军司令部就在本地继续强征女性。② 在诸暨县城的花园岭头还有一个日军慰安所,"在香店弄堂大台门处,俗称'中国堂子',其中全是抓骗来的本地女子。在这个'中国堂子'中,人数最多时有 20 多个,年纪大多 20 来岁,最小的只有 14 岁。她们的遭遇就悲惨得多了,染病身亡的,被毒打致死的,受不了折磨自尽的……就有好几个"。这里专门接待日兵。③ 这些由日本人开办或者由中国人协办、控制中国"慰安妇"的慰安所,自然也不会出现在朝鲜人鸡林会的名单里。根据实地的调查和证人作证,仅武义县一地就有 6 个慰安所。④

综上所述,《金华鸡林会会则及名簿》所刊载的 11 个日军慰安所,只是金华地区慰安所的一部分,并非全部。由此,更可以看出日军慰安所的密集程度。

---

① 中共兰溪市委宣传部等:《抗日救亡在兰溪》,上海:上海印书馆,2015 年版,第 142—144 页。

② 吴张水:《驻长澜日军的暴行》,中共诸暨市委党史研究室编:《血与泪的诉说——回忆侵华日军在诸暨的暴行》,北京:中共党史出版社 2010 年版,第 86 页。

③ 朱因:《香店弄堂慰安所》,中共诸暨市委党史研究室编:《血与泪的诉说——回忆侵华日军在诸暨的暴行》,北京:中共党史出版社 2010 年版,第 40 页;《诸暨首次确认一处慰安所旧址》,《诸暨日报》2016 年 1 月 13 日。

④ 赖耀卿:《日军在武义曾设有六处慰安所》,《今日武义》2015 年 8 月 21 日。

第五节　日本官兵进入慰安所的记录——来自战犯的供词

在辽宁抚顺市的高尔山下，有个抚顺战犯管理所陈列馆，这里原来是辽东第三监狱，1950 年 6 月组建为一所改造国内外战犯的监狱。从 1950 年 7 月开始，直到 1975 年 3 月的 25 年间，这里先后关押过 975 名侵华日本战犯和末代皇帝爱新觉罗·溥仪等 71 名伪满洲国战犯，以及 354 名国民党战犯。

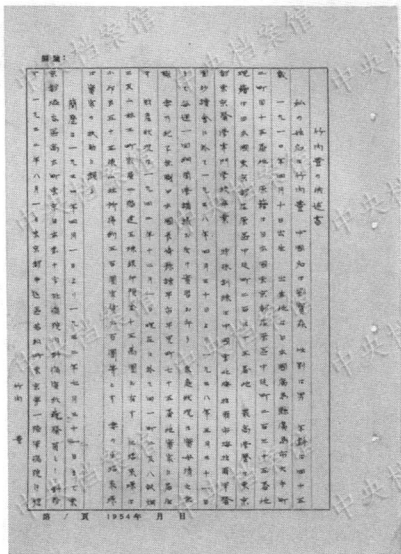

4-21　中央档案馆主编、中华书局出版的日本战犯笔供 120 册，里面记录了大量日军强征"慰安妇"、推行慰安所的暴行。图为战犯竹内丰的供述书。

抗日战争胜利后，共产党对两批日本战犯进行了教育改造。一批 140 人，是在解放战争中俘获的、在国民党军队中从事反共作战的日本战犯；另一批 969 人，是从苏联引渡过来的日本战犯，这批战犯主要是苏军出兵东北时抓获的，在苏联关押后移交给了中国。由于侵略中国多年，许多日本战犯会讲汉语。不过，这批对中国人民犯下罪恶的战犯最初在战犯管理所并不诚心忏悔自己的累累罪行，而是在狱中无理取闹，唱日本军国主义歌曲，呼喊反动口号，还联名递交抗议书，对解放军哨兵高声叫骂。

党中央、周恩来总理及时对管理工作作了指示。要求对他们要采取革命人道主义的改造政策,将他们逐步改造成为反军国主义的、为中日友好事业服务的新人。抚顺战犯管理所对一些顽固的日本战犯,在教育上十分严厉,但在生活上予以关怀。周恩来总理明确指示,对在押的日伪战犯在生活标准上要按照国际惯例处理。于是根据战犯原来的级别,参照解放军的供给制标准,全部供应细粮。周总理还要求,对在押的日本战犯既要看紧管严、外紧内松,做到不跑一个、不死一个,又要做到不打不骂,不侮辱人格,尊重他们的风俗习惯,注重从思想上进行教育与改造。经过长期、细致的教育改造,加上生活上的特殊关照,这些日本战犯的"武士道"精神被瓦解,开始忏悔自己的罪行,心服口服地承认自己是战争罪犯。他们犯下了抓捕、刑讯、奴役、毒打、残杀中国民众,施放毒气,制造细菌武器,强征"慰安妇",强奸妇女,掠夺财产,制造"无人区"等违反国际法准则和人道主义原则的各种罪行。

战犯们用日文写下了大量笔供,细述战争时期所犯下的种种罪行。从抚顺战犯管理所释放回日本后,日军战犯组成"中国归还者联络会",出版《三光》等书籍,承认在中国供认的罪行,并致力于中日友好工作。笔者 20 世纪 90 年代在日本做研究期间,在广岛、大阪、名古屋、东京等地多次见到"中归联"成员,他们对当年的罪行痛悔不已,多次谢罪。

4‒22　战犯铃木启久战时担任中将师团长,曾指使部队建立多个慰安所。(中央档案馆提供)

2015 年起,中央档案馆主编、中华书局出版发行的《中央档案馆藏日本侵华战犯笔供选编》120 册,共收录战犯 842 人的笔供,笔供原文均为战犯本人书写并签名，涉及笔供档案 63000 页。这套书以影印方式将侵华战犯的自笔供述无删节修改全面呈现。只是为了保护受日军性暴力侵害的妇女隐私，并考虑其他有关因素，在出版影印时，将个别的人名及文字做了虚化处理。笔者团队粗略统计，其中供认在中国强征、诱骗妇女充当"慰安妇"、设立慰安所的文字约 20 万字，可谓目前为止规模最大的日军"慰安妇"资料库。战犯供认的犯罪地域涉及黑龙江、吉林、辽宁、热河、内蒙古、北京、天津、河北、山西、山东、河南、安徽、江苏、浙江、江西、福建、广东、广西、海南、云南等地。

这些由日本战犯用日文写下的笔供，可谓铁证如山。我们来分析几个案例。

1. 日军士兵隅山芳人从 1942 年到 1944 年在湖北慰安所的强奸记录

表 4－13 日本兵隅山芳人在湖北的慰安所强奸中国妇女的统计

日期	地点	人员数	次数
1941 年 4 月 15 日至 1941 年 7 月上旬	湖北省荆门县团山寺	1	1
1941 年 7 月上旬至 1941 年 11 月中旬	湖北省当阳县老场	1	1
1941 年 11 月下旬至 1942 年 5 月下旬	湖北省汉口市	2	2
1942 年 6 月上旬至 1942 年 9 月中旬	湖北省应山县广水	4	6
1942 年 9 月中旬至 1942 年 10 月上旬	湖北省荆门县荆门	1	1

日期	地点	人员数	次数
1942 年 10 月上旬至 1944 年 4 月上旬	湖北省宜都县紫金岭	7	40
1944 年 4 月上旬至 1944 年 11 月 1 日	湖北省荆门县子陵铺	3	25
1944 年 4 月上旬至 1944 年 11 月 1 日	湖北省荆门县荆门	4	4
1944 年 11 月上旬	湖北省当阳县当阳	2	2
1944 年 11 月上旬	湖北省荆门县沙洋镇	1	1
1944 年 11 月上旬	湖北省应城县应城	1	1
1944 年 11 月 10 日	湖北省汉口市	2	2
1942 年 9 月中旬	湖北省应山县皂市	1	1
1943 年 10 月	湖北省宜昌县黄龙寺	1	1
1943 年 8 月	湖北省宜昌县鸦鹊岭	1	1

战犯隅山芳人从 1941 年侵入湖北后,在汉口、应山、宜昌、荆门、当阳、应城等地驻守、扫荡、战斗,根据他的交代,在湖北共强奸中国女性 45 人、121 人次。①

2. 第 39 师团 231 联队 1 大队 4 中队伍长伊藤邦夫 3 年的慰安所强奸史

第 39 师团 231 联队 1 大队 4 中队伍长伊藤邦夫,1942 年参加侵华战争,1943 年 7 月上旬在宜昌县宜西前后两次强奸被日军监禁的一位约 20 岁的中国妇女;8 月上旬,于宜昌强奸被日军监禁的一位约 20 岁的中国妇女;8 月下旬,在宜昌强奸被日军监禁的一位

---

① 《中央档案馆藏日本侵华战犯笔供选编》(第一辑)第 47 册,第 28—29 页。

约 21 岁的中国妇女,在宜昌县宜西强奸被日军监禁的一位约 23 岁的中国妇女 3 次;9 月上旬,在宜昌强奸被日军监禁的一位约 20 岁的中国妇女;9 月中旬,在宜昌强奸被日军监禁的一位约 23 岁的中国妇女 3 次;10 月上旬,在宜昌强奸被日军监禁的一位约 25 岁的朝鲜妇女 2 次;1944 年 1 月上旬,在宜昌强奸被日军监禁的一位约 20 岁的朝鲜妇女 2 次;1943 年 10 月下旬,在当阳县当阳强奸被日军监禁的一位约 23 岁的朝鲜妇女;1944 年 1 月上旬,在宜昌强奸被日军监禁的一位约 30 岁的中国妇女;1944 年 7 月上旬,在宜昌县宜西强奸被日军监禁的一位约 20 岁的中国妇女;9 月下旬,在宜昌县宜西强奸被日军监禁的一位约 22 岁的中国妇女;10 月上旬,在宜昌强奸被日军监禁的一位约 28 岁的中国妇女 2 次。[①] 其在湖北的当兵的历史就是不断强奸"慰安妇"的历史。

3. 五十岚彦太郎在侵略山东期间到慰安所 131 次

日本兵五十岚彦太郎于 1940 年参加侵华战争,为日军第 43 大队 4 中队的一等兵,1945 年 8 月被俘。五十岚 1941 年 6 月到 1942 年 12 月,在日军占领济南时,到纬八路的慰安所,强奸 3 名 20 岁的中国"慰安妇",前后 30 次。1943 年 6 月到 1944 年 2 月,在日军占领德平县时,在县城慰安所强奸 1 名 20 岁左右的朝鲜"慰安妇",前后达 15 次。1944 年 3 月到 7 月间,日军盘踞在浜县时,他在县城慰安所强奸 2 名约 20 岁的朝鲜"慰安妇",前后 20 次。1945 年 3 月下旬,日军在浜县盘踞时他担任第 4 中队分队长,于长山县周村镇强奸 1 名 20 岁左右的中国妇女。总计强奸中国"慰安妇"4 人、31 次,朝鲜"慰安妇"3 人、35 次。[②] 同一妇女被反复强奸,很明显

①《中央档案馆藏日本侵华战犯笔供选编》(第一辑)第 50 册,第 111—112 页。
②《中央档案馆藏日本侵华战犯笔供选编》(第二辑)第 59 册,第 253 页。

4‐23　快哉寮,饭田部队的慰安所,两个军官在
门首合影。(饭田部队《支那事变出征纪念》)

就是被日军控制的"慰安妇"。

4. 步兵 6 联队第 3 大队第 10 中队士兵田上末藏的强奸"慰安
妇"记录

田上末藏于 1935 年参加侵华战争,他供认强奸被日军监禁的
妇女 28 人。1936 年 1 月 1 日至 3 月 10 日,他时任步兵 6 联队第 3
大队第 10 中队一等兵,在东宁县东宁街国境会馆,他强奸过日军
诱扣监禁的 18 岁朝鲜妇女,前后 8 次。1936 年 1 月 1 日至 4 月 20
日,他强奸过日军诱扣监禁的 21 岁朝鲜妇女,前后 7 次,地点在东
宁街北二道街七福楼。1936 年 4 月 25 日,他在前往奉天独立守备
兵第 25 大队第 1 中队转调赴任的途中,到牡丹江省绥芬河街一力

楼,强奸过被日军监禁的 18 岁
朝鲜妇女。5 月 5 日至 6 月 30
日,他于黑河市西条通成分馆,
强奸日军诱扣监禁的 18 岁朝鲜
妇女,前后 6 次。1936 年 7 月 1
日至 8 月 1 日,田上在瑷珲县瑷
珲站分遣队当一等兵,于瑷珲站
前云水亭强奸遭日军诱扣监禁
的 24 岁朝鲜妇女,前后 4 次。8
月 1 日至 12 月 1 日,在孙吴街
"绿亭",强奸日军诱扣监禁的 21
岁朝鲜妇女,前后 7 次。10 月 1
日至 12 月 1 日,于孙吴街中国
人私营的妓院强奸分别为 18

4-24　日军将校出入的吉林的
料亭博多屋。(《关东军特殊部队》第
73 页)

岁、21 岁的两名中国妇女,前后各 4 次。12 月 1 日至 1938 年 3 月
15 日,担任黑河省黑河市独立守备步兵第 25 大队第 1 中队伍长
时,在黑河市大同街朝鲜人民私营妓院,强奸一名 19 岁朝鲜妇女,
前后 27 次。1937 年 2 月至 12 月 1 日,在黑河市南大街兴安里中
国人私营的妓院,强奸 18 岁左右中国妇女 2 名,对每人强奸 4 次。
1938 年 3 月 15 日至 3 月 31 日,在哈尔滨市拂町朝鲜人营朝日馆,
强奸一名 21 岁朝鲜妇女,前后 2 次。1938 年 4 月 1 日至 4 月 15
日,在浜江省宝县高丽帽子村的金成馆,强奸遭日军诱扣监禁的一
名 28 岁的朝鲜妇女金某,前后 3 次。7 月 1 日至 8 月 10 日,任浜
江省巴彦县巴彦街独立守备步兵第 25 大队第 1 中队军曹时,于巴
彦街某馆强奸遭到诱扣监禁的 20 岁朝鲜妇女 2 名,前后 3 次。
1938 年 8 月 20 日,在向浜江省一面坡方面的进攻行动中,于一面

坡街某馆,强奸日军诱扣监禁的一名 22 岁朝鲜妇女。1939 年 3 月
10 日至 6 月 30 日,在巴彦街中国人私营妓院,强奸两名分别为 18
岁、24 岁的中国妇女,每人强奸 2 次。1939 年 9 月 4 日至 1943 年
12 月 15 日,在同江街喜乐亭,强奸日军诱扣监禁的三名分别为 17
岁、21 岁、24 岁的朝鲜妇女,对每人前后强奸了 5 次。1939 年 11
月至 1940 年 5 月,在同江街中国人私营妓院,强奸 19 岁中国妇女
2 名,每人前后强奸了 2 次。1940 年 2 月 22 日,为领现款而去富锦
部队本部出差时,在富锦街某馆,强奸日军诱扣监禁的一名 20 岁
朝鲜妇女。1943 年 4 月上旬及中旬,对同江街兴隆饭店后居住的
某人的 35 岁左右的妻子进行胁迫,前后强奸 2 次。1943 年 4 月中
旬,强奸同江街兴隆饭店后面居住的某人的 34 岁左右的妻子。
1944 年 9 月间,任集斯宪兵队鹤冈宪兵分队辅助宪兵准尉时,在鹤
冈街金成馆,强奸日军诱扣监禁的一名 20 岁朝鲜妇女。①

5. 第 41 师团山炮兵 41 联队中尉代理联队副官市毛高友的
供词

市毛高友于 1910 年生于日本广岛,1939 年参加侵华战争,任
第 41 师团山炮兵 41 联队中尉代理联队副官,1945 年 8 月被俘。
他供认:1939 年 12 月至 1942 年 9 月之间,曾强奸了以下被拘禁的
妇女:

1939 年 12 月至 1940 年 2 月,山西省翼城县城,朝鲜妇女,20 岁
左右,2 名,10 次。1940 年 3 月至 1942 年 3 月,山西省曲沃县城,中
国妇女,同上,1 名,10 次。同上,同上,朝鲜妇女,20 岁左右和 25 岁
左右,2 名,20 次。同年 1 月,山西省翼城县下甘泉,同上,20 岁左右,
1 名,1 次。同年 4 月,山西省沁水县城,同上,1 名,1 次。1940 年 9

---

①《中央档案馆藏日本侵华战犯笔供选编》(第二辑)第 63 册,第 249—252 页。

月,山西省临汾县城,中国妇女,18 岁左右,1 名,1 次。1941 年 7 月,同上,20 岁左右,1 名,1 次。同年 8 月,北京市,同上,1 名,1 次。合计强奸 4 名中国妇女(13 次)及 7 名朝鲜妇女(42 次)。[①]

6. 伍长村上敏夫强奸"慰安妇"132 名

村上敏夫 1942 年参加侵华战争,在第 59 师团 54 旅团 21 大队本部担任伍长。1942 年 6 月至 1944 年 10 月间,村上在新泰县城驻屯地日本人经营的慰安所内,强奸朝鲜"慰安妇"88 名。1944 年10 月至 1945 年间,在济南市纬八路日军经营的慰安所,强奸中国"慰安妇"24 名。1943 年 1 月至 1943 年 7 月,在某市日本人经营的慰安所里,强奸朝鲜"慰安妇"20 名。共计强奸"慰安妇"132 名。[②]

4 - 25　中国滇西,**1944 年秋**,中国远征军解救出"慰安妇"。(伊藤孝司:《白飘带噙在嘴》,第 17 页)

7. 日本兵滨野康男的强奸史

日本兵滨野康男 1940 年参加侵华战争,1945 年 8 月被俘。他

---

① 《中央档案馆藏日本侵华战犯笔供选编》(第二辑)第 65 册,第 430—431 页。
② 《中央档案馆藏日本侵华战犯笔供选编》(第二辑)第 70 册,第 570 页。

供认在山东期间多次到慰安所去。1941 年 8 月上旬,在泰安县南村铁路车站后面的慰安所,强奸 1 名中国"慰安妇"。10 月中旬,在泰安县华丰炭矿西方距离四公里的董庄的慰安所里,强奸 1 名中国"慰安妇"。1942 年 4 月中旬,在德县西北方距离约四公里的曾王庄,由德县城慰安所送来"慰安妇",强奸 2 名朝鲜"慰安妇"5 次。6 月中旬,在德县城外的慰安所里,强奸 1 名中国"慰安妇"。1942 年 6 月下旬,在临清县城外的慰安所里,强奸中国"慰安妇",又在朝鲜人经营的娼女舍、燕屋强奸朝鲜妇女 2 名 2 次。7 月到 8 月之间,在馆陶县城内慰安所里,强奸朝鲜"慰安妇"3 次。1942 年 9 月至 1943 年 1 月间,在临清县马家店驻扎,到临清县城出差时,在慰安所"燕屋"强奸朝鲜"慰安妇"39 次。1942 年 11 月初,从临清县城的"风月亭"慰安所,叫来朝鲜"慰安妇"到马家店日军驻地予以强奸。1943 年 1 月至 3 月之间,在临清县城盘踞时,在城外的慰安所——胜利亭、燕屋和临清阁,强奸 3 名朝鲜"慰安妇"10 次。4 月至 8 月间,在历城县济南郊外张庄,在济南市三大马路纬八路慰安所,强奸 1 名中国"慰安妇"5 次,并在济南市三大马路纬五路角的日军经营的星俱乐部慰安所里,强奸中国"慰安妇"2 名 5 次,在济南市三大马路纬九路的慰安所,强奸朝鲜"慰安妇"2 人 2 次。9 月在聊城县东昌的慰安所,强奸朝鲜"慰安妇"2 人 2 次。1944 年 1 月,在阿县城慰安所将 1 名 23 岁的中国"慰安妇"弄到县城伪政府前的侦探班工作队的屋里进行强奸。1944 年 3 月上旬,在历城县济南市三大马路慰安所,强奸 1 名中国"慰安妇"3 次。1944 年 3 月初旬,在临清县辛店伪区公署横街的慰安所里,强奸 1 名中国"慰安妇"。1944 年 4 月至 1945 年 3 月,在临淄县城担任伪保安队指导员时,到广饶县城公出,在慰安所强奸 1 名中国"慰安妇"2 次,强奸朝鲜"慰安妇"2 名 25 次,又在临淄县城从益都县城的"慰安所"

叫来朝鲜"慰安妇"实施强奸。1945 年 4 月初旬到 6 月中旬,在临淄县辛店伪县公署前大街角的慰安所,强奸中国"慰安妇"2 人 45次。1945 年 7 月,在济南市三大马路纬八路慰安所强奸中国"慰安妇"2 人 5 次。①

　　　4‒26　日军在战争的最后时刻,枪杀、毒杀不少"慰安妇"。在 1944 年的云南腾冲,中国远征军发现的"慰安妇"和日军尸体。(森山康平编著:《孟拱·云南之战》,池宫商会,1984 年,第 120 页)。

――――――――――――――

① 《中央档案馆藏日本侵华战犯笔供选编》(第二辑)第 117 册,第 55—59 页。

8. 田原新治在湖北的强奸记录

田原新治1941年11月至1945年8月,在慰安所里强奸多名中国和朝鲜"慰安妇";1941年8月至1942年3月,在当阳县峡口慰安所,强奸中国妇女2名4次。1942年3月至5月,在荆门县河湾,强奸朝鲜"慰安妇"2名10次。1942年5月中旬至8月中旬,在孝感县孝感及花园镇,强奸中国妇女5名11次。1943年8月下旬至9月中旬,在应山县广水镇,强奸中国妇女2名2次。1942年10月至1944年4月,在宜昌县高家店黄龙寺,强奸中国妇女3名29次。在宜都县紫金岭,强奸中国妇女1名。1944年11月某日,在山门县皂市(湖南),强奸中国妇女1名。1945年2月下旬,在安徽省铜陵县大通,强奸中国妇女1名。1945年5月中旬,在应山县应山,强奸朝鲜妇女1名。1945年5月中旬,在应山县广水镇,强奸中国妇女1名。5月至6月,在孝感县孝感,强奸中国妇女2名2次。①

9. 伍长军曹村田忠延在湖北的强奸统计

伍长军曹村田忠延于1941年10月至1943年11月下旬之间,在慰安所强奸多名中国和朝鲜妇女。在当阳县淯溪河,强奸中国妇女1名2次。在当阳县当阳,强奸中国妇女2名5次。在宜都县紫金岭,强奸中国妇女2名3次,强奸朝鲜妇女1名3次。在荆门县荆门,强奸中国妇女2名10次,强奸朝鲜妇女1名3次。在荆门县沙洋镇,强奸中国妇女1名1次。在宜昌县龙泉铺,强奸中国妇女4名27次。在宜昌县鸦鹊岭,强奸中国妇女2名5次。在应城县皂市,强奸中国妇女1名2次。在应城县应城,强奸中国妇女1名1次。在孝感县孝感,强奸中国妇女2名2次。在汉口市,强奸

---

① 《中央档案馆藏日本侵华战犯笔供选编》(第二辑)第64册,第95页。

4‐27　日军在福州也设立了不少慰安所,这是福州乐群楼慰安所旧址。(苏智良 1998 年摄)

中国妇女 2 名 3 次,强奸朝鲜妇女 3 名 9 次。在江西省九江,强奸中国妇女 1 名 1 次。共计强奸中国妇女 20 名 65 次,朝鲜妇女 5 名 15 次。1944 年 12 月下旬至 1945 年 5 月中旬,在钟祥县朱家埠盘踞时,充任中队的内务系曹长,中队队员约 130 名外出时,都进入慰安所,村田鼓励对该所的中国妇女、朝鲜妇女实行轮奸,将入所许可证经过班长、分队长,交到了他们手中,中国妇女 4 名,朝鲜妇女 1 名,次数不详。证人清水克美、中部知若。[1] 130 名日本兵同时去慰安所,可见钟祥县朱家埠慰安所的规模是相当庞大的。

10. 日本兵铃木荣强奸"慰安妇"193 人次

日本兵铃木荣 1938 年参加侵华战争,1945 年 8 月被俘。他供认,"在日本帝国主义侵略中国、对中国人民进行奴隶化政策之下,压迫政治经济,特别是扰乱经济,使中国人民陷于涂炭痛苦的境遇,施加权力和暴力,以所谓'慰安所'为名,把中国人民和朝鲜人民的妇女,监禁在一定的地点,使日本侵略军官兵,剥夺这些妇女的贞操。"他开列的历次到慰安所强奸女性的清单如下:

———————————

[1]《中央档案馆藏日本侵华战犯笔供选编》(第二辑)第 71 册,第 34—35 页。

　　在平原省新乡县(今属河南)附近盘踞中,中国妇女 2 名 2 次,朝鲜妇女 4 名 4 次。

　　在武昌及黄陂县黄陂(武汉)附近盘踞中,朝鲜妇女 15 名 15 次。

　　在荆门县李家河附近盘踞中,朝鲜妇女 3 名 25 次。

　　在荆门县杂树店附近盘踞中,中国妇女 2 名 2 次,朝鲜妇女 4 名 30 次。

　　在荆门县李家附近盘踞中,朝鲜妇女 2 名 25 次。

　　在江陵县(荆州)沙市盘踞中,中国妇女 3 名 12 次,朝鲜妇女 5 名 20 次。

　　在宜昌县宜昌对岸宜西地区盘踞中,中国妇女 4 名 20 次,朝鲜妇女 6 名 30 次。

　　其他出差中,在汉口、南京、上海等地,中国妇女 3 名 3 次,朝鲜妇女 5 名 5 次。

　　以上,强奸中国妇女 14 名、39 次,强奸朝鲜妇女 44 名、154 次。①

---

① 《中央档案馆藏日本侵华战犯笔供选编》(第二辑)第 109 册,第 314—315 页。

第五章 "慰安妇"是否被强制

　　长期以来,日本与各国在"慰安妇"问题上争论的焦点,就是"慰安妇"是自愿的还是被强迫的,"慰安妇"制度是"商业行为"还是反人类的暴行。

　　战争的最后时刻,日本政府自上而下地烧毁档案文献,难以计数的珍贵资料就此消失。例如,关东军司令部、朝鲜总督府的档案被日军全部烧毁。因此,日本右翼和保守政治家以为,这样就无法证实二战中的"慰安妇"制度。他们对于受害幸存者的证言,更是全盘拒绝,甚至说,中国的幸存者证言是共产党随便找来的。例如,日本右翼学者北村稔认为:"包括'慰安妇'在内的卖春行为,在英语圈中被戏谑地称为'The world oldest profession'(世界上最古老的职业),它以各种各样的方式存在于世界。日本从古代开始就已经形成了其独自的游廓①文化,中国也同样如此。"进而,他提出:"据此,笔者确信'中国慰安妇问题',是中国政府利用中国研究者实行的计谋。即,把民族国家间战争状态下发生的侵略、被侵略的关系,加在卖春这一世界共通的现象上,从新的'人道的看法'进

────────────────

① 日语,类似于汉语里的青楼,也就是花街柳巷。

行批判。概括起来就是,在日军管理下实行的、以卖春形态出现的
慰安妇制度,在没有被确认事实的情况下被曲写、最终被抨击为迫
害(歧视)女性,从而被历史问题化。"①虽然这样的观点没有多少学
术含金量,但在日本还是有一定的影响力。

自 1991 年以来,各国的历史学家和社会活动家们寻找劫后残
余的历史记录,寻访日本老兵和其他历史证人,鼓励幸存者讲出她
们难以启齿的受害故事,付出大量的心血、时间和经费,恢复了部
分日军"慰安妇"的史实,从而让日军建立性奴隶制度的罪行曝光
在光天化日之下。从历史记录、加害方、受害者的证言等不同角
度,勾勒出这一重大历史事实的轮廓,证明日军"慰安妇"是被强迫
的,受到残酷虐待的。

第一节　加害者的证言

战时日本在军国主义体制下,形成国家暴力,并驱使每个士兵
成为施暴者、加害者,尤其是对着手无寸铁的弱女子。军事性奴隶
制度便是如此形成与推广的。

战争状态下,进入慰安所或在炮楼里强暴"慰安妇"的是日军
的官兵,他们是直接的加害者。同一个士兵,他有时候去慰安所,
有时会对城乡的普通妇女施行强奸行为,这种情况并不罕见。对
被侵略方的当地女性的性发泄,成为一种男性权力的行使,目的是
彰显所谓占领军的男子气概。人们通过收集、分析战时日记、军队
日志,到战后的军人回忆录,还有战犯供词、采访老兵口述记录等

---

① 北村稔「蘇智良〈慰安婦研究〉を評す」、『中国人慰安婦問題に関する基礎調査』、2016
　　年 6 月 17 日。李青凌译。

资料,从日本军人的视角来论证"慰安妇"是否是被强制的,是否是性奴隶制度的牺牲品,慰安所是如何被广泛地建立,以及如何管理运作。

远藤照雄是华中派遣军丰岛部队石井(信)部队的士兵,他在日记中记录,在湖北黄陂的慰安所里,"我将那十六岁的支那姑娘自由地支配了"①。此后,到慰安所去便成为他活着的目标。1942年,日军占据湖北洪湖县的新堤、峰口,便设立慰安所,专供日军军官淫乐。由于战线拉得较长,日本籍的"慰安妇"无法送到前线来,猴急的日军便抢来当地妇女,将她们关押在慰安所或者据点炮楼内,随时供其奸淫摧残。常常是六七个日本兵接连对付一个"慰安妇",致使这些无辜妇女求生不能、求死不得。日军军官还强令"慰安妇"不准穿衣服,裸体作摇摆状,有时仰卧,有时爬行,稍有违抗便是毒打。一位姓高的年轻寡妇,被日军抢来后,几天几夜没能穿裤子,连续遭日本兵肆意蹂躏,后虽经家人花巨款赎回,但已奄奄一息,卧床不起,两年后便抱恨而亡。洪湖县王家洲村的一名妇女不堪凌辱,奋力咬死日本兵吉川后,被日军用汽油活活烧死。②

对于日本兵而言,慰安所不仅是解决生理问题的场所,更是在遥遥无期残酷战争中的精神慰藉地。1941 年 10 月 16 日,日本兵武田武二郎的部队驻守在黑龙江黑河,他在给家人的信中写道,"北满黑河市街北方四黑的山神府兵舍的川村、井上、绵引各位,心情愉快地畅想着回后方的日子。然在一望无际的旷野,连村庄也没有,在显示国威的各兵科的兵舍,仅能看到利用陆军兵舍一角开

---

① 《华中派遣军丰岛部队石井(信)部队森田队远藤照雄战争日记》,1943 年 6 月,上海师范大学中国"慰安妇"历史博物馆藏。

② 李秉新等主编:《侵华日军暴行总录》,第 1123 页。湖北《洪湖县志》,武汉:武汉大学出版社 1992 年版,第 438 页。

设的东西方向的慰安所。所谓的慰安所既像一寸见方的小剧场，也像储物的小屋，很难想像出来具体的模样。但这里却是生活在此兵舍的士兵非常重要的消遣解闷的地方。"①

第 10 师团的一个老兵驻屯在牡丹江地区，他回忆，内务班长在门口给士兵们发安全套，在慰安所，一个"慰安妇"每天要对付 30 到 50 个士兵。铃鹿飞行队的老兵，同样在东北，但他回忆，外出的时候会拿到安全套。休息的时候都出去，然后去"慰安妇"的"屁屋"，要去"屁屋"的话必须要带上安全套，发给全部的人，在大厅里站好队依次发放。② 一个在佳木斯执勤的第 28 师团宪兵曾穿着便衣到慰安所周围视察，他看到士兵们急着去慰安所，在慰安所排队的士兵在央求战友说："你借我点钱。"有时候士兵是借着钱去慰安所的，还有工作时带朋友去的，这是他亲眼看见的。③ 第 17327 部队驻扎在唐山，一个见习士官回忆慰安所的场景：一个人大概只有 3 个榻榻米左右，因为那是营业的地方，所以衣服之类的还有锅碗瓢盆什么的，应该放在其他地方吧，然后就是没日没夜地接客。④另一个日本兵后来回忆：

> 每个"慰安妇"有一个房间，但不能出这个房门，等于被监禁。在战时的汉口、九江、武昌，我们都经历过。慰安所白天是普通士兵使用，晚上是为下士官或是将校服务。所以"慰安妇"都睡眠不足。有一次遇到个日本女孩竟然睡着了，就这么睡着被强奸了。所以，"慰安妇"一整天都在工作。⑤

---

① 北安地方検閲部『郵検月報』、昭和十六年（1941 年）十月十六日、吉林省档案馆藏。
② 『性と侵略——軍隊慰安所 84 か所　元日本兵らの証言』、58、61 頁。
③ 『性と侵略——軍隊慰安所 84 か所　元日本兵らの証言』、64 頁。
④ 『性と侵略——軍隊慰安所 84 か所　元日本兵らの証言』、100—101 頁。
⑤ 『性と侵略——軍隊慰安所 84 か所　元日本兵らの証言』、159—160 頁。

5-1 中央档案馆主编的 120 册
日本战犯笔供中,保存着大量日军在
中国各地强征女性、建立慰安所的记
录。(中华书局 2015 年版)

有个一等兵的证言更明确:许多"慰安妇"很多时候就是边被强奸边睡觉的,连起身的功夫都没有。他所在的部队只有 18 个"慰安妇",每个人一天要接待 50 名军人。[①] 海军中国方面舰队藤野部队的水兵长记得曾问过一个"慰安妇"是怎么干这个的,回答是:没有饭吃了,只能干这个了。[②] 这些案例表明,"慰安妇"中绝大多数是被强迫的。

开本德正是日本广岛县人,1940 年参加侵华战争,于 1944 年 10 月起至 11 月间,在湖北当阳县王家巷子分哨值勤。他曾侵入到该地南边 300 米处中国居民家里去,强奸一名 27 岁中国妇女,一个月之间竟实行强奸 30 次,后便将她抛弃了。[③] 开本德正又于 1943 年 4 月上旬,在当阳县峡口西边约 600 米夏家冲分哨任分哨长时,压迫分哨附近的中国妇女 2 名(25 岁、40 岁)给分哨全部士兵洗衣服,并指使部下进行强奸,年轻的那位妇女因此而怀孕,开本德正听了这件事后,便与中队长大尉山中孝夫及中队情报系下士官寄国一夫等人共同谋划,捏造事实"说此妇女在我中队没接手该分哨以前已经怀孕",开本德正和寄国一夫一同前去被害者的家,命令保甲长逼迫哭泣中的这 2 名妇女立即迁移出村外。[④] 受害女子欲哭无泪,只能逃命。

---

① 『性と侵略——軍隊慰安所 84 か所　元日本兵らの証言』、165 頁。
② 『性と侵略——軍隊慰安所 84 か所　元日本兵らの証言』、237 頁。
③ 《中央档案馆藏日本侵华战犯笔供选编》(第一辑)第 50 册,第 531 页。
④ 《中央档案馆藏日本侵华战犯笔供选编》(第二辑)第 120 册,第 332 页。

1992年,京都第16师团伏见第9联队的辎重兵用电话向调查组织讲述了他的亲见亲历,他1937年当兵来到中国。那年的11月,他在河北邯郸驻扎:

一个土房子前面,排着四五名士兵。在入口处是隔板。我在想他们排队干什么呢,问了战友,说这是个"屁屋",军队里慰安所就叫"屁屋"。

士兵们不会说"慰安所""慰安妇"的,都叫"屁屋"。问"要不要去屁屋","好的,去吧"。那时,我第一次亲眼所见。

那个时候的费用是一次2日元到3日元。已经是55年前的事了,今年11月就正好55年了。

士兵外出日去慰安所。一次作战结束之后,下一个作战开始之前,大概有半个月到一个月左右的休息时间,那个时候可以自由出入。没有事情的时候可以出去。说到执勤,就是哨兵,弹药库的警备兵,还有去取各种军需品的事。除此之外,每天都无所事事,就会去"屁屋"。

我看到的时候,慰安所外排了四五个人。然后排着队的士兵对里面的人喊"快点、快点"。

那个士兵,在里面正在发生性行为,外面的人就喊:快点快点,都站累了。

我不知道他们在干什么,第一次见这种场景。当时我和战友共3个人走在一起,有个年纪比我大一些,我当时是21岁,所以他应该是二十五六岁到三十岁之间的样子,我问他这是干什么呢?战友才告诉我是怎么一回事,说这是女郎屋。

我是第一次看到这种东西,所以不知道,不知道是干什么的地方,很单纯。跟我说之后才知道的,当时他们还说:"如果你也想去的话,就去吧,只要出钱的话,一定会让你高兴的。"

慰安所挂着招牌。如果没有招牌的话,就不知道那是什么地方了。应该挂的是邯郸慰安所之类的吧。因为邯郸只有陆军,所以慰安所没有必要再加上陆军两字了。

体检一周一次,这和日本内地一样,每周一次,军医来检查,就是性病检查。

要是有性病再跟士兵进行性行为的话,会传染的,那样就麻烦了,不让做生意。

没有打针之类的直接治疗的方法,就简单涂一些药膏,也就这样。这是一个跟着军医的卫生兵跟我说的。

后来我问战友说:"生病了,做不了生意的女人怎么办?"他们听卫生兵说,会偷偷地杀掉。然后又从朝鲜半岛来几个新的。另一方面那样的女人,如果做生意的话,士兵中患性病的人就越来越多,那就完了。

士兵中患性病的人很多啊。在天津的陆军医院里,一个联队的 3 000 人住院了。是专门治疗性病的医院。虽然有内科或者外科的医院,但是这里是性病医院,3 000 人。1 个联队就有 3 000 人患性病的。

我的战友去过天津的医院,有个得了性病的人,头发都耗掉了。鼻尖都烂掉了只有两个孔。阴茎已经干瘪了。这些都是因为梅毒引起的,太可怕了。

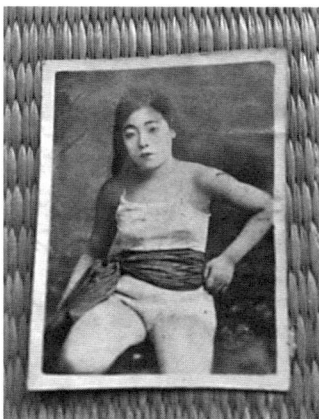

5-2　老兵山本信拍摄的朝鲜"慰安妇"照片,地点南京。(中国"慰安妇"历史博物馆藏)

接二连三地来，没办法容纳的时候，好像在上海也增设了，上海也是啊，听说临时增设了相关的医院。

像学校、公关、礼堂等大型的建筑物都设立慰安所。有没有床铺不清楚，没去过，是卫生兵来说的。

当时有日本人慰安所。我们占领之后刚过半个小时，"慰安妇"就乘坐军用卡车来了，有 4 到 5 人。然后就找一个没人的空房子很快就开始营业了。不知道从哪儿来的，反正很快就来了。

应该是大城市来的，不知道是冲绳还是奄美大岛，日本女人来了四五个。不过，这些人的服务对象是军官或是上司，穿着传统的日本和服，很漂亮。长发垂到肩膀左右，我们当时看了吓了一跳，一看很像是一个很好的女人。

士兵回去的时候，她们会说再来玩儿啊，用日语，因为是日本的女人。结果他们就纷纷掏钱，给钱的话，还会喂你喝酒。将校可以在那儿过夜。

还有就是中国人的、朝鲜人的慰安所。

驻扎的时候也有对士兵的性病检查。军医来了之后，就看你裤裆，一看就能知道是不是得了性病，因为会有脓流出来。

当时我才 21 岁，不会去那样的地方，还是个处男。检查之后，军医还表扬我说："你是个模范青年啊！士兵。"

要是战友硬要拉着去的话，只能陪着去，但是得了性病就得去天津或是上海的医院，所以去慰安所要带着橡胶制的安全套。现在的橡胶套之类的东西，都很薄很薄。当时的像橡皮一样的东西，像手套一样厚厚的东西。军医会发给我们。没有这个的话，就有可能得性病，太可怕了。

战败时我也在无锡。在那个俘虏收容所时,我问过一个会说点日语的中国人士兵。我问:"慰安妇,怎么处理呢?"那些朝鲜人肯定不会带回去的。中国人很多都很穷,所以没有钱娶媳妇,很多都成了当地中国人的老婆了。再说她们也没有回去的路费,也没有去往朝鲜的航班,都是要回日本的大量士兵。最终就成了当地人的媳妇了。

我不知道她们还能不能再生孩子。①

在有的日军慰安所,过于兴奋的日本兵还要求"慰安妇"不准穿内裤,甚至不准穿衣服。在孝感的汉川,当年有个"裸体慰安所",这个慰安所管理颇为严格,连日本兵也不能随便进出,老兵日记中记载:

慰安所不仅在日本驻屯营地,即使是小山村里也有,汉川就有好几个。但是监管很严,违反者立刻就会被宪兵逮捕起来。最先被宪兵抓捕的是作为汉川北门卫兵的勤务兵两人,6月3日晚上十点左右,据说"进入日本人慰安所被宪兵发现"。中队做出了"以勤务怠慢的理由关重禁闭七天"的处分。但是,6月13日宪兵队只留下了一部,其余的都往应城转移,这时中队又变回了原来的中队,各自也都开始放任自己。

有慰安所的女人出入中队办公室的。中队的军官注意到之后应该进行斥责。而且只有分队长才会讲一点支那语,分队的事不用管(与宣抚工作等不一样)。因为这样应本日服务的哨兵即使到了时间也没有集合,过了时间去迎接也是满不在乎的样子(立田喜治)。分队长大沼军曹。处罚问题,比其

① 『性と侵略——軍隊慰安所 84 か所 元日本兵らの証言』、105—111 頁。

他的士兵优先照顾。(6 月 15 日)①

从"只有分队长才会讲一点支那语"中可见,"慰安妇"中有中国人,而且还出现了"裸体慰安所"的词句。日记中写道:

晚饭时,喝了配给的清酒。去了 3 小队被招待请吃了饭。与池内军曹二人去了裸体慰安所要了日本酒来喝。我很早就回去了,在准尉的房间内又喝了酒。(6 月 29 日)②

看来,池内军曹似乎并没有很早回去,日本"慰安妇"对裸体这一要求予以拒绝,推测,朝鲜人"慰安妇"被暴力强制要求的可能性很高。恐怕"裸体慰安所"这样的招牌在那里是没有的吧!③

在吉林省档案馆发现的一件关东军档案,是日军原田部队见城部队田村队森山友吉写给日本函馆市伊藤芳三的信件节略。其中写道:"我现在做支那姑娘和朝鲜姑娘的检诊工作。所谓检诊,就是观看女人的阴部。奇形怪状的,你们很难想象,有的感觉相当有魅力。"④该档案显示,日本宪兵在对军人来往信件实施邮政检查中,发现写信人森山泄露军队所属序列和涉密工作内容,并以猥琐语言描述为"慰安妇"检诊时的心理感受,被作为泄露军机的"非违"事项受到处理。档案虽没有太多文字,但其至少证实以下历史信息:军队直接参与慰安所的卫生管理。说明军队是慰安所实际运行的组织者和保障者。原田部队所属见城部队田村队承担对所在地日军"慰安妇"的性病检查任务。该日军慰安所既有中国人"慰安妇",也有朝鲜人"慰安妇"。日军军医实施性病检诊过程中,

① 高崎隆治『「陣中日誌」に書かれた慰安婦と毒ガス』、梨の木舎、1993 年、136 頁。
②③ 高崎隆治『「陣中日誌」に書かれた慰安婦と毒ガス』、140 頁。
④ 吉林省档案馆藏关东宪兵队邮政检阅档案 J315-9-231,第 73 页。

对"慰安妇"受害女性与日军直接侵害者怀有同样的不轨心理。

关东军汤原陆军病院内科病室的军医中尉竹内丰,在黑龙江汤原、虎林曾参与了日军慰安所的建立。1936年12月25日,竹内丰在关东军汤原陆军医院内科病室,曾随同医院长河崎军医大佐视察汤原市内卫生情况,然后他向医院院长提出:妓馆太少,为了预防性病,告诉警备司令部可设置日本军专用的妓馆,你看如何。医院的院长回答:"可迅速拟一公文。"竹内丰立即拟公文稿称,"为防止因性病而减退我军的战斗力,故召集中国青年妇女设立日本军专用慰安所是必要的"。经过庶务科将这意见送呈给了汤原警备司令官。警备司令部采纳了这一意见,命令县公署强拉来30名中国青年妇女,送入日军专用的慰安所内,但仅给一般待遇的三分之一,"伙食上以杂以咸菜的粗食待遇"①。显然,这30名中国女子被迫成了日军"慰安妇"。

1938年1月25日,竹内丰在关东军虎林陆军病院服役,担任内科室的军医中尉,他随同医院院长本田军医大佐视察市内卫生状况后,提议建立慰安所,得到院长批准。立即拟稿写道:为了防止因性病而减弱我军战斗力,征集中国青年妇女,设立日本军专用慰安所是必要的。经过庶务科向警备司令官以此公文提出意见。警备司令部采纳了此意见,责成县公署强拉当地25名青年妇女作日军专用"慰安妇",支付以市价的三分之一。警备司令部派遣武装兵力,强占中国人的25间民房,充当日军慰安所。这些妇女"多作日本军官兵的玩物为其蹂躏,又禁止单独自由外出"。竹内丰本人供述,在9年侵略中国期间,强奸中国妇女多达55名。②

---

① 《中央档案馆藏日本侵华战犯笔供选编》(第二辑)第54册,第28页。
② 《中央档案馆藏日本侵华战犯笔供选编》(第二辑)第54册,第29—31页。

间濑康德于 1942 年参加侵华战争,担任第 232 联队第 6 中队分队长军曹,在 1944 年 12 月至 1945 年 5 月间,间濑在当阳县清溪河日军设立的慰安所内,强奸十八九岁中国妇人,前后数十次,结果致使她怀孕,在 4 月中旬到下旬,为了堕掉胎儿,日本兵给怀孕妇女烈性药吃,严重影响她的健康。①

高屋三郎 1942 年参加侵华战争,1948 年 7 月被俘。他供认战时强奸并杀人的罪行:

> 1945 年 4 月 1 日至 5 月上旬之间担任同大队同中队少尉代理中队长,驻扎于山西省沁县县城,四月上旬,我在大队长片冈光太的指挥之下,带部下三十名急援县漫水村的第三中队,命令把该村妇女约四十名拴在一间小马房里,同夜让部下吉冈荒尾轮奸妇女一名。据说在这个时候大队长强奸一名,另有十数名进行轮奸。第二日早晨为了达到烧杀昨日拘留妇女之目的,在大队长直接的指挥下,把她们关入一个室内放火,奉命让部下用轻机枪射杀出来的妇女一名,以后又对出来的人胁迫再进入室内,由轻机关枪射击五人令其足部受伤。其后,我带一个小队在大队长的直接指挥之下,向马家头岭前进,关于以后的状态,虽然听部下说黄楼北已无姑娘,但是详细情况不明。②

对于第 1 师团步兵 57 联队第 1 中队的上等兵赖利诚而言,印象最深的是在辽东省丰溪县咸宁城时,由中队领来 1 名 18 岁左右的中国妇女,由 26 名日本兵进行了轮奸。轮奸时他排在第五。结果,该妇女的胯骨被摧残得掉了下来,等 26 个日本兵全部强奸后,

---

① 《中央档案馆藏日本侵华战犯笔供选编》(第二辑)第 106 册,第 18—19 页。
② 《中央档案馆藏日本侵华战犯笔供选编》(第二辑)第 88 册,第 305、206 页。

该女子已奄奄一息了,日本兵便用雪橇将其送到中队本部去了。①

在日军官兵的蹂躏摧残下,这些"慰安妇"个个面黄肌瘦,形容枯槁,有的被折磨致死。

一名吕集团野战重炮队的伍长曾长期在信阳驻屯,他首先的感受是,"慰安妇"这样的话题还是跟男人说合适,尽管已 72 岁,但还是有些羞耻感:

> 这种话题,跟男人说比较方便,有男人吗?
>
> 你是男人,好。对女人说这样的话题,是不行的。
>
> 我有 6 年左右的军历,是现役兵,一直待到战争结束,到 1946 年初,在上海坐第一批运输船回国的。我们是野战重炮队,属于吕集团。由好几个师团一起组成的吕集团和一个师团不一样,既有野炮也有山炮,当然也有卡车运输队。各种各样的部队聚集在一起,大概有 11 万人左右吧。
>
> 我的军衔是军曹。接受波茨坦宣言时是伍长。不过,返回内地的时候,升了一级成曹长。回国后军人全部都升了一级,然后就解放了。
>
> 今年年龄是 72 岁。刊登在报纸上的关于"慰安妇"问题,我们也亲身经历过,所以说说当时的感受。
>
> 都是亲身经历过的,我们当时在第一线,与敌军中国的蒋介石军队对峙,守在第一线。大约有一年半左右的时间,受到敌人的袭击,也有死伤者。
>
> 这样过了一年半,就会替换。我们到武汉地区的像武昌、汉口等繁华地带附近去休养。暂时休息一下,然后再回到第一线去。

---

① 《中央档案馆藏日本侵华战犯笔供选编》(第二辑)第 117 册,第 654—655 页。

在这休养期间接触了"慰安妇"。当时应该是二十二三岁，我当兵时刚满 21 岁，是现役兵。在战斗第一线，那真不是人过的生活，除了兵马以外，没有接触过别的。

一年多过去之后，在信阳我们再接受训练，要准备作战。在这期间，接触到了"慰安妇"。

军队开着卡车带"慰安妇"过来，都是以慰问的名义。有从日本来的歌手什么的，各种各样都有，都是坐着卡车来的。

来的时候，会给假，然后士兵就过去。当然进去需要付钱，因为有军票。

（乘坐卡车，慰问的形式吗？）对，对的。

在军队驻地的一角，搭帐篷营业，在别人不太注意的地方。

帐篷里面用胶合板隔开，当时的胶合板都很薄，说话都能听到声音。

"慰安妇"有朝鲜人，也有日本人，当然也有中国人。军官去找日本人，下士官是什么人之类的，当时是没有这种区别，我们那时候没有。

只是军人数量很多，需要排队等候。

我们都是年轻人，得到许可之后，休息的时候拿着军票就去了。存了几个月的工资，在第一线积攒下来的工资啊。那时候下士官要三四日元，然后就去。

在慰安所用军票支付。当时我们的月工资是一日元多少来的，下士官是两日元多点吧，那是 1941 年左右。当时慰安所是有前台的，每次给一日元吧，交到前台。

我忘记了细节，大概就是付了一日元左右。有日本人、朝鲜人、中国人也有很多。

"屁屋"是慰安所的通称。"去不去'屁屋'?"大家都互相这么问,这就是统称。不只是地方,是指有"慰安妇"的地方,都叫"屁屋"。当时我不知道这是什么意思,这就是统一的称呼。

慰安妇大概有 10 人左右,一人一个房间。年龄跟我们差不多,根据各部队的不同,我想应该是不一样的。大多是年长的人,我们那时候是二十二三岁左右。慰安妇大概是二十七八岁的样子。年纪大的很多,年轻的很少,没碰到过。我待了5 年多,就只去过一次,然后就一直作战,去了第一线。

我知道军官白天不去,晚上去。下士官以下的士兵都是白天去,军官晚上去。是这么分开来的。

我去的地方对方都是朝鲜女人,不懂日语。也没有什么说话的余地,有很多士兵都在排队等着呢,就算是遇到日本人也不会说一些废话。

她们忙得连说话的时间都没有,也不是那种说话的气氛。

说起慰安所的女性们的服装,从朝鲜人的角度来说,也不是朝鲜的衣服。很普通的衣服,那时候已经分不清楚是日本人或中国人或朝鲜人,基本上已经分不清了,大家大概都长得差不多。

"慰安妇"有没有定期检查? 那个我不知道。我觉得恐怕没有。我们的战友,也有人生病之后被送回内地的,有很多。就是得了性病之后被遣送到内地了。当地没有那种什么医院。

但是要是得了那种病,结果那不是战伤,大致上是战病,不过战病也是有种类的,花柳病和真正的结核之类的病也不一样,要把他们送到内地的日本的陆军医院。

那样的话,回日本的陆军医院之后也会被区别对待。要是因为这种病因住进来的话,即使是去慰问的人,也会被士兵或是宪兵区别对待的。

所以在第一线,像这样来的人来了之后定期检查也是有可能的。但是数量太多了,来了几百万、几十万人,然后分开,警备结束后,还会再集合。因为数量太多了。

"慰安妇"有名字吗? 没必要叫名字。后来,我们都叫它"公共厕所"。

总之,做完了就出来了,接着下一个再进去就好了。所以已经是清洗好了。脸盆里装着水,用手就这么洗洗了。

所以,不是那种叫名字、说话、互相避讳的氛围。

我们一个大队大概有 500 到 600 人吧。士兵不是一起休假的。每个中队要分开休假,不然去的话太拥挤了。一个中队的话,大概是 200 人左右。都是分开来休假的,所以和其他中队没什么关系。

军队有规定做好预防性病,但还是会有人得性病。不过还是会送到内地去,真是太不光彩了。那时候正是战争时期,1941 年左右。患了性病也不会跟家人说是什么病,所以我想都是哭着被送回去的。

"慰安妇"是坐着插有太阳旗的卡车来军队驻地的,事先会有"今天来了安慰团"之类的信息。然后坐上卡车,女人一定会来的,我知道。然后再过几天,你才能得到外出的许可。①

来自大阪第 4 师团的卫生兵,从 1940 年到 1944 年转战中国许多地方,他回忆了在湖北恩施县宣兴镇(原文如此)所看到的慰安所和"慰安妇":

---

① 『性と侵略——軍隊慰安所 84 か所　元日本兵らの証言』、113—118 頁。

我快 78 岁了,当了 5 年的兵。在朝鲜待了一年,在黑龙江省的佳木斯待了一年半左右。然后去了华中,在汉口、洪竹、安陆、宣兴等地都驻扎过。

师团长是山下奉文。我作为卫生兵,是属于卫生队的,所以接触"慰安妇"比较多,作为卫生兵有各种的检查之类的。

最初,我是在安陆,然后被派遣到了一个叫宣兴的地方。很难说出那里部队的名字。大约一个联队附带一个辎重和卫生队,在那里待了 4 个多月。

那时军医只检查了一次,就说:"这跟个人隐私有关,你来做吧。"我在部队生活了很长时间,检查"慰安妇"几个月。检查的时候,那边的管理员或者业主会带着名簿来,然后把结果记录下来带回去。

那个叫宣兴的地方驻扎着第一线部队,每天晚上都会遭到敌人的袭击。每天一到两个小时左右,会来一次或是两次。那里当时有 15 名"慰安妇"。

然后那个业主拿着检查结果过去找军医让盖章。因为跟个人隐私有关,所以很难说为什么会那样。

因为也没有别的地方可去,我休息日去的时候,业主说您一定要进来看看,就被他拽进了慰安所。

业主拿出了中国的酒,大概是 4 个榻榻米半或是 6 个榻榻米左右的,应该是 4 个榻榻米半的房间。会给你倒酒什么的,我也不怎么喜欢酒,所以就随便聊了几句,从他的态度来看,应该就是为了挣钱而已,按照我的感觉是那样的。

第一线的 15 个"慰安妇"全部都是朝鲜人。那个老板也是个几乎不懂日语的朝鲜男人,30 岁左右,体格健壮。

那个老板带着被日军批准的 15 个或 20 个"慰安妇"。老板是否给军队交伙食费,这一点不清楚,没听说过。

"慰安妇"的年龄多少有些差距,大概是 24 岁到 30 岁的人比较多。

这时诺门罕事件已经过去了,所以应该是 1940 年的事情。

佳木斯的"慰安妇"有日本人,也有朝鲜人。大概是三对七的比例。

当时青岛有很多的日本"慰安妇"。

宜兴"慰安妇",日本人都叫"朝鲜屁"或是"中国屁"。

"慰安妇"都取了日本人的名字。虽然是第一线,但是那里夏天的时候都穿日本的浴衣什么的。穿着日本人的绸缎之类的浴衣,来检查的时候都穿着那个。

我不知道那个管理方面的问题,我就记得来检查的时候总是穿着日本的和服。

宜兴是个废墟。一半是难民,一半是日本军,有 1 400 到 1 500人。

宜兴的一半驻扎着日军,白天黑夜都在警备,对面是中国人。军队驻屯地的一角是瓦房平房。但是因为是废墟,都被破坏了,所以我们大家都没有房子,又铺木板,又砌石头的。我是个卫生兵,在那里治疗战伤患者,也治疗那边受伤的难民。

所以,在那边也不是尽干坏事。只要稍微松懈一些的话,就会跑来一百到两百人,抢着要看病,说着请给我一些药或是帮我治一治之类的话。

"慰安妇"的房间是一人一个。3 个榻榻米左右,都是临时的物品。用的都是捡来的木板和柱子围起来的,就铺上个草席,没有什么床和房间什么的,第一线不是那样的。

老板带着"慰安妇"来体检。体检,大多是淋病和梅毒。梅毒的话大致通过观察就能知道,看脸和女性的身体。患淋病的话,就得正式检查。不好的话停止营业一周,最长的是20天,通知簿上写着"请不要接触"。做好"甲、乙、丙""这个人不行""这个人需要治疗""休息"等标记。大家都回去之后,老板会来取。我们当时是一周来检查一次,是在星期一。

军队有卫生队还有野战医院、野战预备医院等各种各样的医疗机构。所谓的卫生队,是在第一线部队,收容被枪击的人。大队只有一两个卫生兵。一百五十人中一两个人的话,根本解决不了什么。卫生队抬着担架把受伤的人运送到后方进行治疗。

慰安所外面,什么都没写。军人只有星期日去。平时不能去,平时有事,又要警备。只有星期日白天晚上分开的。

军官和士官在时间上是有差别的。先是普通士兵,之后是下士官、军官,军医也会去。

15个"慰安妇"要对应1 400多人。偶尔去的人也会炫耀,有些人就沉默,所以具体去了多少不清楚。

我在汉口出差,汉口是除了南京最大的城市。在那里待了3天左右,和朋友3个人去补给材料,然后就说去看看慰安所,我们去的时候,大概有15个军人在排队。因为我们是出差去的,也不知道要等到什么时候,所以等了10分钟到20分钟就回去了。那样的地方星期天很拥挤,大概排了几十个人吧。

我们的总部在安陆。走到那里大概有20里到30里吧。当我回到那里的时候,一个中国的女子穿着花花的衣服,化着精致的妆,部队周边什么都没有,直接就过来了。就是现在所说的卖淫。

那时候，日本的香烟大概是 50 钱或 1 日元。所以给慰安所 2 日元或 3 日元吧，工资拿到手去一次就没了。是用军票。因为当时只有军票，没有现金。军人都是用军票买东西。

我觉得钱原则上都交给本人。以前日本的拉子小姐一样，先看脸然后先说清楚多少钱之后才进去。跟那个一样。一个小时 2 日元或是 3 日元是有规定。我记得日本人的话多少钱，朝鲜人的话多少钱，是不一样的。每次一个小时，真正做的时间就是半个小时到 40 分钟。

慰安所的经理是朝鲜人，所以大家的语言都是一样的。30 岁左右的体格很好的男人。

吃饭是军队提供的，还是每个人付了饭钱，这一点不清楚。可能是向军队交了伙食费，所以军队提供餐食。

我参加了宜昌作战，行军一个月回来，退到宣兴。我觉得"慰安妇"是与军队一起转移了。因为是在第一线，光靠那些人是不行的，有给军队提供兵器啊粮食等的军队兵站部，他们有卡车，应该是装着她们一起转移了。①

京都第 15 师团步兵联队的老兵回忆，"慰安妇"都是被监视的：

我是住在三重县的 72 岁的男人。1940 年 12 月到了华中。属于京都师团。因为是三重县的，为第 15 师团。是第 16 师团的预备军。如果有战争，就会出现预备师团。都属于京都部队，我在步兵部队，是战斗在第一线的部队。我们是幸存

---

① 『性と侵略——軍隊慰安所84か所　元日本兵らの証言』、120—126 頁。

者,像我们这样的人,并不多了。已故战友的慰灵祭和供奉,夏天的时候一年有几次。

关于"慰安妇",我们当时在南京附近,第一线不管去哪里,都会有"慰安妇"。然后五六十人去一个大概有三四个"慰安妇"的地方,排好队等候。

我们去第一线的话,都有日本人、朝鲜人、中国人的"慰安妇",当地也就这些。

进去都是给钱的,军票不是付给本人的。我们那个时候,在中国用的是军票,用日本的钱。去一次的话,用当时的钱收2.5日元,或是3日元,这样就能去了。但是真的是太贵了,当时香烟才6钱、7钱。军票回到日本之后,就不能用了。

就是这样,几十个人排队等着,还总有人喊"快点结束吧",就这样,我们对"慰安妇"确实做了很多事情。

慰安所的地点在南京附近,有很多。我们经常到处移动,在第一线,守护南京。驻扎在南京城周边的城镇、村落。这时候从其他地方源源不断地送过来"慰安妇"。

慰安所就像个小屋一样,倒不如说是围了个围栏而已,和大房子不一样。倒不如说就是个围栏,就在里面玩儿,连厕所都没有,因为是第一线。我们就是在这种地方玩弄了"慰安妇"。

南京这些地方的话,就有像样的慰安所了,这方面宪兵已经做了很多了。

"慰安妇"我们叫"朝鲜屁"。日本人也是,到第一线来的,这也属于"慰安妇"。朝鲜的很多。

服装方面,中国人穿中国的衣服。那里面不需要衣服,慰安所是不需要穿的。因为不用在外面走,一直待在里面,因为

"慰安妇"都被监视着，不能出去。①

在他看来，第一线不管去哪里，都会有"慰安妇"。驻扎在南京城周边的城镇、村落，这时候从其他地方源源不断地送过来"慰安妇"。但是，"慰安妇"都是被监视的、不能外出的。

在京都第 16 师团藤原部队的军曹看来，"慰安妇"中中国人最多：

> 听说是在搜集关于"慰安妇"的信息吧？我也从军过，在华中战线。从军很多年，所以很清楚。
>
> 我在 16 师团的藤原部队，是一个军曹。担任扬子江湾岸的警备。因为扬子江有船只航行，当然也有日本的船只，所以被击中的话就麻烦了，做水路的警备。
>
> 我是 1940 年去的，一直到战争结束。
>
> 之前看到一直是关于朝鲜"慰安妇"的报道，这有点不对。也有日本人"慰安妇"，我所见过的日本人"慰安妇"年纪也很小。当然也有朝鲜人"慰安妇"。中国人的也有，而且最多。
>
> 我们是用军票付钱的，一个小时多少钱之类的。
>
> 费用有点记不住了。不是那么贵，因为士兵的工资就够了。士兵也去过日本人的慰安所，价格有点不一样。日本人最高，其次是朝鲜人，最后是中国人，共三个档次。
>
> 我在南京待了很久，那里有一个叫四条巷的地方，说着支那语去玩了。有 4 家尽是女人的地方，基本都是挨着的。朝鲜人的有 4 处左右，中国人的有五六处。
>
> 日本人和朝鲜人是有名字的。中国人就用号码，说"我买

---

① 『性と侵略——軍隊慰安所 84 か所　元日本兵らの証言』、140—141 頁。

几号"。

名字是日本名,大家都取了可爱的名字。我在安庆也待过,那里有 1 处日本人的,朝鲜人的有 2 处,中国人有 4 处左右。

女性的年龄比较年轻。安庆的日本女人年纪比较大,应该是过了 30 岁了。其他的都是年轻的姑娘,20 岁左右。中国人中有 15 岁的,都说"真小啊"。

我在上海因为勤务也待过半个月,但是因为太忙了,没能出去玩,听说也有白种俄罗斯人。

女性们所在的地方,挂有"慰安所"的招牌。建筑物是利用了当地的民房,是普通的建筑物,不过,周围用胶合板围起来了,薄薄的那种东西,我没有去现场。

一天有多少士兵? 有人多的地方,也有人少的地方,不能一概而论。就算硬干,也不过是一个小时一个人的样子。所以一个人大概要应对七八个人或十个人吧。

去慰安所,也是根据部队的不同而不同,都是周日休息的话会很拥挤,所以都是分开安排的。①

这个老兵的印象是慰安所挂着牌子,在今南京秦淮区中山东路中段南侧的四条巷就有 4 家慰安所。中国人"慰安妇"最多,而且年龄比较小,最小的只有 15 岁,不用名字,而是用编号。

1903 年 3 月 6 日出生的广濑三郎,曾担任日军第 59 师团高级副官、中佐。根据其部下的供述,从 1942 年 4 月到 1945 年 3 月,广濑三郎在山东省济南、新泰、泰安、莱芜、临清、博山、张店、田村、德县等地,指示下属建立了 127 个慰安所。监禁 373 名朝鲜妇女、171 名中

---

① 『性と侵略——軍隊慰安所 84 か所 元日本兵らの証言』、142—143 頁。

国妇女,受害者共 544 人。被监禁的妇女年龄为 16 岁至 23 岁左右,每天每人要接待 20 至 30 名日本军人。在 1944 年 5 月,广濑三郎将在济南、泰安监禁的 100 名中朝"慰安妇"强制送到河南郑州,供参加河南作战的日军官兵强奸。每位"慰安妇"每天竟被 70 名左右的日本军人强奸,不准休息,只有午饭时休息 5 分钟,最后导致许多妇女患了重病。广濑三郎应该是设立慰安所最多的日本军官了。

这些在中国抚顺战犯管理所生成的日本战犯笔供,在日本右翼看来,是不能相信的,他们认为,战犯是在共产党的压力甚至"逼供"下写成的笔供。事实上,这些战犯被释放回日本后,他们大部分组成了中国归还者联络会,组织演讲会,继续撰写回忆录和书籍,仍然认可在中国写下的战争罪行。

实际上,日本战犯在笔供中也有缩小罪行的案例。金子安次(1920—2010)出生于千叶县浦安市,战时主要在山东驻屯。1954 年在抚顺他留下了在中国战场所干坏事的笔供,回国后是中国归还者联络会的会员。他多次参加关于侵华战争的证言大会,2000 年出席东京"慰安妇"民间法庭就"慰安妇"问题发言作证。笔者曾单独采访过他。金子安次在笔供中供认,1942 年 8 月在阳谷县,他与两名同伙侮辱一名 30 岁左右的妇女,强制把她按倒,骑在身上,捺住她的两手,一个同伙把她的两腿掰开,另一同伙把玉米棒子插进她的阴部,最后用力地把棒子插进去,就这样把她虐杀了。金子承认在中国战场共强奸过 4 名"慰安妇",实际数字远远不止。金子回到日本后承认,战时强奸"慰安妇"是家常便饭,他自己至少干过 80 次。①

---

① 星徹『私たちが中国でしたこと 中国帰還者の人びと』,绿風出版,2015 年增補版、122 頁。

金子安次承认：强奸"慰安妇"的事情在军队中是有的。刚攻打中国时，这种事还很少发生，后来占领了大部分中国（原文如此），局势开始稳定了，闲下来就想着玩女人。部队驻扎在河北省农村时，周围没有什么慰安所，于是就绑架农村妇女到驻地来。"有的女性是叫当地的乡长之类的官员强迫送来的，有的是我们直接进村去抓捕的。女性年纪不一，有的才十几岁，她们被关在驻地里，往往有好几个月。现在想来，真的对不起她们，是一件很羞耻的事情，因为连钱都没有给人家一点，许多妇女身体都被搞垮了。"①

像金子安次这样隐瞒部分暴行或者遗忘、疏漏的情况，应该是不少的。反过来这也表明，日本战犯笔供的资料是可靠的。

第二节　幸存者的控诉

在亚洲的不少国家，"慰安妇"受害者战后承担精神压力，遭受性暴力的耻辱，被人们视为不洁，给国家、民族、家庭带来不好的名誉，因此她们通常尽可能沉默不言，把痛苦压抑在心底。这种精神压力非常人所能理解。笔者曾多次听到受害者及其家属诉说，老人哪怕在电视中看到日本兵的形象或听到日本兵咆哮时，都感到紧张，甚至痉挛。1991年以来，中国各地200多位勇敢的幸存者纷纷站出来，控诉日军的性暴行，留下了弥足珍贵的一手证言。

口述史历来是研究历史的珍贵资料，当然有时也会有争议。在"慰安妇"研究领域，也有一些日本历史学者对这些证言能否成为确凿的历史研究证据，持有保留甚至批评的立场，包括对"慰安

---

① 见徐静波的文章《我问日本老兵7个问题》。

妇"是否被强制沦为性暴力牺牲品持有怀疑态度的日本学者秦郁彦,更有那些明显持有右翼立场、竭力否认"慰安妇"制度存在的西尾干二、藤冈信胜等人。

口述证言与文书档案相比,自然会有差别。口述的内容缺少制度性的内容例如日军的番号、整体状态、日本兵的姓名等,作为受害者,她们无法获得并记住,但口述资料会包含细节和情感的描述。幸存者在讲述自己的苦难、愤恨、羞辱时,带有个人的情感和立场。

口述证言与档案文书的另一个差别是,由于战争已过去数十年,幸存者的口述证言的确会出现前后不一致的情形。这种偏差是应该被理解的,需要历史学者在访谈时运用专业的技巧,去引导幸存者回忆。例如,我们在二十多年的调查采访中,不会去询问幸存者"你是何年何月何日被日本兵抓去的",大多数幸存者不可能精确记忆到哪天受害,所以要启发幸存者那是怎样的季节:麦子收割的时候、下雪天、过年的时候等。看起来,这样的时间概念是模糊的,但却是真实的。

历史的文献资料基本属于过去,这一属性不会变化。口述证言中过去与现在的关系有些模糊,因为口述证言是一种对往事的记忆、回忆,也即在现在的某一时刻,重新讲述、重构过去某一时刻发生的事情,因此证言是过去和现在互动之后的产物,并不单纯属于过去。

其实,文献档案与口述证言都是研究历史的重要资料。德国兰克学派是实证主义史学,它强调档案文献的重要性,基于一种史学观念,那就是档案文献是一手资料,因为档案所记录的内容,产生于过去的时刻,并凝固在那一时刻,参与者不再有更改的机会,因此被认为最为珍贵,最为真实。其实,对文献档案也要分析,即使存在官方的文件,它们是否能直接陈述事实? 是否具有比"慰安妇"证言更高的史料价值,本身就是值得深思甚至商榷的。有些档案仅仅是纸面的设想或计划,并未实现。有些档案因为书写者由于某种原因,也只是记录了某一个侧面,甚至也会伪造历史。这样的案例比比皆是。

史料的价值在于它的产生与事件本身的疏密关系。例如,"慰安妇"本人对自己是否被强征、是否被长期侮辱、是否失去人身自由,应该最有发言权,因为她们亲历其事。由此而言,日军和日本政府的官方的记录,则反而是间接的证据。"慰安妇"幸存者显然是社会的弱者。调查提问者与被问者之间一定要有共鸣感和信赖感,这种平等的交流,有利于被问者去真实地回忆过去。原"慰安妇"幸存者的口述证言,是通过重新讲述已经成为被密封的过去、不能说的过去、作为被歧视对象的过去,来尝试着恢复自己的过去。这是恢复自己的整体性,即赋予生命之意义的证言。这决不是单纯地揭露事实、揭露暴行的行为。当然,"慰安妇"幸存者并不是可以反复播放、内容一样的录音磁带,因为证言是口述者和提问者之间一次性完成的产物,如果提问、场合变化,那么证言也会变化。如果进一步分析的话,那么这些变化常常由情感因素的不同所致。亲历者的回忆,尽管可能有主观成分,或有感性的描述,但显然比起公式化的档案记录,会保留更多情感层面的内容。在产生口述的现场,特别是在调查社会弱者的场合,需要理性地使用和研究这些口述证言,力求与其他资料相互印证,多视角印证,多重印证,从而探索出历史的真相。举一个案例,我们在山西沁县调查时,寻访到何如梅、刘海鱼、刘海云、郭凤英、李富兰、郭毛孩、李金娥、李金鱼、刘凤孩、王娥孩、骈焕英等幸存者,她们受害地都在沁县的交口村据点,而白秀英、范连花、郭云香、郝改英、郝菊香、郝月连、李爱莲、李改莲、秦爱珍、任兰娥、杨爱花、赵兰英、赵志兰等幸存者,她们的受害地都在武乡县的南沟村据点,这样她们每个人独自完成的回忆就可以互证这段受害的经历。在档案和其他文献缺失的情况下,这样的受害者的回忆是极其珍贵的。研究者也应该正视口述证言中的矛盾或不一致,并将之作为研究的对象。

日军占领中国的城市后,就地强征当地女性,或以招工的名义,诱骗贫困的女性上当。武汉市民袁竹林就是这样被诱骗成了日军性奴隶。

(一) 袁竹林

第一次见到袁竹林,是在加拿大的多伦多,那是 1998 年。当时,我已知道武汉有位"慰安妇"受害幸存者,但还没有见过面。香港的媒体已经找到了袁竹林,一些热心的香港人带她出国,这是她第一次到国外,图 5-3 是袁大娘来到了多伦多。在多伦多大学的会议室,我采访了袁竹林老人,并给她拍了些照片。

1999 年我赶到汉口准备去见袁竹林,袁竹林老人一个人住在汉口鄱阳街的小屋里,但想不到两次均未见到。

2000 年 12 月,袁竹林作为中国原告之一,出席了东京举行的对日本性奴隶制度审判的国际法庭活动。我是中国代表团团长,名单是我定的。9 日,她勇敢地走上了法庭。事实上,在前一天的晚上,她曾经有过反复,她突然宣布明天不上台控诉了。陈丽菲围着袁大娘好说歹说,到 10 点钟终于做通了思想工作,我才算松了一口气。不过她的控诉还是非常好的,苦难的遭遇,曲折的经历,引起了与会数千人的同情。有这样的心理反复,对于受害者来说,其实是非常正常的,以后,人们所看到的袁大娘越来越勇敢了。

2001 年,我与上海律师朱妙春等与江岸区司法局合作,给袁竹

5-3 1998年,苏智良在多伦多采访袁竹林大娘。

林作了受害事实公证。公证的过程颇费周折,尽管事先我已与袁竹林大娘说妥了。到了武汉后,我先拜访问候了袁竹林大娘,并请她在外面吃了一餐便饭,作了很多沟通。但第二天中午,当我们一行数人来到袁竹林家里时,她的想法发生了变化,她怕社会的压力,拒绝做公证了。于是,我一个人在她家,做了两个小时的工作,她才打消了顾虑。下午3时许,江岸区司法局局长亲自登门做公证。

2001年9月21日上午,陈丽菲教授陪同上海电视台《最后的幸存者》的摄制组再次来到武汉,中午即到袁竹林家中探视,遇上袁大娘患病,陈丽菲送她到医院就诊、输液。数日后基本痊愈了,袁大娘跟我们一起乘车去鄂州寻访她当年遭受苦难的慰安所旧址。返回武汉后,次日陈丽菲又兴致勃勃地与老人同游东湖,袁大娘说,这是她一生中第一次到东湖游玩。这一次,尽管没有正常的拍摄,但因为有陈丽菲等探视及时,挽救了袁大娘的生命。

2001年12月,袁竹林在女儿的陪同下,出席了在香港举行的日军暴行见证会,并在见证会上控诉日军暴行。我也出席了香港的见证会,又向袁竹林大娘核实了一些受害细节。

2002 年 8 月,我陪同日本铭心会访华团再访武汉,又一次到鄱阳街问候了袁竹林老人,当时她刚大病了一场,身体极为虚弱,明显瘦了很多,我将她接到江汉饭店与日本朋友见面,并为她募捐了一些钱。①

永远不能愈合的伤口
——袁竹林的自述

我的家乡在湖北省武汉市,我 1922 年农历五月十六日生于武汉②。父亲叫袁胜阶,母亲叫张香之,我还有两个可爱的妹妹。由于家中生活非常贫困,我的父母无法养活女儿,我幼时不但没有上过学,还被送人做了童养媳,两个妹妹也先后送人做了童养媳,从此天各一方,再也没有见过面。我 15 岁就结婚了,丈夫是个汽车司机,叫汪国栋,生活虽谈不上小康,但粗茶淡饭,还算过得去,特别是夫妇感情很好。

不料,安定的生活刚刚才开始,第二年日本侵略军的炮火就烧到了武汉。1938 年 6 月,日军开始进攻武汉。这时我的丈夫到大后方去了,我无处可逃,只得留下。岂料我丈夫去四川没过多少时间,婆婆就看我不顺眼了,她认为我在家是吃白饭,反正儿子也不会回来,便强逼着我嫁出去,这样我屈辱地与刘望海结了婚。次年我 17 岁时生下一个女儿,取名荣仙。这是我一生中唯一的亲骨肉。刘望海的工作很不稳定,为了活命,我也要出去帮人做佣工。由于日军侵略,兵荒马乱,经济萧条,常常找不到工作。

---

① 苏智良 2002 年 8 月采访袁竹林老人于其汉口鄱阳街寓所。
② 公历为 1922 年 6 月 11 日。

　　1940年春,有个武汉当地的女子张秀英到处招工,说是到湖北其他地方的旅社去做清洁工。原来我并不认识这个30多岁的张秀英,但找工作实在不易,听张说有生活做,多少有些报酬,于是我也报了名。报名时,有好几个小姑娘。我当时18岁,身高1.6米,长得比较清秀,在同去的七八个女青年中,我是最显眼的。

　　后来才知道,这个张秀英不是个好东西,她的丈夫是个日本人,会说些中国话,当时正根据日军的命令,准备弄些中国妇女建立慰安所。这个男人中等个头,平时不穿军服,着西装,黑皮肤,眼睛鼓起,人称金鱼眼,当时的年纪约40岁。

5－4　湖北鄂城的城隍庙,曾是袁竹林的受害地。(陈丽菲2002年摄)

　　这样我离开了第二个丈夫刘望海,从江边坐轮船往长江的下游开。一开始,我的心情是很愉快的,想到终于找到了工作,吃点苦,将来总会好的。大约开了一天,船到了鄂州。一上岸,就有日军士兵过来,将我们带到一个庙里。原来日军把这个庙做了军队的慰安所。门口有日本兵站岗,我到了门前,看到凶神恶煞的日本兵,吓得不敢进去。这个时候,我和同来的小姐妹多少猜到一点,大家便要求回家,我边哭边叫道:这里不是旅社,我要回家。但日本兵们端着刺刀不容分说就把我们赶了进去。

刚进了慰安所,老板就命令立即将衣服脱光,以便检查身体。我们当然不肯。张秀英的丈夫就带人用皮鞭抽打。张秀英还指着我,凶狠狠地训斥道:你是游击队员的老婆(指袁竹林的丈夫去了四川——笔者),老实点。身体检查很快,因为我们都是良家妇女,根本没有什么性病的。检查后,老板给每个人取了个日本人的名字,我被叫作"吗沙姑"(汉字可能是"雅子")。我们每个人分到一间房间,大小大约七八个平方,里面只有一张床、一个痰盂。

第二天早晨,房门口挂上了一块六七寸长、二寸宽的木牌,上面写着"吗沙姑"。在慰安所的入门处也挂着很多这样的牌子。这天的上午,门外就来了大批的日本兵,于是,每个房间门口都排起了长队。我……足足遭受了10名身强力壮的日本兵的蹂躏。一天下来,连坐也坐不稳,下身疼痛像刀割一般。

此后,每天的生活就是做日本兵的性奴隶。一般,日本兵要买票进入,但要多少钱,我从来没有看到过,更不用说,也从来没有得到过一元钱。每日的饭菜由老板雇佣来的一个中国男人烧作,但质量差、数量少。遭受蹂躏的妇女要洗澡,只能在厨房的木桶里轮流洗。当然,这个慰安所的中国"慰安妇"总有好几十人,洗澡水到后来已脏得不行了。

一个日本兵进入房间,在里面总要30分钟。晚上我们也不得安宁,常常有军官要求陪夜,一小时,二小时,甚至折腾整夜的都有。来了月经,老板也不准休息,日本兵照样涌入房间。刚进慰安所时,老板就拿出一种白色的药,说吃下去就永远不会有痛苦了。实际上,就是避孕药吧? 开始,我常常将这种白色的药片扔掉,后来,老板发现我们都不吃,就逼着看我们吃下去。日军规定,士兵必须要用安全套,但很多士兵知道我是新来的良家妇女,不会患梅毒的,便欺负我而有意不用安全套,经过一段时间后,我就怀孕了。

怀孕后,日子更苦了。我心想这样下去,早晚要被日本人弄死了,但我不能死,我还有父母亲。便暗中与一个被日本人叫做"卢米姑"(留美子)的湖北女子商量,我俩决心要逃出去。但刚逃跑马上就被日本人抓了回来。日本兵将我的头死命地往墙上撞,一时鲜血直流,从此就落下了头痛病。

从一开始,军官藤村就看中了我。藤村大约是鄂州日军的司令官。最初他和其他军官一样,来买票玩弄。后来,便要老板将我送到他的住所,从此独占了我。看起来,我比起那些姐妹要轻松了些,但是,我同样是没有自由的日军的性奴隶。

后来藤村玩腻了我。正在这时有个叫西山的下级军官对我好像很同情,便请求藤村把我让给他。藤村同意了。于是,我被西山领到了他的驻地。这是一种非常奇特的经历,我一直认为西山是个好人。

1941 年左右,我得到西山的允许,回到家中去探望,才知道父亲已经离开了人世。原来,我父亲长得矮小,加之年迈,去做临时工,常常被工头开除,结果竟致饿死。

我想去看刘望海,但不知他在何处,这时我没有地方去了,只能回到鄂州,仍与西山住在一起。1945 年 8 月,抗战结束时,西山要我要么跟他回日本去,要么一起去石灰窑(今黄石市)投奔新四军。对这两条道路,我都拒绝了,我也不懂政治,我说:"我要去找妈妈。"

(说到这里,袁竹林叹了一口气。)西山是个好人。他当了15年的兵,没有什么钱,衬衫也是破的,他曾对我讲,一次,他曾把日军的给养船打了个洞,沉了,西山看到中国人因为贩卖私盐而被日军电死,十分同情,便把一包包的盐送给中国人。不久,西山果然走了,从此杳无音信。

(是回国了? 还是当了新四军? 似乎半个世纪以来,袁竹林都在打听西山的下落,但没有任何消息。战争结束后,袁竹林的生活道路也不平坦。)

日本人投降后,我回到了母亲的家乡——武汉附近的一个山村,靠洗衣、做临时工而与母亲一起维持生活。1946年,从朋友那儿抱养了一个生下来只有70天的女孩做养女,起名程菲。

1949年武汉解放后,我回到了武汉,住在吉祥里2号。一天我曾看到把我与其他姐妹骗入火坑的张秀英,张当时与一个老头在开商货行,我马上去找户籍警察,至今我还记得这个户籍警姓罗。但,罗警察却给我浇了一盆凉水:"这种事算了,没办法查。"(袁竹林恨恨地说。)现在,这个张秀英肯定是死掉了。

本来,我与母亲的生活已经十分平静了,尽管内心常常因回忆起耻辱的遭遇而彻夜不眠。但是,善良单纯的母亲在里弄的一次忆苦思甜大会上情不自禁地讲出了女儿被日本人强逼为"慰安妇"的悲惨经历。从此我们的生活遭到了新的祸害。小孩常追在我后面骂:"日本婊子""日本婊子"。

1958年,居委会的干部也指责我是日本婊子,勒令去黑龙江北大荒。我不肯去,居委会主任陈国珍、吴芝青就骗我说,要查核户口本和购粮证,结果,就被吊销了。户籍警察勒令我下放,我被迫去了黑龙江。武汉的房子也被没收了。

我在米山建设兵团整整生活了17年,种苞米,收大豆,什么都干。那里天寒地冻,没有柴取暖,而且一个月只有6斤豆饼,养女饿得只能抓泥巴吃。真是尝遍人间的千辛万苦。我永远记得,有个股长叫王万楼,他看我实在太可怜,便帮助我办理了手续,我终于回到了武汉,这时已经是1975年了。

现在,政府每月给我生活费120元,养女每月给150元,但是,现在养女和我一样,也退休了。我的身体早就被彻底给毁了,由于日军的毒打,几乎每日都要头痛,头痛时不能入睡,安眠药一把一把地吃,一个晚上只能睡2小时,大半夜就这么坐着,等待天明。

(这漫长的半个多世纪,袁竹林就是这么过来的。回忆起心酸往事,最后,袁竹林哭诉起来。)我这一生,全毁在了日本鬼子的手里了,如果没有战争的话,我与丈夫也不会分离,直到现在晚上经常做恶梦,梦中我又回到了那个地方,那真是人间少有的苦难啊!

我老了,没有几年活了,日本政府应该尽快赔偿,我等不及了![1]

2003年,我陪同日本铭心会访华团到武汉,请何君子大娘控诉日军暴行,报告会后,我又去袁竹林家,将她接到长江边的饭店边吃边聊,老人情绪非常好。

2005年7月,我再度到武汉拜访袁竹林老人,送上一些从上海

---

[1] 苏智良于1999年、2000年,苏智良、陈丽菲于2002年、2004年采访袁竹林记录,陈丽菲于2007年采访袁竹林养女程菲记录。

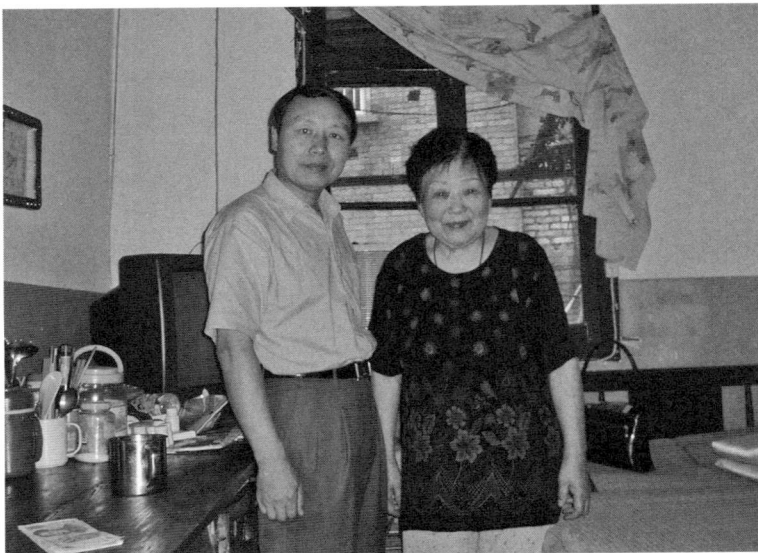

5-5 2005年7月,苏智良到武汉探望袁竹林老人。(陈恒2005年摄)

带来的饼干和生活援助款,同行的有陈恒教授。感觉袁婆婆这两年衰老得很快,最明显的就是背全驼了。8月,袁婆婆将去香港参加控诉活动,我祝愿她平安健康。①

　　2006年初,袁竹林老人到广东湛江养女程老师处生活,由于年老体弱,她已无法单独生活。1月8日和2月4日,袁竹林老人打来电话,谈了近一个小时,这是仅有的两次老人自己来电长谈,陈丽菲做了记录。3月28日晚上,养女程老师来电,说这一日袁竹林老人患脑溢血入院。我们非常担心老人能否挺过去。30日晚上与程老师再联系,才得知袁竹林老人已于29日去世。我们由此回忆,那两次电话长谈实际上是袁竹林老人的最后的遗言。

　　2007年7月5日,中国"慰安妇"资料馆落成开放,我们邀请袁

---

① 苏智良于1998年在多伦多,陈丽菲、苏智良于2000年、2001年、2003年记录,苏智良于2005年再记。

竹林养女程老师光临上海,程老师不仅出席,而且带来了袁竹林老人的护照、身份证等大量珍贵用品,捐献给资料馆。在典礼上,程菲发言时心情激动,多次落泪而泣。

(二)朱巧妹

一家四人做了日军性奴隶
——朱巧妹的自述

我叫朱巧妹,因丈夫姓周,因此也曾被叫作周巧妹,或周阿巧。1910 年 11 月 7 日出生于上海市松江县小昆山西门,现住上海市崇明县庙镇镇庙中村 598 号(剧场路 22 弄 5 号),属庙中村第 5 小队。我今年 91 岁,属狗。居民身份证为 310230101107086。

5-6 陈丽菲教授到崇明探望朱巧妹老人。(苏智良 2003 年摄)

我年轻时曾在上海的商务印书馆里做装订工。1928 年我与周守文结婚,住在上海城里。1932 年日本人炸了商务印书馆,我没有了工作,我们就逃难来到了崇明,不久迁至庙镇,从此以后没有离开过崇明。我们开了一间名为"永兴馆"的小饭店,来维持生计,"永兴馆"规模不大,主要是做点心,但当时生意蛮好,我们夫妻感情非常好,过着安静和睦的小康生活。1933年7月我生了第二个儿子周燮。

1938年春天,日本人占领了崇明。日军在崇明庙镇造起了炮楼,驻扎有一个中队的鬼子兵,经常出来骚扰村民。日本兵的炮楼前些年都拆掉了。我们也没有地方可逃,就在小饭店里,有一天,几个穿黄军装的日本兵手拿长枪冲了进来,他们把客人全部赶走,把我关进房间就强奸了。我当时已经怀孕两三个月,后来生了儿子周鑫。

日军的中队(有好几十个日本兵)好像名字叫"松井中队",住在一个两三层的楼房里(这间楼房已被拆毁,地址就在今庙镇镇政府)。我还记得,那个中队长叫"森格"(音译),小队长叫"黑联"(音译,据说后来战死),还有一名日本人的专职翻译叫黄春生(后来换为金盛生,金可能是朝鲜人,但当地人认为是华侨)。他们到各处搜寻稍有姿容、比较体面的女子,强迫提供给日军军官"慰安",为满足日军官兵的兽欲,日军和翻译就威逼镇上七名女子组成"慰安组",这"七个姐"是周海梅姐(梅姐)、杨七姐(七姐)、陆凤郎(凤姐)、周大郎(大姐)、金玉(玉姐)、郭亚英(英姐)和我(一般人家叫我巧姐)。我们都成为鬼子兵的性奴隶,我们都是被日本军官凌辱,一般的日本兵不能强暴我们,他们还要糟蹋镇上其他的小女孩。

我们七位女子平时住家,由金翻译官临时指派,或被叫去据点,或者是日本军官直接闯入家中施暴。如果我们有不从,日本兵立即砸家砸店,拔出刺刀威胁"死拉,死拉"。我们真是苦透了。

　　刚被抓去时我已怀孕,日本军官根本不管你肚子里有小囡。生孩子仅两个月后,又经常被日本兵拉去。当时,我奶水很足,森格和黑联每次都要先吸干我的奶水,然后再强奸。我怕死,一直忍受日军的暴行。日军炮楼里的那间房屋,面积不大,是专门为强奸我们而留出来的,里面有一个浴缸、一张床。我们进去后要先洗澡,洗了澡日军军官就在浴缸边的小床上强奸我们。除此之外,日本军队的官兵从未采取过任何卫生措施,连命也差一点丢掉,哪里还有什么报酬。

　　这种情况一直持续到1939年底,每周至少有五次被叫去强奸,有时更多,现在已过去这么多年了,具体我已记不清楚了。记得有时被抓进去后要关上一天一夜,才被放回家。我告诉你一个秘密,我上面讲的"七个姐"里,梅姐是我的婆婆,那时已经50岁了,日本鬼子真是罪孽啊!凤姐是我婆婆的妹妹,也有40来岁了,而大姐周大郎也是我的亲戚,是我的远房姐姐,我们一家四个女人遭难,真是苦啊!

5-7　饱经沧桑的朱巧妹老人。(苏智良 2000 年摄)

我的丈夫周守文因看我遭受日军的折磨,奋起参加了崇明的抗日游击队。但后来不幸被日本兵抓住,活活打死。因为解放后只找到一个证明人,不符合规定,所以没有获得烈士称号,这是非常遗憾的事情。

到 1939 年日军撤出庙镇,我才得以解脱,但已患了严重的妇女病,至今仍遭受慢性肾病困扰,并在精神上留下深重的创伤。我的精神压力很大,我是规规矩矩做人的。我最痛恨的是,我的丈夫被日本兵打死。丈夫死后,我守了一辈子寡,过去我从来不提起自己被日本兵糟蹋的事,感觉太难为情了。

我有两个儿子,就是二儿子周燮,三儿子周鑫,我与周燮同住在庙镇,并作为我的委托代理人,向日本政府提出控告。日本兵实在太坏了,我要争回自己的名誉。

郭亚英我认识,我们叫她英姐,就住在我们小饭店的隔壁,过去也是开饭店的。我也可以作为郭亚英受害的证人。我坚决要求日本政府谢罪、赔偿。①

受害者朱巧妹老人是 2000 年调查发现的。早在 1998 年,上海金融专科学校的教师程绍蟾在崇明发现受害者陆秀珍老人之后,就听说在岛上还有"慰安妇"幸存者,但详情不知。2000 年春天,我和陈丽菲前往崇明岛探望陆秀珍老人时,在庙镇获知还有幸存者。后几经曲折,终于找到朱巧妹老人。老人温和善良,彬彬有礼,待人接物有大家闺秀之风度,但老人有着很沉重的思想包袱,不愿意将埋藏在心中 50 多年的秘密和痛苦再度揭开。于是,我们第二次

---

① 苏智良、陈丽菲采访受害者们。第一次:2000 年 5 月,崇明庙镇朱巧妹家。第二次: 2000 年 9 月,崇明庙镇朱巧妹家。第三次:2001 年 2 月 14 日,崇明庙镇朱巧妹家。 第四次:2001 年 3 月 15 日,崇明庙镇朱巧妹家。

上岛,第三次上岛,终于,朱巧妹老人倾吐心中的苦难。她说一句哭一回:"日本兵坏了我的名誉,我一生都没有好日子。"朱巧妹等"七个姐"这种没有正规慰安所、随叫随到在据点受辱的"慰安妇"是较少的。而朱巧妹这样,一家有四位妇女(50岁的梅姐——朱巧妹的婆婆,40多岁的凤姐——朱巧妹婆婆的妹妹,大姐周大郎——朱巧妹的远房姐姐,以及朱巧妹本人)被日军蹂躏为性奴隶的现象,在中国,甚至在亚洲也是少见的。

朱巧妹的丈夫因妻子受辱而参加抗日游击队,战斗中被日军杀死。朱巧妹家的饭店也破产了,一家沦为赤贫,住了50年的草棚,破旧不堪。晚年的朱巧妹住所还是一间破屋,黑色的砖裸露着,没有钱用石灰刷,地上是泥地。

在调查中,朱巧妹的二儿子周燮予以了很好的配合。在他童年的岁月里,已经埋下国恨家仇的种子,为了参加抗美援朝,他将年龄从实际上的14岁改成18岁,从而加入了中国空军,当上了飞行员。后因林彪事件牵连,从军19年却失去干部资格。他最大的愿望有两个,一是能为母亲伸冤,讨还公道,二是能为父亲确立抗日烈士的身份。根据国家的规定,要确定烈士身份必须有两份以上可靠的证明材料。但岁月无情,经过漫长的60年,周燮跑断了腿,也只为父亲寻访到一份可靠的证明,所以,最后还是无法确认其父的烈士身份。

朱巧妹已经老了,每顿饭只能吃三分之一碗。她患有肾炎,经常头痛,过着贫病交加的晚年生活。她的生活费除了儿子周燮每月的退休金460元外,就是崇明县政府给的36元,是一年36元!也就是每个月只有3元钱。从2001年1月开始,我们中国"慰安妇"问题研究中心每月资助朱巧妹老人100元生活费,希望能改善老人的生活。①

2001 年秋,随着崇明岛另一位受害者郭亚英的去世,崇明其他
两位受害者的身体也更加虚弱了。朱巧妹患了肾炎等病,我介绍
香港电台的记者和香港简兆平先生(世界史实维护会副会长)拜
访、慰问老人,并给予特别资助。美国谭汝谦教授来上海时,也特
地探望了老人。

为了能有些钱治疗,朱巧妹和陆秀珍的后代联合起来,以两
位老人的名义写了一封信。我修改后打印出来,建议投给上海市
妇女联合会和上海市慈善基金会会长陈铁迪女士。我还特地写
了信介绍了两位老人的情况。12 月信发出去后不久,我收到上
海市政府办公厅的回函,称已将此信转给上海市慈善基金会,由
他们处理。后来,陆秀珍老人的养子王安章也收到了一封回信,
是由上海市妇女联合会来信办公室回复的,上面写道:"朱、陆两
老人:你们好。来信收阅,你们的心情理解,处境同情,但本会无
此基金,实难提供帮助,请谅解。建议能否向当地慈善基金、特困
基金类的部门反映、求助。致。12 月 29 日。"在春节前,崇明县
民政部门上朱巧妹家作了访问,赠送了 400 元补助费。这是唯一
的结果。

2002 年春节刚过,朱巧妹老人就患了病,需要开刀,但还需要
一大笔钱。我们只能给予力所能及的帮助。

2004 年 11 月,我、陈丽菲与中央电视台两位编导摄影一起去
崇明,探望朱巧妹老人。老人记忆力不错,她认得我与丽菲,还记
得我们的儿子。老人虽时常有些小病,但没有大碍。到她家里时,
她正与小儿周鑫在一起吃饭,精神非常好。我们看到屋子已翻修。

---

① 苏智良、陈丽菲于 2001 年记录。

周鑫说,是政府帮助翻造了,漏雨的情况终于改善了。经过不懈的努力,当地政府越来越关心老人。大队也会逢年过节给老人发一点钱,镇政府也多有慰问。①

2005年2月20日上午10时15分,朱巧妹老人在家中病逝,终年95岁。陈丽菲、姚霏等代表研究中心参加了追悼会。一个月后,中国"慰安妇"问题研究中心为老人竖了一块墓碑。

2007年初夏的一天,朱巧妹的二儿子突然出现在我的办公室里,因为事先没有联系,我有些惊讶,甚至最初还想了一下,才认出已70来岁的周鑫。他告诉我他的来意,因为根据当地政府的规定,他父母亲的墓地要集中管理,因此墓地被迁移到了崇明的东部。由于是集中管理,因此需要每年上交管理费200元。而这些管理费,他感到有些为难,因此从崇明的庙镇找到了上海师范大学。这些反衬出周家的贫困,我二话没说拿出了200元。

(三) 韦绍兰

日军占领最多的是农村,许多部队进入中国农村、山区,他们侵入村庄,捕捉女性农民,投入碉堡、炮楼。

1944年,日军发动规模空前的"一号作战"即豫湘桂战役,企图打通大陆交通线。是年冬天,日军的铁蹄踏进了广西荔浦。

一个早晨,日本兵对荔浦县新坪镇实施扫荡,生活在桂东村小古告屯的韦绍兰,当时22岁,因丈夫不在家,她便独自背着一周岁的孩子跟随着村人,向村北面离家约1公里远的牛尾冲山上跑去。很快,韦绍兰跟着村里人钻进了山上的溶洞。但紧随而来的日军部队开始地毯式搜索,山上的溶洞也没有放过,孩子的哭声引来了

① 苏智良于2004年1月记录。

日本兵。就这样,韦绍兰和她的孩子一起被抓走了,开始了4个月的梦魇般的生活。

她被日军用卡车运到荔浦马岭村,投进了一个设在土屋中的慰安所。第二天,"来了一个穿白大褂的,要我们脱光衣服,拿着听诊器在我们身上听听,又把一个长管子塞进我那个地方",老人比划着。通过体检后,韦绍兰开始了日军性奴隶的生活。

5-8 乐观通达的韦绍兰老人尽管已80多岁,但每天都会去劳动。(苏智良2007年摄)

最初强暴我的那个日本兵,嘴上有一撮胡须,帽帽上的五角星是黄的,领口上有两个领章。他拿着刺刀逼我跟他睡,我不听他的不行啊!我还不敢哭,直到日本兵离开房间,我才敢哭出来。

韦绍兰回忆,日本兵不让她穿便装,只给她穿了件军装。日本兵要发泄时,就向她们做一个脱衣的手势,逼她们就范。强暴时,有时是一个日本兵在房间,有时是多人在一个房间。有时候日军还用汽车将韦绍兰和其他的中国女性拉到附近的日军驻地,供其他部队的士兵蹂躏。一般她一天要接受五六次强暴。

日本人各种各样,有的很高有的很矮,他们大多数用套套。睡了我以后,套套就扔在地上,到时候一起拿出去烧。有的人不肯用套套,我也没办法……

一开始,日本兵对韦绍兰她们看得很紧,连"慰安妇"上厕所也有人跟着。由于韦绍兰身材娇小,看上去很柔弱,平时也比较听话,日军就慢慢地放松了警惕,聪明的韦绍兰则开始悄悄地察看地形。4个月后的一个深夜,她装作解大便带着娃娃从厕所边的一扇小门七拐八拐地离开了慰安所。深夜借着微微的晨光,她没命地朝日出的方向逃跑,当夜一位好心的妇女给了她一口饭吃。两天后终于回到家,可让她恐惧的是,两个多月没来例假了,很有可能怀上了日本人的"种子"。

韦绍兰回忆,由于她是被汽车拉到那个地方去的,一拉到就被关进了慰安所,从没外出过,也没可能与周边的人交谈,所以虽然在那里关押了4个月,也不知那里是什么地方,她只依稀记得自己的家是在太阳升起的那个方向。

> 进屋的时候,我男人正吃饭,他看见我就说,"你到哪里去了,找得好苦,你先吃饭"。我就哭,一直哭。我害羞,我不敢讲,就是眼泪哗哗地流。男人对我说,回来了就好,还以为你不晓得回家。他当时也哭,我们一起哭。他说他不怪我,因为我是被迫、被抓走的。那些天,他对我很好。

可能是受了惊吓,几个月后,与韦绍兰一起被抓走逃跑时又带回的女孩,最后还是离开了人世。又过了几个月,日本兵在其肚子里种下的种子却落地了,是个男孩,他就是一直被称为"日本娃"的罗善学。

每次当童年的罗善学天真地问妈妈"什么叫'日本娃',为什么他们要叫我'日本娃'"时,韦绍兰都会泪流满面,只告诉儿子,你快点长大,长大了就可以当兵了,就可以帮妈妈报仇。

日子就这样在孤独、简单中一天天度过,罗善学慢慢长大了。10岁时,有一次和大伯在山上放牛,就问了大伯同样的问题:为什么人家叫我"日本娃"。大伯告诉他,你妈妈被日本鬼子抓去过。

5－9　2019 年的春节之前,郭柯导演率志愿者代表中国"慰安妇"问题研究中心和《二十二》摄制组慰问韦绍兰老人。(志愿者 2019 年摄)

似懂非懂的他,只是模糊地觉得日本鬼子可能就是魔鬼,直到在学校看电影《铁道游击队》后,他才知道日本鬼子是坏人。上了 3 年小学后,罗善学就停学了,在家放牛,开始承担家庭的生计。

罗善学一直期待,希望日本能给我妈妈赔个不是。因为他们曾经给我妈妈造成巨大的伤害,所以要赔礼道歉。

当有人问罗善学:"那你恨不恨妈妈,怨没怨过她?"罗善学右手在裤腿上摩挲着,艰难地点了点头。不过他承认,心里其实很可怜妈妈,"日本侵略者欺负我妈妈,日本兵是畜生"。

2007 年 7 月,我邀请韦绍兰母子到上海,与万爱花、林亚金共同出席中国"慰安妇"资料馆开馆仪式。瑶族人韦绍兰并不识字,但她却趴在中国"慰安妇"资料馆的展板上,认真地努力地看着。

看着她的瘦小的背影,我以为,韦绍兰的挺身作证,从历史意

5－10　"日本仔"罗善学说：我也是战争的受害者。（苏智良 2008 年摄）

义上来说，超越了当年的朝鲜"慰安妇"朴永心老人，20 世纪 90 年代在云南、山西等地调查时，笔者就听说有当年的"慰安妇"被强暴后生下日本孩子的，我一直期待着有这样的受害人愿意站出来，直到韦绍兰老人的出现，这是揭露当年日军在中国实施性奴隶制罪行的最有力证据，也是人类学上罕见的案例。

当时，韦绍兰老人身体状况还不错。儿子罗善学一年到头没几件像样的衣裳，没吃过几顿像样的饭菜，没见过城市的繁华。韦绍兰每天劳动，与罗善学相依为命，直到 80 多岁还时常上山采药，一把锄头就是她的拐杖。她还喂鸡，4 只肥胖的老母鸡是她的最爱，一星期可以产 20 个蛋。赶集的日子，老人就取些晒干的枇杷叶等草药和鸡蛋，到集市上换些钱，这就是她和儿子罗善学当年唯一的现金收入。

2010 年，韦绍兰与罗善学以及女婿武文斌，在旅日华侨朱弘、日本友人的帮助下，来到了东京，出席 2000 年东京"慰安妇"民间法庭十周年纪念活动，从东京到大阪，母子两人的控诉和苦难的经

5‑11　2019 年 5 月 7 日,韦绍兰老人葬礼上,苏智良偕博士生陈斌等向老人遗体鞠躬告别。(志愿者 2019 年摄)

历,使日本听众为之动容。但是,罗善学希望找到生父的愿望自然不可能实现。

自 2014 年以来,因为郭柯导演的"慰安妇"题材纪录片《三十二》和《二十二》的热映,影片的主人翁之一的韦绍兰,被越来越多的社会各界爱心人士所关注、关心、关爱,老人的家中常有从全国各地乃至全世界各处专程前来探望的志愿者。2018 年 2 月,韦绍兰严重的腹疾就是被因关爱韦大娘而通过网络自发组成的志愿者团队"温暖之家"的成员及时发现,他们还协助家人送医。我与博士生陈斌一起赶到桂林探望,在桂林医学院,医院领导和医生全力抢救,终于使得 98 岁的韦绍兰转危为安。来自世界各地富有爱心的人们,以不同的方式,表达对韦绍兰老人的关爱之心。韦家的新屋也建造起来了,韦绍兰住进了敞亮的新楼房。

2019 年 5 月 5 日下午 1 时 20 分,韦绍兰老人因年老心力衰竭

5-12　十多位志愿者从各地赶来，送韦绍兰老人最后一程，这是志愿者们在韦大娘墓地前留影。（志愿者 2019 年摄）

而去世，享年 99 岁。我与博士生陈斌一起前往荔浦，送老人最后一程。有网友贴出了韦绍兰歌唱的民谣：

> 日头出来点点红，照进妹房米海空。
>
> 米海越空越好耍，只愁命短不愁穷。
>
> 一条江水去悠悠，一朵莲花水面浮。
>
> 何时有意把花起，你无心无意看花浮。

　　5 月 7 日上午 7 时，葬礼正式开始，在家属、各机构及单位的工作人员以及志愿者的陪同下，韦绍兰的灵柩被迁往墓地，老人入土为安。韦奶奶乐观、坚强、勇敢、宽容的品质和开朗爱笑的性格，鼓励和感染了全国无数的观众、网友和志愿者们，老人的去世引发了全网的悼念、追思。来自郑州、上海、遵义、南宁、南昌、苏州、南京和广西当地的 14 位志愿者第一时间赶赴广西，向这位勇敢而瘦弱的老人作最后的告别。

（四）林爱兰

　　无论是共产党还是国民党的军队里,有着人数可观的抗战女兵。一旦女兵被日军俘虏,许多人便被投入慰安所,成了性奴隶。

　　林爱兰,1925 年出生于海南岛临高县南宝乡。1939 年 2 月,日军入侵临高县,14 岁的林爱兰加入中国共产党领导的琼崖纵队,成为红色娘子军中的一员。1941年,林爱兰不幸被日本兵抓捕,被押至加来的日军慰安所,遭受残酷的性奴役。21 世纪初,林爱兰作为二战时期日军性奴隶制度受害幸存者,勇敢地站出来揭露这段黑暗的历史,为受害者追讨正义,曾获得中央政府颁发的抗战老兵纪念章。下面是采访林爱兰的记录。

5-13　曾参加过红色娘子军的林爱兰老人。(郭柯 2014 年摄)

　　初见林阿婆,虽是瘦小,但其清秀的脸庞仍遮挡不了年轻时的丰采。阿婆住的是两间破旧的低矮的瓦房,屋内光线很暗。虽已年逾古稀,但林阿婆还饲养了一些鸡、狗和猪等家禽和家畜,靠变卖这些不多的禽畜的钱补贴着自己和 12 岁养女的生活。也就是在这些被阿婆饲养的小动物的吵闹声中,才让我感到了一丝活的生机。

　　访谈时间:2001 年 1 月 5 日

　　访谈地点:林阿婆家

主访人：胡海英

陪访人：王国建、王碧中（临高县政协文史资料委员会副主任）

翻译：林春梅（临高县政协文史资料委员会办公室）

胡：阿婆，您好。还记得日本兵是哪一年打到您家乡的？

林：我记得那年我是 17 岁，日本鬼子打到我们南宝乡松梅村（根据阿婆的出生年份，可推算阿婆所说的那一年是 1941 年）。

胡：是日本兵把您抓走的吗？

林：不是，是汉奸抓走我的。当时有个名叫李文勉的国民党原中队长当了日本人的汉奸，手下跟着一群狗腿子。这群汉奸一进村见人就抓，要村民交代村里谁是共产党员。结果呢，抓到男的就当场开枪打死，抓到女的就带走，我就是这样被他们带走的。

胡：那一次日本兵杀死了多少村民？

林：当时我很害怕，所以也就没注意。

胡：那女孩呢，一起被抓的有几个？

林：当时，汉奸在南宝乡一共抓了 7 个女孩。

胡：您认识她们吗？

林：我只认识其中的 2 个女孩：一个叫陈妩八，她是南宝乡古道村人；另一个叫陈妩三，具体是哪个村，我现在记不清了。只记得我们 3 个人的年龄差不多。

胡：日本人把你们 7 个女孩抓到哪里？

林：日本人、汉奸把我们 7 个女孩抓到了加来镇的林茂轻家。

5－14　林爱兰老人获得了中央政府颁发的抗战老兵纪念章,现藏于上海师范大学中国"慰安妇"历史博物馆。(苏智良 2015 年摄)

胡:林茂轻是谁?

林:姓林的也是一个汉奸。当时林茂轻的家就是汉奸开设的临时慰安所,是他们孝敬"皇军"的。

胡:那些日本兵一般是在什么时间来糟蹋你们?

林:在林茂轻的家里,不论白天、黑夜,都有日本兵来轮奸我们。

胡:日本兵也驻扎在林茂轻家里吗?

林:不是,来坏我们身子的日本兵,是住在加来飞机场里的。

胡:每天你们至少要遭受几个日本兵的强暴?

林:我们这些可怜的姑娘,每天少则遭到三四次强奸,多时甚至有十多次。

胡:日本兵就在关押你们的房间里糟蹋你们吗?

林:平时,日本人会把我们几个女孩子关在一起,到了想强奸我们的时候,他们就会把我们拉到隔壁的一间间小房子里分开。

胡:阿婆,您能给我们说一说这些小房间是怎么样的吗?

林:小房间是用木板隔开的,地上铺上木板,木板上再铺上草席,日本人就让我们躺在草席上。

胡:日本兵强暴你们时,戴套子吗?

林:进来糟蹋我们的日本兵,在行事时都戴上安全套。

胡:平时有军医来给你们检查身体吗?

林:可能日军觉得戴套子很安全吧,所以也就没有专门的军医来为我们检查身体。

胡:要是有些姑娘来了月经怎么办,也还要遭罪吗?

林:日本鬼子发泄性欲时,就像野兽一样,根本不管卫生情况。姑娘来了月经,他们也照常去轮奸她们。

胡:有没有女孩子被日军糟蹋死了?

林:记得有一个从白沙县南丰镇抓来的女孩,被日本兵轮奸得不省人事,日本人认为她已经死了,就把她拖出去扔了,很惨。

胡:那平时日本人给你们吃的吗?

林:吃的就更惨了,日本人给我们吃的是像粥一样的米汤,根本没有菜。

胡:阿婆,您在日本人那儿受了多长时间的罪?

林:很难地熬过了半年多。

胡:半年后您是怎样逃出来的呢?

林:有一天晚上,我们3个南宝乡的女孩趁日本兵和汉奸不注意,在夜深人静的时候,把屋顶上的瓦移开,从屋顶上偷偷地逃走了。

胡： 没有被日军发现？

林： 被他们发现了。日本人发现后，一边追赶一边开枪打。有一颗子弹擦伤了我的头皮，所以现在落了个头痛的毛病。

胡： 那您开始逃到什么地方？

林： 逃出来之后，我们3个人就各奔东西了，我也回到了家。

胡： 刚逃出来的那阵子，您的身体有什么不好的现象吗？

林： 刚回家那会儿，我的身子被日本鬼子糟蹋得很虚弱，下身经常流出一块块黑色的血块。

胡： 那后来是怎么治好的？

林： 幸好我父亲懂一点医术，采来草药慢慢地医好了我的病。

胡： 病好后，您就一直躲在家里吗？

林： 病好之后，我不敢在家里久待，怕日本鬼子再把我抓走。于是，我就逃到别处参加了抗日游击队。后来，我就和抗日游击队战士李崇德结了婚。

胡： 结婚后生活幸福吗？丈夫知不知道您的过去？

林： 我还以为从此便有了安宁，哪知公婆知道了我被日本兵抓去的事，认为我是个放荡不羁的女人，怕我以后还会重操旧业，就偷偷地把我卖给了南宝乡顺阳村的一个村民。

胡： 那您是不是只好就顺从了？

林： 当时我坚决不从。在没有办法的情况下，我只好逃到儋县国营西流农场，在农场里干活，挣钱谋生。

胡： 以后的日子，您有没有再结婚？

林： 后来在农场里我认识了周阿新，没过多久就嫁给了他。因为日本鬼子坏了我的身子，以后我就不能生孩子了。跟周阿新结婚时，他一个人拖着 4 个孩子，很不容易。因为我自己不能生，所以我也就一心一意地照顾他的儿女。

胡：那周阿公的子女长大后孝顺您吗？

林：让人心寒的是，这些孩子长大之后对我并不好。

5 - 15　上海师范大学中国"慰安妇"问题研究中心为林爱兰女士立的墓碑。

胡：您是不是因为儿女的不孝，才搬到南宝乡的？

林：是的。因为那日子实在没有办法过了，我就搬走了。

胡：您是在哪一年搬到这儿来的？

林：大概是 1985 年。

胡：那您这儿的房子是怎样盖起来的呢？

林：到这里时，农场的领导给了我 400 元，我就用这些钱盖了现在住的房子。

胡：您现在主要靠什么维持生活？

林：因为我年轻时，参加过游击队抗日，所以到我老的时候，在无儿无女的情况下，政府每月给我 60 元的补贴，农场每个月也给 70 元。就靠这些钱，再加上我平时养一些鸡、猪、狗卖一点钱凑凑，勉强过日子。

胡：现在您是一个人过日子吗？

林：跟我一个养女一起过。我没有孩子，但我很喜欢孩子，也很想要孩子。所以十多年前，我从医院里抱回来三个被遗弃的女孩,带回来喂养。

胡:那她们现在怎么样呢?

林:有一个得了重病,又没钱治疗,结果病死了。另一个孩子,在我们的生活实在困难的时候,送别人领养了。现在还剩下唯一的女孩名叫林宝香。

胡:您有没有钱供她上学?

林:她今年12岁了,现在上小学六年级。刚开始时,学校将她的学费免了,可以后就要缴了。我就是靠着这130元的生活补贴再加上卖鸡、猪、狗的一些钱,供她上学,并维持我们两个人的生活。

胡:当年您从林茂轻家逃出后,日本兵和汉奸有没有再到您家去抓您?

林:日本鬼子不仅害了我,也害了我的家。那年在我逃出之后不久,李文勉就又带人去抓我。他们说我做过日本人的女人,一定是间谍,要抓回去。我逃走之后,他们抓不到我就抓走了我的母亲,不久就把我母亲杀死了……父亲由于懂一些医术,行医江湖,才逃过了这一劫。后来父亲在各地行医途中,也曾被日本人抓过,但后来乘着混乱之机,最后还是逃了回来。

胡:阿婆,您现在的身体好不好?

林:被日本鬼子糟蹋过,我的身体怎么还会好呢。现在,我的头经常发昏发痛。

进入21世纪后,我们多次去海南探望林爱兰阿婆。平时她与养女相依为命,后来渐渐身体虚弱了,被送进了养老院,她一人住一间房,整天喜欢坐在一张塑料椅上,热情地与来客说话,两眼目光炯炯,还像年轻时担任干部的样子。2005年国家给她颁发了抗战老战士纪念章,她非常高兴。当地也有学校等来慰问这位曾经的红色娘子军战士。2015年老人病故,我们派人飞到海南参加了追悼会,并与她的养女联系,为老人竖立石碑。

墓碑正面写着:

1925—2015.12.23

抗日女战士林爱兰女士之墓

上海师范大学中国"慰安妇"问题研究中心敬立

(五) 周喜香

5-16　2012年我去盂县探望周喜香老人时,正遇上老人小腿骨折,家人就用树枝和布条给她固定。(苏智良2012年摄)

周喜香大娘生活在山西盂县,她年轻时是抗日积极分子,同时也是受害者。她证言道:

我15岁结婚,住在西潘的李庄村。日本鬼子打来后,我开始参加共产党组织的抗日妇女联合会的活动。

日军占领盂县后,实行法西斯的"三光"政策,迫害抗日人员。当时我担任了村的妇联主任,主持学习会等,参加抗日斗争。我18岁那年参加了共产党。

李庄村在日军驻屯地进圭村和西烟镇之间,日军经常来往于两个据点之间。我曾多次看到日本兵活动,他们穿着黄色的军服,手中持有刀和步枪。1943年阴历三月,地里已种了庄稼。那时,有汉奸向日军告密李庄村有抗日组织活动,日军便进村扫荡。一天,日军和清乡队(当地人称他们为"黑脚")进入了村子。我与十多个村民一起躲入平时挖成的地洞里。但不幸的是,被清乡队发现后,敌人用烟熏,我们不得不跑出来。当时被捕的除了我一人是妇女外,其他均是男性。我记得看到的日军有 30 多人。

然后,日军将我们反绑着押往了进圭村,我因是小脚,无法逃跑,且走山路也极其痛苦。到了傍晚才到进圭村,我被关进了一个小房子。房间内什么也没有。晚上有个穿黄色军装的日本兵进来点了一盏油灯。于是,日本兵便开始强行把我的裤子脱下,然后强奸了我。一个鬼子干完后,我连把裤子穿好的时间也没有,又有一个日本兵进来,手里还端着刺刀,然后肆意糟蹋。以后每夜都有四至八个日本兵来强暴我。日本兵全部走了之后,我又因为害怕明天会被日本兵杀掉而陷入害怕之中,根本无法睡觉。

一天的中午,日军押着我到另一房间。房间里有十来个日本兵,六七个清乡队员。日本兵要清乡队的翻译问我:是不是八路军、共产党员和妇联成员,我都没有回答。于是,又遭到了毒打。此后的两三天的中午,我仍被押到那个房间受拷问。我想自己不合作,肯定会被日本鬼子用残忍的手段杀掉,想到此,有时不禁流下眼泪来。

在关押的时候,每天有人送饭进来,多是稀饭或土豆小米粥,一天二或三顿,数量不多,但也饿不死。大小便有厕所,但被人看着,无法逃脱。在这个人间地狱,我待了半个多月,日军决定将我由进圭村押送到西烟镇去,一同被押送的还有其他的抗日人员。八路军游击队两大队闻讯后,在半路的泉子湾进行伏击。以牺牲两个排长的代价,才救出 14 人,其中 13

人为男干部,另一人就是我。从此,我才脱离苦海。1998 年,当时解救我的一名战士已经在北京离休,他曾特地到盂县来寻找被救的男干部和我。

我回到了家里,回到了丈夫和亲人的身旁。丈夫并没有嫌弃我,但村里人的眼光总有些两样。回来后我几乎躺了一个月不能动,下部疼痛不已,尤其是在小便时有种无法忍受的刺痛。腰也几乎直不起来。被枪托打伤的手腕也不能动弹,做家务、农活非常不自由。

在被日军抓去前,我与丈夫有着和谐的性生活,感情非常好。但回来后我对这件事失去任何兴趣,相反还有很强烈的厌恶感。我已无法与丈夫生育孩子。在农村不能养儿育女,就像是一个没有用的女人,所以我一直过着很不好、很不愉快的生活。

1949 年后,我的身体情况仍没有什么好转。因为对什么事都提不起兴趣,也不想参加任何活动,因此就辞去了妇联主任的职务,什么也不做了。1962 年吃"大锅饭"时,我的丈夫在食堂做炊事员,遭人诬陷而服毒自尽。到 33 岁时,我再次结婚,丈夫小我一岁。后来我总算生下了唯一的女儿。

由于遭到日军的毒打,我的手足均留下了病根。如今身子很差,左手颤抖,右肩有伤,头痛,盗汗,两眼视力模糊。过去时常做噩梦,回想到日本兵的欺凌侮辱,便会不由自主地发抖。在精神上,对任何事情都失去兴趣和热心。我什么事都不想做,我知道这不好,可是也没办法。

我要求无论如何日本政府必须认罪、谢罪,并对像我这样的受害者进行赔偿,包括已经死去的姐妹们。这都是日本鬼子留下的罪恶啊。

据山西省盂县西潘乡羊泉村"慰安妇"制度受害者周喜香老人女儿齐壮珍女士、中国"慰安妇"研究中心山西盂县联络员李贵明先生电告,山西省盂县西潘乡羊泉村"慰安妇"制度受害者周喜香老人于 2012 年 12 月 21 日故世,12 月 26 日出殡,终年 88 岁。"慰安妇"研究中心委托李贵明先生送了花圈,以志哀悼。

周喜香老人是中国山西省 1995 年对日本政府提起诉讼的二战时期日军"慰安妇"制度 4 名受害老人之一:生于 1921 年的陈林桃、生于 1925 年的周喜香、生于 1927 年的郭喜翠、生于 1928 年的李秀梅。2012 年 5 月,陈丽菲偕博士生董天艺曾专程到她家中探望。

(六) 王改荷

我生于 1920 年 4 月 22 日,故乡是盂县南社乡侯党村。

我结婚后生了个男孩。我的丈夫叫赵栓来,是个共产党员。1942 年 4 月 20 日,日伪军来扫荡,就在村里把我丈夫给杀了。当时我也被日军抓了,遭到毒打,牙齿也被打落,我晕死过去了。而后日本兵把我押到了河东炮台,关入土窑。窑洞内地下铺着谷草,每天由当地人送米饭或面食,一天吃饭不定时,也不定顿数。拿着武器的日本兵每天进来强暴我,白天一般二三人,晚上少时五六人,多时十几个。第一天日本兵进来,我就拼命反抗,日本兵便毒打我,大约有五六人一起来折磨我,把我的腿也打断了。后来,我父亲为了赎出女儿,卖掉了三间房子和一些牲口,将 120 银圆送给一个给日本人做事的,这人在半夜将我偷偷送至村口,交给了我的父亲。

我回到了麻地掌村,躺在炕上养病足足有 5 年。我父亲变卖一切为我治病,家中穷得不能过,什么值钱的物件都没有

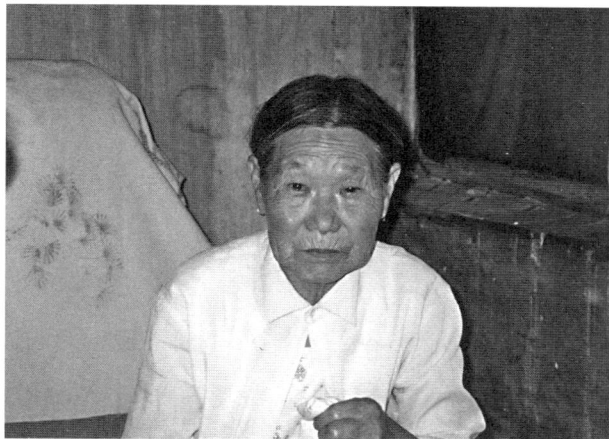

5-17 饱经沧桑和人生苦难的王改荷大娘。(苏智良 1998 年摄)

了。几年后,我身体基本能下地了,父亲就要我找个人家,好活下去。可是,我就从此没有找到一个好人家。先是与高美城结婚,高美城比我大 4 岁,也很穷。如果不穷,哪个又能要我呢。后来生育了一男二女。我丈夫生病去世时,儿子 12 岁,大女儿 10 岁,小女儿只有 2 岁。那个日子过得苦啊,我一人拖着三个孩子,不得过,无法过。到 58 岁时,我又找了第三个丈夫,名王双英,他小我 4 岁,也是个二婚头,原来的妻子是生病死了。1992 年,我的第三个丈夫也死了。现在儿子有 50 岁了,住得较远。

我现在腿脚已经不能走动,眼睛也看不清楚了,牙齿都掉光了,一个人生活着。完全靠儿女们一个星期、两个星期上山送点米面来维持,但自己一个人平时还是要烧饭洗衣。由于身体不好,我多次晕倒在院子里,醒来已经是晚上,也不知是什么时间,月亮已升得很高了。没有力气起来,就一点一点爬回家中,先喝口凉水,在地上躺一会儿,再撑起身来烧点米饭吃。

我的儿子不孝顺,不准妈妈讲过去受日本兵迫害的事,还说,这种丢脸的事情不能到处传,他的儿子还要读书,如果人人都知道了,他儿子怎么上学校,将来还要娶媳妇,唉。所以他也不肯接我去住。他一直就是这样,丢不起这个脸。我心里苦啊。我恨日本鬼子,是他们把我弄成现在这个样子。但我的小女儿最孝顺,她住在西烟镇上,常来探望,看到我病了,就雇一辆小拖拉机拉到镇上看病,有时我住在女儿家几天。但这里的风俗是不能死在女儿家的,所以我怕给女儿添麻烦,住上几天就回自己家了。而儿子又不肯接我去,儿子也是没有办法。所以我只能一个人苦熬着生活。

为什么我还要活着受罪呢?为什么还不死去呢?老天,你有没有眼啊![1]

王改荷1920年生,山西省盂县西烟镇侯党村人。24岁时,日本侵略军闯进了她的家,开枪杀死她的丈夫,并强奸了她。后王改荷被关押在炮台里,成了日军"性奴隶"。老年的王改荷患有严重的关节炎,右眼白内障也已好多年了,但无钱医治,只能任其恶化下去,到了晚年,老人的精神也已恍惚,意识已出现混乱迹象。她自己孤苦伶仃地生活在两间旧黑瓦房内,小女儿对老人孝顺有加,隔三岔五会去探望帮忙。2007年12月14日,87岁的王改荷去世。

---

[1] 苏智良、陈丽菲2000年8月采访王改荷。

（七）林亚金

"慰安妇"制度受害者中人数最多的就是中国乡村的一般农民,海南黎族妇女林亚金就是其中的一个代表。

5‑18 黎族林亚金老人来上海控诉日军的暴行。(2007年摄)

陈丽菲教授多次到海南调查,笔录如下:

1924年,林亚金出生于海南省保亭县南林乡番云淘(黎语,黑豆村)。1939年,日军占领了海南岛南部重镇三亚,保亭是与三亚毗邻的一个县。第二年,驻三亚的日军派出第16警备队井上部队经大田、什岭,松田部队一部经藤桥、加茂,进犯保亭县城并建立日军兵营。1943年,美军第七舰队开进了中国南海。为了保住在东南亚的战略基地海南岛,日军调集了原在东北的关东军部队来海南驻防,在三亚、藤桥、崖县驻屯重兵,而离三亚只有25公里的保亭南林峒(今南林乡),山高林密,三面皆环山,仅有一面与外界相通,被日军确定为建设兵工厂和储藏军用物资的后方基地。为了建造兵工厂,首先要开筑公路。公路工程由驻扎藤桥的日军指挥官松田少佐指挥,由日东公司承包,藤桥到南林沿线的各村男女农民,几乎全部被强令做民伕修路。

林亚金记得,大概在10月份,天气还很热,村上的农民被日伪逼迫修了两个月的公路刚回来,这时山里的头人不断招呼大家,日本人刚派过工不会马上来,赶快下山去割稻,否则大家要没粮食吃了。当时和林亚金在一起割稻的,还有邻村的姑娘三人:打南通村的谭亚优、谭亚鸾以及番清村的李亚龙。那天日头刚升出山,枪声忽然就响了。趴在田垄下藏身的四个姑娘被日本兵发现,被五花大绑押解上路,带到南林乡庆训村据点关押。一个给日军做翻译的海南人进来对林亚金等说:不能逃跑啊。想逃就没有命了。日本兵将刑具把她们的脚夹起来,不能动,也不能坐。林亚金回忆,它里面有两条棍子,刚好把脚够进去,脚伸进去以后棍子可以固定住脚,你就不能逃跑了,假如坐下,脚骨就会断掉。就这样捱了一个晚上。

第二天,几个日本兵押着四个女孩子,经过"打滚卖"(黎族话语意为"汉人的路"),往崖县的打朗据点而去。在林亚金的记忆里,那是一段"遥远到无法形容的路",四个女孩拖着沉重的脚步,又怕又累,怎么也走不动了。可是一旦她们走慢了,日本兵就一脚踢在她们的屁股、后背上,喝令不准停下,她们只得拼命地往前赶。就这样,没吃没喝一直走到天黑,才到了打朗据点。四个女孩被关进一座"奇怪的房子"。进了大门,她们分别被关进小屋,林亚金的屋子黑黑的,没有窗户,一个房间却有两道门,一个铁栅栏样的门,外面还有一道木板门。木板门一关上,房间就漆黑一团了。林亚金尝试着四周摸摸,墙壁冷冷的、硬硬的,有缝隙,好像用铁皮做的。地上是泥地,有些坑坑洼洼。什么铺的、盖的都没有。墙角有洗脸盆、尿罐,有块布。就再也没有其他东西了。

在那里,林亚金一天吃两次饭,一次算午饭,大概10点多吃,一次是晚饭,大概下午五六点吃。吃过午饭,林亚金最害怕的时间开始了。这时房门被打开,每次都会进来一两个、两三个日本兵,他们进来就把衣服全脱光,有时还会为了谁第一个抓到林亚金而大打出手,林亚金东躲西避,怕得发抖,冷汗都会流下来。他们轮流着欺负林亚金,有的还会第二次去欺负她。到了晚饭之后,还会有日本兵三两个地来,像野兽一样地轮流施暴。

假如林亚金表现出不愿意的神态或动作,那就要被日本兵痛打。假如日本兵哪天心情不愉快,林亚金的厄运来了。一次,一个日本兵抽着香烟进来,摁住林亚金后竟将燃着的烟头狠狠地揿下去,痛得林亚金大叫起来,当天就肿了半个脸,从此在左鼻根留下黄豆大凹下的一个疤。

林亚金她们不能随便走出去。饭由别人送进来,基本是稀饭,只一碗,总是吃不饱。洗身体的水也是人拎来备好,每次受欺负后,林亚金被规定必须要洗下体。日本人强迫她们服药,有白色的,也有红色的,扁扁的如小手指甲那么大。每天上午,尿桶就由她们自己提出来,倒在旁边的野地里。平时房子的大门,总是有日本兵站岗把守。小房间之间的隔板很薄,相互之间都能听见日本兵欺负女孩时踢打的动静和女孩的哭叫,所以每天晚上,她们都扶壁痛哭,每天都哭,相互哭诉,似乎能得一些安慰。她们之间说得最多的话,就是想父母、想家,想什么时候日本兵放她们走,自己还能不能活到回家的一天。林亚金浑身都痛,到后来全身发肿,下体破溃,小便出血,"就像红糖水一样"。她甚至以为自己就要死了,不能活着见到自己的爸爸妈妈了。

爸爸妈妈一直在努力打听林亚金的下落。打听到了之后，就到处想办法、求人。幸好有一个远房亲戚，住在另一个叫"打泵"的村子当保长，心肠很好。他答应了这四个女孩父母的请求，在应召去崖县开会的时候，带上了四个人家准备的鸡、米等，送给日军，请求赎回女孩。林亚金等四人居然被放回来了。

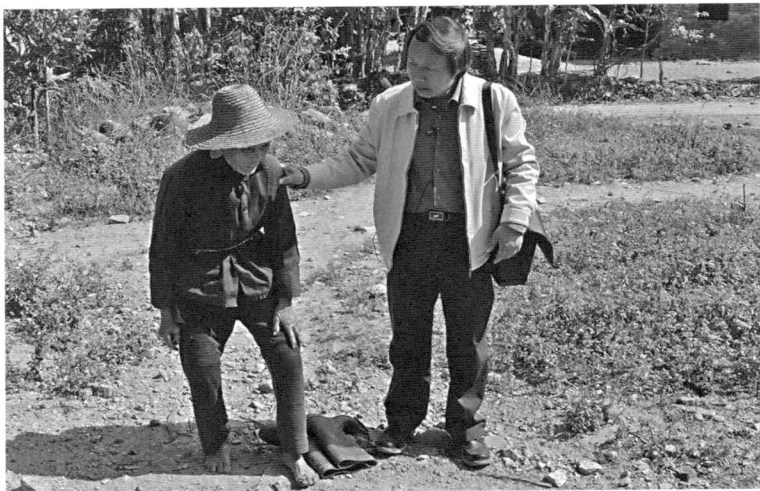

5-19　苏智良教授迎接在田里劳动的林亚金老人，老人头戴草帽，赤着脚，脚上还有伤口，用布缠着。（陈厚志摄）

林亚金说，回来时病得已经不能走路，是家人背着抬着回来的。筒裙全都给日本兵扯烂了，衣服的袖子也不见了，穿着那破烂的衣服，感到非常寒冷。因为看林亚金她们病得太重，保长让先到他那个村子，由懂医的村民给她们治病。可是，林亚金的病日渐沉重，两个月后，妈妈把已经不能动的林亚金接回了家。妈妈对她说，是因为被关押的时间太久了，都有5个月了，你的病才会这么重啊！

妈妈到处求医问药。请不起医生，就自己上山采药，自己动手制药,内服、外敷,精心地调理,还给她请巫师跳神驱邪,总之什么办法都用上了。一直到第二年的初夏,林亚金才可以下地走路。她回忆,等她能走动的时候,只记得田里的秧苗已经长得很高了。

和林亚金一起被赎回的另外三个女孩,都没有被救治回来。她们全身浮肿,越来越肿,结果先后都死了。先死的是阿优,她几个月后就死去了。然后是阿鸾和阿龙,也是在一年光景的时候先后死了。林亚金是四个女孩中唯一的幸存者。

那一年,林亚金 19 岁。

2007 年 7 月,上海师大"慰安妇"研究中心筹建的"慰安妇"资料馆开馆,邀请林亚金阿婆与照顾她的中心特约研究员陈厚志先生来上海,出席开馆仪式并为海外访华团作报告。我陪他们三天,期间请陈先生翻译黎语,作了非常详尽的口述调查。年老的林亚金,让我看她的头顶、脸面、左胸、手背,一一叙述当时日本兵如何欺负她而留下这些累累伤痕。说到痛处,老人失声恸哭。

林亚金被抓以后,父亲为了亚金能顺利被赎回,努力去为日本人做事:作民伕、当差,忍气受累,身体越来越差,等林亚金回来不久,父亲的病日益严重,竟不治身亡。妈妈接连不断地生孩子,最小的弟弟妹妹是年头年尾各生一个,没有休息,没有营养,最小的弟弟阿椰才五六个月,刚刚会坐,爸爸就死了,妈妈身上的担子也更重了。她没日没夜地劳作,抚养六个孩子,终于全身浮肿、无力,在一个早上,没有声息地离开了人世。

林亚金姐弟成了孤儿。已经嫁人的姐姐把时时犯病的她带到新家,让她有口饱饭,并为她采药、养病。在姐姐的村子里,林亚金认识了后来的丈夫吉文秀。

　　吉文秀待林亚金很好,他了解林亚金以前的事情,但并不多问,让林亚金感激不尽。然而,厄运还是降临到林亚金的身上。结婚两年,林亚金怀孕了,却在三个月不到的时候毫无征兆地流产了。从此,林亚金就永远失去了生育的机会。而吉文秀被调派到外地做税务工作,不知道什么原因被政府抓起来,在监狱里患了浮肿病,死了。

　　这样,林亚金成了"反革命"的家属,孤苦伶仃的寡妇。

　　毫无疑问,在"文化大革命"的年代里,林亚金受到了歧视。在大食堂里吃饭,分给她的饭菜总要比别人少一点、差一点,这是家常便饭。"文革"开始了,林亚金被指责为"日本娼",有人要批斗她,工作队也下来立案调查。是亲人乡亲救了她。她所住的村子名什号,是一个远离县城、既不通路也不通车的黎族山寨,整个村庄基本是一个家族,村民见陌生人来从不与之主动说话,必得有熟人介绍才能交谈,至今习俗如此。家人族人村人极力维护林亚金的名誉,和林亚金同被抓的姐妹早就去世,上面来人无法得到证词,只能不了了之。

　　20世纪80年代初,林亚金身体越来越不好,也越来越感到寂寞。娘家番云淘的家族姐姐为她选了男孩女孩作为养子。然而,养女长大后得了精神病,养子结婚后,成家另过。林亚金慢慢地从村人眼皮底下消失了。90年代中期,"慰安妇"问题逐渐受到民间关注,人们在离村三四里的一个被废弃的海军基地破旧的营房里,找到了形同乞丐的她。此时林亚金已经60多岁了。

　　2001年,北京的中国律师协同日本律师团,帮助居住在中国海南省的林亚金等8名黎族和苗族女性,作为原日军性奴

5-20 山民们参加林亚金老人的葬礼,为老人送最后一程。(陈厚志 2013年摄)

隶(即"慰安妇"),在东京地方法院以日本政府为被告提起诉讼,要求判定日本政府在中日两国媒体上公开赔礼道歉,赔偿每位原告2300万日元。但是东京地方法院以"国家无答责"等理由驳回了受害者的诉讼请求。此案败诉。

我见过林亚金深陷的双眼空茫茫望着前面,反复小声地说:我恨日本人,要日本人认罪,要日本人赔偿。现在我老了,连工也做不来了,还在受这个气。

2007年7月,"慰安妇"研究中心派人去海南保亭接她来上海时,林亚金弯着腰正在田里割草劳作,握着小背篓小镰刀不肯松手,和接她的人抢过来、抢过去,只说:没了这个我怎么下地,怎么活?2009年1月,在调查员陈厚志陪同下,中心主任苏智良教授再次来山寨探望林亚金阿婆。80多岁的林亚金阿婆,因为乏人赡养,几乎天天下地干活。在寨子内里找了一个小时,才见她抱着一些猪草——海芋头叶出现在路上。只见极瘦的阿婆佝偻着腰、赤着脚,右脚趾上还缠着一些植物叶,一问,原来她的脚趾被割破了。

陈厚志先生告诉我们,2013 年 7 月被诊断罹患老年痴呆和脑萎缩之后,老人几乎不再说话,糊涂了。但是,提起那段苦难的日子,老人仍然记得,说忘记不了。然而,苦难岂止仅这段? 林亚金的一生,唯剩苦难。苦难深镌在她的脑海,即便是脑萎缩。林亚金 10 月 17 日因病去世,享年 89 岁。

纪念这位承受了太多民族记忆的孤苦老人。她的苦难,铺设了我们的生活底色,是我们每一个人都无法抽离的现实,让我们清醒,心生慈悲与壮志。①

(八) 谭玉华

生活在湖南益阳一个村庄里的谭玉华,战时被日军强逼为性奴隶,2008 年,她向我们讲述了自己的苦难。

我名谭玉华,原来姓姚,叫姚春秀。民国十七年(1928 年)1 月 28 日出生于湖南省益阳县侍郎乡

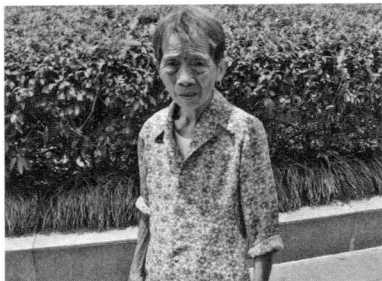

5 - 21　瘦弱的谭玉华老人。(苏智良 2008 年摄)

十三保十一甲姚家湾(现益阳市赫山区欧江岔镇高平村姚家

---

① 陈丽菲:《逝者:林亚金》,2013 年 10 月 24 日《东方早报》"逝者"栏目。

湾组)。我的爷(即爸爸)叫姚梅生,是一个农民。他19岁下湖时,受了凉就病了脚,不能下地做农活了,后来帮人做做篾匠。我的娘没名字,就喊作姚梅娭。①

我家就我一个女孩子,父母要我和堂兄弟们一起去读书,像玩一样咯。小时我两次去读书,前后读过几年私塾,有个老师姓袁,后来老师结婚了,就不教了,日本鬼子也来了不。我读过《贤文》(即《增广贤文》)和《幼学》(即《幼学琼林》),不过只认得几个字,也记不得多少了。

我16岁时,大约是民国三十三年(1944年),这里来了日本鬼子啦,跑兵啦。我亲眼看到日本鬼子从大闸河的对岸过来。我正在那里吃饭,只听见河那里这个吼,驴嘶马叫噻,他们来了就威武不,我们就怕不,就尽数跑掉了。只有我的爷么跑不得。他脚痛,走不得,我就和娘、舅爷、老表一路就朝一处地方跑掉了,一直到离这有六十里路的福门山。这样日本鬼子就不晓得不。跑到那高屋里去啦,那里就没有(日本兵)不。才跑的时候是什么样子呢,有饭吃,有歇当儿,不要带米。我屋里是都跑到那姑家里去了。就是受了难,日本鬼子来了,别的人家就给饭吃,有房子住。

跑鬼子的那时是穿单罩衣的时候。大概在那里待了半年,古历②八月左右,我们回家了。乡里成立了维持会了,就安全了啦,我们就都回来了啦。他们就不乱了啦。是我们这边的人成立维持会不,否则他(日本兵)就好威武不,当时来的时候,烧屋,在朱良桥枪直个开,那铺里打了人,还割介了脚啊,

_____

① 就是姚家奶奶的意思。
② 古历就是农历,但谭大娘直说古历。

搞得一些这种名堂,反正我是没在屋里,只听见是这样讲,不晓得。到朱良桥①就开枪,乱开乱开。放火烧屋啊,他一烧屋是烧玩火,这个屋点起就点这个屋,那时候是茅屋多,瓦屋少。

我屋里是瓦屋咯。我屋里一回来嘞,就一张那大桌子,放在堂屋里,面上就放床细被。那朱良桥,日本鬼子时常开枪,那个枪子是这样鸣,通红的,看见是这样屋里来了。他开枪嘞,我屋里跟朱良桥之间是一条次路,枪啊兵啊在这个屋面前过身,我们就躲在这桌子底下,桌子上面就放了床细被子咯。听见枪一响,就拱在那个桌子脚下。这是很早就安排好的,平时就把细被就安在这桌子上面,听见枪响,人就蹲在那脚下。总是看见日本鬼子从门口过身,我们隔着这(朱良桥)没好远不。

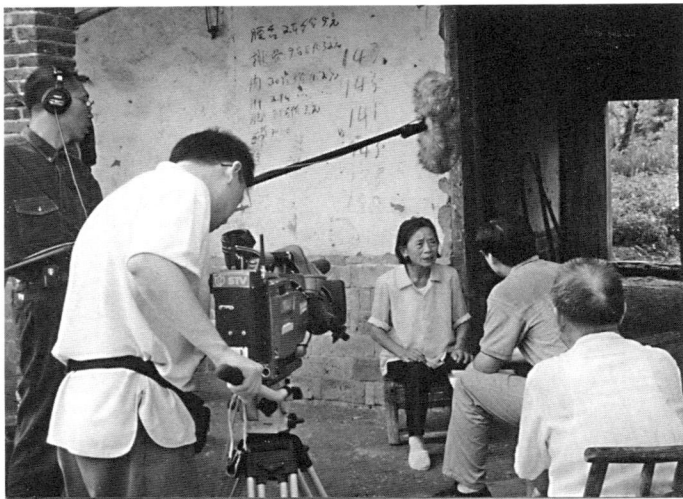

5‑22　上海电视台摄制组来到湖南益阳谭玉华的老家,记录老人战时的苦难经历。(苏智良 2008 年摄)

① 今宁乡县朱良桥镇。

　　那时日本兵住在朱良桥,附近隔一里把路,有一座狮子山,也有日本鬼子扎在那里了,狮子山上有个看台,有三棵樟树,这么大,本来生得好,在上面搭几块板子,那个大幅的望景就站在这个板子上面,似于是①站卫一样,专门一个人站在这个上面,看得到朱良桥……它(日本兵)到朱良桥就在脚下打洞,打条路到朱良桥,走脚下。地道一样的,打通了,(日本兵)到朱良桥,就不走上面走下面。

　　我亲眼看到过,日本兵抓了农民邱寺夷,把他捆在那木窗上,被狗咬死了。那狗很高很大,日本狼狗,比这时候的狼狗还大些。还有一个女子被抓去,我也不晓得姓,不晓得名。在庄子里就逃跑了,逃跑了被日本鬼子抓回来以后,被活埋了。还有一个妹子,不晓得是十几岁还是二十岁,把她活埋了。把那泥巴铲,他(日本兵)又不铲了,他又不铲泥巴,他只望着埋,看着望着埋,他就笑,埋死了。那不晓得(那个妹子)姓什么,我也搞不清。②

　　我堂姐古历八月跑兵回来后结的婚,不好久我也结了,打仗乱啊,家里要我们快结婚啊。才结婚十天二十天,我还常在娘屋里吃饭娘屋里住,就被日本兵抓了。总是到了古历九月份了,那时还不冷。反正袄子没穿,穿的单罩衣,那也不记得是哪一天了。上午还是下午就搞不清,那时候人就懵掉了,那魂魄都没有了,就不晓得了。反正是他们从河那边过来,没

---

① 方言,似于是,即等于是。

② 据谭玉华的小学同学姚彪长期调查,下湾的邻居周庆仪,以机匠织布为生。他有两个女孩,大的是 15 岁的周喜珍,小的是 13 岁的周春莲。日军入侵时,两个女孩均被 8 名日本兵轮奸。当时周春莲年幼,尚未发育,日军便用刺刀将她的阴蒂割开进行轮奸,周当即惨死在凉席上。

有从朱良桥这边上来,我们就不晓得不,搞得就没跑得脱不。

日本兵就抓了我的爷,他一个跛子噻,就抓着他一把跪着,他(日本兵)那个刀有这么高,底下有个弯的,就像那个镰刀上的把一样,就刺啦刺啦就要杀了他啊。我就哭不,哭就给看见抓了我去不。那一路就抓了三个。我,还有姚白莲、姚翠莲。都是一个族里的姐妹。她们俩是我的堂姐妹,也是同学,比我大一两岁,姚白莲更大些。我们这里是抓了三个人。我还有一个婶子,婶子就死介了咯。后来我爷仍被日本兵抓去了,要他做事,他脚不好,做事不能做,日本兵就把他给杀了,我就没有爷了。

5-23 2008年夏天,谭玉华老人来到上海。这是调查组陈丽菲、赵盼盼、尹楚茗、苏圣捷与老人合影(苏智良 2008年摄)

我们被抓到朱良桥镇的翠星楼,一看被抓的女子关了一屋,那有十几二十个不。头前抓过来是关在一起啊,以后还是分散了嚏,是不咯。这里一个,那里一个,那里一个啦。被抓进去后哪里吃得进啊? 我有两天没吃饭,这肚子自然饱,不知道,吃不进,又害怕。

那个时候的朱良桥啦,这里是开杂货铺,那里又开布铺,这里又么子铺子,那个街上热闹嘞,那还有开绸缎铺的,那还有富人家嘞。反正他那日本鬼子来,这些人家什么东西都不管了,只有救人,跑鬼子去了,只有这人不死就好。屋里什么东西都不要了,丢掉了。只不过是死命奔活命,只要救了这条命。都是空屋子了。日本兵就住在那里了,抓去的女子也分在里面。

再一个这个翠星楼嚏,原来喊翠星楼,像个宾馆一样的,像现在的洗脚城①啊,有这个"吊姑娘"②到那里去。日本兵一去,就和其他的铺子一样,把这个楼也占了。楼有两层,脚下一层,高头一层嘞。不是砖砌的,是木造的。壁是木皮子的,夹的。我被抓来后,就分住在底下一层,这一层大概有两三间房。他抓着你去,就是没有什么别的路,他抓你过去,总是要做堂客样的,做爱人样的③。他谈闲,你又不懂他的。一个是话不懂,搞不蛮清;再一个也没有心听他的,我年纪又细,时不时又要做介大人了啊④……那关在个屋子里面还有么子咯,他(对女孩子)不好的就打,听话的就不打,那还有么子嘞。

我被日本兵抓去有个把月。翠星楼里的日本兵的官大些,我们不知道他们名字,只能叫他们"太君",人数不多。日

---

① 即带有性色彩的娱乐场所。
② 指暗娼或者作风不正派的女子。
③ 指"要你与他发生性行为"。
④ 指被强奸。

本兵的大据点在狮子山，那里有很多人，带着长枪。我们平时吃的是食堂烧的，这个食堂不在翠星楼，是在狮子山上，饭菜是运下来的。和哪个一起吃那还是搞不清。总是有几个不。几个人，几个菜啊，就在一起吃了。男的女的都是一样，包括日本兵一起在吃。不论是七个、八个啊，还是三个啊、四个啊，有好多人就几个人一起吃。

在那个屋子里出不去。楼门有个站岗的嘞，你出去他追着你走，你是去不得远的，他总是眼睛望着你，你要是有那个（逃跑的心思）的话，他就会来嗐不，他就会要那个（打）你不。我那（时候的）人啊，是个蔫的，反正人是没有一个心，那时候人嗐，似于是没有一点脑筋了。作声也不晓得作。人就只想回去不，心里想起就不晓得自己怎么搞。那站岗的，也不准你出去不。

楼里是还有些女子，比如这里我洗完衣服就没的地方晾得，碰到廊里面洗碗的，她就告诉我去晾到那里去啊，似于是这样子的不。也还谈下子闲不。待在她那里，还不是和我的心一样不，自己也不晓得是怎么搞了，她那里人不也是趷起趷起（蔫，萎靡不振的），不好怎么搞不，那还不死，就只想出去，回去啊，思想这个家乡不。屋里也（盼）望不。你在那里也不能够哭，也不能够喊。只自己闷在那里，积在这心里。讲话都不晓得讲，碰到，有时候东一句，西一句，你就是不认得哪个，在那里，你会到我，我会到你，都只叹气，不讲好多话，没话讲一样的，唉声叹气，不好怎么样，眼泪汲汲的，总是哭不。别个谈闲的，来了的话呢，你也跟个宝（傻子）一样的，反正是"累"不，急不，你这个心思就没在这里，在自己屋里不；反正自己总是蔫的，心里不知道明天自己怎么搞。

　　也不敢跑啊。我只听见讲,有一个就跑掉了啦,跑掉了,抓着回来,就活埋了啦。那常常有人讲起这个事啦。我不得出去,哪有看,也没得看不。如果是假的,别人就不会讲不,那是真的咯。那只有埋她的人、扔她的人亲眼见咯,他们埋完了回来讲的噻! 我们没有自由,不得跑啊。

　　我这个屋子里,就一个床,房间也不大,没有什么家具摆设,那时东西都被糟蹋了吧,临时拿了凑合着用的。这个日本人晚上来睡觉,白天出去,有时也会来,带几个日本人来谈事啦什么,我也不懂。他想来就来,想走就走。也没有很多的日本鬼子再来做这个事(指强奸),我就分在他屋子里了。我也记不得他长什么样了,就是穿军装的,不太高也不太胖。

　　5-24　在聆听了谭玉华老人的控诉后,来自北美的访华团在上海师范大学文苑楼前与老人合影。(中国"慰安妇"问题研究中心提供)

　　我就只腰痛,肯定是抓了的时候咯,他还是用枪杆子捅了,当时那阵子就是哭啊,日本鬼子那时候捶的,这个软腰子咯,那当时嘞还是不蛮狠(痛),这是慢后嘞又发痛。没伤疤嘞。这腰碰到痛起来痛得穿心骨得,可以痛到这边来得。我们没有医生来检查,也没有记得吃过什么药。那人都蒙啦。

我是保起出来的。那个维持会长,是我娘屋里的,叫姚菊风,自己屋里的等于是一个老兄一样的。他姓姚,我姓姚,我就喊长哥,也蛮亲嘞,总是家里人求他,他就想办法,把我保释了出来。

我回来的时候,那日本人拿了一条这样的小手巾把我。我从翠星楼回来的时候,是骗起回的噻。姚菊风骗他说,家里出事,就回去看看,他只说回来了以后,还是到他那里去不。那日本人,他有么子钱咯? 没看见过他的钱。那就是他送我一条花手巾不,手板大,就只手板点点大。我自己有好多手巾咯。

可是姚菊风也没有骗好还是怎么的,他那个堂客(老婆)也被日本人抓了,也不晓得日本兵是不是知道她是他的堂客咯。反正,他的堂客被抓哒,拖到那里去,把她那衣一脱介,落雪,倒一拖,顺一拖,拖得就不管事哒,那个身上,这大一咋的流血泡,他这下子把她一搞介搞介,把衣一换了,又把咋被窝把她一窝哒,一包合以后回来,他那个朋友招呼,至少有个把月,这么大一个的流血泡,一身的泡,回去又发烂。那个冷天,在雪里面拖的。这是姚菊风的爱人嘞,叫蒋玉兰,那人很高很大的。

那就是民国三十三年(1944年)的冬天,古历11月以后的事情了吧。我回家以后,不敢住在家里,总是躲起在亲戚家,有时候跑回去一会,还好那日本兵也没有再回来抓我,我一直躲起在外面,也不晓得来没来过。直到日本鬼子投降了,他们都走了,我才得回家。

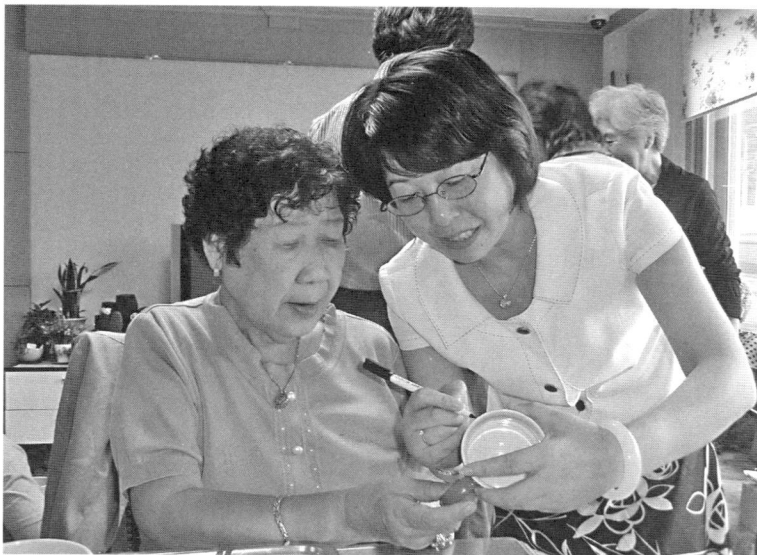

5-25 2009年,陈丽菲来到韩国的"分享之家",慰问在这里养老的幸存者们。这是陈教授与姜日出老人在交流。姜奶奶在吉林受害,是后来韩国故事片《鬼乡》的主人翁。

第一个丈夫叫高凤生,我二十岁才生第一个儿子,叫高巧梁,1998年病死。我在前夫高凤生去世后,于1965年改嫁到长沙市望城县新康区目轮村。我是到益阳来那个(再婚)的不,第二个丈夫叫谭贵福,比我还小一岁,在52岁时死了,是1978年。谭贵福原来的老婆也是叫春秀,他就说要不同号,我就改成一个谭玉华。这一改掉,连姓都改掉了。

讲起这日本鬼子,我现在做梦都吓得哭,常常都吓得醒来,怕噻。我夜晚做梦都哭醒,我梦见日本鬼子走兵噻,走兵的时候就吓人不,就跑啊,吓啊,吓得哭噻。

　　我心里边对原来的这一段历史是怎么想的？恨噻，只不过是恨他噻。现在又没有能力，有能力就把他打个官司咯，要他还我清白噻。自己又没有能力。这时候如果他对面来了，我杀得他下啊，一种这样的恨心啊。

　　20多年来，我们在各地寻访到的200多位幸存者，无一例外是被日军、伪政权强征、诱骗、拐卖而成为日军性奴隶的，没有一位是出于自愿。一位陈大爷曾讲述了吉林珲春吴家山慰安所的一位中国女子为维护尊严而撞墙自杀的故事。那是一个夏季，日军从山东抓捕来几个妇女，其中一个姓李的妇女，得知要当日军的"慰安妇"，誓死不从。日军士兵就用皮鞭抽打她，用盐水浇在她的伤口上，用烧红的烙铁在她身上烙印，还捆着双脚将她吊在树干上，各种酷刑把她折磨得奄奄一息。就在日军把她从树干放下来时，这位女子拼尽全身力气，一头将自己撞在砖墙上，头破血流，当场死亡。①

（九）金学顺

　　日军"慰安妇"中有许多朝鲜半岛的女子，战时的朝鲜，是日本的殖民地，大量的青年女性被日军、警察等采取强征、威逼、诱骗等手法，送往战场，她们大部分来到中国。在我们调查过程中，在黑龙江、吉林、山东、上海、安徽、江苏、湖北、海南等地，采访并资助了一批来自朝鲜半岛的受害者，如今她们已全部逝世或返回首尔。许多人再也没有回到故乡，有的九死一生返回祖国，但耻辱、苦难的记忆，伴随终生。

　　韩国的金学顺是世界上第一个站出来指证日本"慰安妇"制度罪行的幸存者，

---

① 《吉林珲春五家山：日军罪恶累累的"魔域要塞"》，《解放军报》2005年7月3日。

5－26　望乡之丘，坐落在忠清南道天安市，是韩国政府为海外亡故的韩国人建的公墓，其中有 **43** 位"慰安妇"的墓地。**2017** 年，韩国政府在墓园中建立了"慰安妇"纪念碑。（苏智良 **2019** 年摄）

　　当年，金学顺与其养父一起到北平后，在饭店里吃饭时被日军抓获，金学顺就此被迫充当日军性奴隶，以下是金学顺老人对我们讲述的当年的故事。

　　　　到北平后，我们在一家饭店吃了午饭出来时，好几个日本军人叫住了养父。一个肩章上有两颗星的军官问养父："你们是朝鲜人吧？"养父回答说，我们是为了赚钱到中国来的朝鲜人。那位军官说，要赚钱就在你们国家赚嘛，为什么到中国来呢？他凶狠地说："你们是间谍吧！跟我走一趟吧！"就这样，他把养父带走了。姐姐和我则被其他军人带走了。

　　　　过了一个胡同，看见有一辆敞篷卡车停在那里，车上约有 40 至 50 名军人。那帮军人叫我们上车，我们当然拒绝。那帮

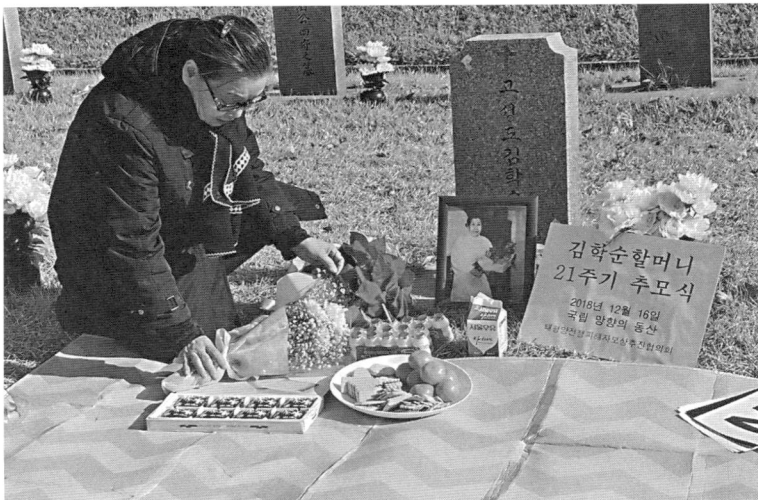

5‑27　金学顺的墓地坐落在"望乡之丘"中。友人供上金学顺老人生前喜欢食用的食品,进行祭奠。(苏智良 2019 年摄)

军人不由分说,狠劲地把我们抬上了车。过了一会儿,带养父走的那位军官回来了,卡车就启动了。那位军官就坐在司机旁边。我们又惊又怕,蜷缩着坐在卡车的角落里,一直哭个不停。走了一段后,我抬头一看,后面还有一辆卡车跟着。

下午被抓上卡车后,卡车走了一夜,途中能听见枪声。……第二天天黑时,卡车上的人全都下来了,有几个军人将我们带进一个屋里。后来才知道那是中国人逃跑后,留下的空房。

天漆黑,又受了惊吓,我们根本猜测不出这到底是什么地方。姐姐和我互相看着对方的脸,谁也说不清会发生什么事。过了一会儿,带走养父的那位军官进屋,把我带到旁边挂帘子的屋里去。要离开姐姐,我害怕得要命,极力挣扎着不去,但是那军官硬是把我拉到那个旁边的房子里。进屋后,他一下子抱住我,动手脱我的衣服。我拼命反抗,不让脱。但是,最

5‑28 2011 年,苏智良来到东宁,探望韩国"慰安妇"幸存者金淑兰老人。老人讲述了少女时代的苦难。(苏智良 2011 年摄)

终衣服还是被他全部撕破了……我的处女之身被那军官夺去了,当夜我被强奸了两次。

次日拂晓前,那个军官离开了房屋。我用被撕破的衣服勉强遮蔽身体,坐着哭泣。那个军官离开时还冷冷地说,以后在这里不能穿这样破旧的衣服。军官走后,我赶紧去找姐姐。走到了另一个屋子打开门帘一看,一个穿黄军服的人正躺在那里,姐姐也同样用撕破的衣服遮盖着身子,坐在那里哭泣着。我立刻放下帘子缩了回来。天亮后,军人走了,姐姐掀开门帘进来。我们俩悲痛欲绝,抱头痛哭。姐姐说她竭力反抗,结果遭到毒打。我没有听见姐姐的厮打声,因为那个时候,我也正与军官厮打着。

我和姐姐稍稍平静下来没有多久,就听见屋外女人们的说话声音,而且听得很真切,是说朝鲜话。紧接着,一个女子推门走了进来。她一看见我们就问:"你们怎么来到这儿呢?"姐姐简单说了过程。她很无奈地摇摇头说:"既然来了就没有办法了,想从这儿逃跑可不行。只能认自己的命了,就这么过下去吧!"

我们到达这里的当天,军人们就在这栋房子用帘子隔开的两个房间里安放了木床,并且把我们俩分别安排到不同的房间里。这个时候,我才仔细地观察周围的环境。这栋建筑还有两扇门,墙是红砖砌的,在屋子的旁边可以看见有驻军部队。后来,军人们告诉我们,这个地方叫铁壁镇,原来是中国人居住的一个村落,日军来了之后,村子里的中国人都跑了。

和我在同一个慰安所的还有其他 5 个女人。22 岁的静惠年纪最大,宫子和贞子都是 19 岁。大家熟悉了之后,静惠给我和姐姐分别起了个日本名字,我叫爱子,姐姐叫惠美子。

5-29　2018 年 12 月 6 日在首尔开会的苏智良,听说一位韩国幸存者逝世,即与康健律师一道,到殡仪馆悼念。灵堂前写着金顺玉的名字,但苏智良感觉有点面熟,问了逝者的儿子,才知道这是金淑兰回国后用的名字。(中国"慰安妇"问题研究中心提供)

　　粮食和副食品是军人们给我们送过来,由我们自己轮流做饭。因为我年纪最小,洗衣服和做饭的活我干得最多。有时,在我们的要求下,军人们也把他们自己吃的饭和汤送给我们,他们甚至还偷偷地送我们一些小干面包之类的食品。我们穿的衣服是军人们穿过不要的粗棉布内衣之类,偶尔军人们也拿来一些在那些人去楼空的中国人家里翻出来的衣服给我们穿。静惠的日语说得很好,她通常只接待军官。宫子和贞子比我们来得早,她们总是把她们不愿意接待的粗鲁军人推给我和姐姐。我很讨厌她们,我们都处于同样的境地,而她们却欺负我们,所以我不太愿意跟她们相处往来。听静惠说,她来自汉城。宫子和贞子,我没怎么与她们打交道,所以不知道她们的家乡,怎么到这里来的。

　　后来我发现,这栋房子一共只有5间房子,每个房间里都有铺着毯子的床,房间的门口放着洗脸盆。

　　不久,静惠给我们每个人发了一瓶消毒水。把消毒水倒在脸盆里,再加些水,就会呈红色。静惠告诉我们,这里规定,在接待完军人后,必须用这种消毒水洗洗。①

　　那时,并没有直接管理我们的人,但部队就驻扎在旁边,如果我们想要出门,哨兵就会过问和阻拦。所以实际上,我们哪儿也去不了,我们居住的这个村庄是什么样的,我们一无所知。

　　军人们一来,就直接进他们愿意进的房间。大约过了一个月后,我发现,来这里的都是些比较固定的军人,并没有新的军人,所以我们猜测,我们是专门接待这部分军人的。

　　军人们常常出去打仗,往往一周内有三四天晚上要有行

---

① 从叙述的情况分析,消毒水应该是高锰酸钾。——引者注。

动,拂晓才回来。战斗结束后,军人们列着队唱着歌开回营地。这个时候,我们就得起来等候他们。在一般情况下,军人们都下午来,但打仗回来后,从早晨开始,军人们就涌进来。这时,一天就得接待七八名军人。下午军人来时,一般时间比较短,每个人大约 30 分钟,结束后就走。晚上的情况就不一样了,军人们都喝得酩酊大醉,晃晃悠悠地闯进来。他们常常叫我们唱歌、跳舞,非常令人厌烦。有时,我实在无法忍受,就去后院躲藏起来,但这种情况一旦被军人发现,他们会更加粗野地对待你。由于选择哪个女人完全由军人们自己来定,时间长了,就有了一些比较固定的对象。

5‐30　上海师范大学的志愿者姚霏在探望朝鲜半岛的"慰安妇"制度受害者朴又得老人,老人战后一直住在上海吴江路,直到逝世。(中国"慰安妇"问题研究中心提供)

军人进来做那种事情,有的人在 30 分钟内把我们折磨得半死,有的则比较温和,一会儿就离开了。军人虐待我时,硬是把我脑袋压在他们的胯下,叫我舔他们的生殖器。做完那种事情后,还让我用脸盆打水给他们清洗,如果我拒绝按照他们的吩咐去做的话,他们会把我打得遍体鳞伤。

安全套是军人们自己带来的,没有预先分配给我们。每周都由军医从后方带一名士兵,对我们进行一次身体检查。但如果事情忙,隔周来一次。一听说军医来了,我们就用消毒药认真洗洗,因为军医检查时只要发现一点儿异常,就给打黄色的606号针。打针以后一打嗝,鼻孔里往外直冒臭味,令人非常恶心。

临近来月经时,我们就向军医要棉花,积攒起来备用。来月经时也得接待军人,即使不愿意也毫无办法。这个时候,我们只好把棉花卷起来插入身体的深处再去接待军人。为了避免经血渗出来,棉花往往尽量放得深些,这样多次接待军人后,有时棉花都掏不出来了,真是苦不堪言。如果积攒的棉花不够,就临时剪些布条卷小一点儿代用。

没有战斗时,上午一般没有军人来,我们就洗衣服或者聚在中间房屋内聊天。我的性格比较内向,本来就不太随和,加上整天都在琢磨如何能逃出去,所以除了惠美子姐姐外,和其他人不怎么来往,关系也不融洽。

我看得出来,好像必须得到部队的允许,军人们才能到我们这里来。起初,我不知道军人们来我们这里是否交钱,过了一段时间后才听静惠说,军人们每来一次,士兵得交纳1元50钱,军官们过夜得交8元。我问她,军人应该将钱交给谁?她说,我们应该收那些钱。可一直到我不再过"慰安妇"生活为止,也从来没有从军人手里拿到过一分钱。我不知道静惠到底知道些什么才那么说的。

有一天,正在吃早饭的时候,军人们匆匆跑进来,不由分说,命令我们迅速打好包裹。正在我们打包裹的时候,他们又赶着我们上车。慌慌张张中,我们离开了这个住了两个多月的地方。①

(十) 高信义:我的姐姐被日军抓去做了"慰安妇"②

第二次世界大战时,日本侵略了武汉。1926 年出生的我,那个时候是 12 岁。我们家那个时候过着幸福的生活。

我的父亲从事桥梁建设相关工作,特别是做铁路桥。我父亲年轻的时候是一名船员,乘坐外国航线。当时船上只有一个日本人,一个中国人,剩下的全是印度人和黑人,怎么也合不来,因此,由于是同样肤色的黄种人,父亲和那个日本人成了非常好的朋友。原本我家就对日本人抱有好感。

当时,以东条英机为首的日本军法西斯分子挑起了侵略战争。不仅是中国人受到了伤害,日本人在内的亚洲整个地区都受到了伤害。我的姐姐也是其中的一个。那时,姐姐才16 岁,比我大三四岁,在武汉被占领一个月的时候被日本兵抓走了。

● 出去买粮,遇见了日本兵

1938 年,日军占领武汉.我们去买粮,与日本兵相见,我们避难到由英国人经营的太古洋行。我们躲避日本兵时吃的粮食没有了,我去买但是因为太小没有力气,所以要和姐姐一起

① [韩]韩国挺身队问题对策协议会、韩国挺身队研究会编,金镇烈、黄一兵译:《被掠往侵略战场的慰安妇》,北京:中国文史出版社 2001 年版,第 3—8 页。
② 这个口述是日本铭心会到武汉调查时记录的,高信义是个化名,他住在武汉,他讲述了姐姐高秀金被日军抓捕为"慰安妇"的故事。

去了。为了人身安全,如果不隐蔽的话,会有日本兵拿着刺刀抓年轻姑娘的危险。我们避难的太古洋行仓库前有一条河,一到晚上就会传来寻找女人的日本兵的"咔—咔—"的脚步声。从仓库的窗户往外看,就会看到日本军队屠杀中国人的现象,非常可怕。可是,日军占领已经过了一个月,而且也已经没有吃的米了。因为过了这么长时间,所以想着应该没问题就出门买了。

从太古洋行走到汉口造船厂,还没买到米,就来了几个日军士兵,把姐姐抓住了。听说过被强奸的事情,姐姐大声地喊:"妈妈,救救我!"我想去救她,但是因为大家都带着刺刀,如果去就会被杀,所以我很害怕,不敢去救姐姐。我姐姐是个美丽的姑娘,她叫"秀金"。

● 被扔进卡车里

日本兵一抓住姐姐,就把她关在旁边的军用卡车里。应该里面也有被抓的人吧,但是因为挂着帘子,所以看不清楚。

我真的很焦虑,也很悲伤,我们没有任何武器,对方是军人,而且还带着刺刀,所以根本无法抵抗。

● 和姐姐的相见

两年后,在去岳阳的途中,火车来到了一个叫赵李桥的车站,火车停了下来,因为还有一点供水的时间,我望着外面的景色。在离车站 100 米左右的地方,有一排日本式的木制建筑物,在旁边有人在卖便当。当时,像便当这样的东西是日军需要的,上面还加了一双筷子,还卖日式馒头。平房是日式的木制建筑,外墙用木板缠了好几层。这边是食堂,对面是一个很长很长的建筑。我以为是食堂,一看,那里有很多女孩子,化着很浓的妆。那里是日军的"慰安所"。大家都穿着东洋婆子和日本女人的和服。战争还没有开始的时候，武汉已经有日本租界了，从小就看日本妇女的服装，所以认识。我想着"这就是日本的和服吧"。有长袖，腰上还系着一个包，头发不是日式的。

火车停了很长时间，下了车，怕火车走了就麻烦了，所以我没下车。在那里观看的时候，听说火车来了，从建筑物里出来好多女人。突然一看，姐姐在其中，互相都看到了，姐姐向我挥了挥手。日本人发现之后说："不要挥手，混蛋，混蛋。"然后用枪把所有的女人都赶到建筑物里。我从这边看到姐姐流着眼泪，但是我也害怕，不敢从火车上下来，只能哭。真的很悲伤。

● 寻找姐姐

那时，我去岳阳做买卖，实在顾不上考虑生意了，一到了岳阳，又折回来了。到了同一个车站的时候，我下车去寻找，可是姐姐已不在了。因为完全不知道姐姐的去向，所以我只能又回到了汉口。

之后，父亲一个人也出去寻找过姐姐，只靠步行的方式到处找。走遍了江西省、湖北省的通山县、通城县、嵩阳县、河南省洛阳等地，但却没有姐姐的消息。

父亲回来了，问"有姐姐的消息吗？"说没有找到。然后父亲又去了我看到过姐姐的那个车站。那里的人说："那个孩子已经死了。"大家听到这个消息之后都纷纷落泪。姐姐肯定是为了家人而死的。①

---

① 『性と侵略——軍隊慰安所84か所　元日本兵らの証言』、238—240頁。

（十一）彭仁寿

彭仁寿是两年前刚确认受害者身份的老人。2018 年的 7 月、9 月，中国"慰安妇"问题研究中心志愿者两次赴湖南岳阳调查，确认彭仁寿老人日军"慰安妇"制度受害者的身份。战时彭仁寿曾两次受害，第一次受害时年龄只有 14 岁。下面是她的苦难经历。

彭仁寿，1925 年 12 月 16 日出生于湖南省岳阳县甘田镇。父亲彭必初，母亲罗氏，家里有兄妹五人，彭仁寿排行第二，上有长兄彭泽棠，下有妹彭竹英、弟彭泽农、弟彭和生（夭折）。目前除了她妹妹彭竹英健在，其他兄妹都已去世。老人嫁给湖北人杨厚清，婚后并无生育，杨厚清有一子杨德汉。杨德汉早逝，彭仁寿老人晚年由侄子（弟彭泽农之子）养老送终。

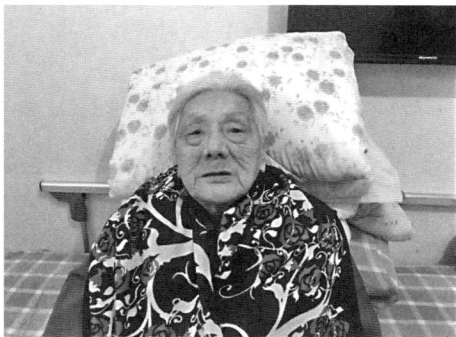

5-31 湖南岳阳的幸存者彭仁寿老人。（黄钰颖 2018 年摄）

1938 年秋，日军入侵岳阳，不满 14 岁的彭仁寿与家人前往岳阳排形李家屋（今岳阳双塘村排行组）避难。在日军抓捕当地女性为性奴隶的扫荡中，维持会引导日军到排形李家屋抓捕少女彭仁寿，并以其亲人和数十名村民的性命为威胁，逼迫躲在夹墙中的彭仁寿就范。为了换取家人和村民的性命，彭仁寿毅然选择牺牲自己。她被日军关押在慰安所中。

日军将慰安所设立在他们强占的泥制民房里。慰安所有多个房间，彭仁寿被独自关押在其中的一间房内，失去自由。

彭仁寿清楚记得房间里的床有雕花、踏板。在慰安所内,日军没有派医生为她们检查身体,也没有让她们使用高锰酸钾等卫生消毒用品。平时有人给她们送饭。

日兵一个接连着一个,入室欺凌彭仁寿,她害怕得连眼睛都不敢睁开。直到彭仁寿生了重病,才被日军扔了出去。

5-32　2018年9月,调研小组与彭仁寿老人合影,左起:黄钰颖、董子君、陈丽菲、彭仁寿、彭梓芳、贾铭宇、张如意。(中国"慰安妇"历史博物馆藏)

此后彭仁寿得到了好心人的救助,身体逐渐恢复。不料又一次被日军抓入慰安所,受尽凌辱。彭仁寿第二次在慰安所,因为不配合日本兵,日军士兵拿长刀捅刺她的腹部,鲜血直流。后彭仁寿被日军遗弃,被救回家中,其父亲用锅灰等救治,虽没有治本但勉强保下性命。

日军的性侵害使彭仁寿患上严重的炎症,长年下体流脓,痛苦万分。1951年,彭仁寿在岳阳人民医院做手术,摘除子宫,才治好多年顽疾。虽然身体上的病痛被治愈,但彭仁寿心里的疮疤从未愈合。

彭仁寿被解救后,有一次在山中捡柴时遇到黎自格领导的便衣队,她自愿为他们带路,助他们抗日杀敌。彭仁寿的长兄彭泽棠早年参加革命,解放后曾担任北京最高人民法院民事审判庭审判员,为减轻彭仁寿姐弟的负担,他把父亲彭比初接到身边照顾。彭仁寿曾与湖北人杨厚清结为夫妇,因子宫被摘除,一生未孕。

2018 年 11 月 22 日,彭仁寿老人病逝,享年 93 岁。①

第三节　第三方证人

京都第 16 师团的一个上等兵比较坦率地讲述了战时日本兵的心态:

> 男人跟女人不一样,年轻的时候,都想要抱个大姑娘,想处理自己的能量。不知道你们能不能明白,要是男人的话应该是有体会。男人都想处理自己的性。所以即使在战争中,也要接受不要在战争中杀掉女人、杀掉对方的男人的教育。就是来处理日本军的性的问题。这是战争的悲剧。这是发动战争的人的悲剧,同时也是被侵略的人的悲剧。所以失败的一方想哭都找不到地方。②

我们可以通过第三方目击者来检视慰安所的实状和"慰安妇"的遭遇。

① 上海师范大学中国"慰安妇"历史博物馆志愿者张如意整理记录。
② 『性と侵略——軍隊慰安所84か所　元日本兵らの証言』、245 頁。

5-33　日军在海南建立的慰安所,该建筑保存完好。(苏智良 2000 年摄)

　　在海南岛儋县那大市(今儋州市那大镇),日军设立了赵家园慰安所。当时吴连生随父亲刚从三亚市迁居到那大不久,出于生计,他进入赵家园慰安所做杂工,那年他 21 岁。他回忆,慰安所的负责人——"巴那个"(日语音译,俗称"龟公"即慰安所管事)差派他负责清洁卫生等杂务,天天从早忙到晚,因此有机会目睹这个日军慰安所里鲜为人知的龌龊情景,以及"慰安妇"们不堪言状的非人遭遇和日军官兵恣意蹂躏妇女的残酷兽行,这一切对他来说"记忆犹新,难以泯灭"。在海南省政协的帮助下,他慢慢回忆,终于留下一份极为详尽的关于慰安所内幕、"慰安妇"生活以及日军暴行的珍贵历史记录。

(一)

　　1940 年秋,侵琼日军开始修建那大市日军"军部"(民间俗称,即驻军指挥机关营地,时为舞鹤第一特别陆战队司令部)。在军部即将建成时,日军当局为消除部队官兵性乱妄为造成战斗力下降的隐患,筹设那大市日军慰安所,首先强占业主赵亚灵的赵家园,共三进十二间民房,设置赵家园慰安所(今那大镇大用商场)。

1942 年 2 月,正值早春花开的时节,第一批 21 名"慰安妇"被押送到赵家园慰安所。"慰安妇"年轻貌美,年龄在 16 到 18 岁,大多是毗邻的临高县新盈地区的人,也有本岛东部的文昌县人,个别是台湾人。

驻扎儋县地区和临高县第五区(今儋州市和庆、兰洋、南丰等乡镇)的日军闻讯欢喜若狂,跃跃欲试。慰安所挂牌开张的前一天,就有日军士兵通宵达旦地在门外等待。天刚拂晓,慰安所前已门庭若市,人头攒动,日本军方用 7 辆大卡车接送日本兵,人流不息。日本兵熙熙攘攘,比肩接踵地排起长队,每人免费领到一个牌号和一个印有"突击一番"字样的卫生袋,袋内装有安全套和清洁粉。按照"巴那个"的指挥,日兵手持牌号依次进入慰安所,彼出彼进,一批刚走,一批涌入,川流不息。原定日军每人"慰安"时间为 30 分钟,由于等候的日军人数太多,吵吵嚷嚷急不可待,结果缩减为 15 分钟。为了抓紧时间加快速度,进入慰安所的日军按照预先要求,自觉带上安全套,完事出来自行脱下,连同卫生袋一起扔进大门侧角的大水桶里。由日本军方派遣进行性卫生监督的日军"值日官"站在一旁逐个检查,若发现未按规定使用安全套和清洁粉者,便上前盘问记录在案,上报所在部队的长官,罚其一个月内停止"突击一番",目的在于严防日军患上性病,造成部队非战斗减员。

开始 10 天,我每天挑出去倒掉的安全套、卫生袋就有满满的 4 个大桶。平时,日军用过的安全套、卫生袋也不少于两大桶。安全套夹杂着粘粘糊糊的腥气四溢的精液盈桶欲溢,实在令人恶心作呕。最初一段时间,我胸闷气憋呕吐难忍,连黄胆苦水也从肚里翻涌出来,有一个星期饮食难咽。后来,日复一日闻多见惯,也就习以为常了。

5-34 海南省海口的日军慰安所旧址。(张国通 2008 年摄)

在开始的 10 天里,赵家园慰安所先后接待日军有 3 千多人次,"慰安妇"每人每天至少接客 20 人次。持续的频繁接客,使"慰安妇"们精疲力竭、苦不堪受,每天都有几个人因体力不支而休克,有的甚至一天数次昏倒,下阴大量出血。

记得慰安所开张的那天,有位名叫阿娇的 16 岁台湾妹仔,被接踵而至的日本兵连续摧残,子宫破裂,血流如注,当场昏死过去。糟蹋她的日本兵出门时告诉值日官,是我们进去将她抬出来的。经过抢救,打针、止血,苏醒后仅过半小时,"巴那个"又惨无人性地强迫她继续接客。在后来正常的接客日子里,我们每天抬出一两个"慰安妇"进行急救,是司空见惯的事。

赵家园慰安所除就地接客外,还要按照日军方的要求,定期或不定期地到日军据点去"慰问"犒劳皇军。在"慰问"期间,"巴那个"将"慰安妇"分成几路,每路二至三人,用汽车送到日军各据点。"慰问"的路线一般是由远至近,有时亦由近至远进行沿途"慰问"。每个据点视日军人数多少,安排一天或半天或者一个夜晚。分派"慰问"的"慰安妇"比起在慰安所里所承受的折磨更是有增无减,她们日以继夜地接客,一天长达12个小时以上,每人每天接客多达50人次。

慰安所没有休假日,服务不分昼夜,日军随时可能到来,"慰安妇"随时接客,外出"慰问"则轮流摊派概莫能免。在日军人数众多的突击接客日和下据点"慰问"期间,"慰安妇"一律不准休息,月经来潮也不例外。因此,"慰安妇"的性病多由此起。

日军视"慰安妇"为泄欲工具,随心所欲,恣意糟蹋,"慰安妇"如有不从,便受到严厉的处罚。慰安所开张一个多月后的一天,有位名叫妖英的新颖妹仔,遭受日军接二连三的轮番蹂躏,早已不堪承受,一日本兵还要强人所难,逼迫她躬腰趴地接客,她不愿顺从。"巴那个"听到报告后,恼羞成怒,派人揪住她的头发连拽带拖,将其捆绑在砖柱上,用脏抹布堵住嘴巴,用辣椒盐狠狠地往她阴部抹搽。妖英妹仔痛不欲生,拼命挣扎,欲喊不能,其惨状莫此为甚,令人目不忍睹。

(二)

赵家园慰安所究竟有多少"慰安妇"? 难以说准,时多时少,总地来讲,人数不断增加,由开张时的21人增加到39人,后来多达45人。但人员变化无常,很不稳定,有的来了一段时间,却突然销声匿迹,有的来了三五天后,便不见了踪影。究其原因,慰安所为迎合日军官兵喜新厌旧心理,将"老"的"慰安妇"转送他处,以换旧补新;或日军方将身患性病、治疗无效或身虚体衰、无力支撑的残花败柳秘密处置,销尸灭迹。

　　"慰安妇"们日复一日地遭受日军频繁的性折磨和敲骨吸髓的性摧残,实在非人承受,难以为继,不少人死于非命。"慰安妇"时有失踪,相当程度上缘出于此。有一位刚来不足一个星期的临高妹仔,名叫"报知"(临高方言,即阿四),圆圆的脸蛋,仅17岁。那天一下来了两卡车日兵,"巴那个"明知她月经来潮,身体不干净,却不顾死活地逼她接客,结果染上性病,痛如刀割。医生给她打了针,未见好转。后来她病情恶化,下阴红肿,流淌脓血,疼痛得裤子难穿。她光着下身在铺板上翻来滚去,椎心泣血地呻吟了两天两夜,慰安所里的人无不心颤胆寒。"巴那个"毫无怜悯之心,却烦她影响他人情绪,第三天深夜,伤天害理地用汽车把她拉出去,偷偷将其活埋了。"报知"妹仔是"巴那个"叫我拖上车的。像"报知"这样半夜三更被汽车拉出去活埋的,并非个例,在慰安所的第一个月里,我亲历亲见的还有两个。

　　赵家园慰安所的"慰安妇"主要是日军从本岛各地强征硬拽来的。从语言口音上分辨,以临高县新颖地区的占多数,还有各县的,台湾妹仔也有,但比较少。她们大多是十七八岁的未婚女子,也有部分十五六的无瑕少女,二十一二岁的大姑娘仅有少数。慰安妇人员经常变动,她们的名字我大多难以记清。

　　赵家园慰安所的"巴那个"(管事)是个半老徐娘的日本女人,身穿日本和服,风韵犹存。她对外毕恭毕敬礼节周全,对内则声色俱厉心狠手毒。平时,"巴那个"要求"慰安妇"们身着和服接客,以营造日本故国乡情气氛。但在突击接客日,慰安所一天要接数百名日军,为节时省事,加速进度,她则强迫

"慰安妇"们整日赤身裸体，一丝不挂地躺在铺板上和"慰安椅"上，任由日军接连不断地发泄性欲。

慰安所里的设备非常简陋，房间里没有专人床铺，只有一层离地约 40 公分高的木板通铺；通铺既没有专门的隔房，也没有固定的间隔，仅仅拉根绳子挂上布幕或毯子草草应付。在突击接客日，慰安所里显得人多地狭，行动拥挤，"巴那个"干脆连布、毯隔帘都不用，嫌其挡风堵路。在大厅和露天的庭院里，则设置一排排的"慰安椅"，以满足性猎奇的日本兵欲望。慰安椅设制特别，"慰安妇"仰躺在椅上，臀高头低，手脚失去活动自由，任日兵变换花样地站着行淫。

慰安所里的饭菜简单粗淡，一日三餐，都是大锅饭、菜。米饭粗糙，常是掺有很多砂石的麦米；菜食匮乏，量少缺油。为了保持"慰安妇"的"苗条体形"，"巴那个"只给她们素食，难尝荤腥。慰安所实行分饭制，由我们按"慰安妇"人头分派。在突击接客日，常有一盒盒丝毫未动的饭食被倒掉喂猪。"巴那个"没有给持续不断接客的"慰安妇"安排专门歇息进餐的时间，而疲惫不堪的"慰安妇"们也早已胃口全无，根本就吃不下饭。

慰安所的管理相当严厉。为了防止性病传染，保证日军的性安全，"慰安妇"定期检查身体，每星期一次。若发现有性病患者，马上令其停止接客，隔离处理，轻者在日军卫生所打针治疗，病愈后转送别处继续使用，经三五天短期治疗无效的重病患者，则被悄悄处死销尸。慰安所还规定：不准"慰安妇"私容日兵在慰安所过夜；不准私陪日兵外出留宿；不准与所里工作人员眉来眼去，如有违反，则严加惩罚。赵家园慰安所在那大市日军兵营范围内，"慰安妇"不能私出营区，否则以擅自行动或有潜逃企图罪名处治。

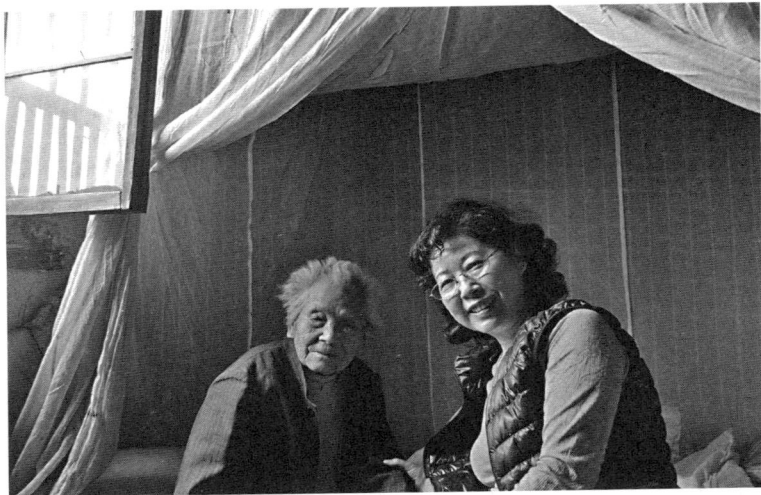

5－35　2016 年,陈丽菲教授来到湖南,看望汤根珍老人。(贾铭宇
2016 年摄)

　　我在那大市日军慰安所干了近两年,耳闻目睹"慰安妇"
们忍辱纳垢、惨遭蹂躏的状况,食不甘味、卧不安寝,心里异常
难受。1943 年底,我设法逃离了慰安所,流离转徙,浪迹四方。
此后,我噩梦时现,"慰安妇"们遭受糟蹋蹂躏、摧残杀害的惨
景,往往使我惊出一身冷汗。

　　日军对我擅自脱离大为恼怒,便父代子过,逮捕了我父亲
吴亚老,将其押到那大市芋子顶活埋了。①

　　1941 年在《广西妇女》杂志刊出一篇调查散文,作者进入日军
刚撤退的湖北通城寻访知情者,文章勾勒出通城日军慰安所的
概况。

---

① 吴连生口述,林良材、梁春田、符和积整理:《楚馆悲歌　红颜血泪——日军那大慰安
　所亲睹记》,符和积主编:《铁蹄下的腥风血雨——日军侵琼暴行实录》,续册,海口:海
　南出版社,1996 年,第 272—279 页。

通城的慰安所

一进通城,我不急寻找住宿地和党政军的各机关,首先巡视敌人留下的痕迹,但我到达之后,已经由有关各方面扫除或洗刷过,目睹的只是一片瓦砾和仅存的断垣破壁。

浩大的一个通城,已经没有一栋房子存在,福音堂天主堂也都空得没有门窗,没有板壁,仅有一间空架子,歪斜地站在废墟上。可是在废墟上也有一两间完整的屋子,那就是敌人蹂躏我们妇女的慰安所,敌人败退时加以摧毁了。因为我们追击迅速,摧毁得并不彻底,在草堆里面,还有残脂或秽亵品的存在。敌人准备从通城退却,在本月初,在还没有完全退却以前,那些在铁蹄下苟延残喘的顺民们,都在威胁下先向大沙坪迁徙了,充当慰安品的女同胞们,更是全数被敌人架走。

关于我们女同胞们的被蹂躏的情况,通城伪组织人员都不能知其内容的(伪组织人员反正为我们效力了),经笔者多方探索,终于知道了一点梗概。

慰安所是有三级的:第一级,是从敌国调来作战而死亡者的妻女,她们的丈夫或父兄因侵华致死了,噩耗不让她们知道的,以欺骗的方式引诱她们来华,说是和丈夫或父兄会面,来华后,却分派到各军营充当泄欲器了。第二级是朝鲜或台湾人,她们在魔掌宰割之下,是要如何便如何的,她们过着亡国奴的生活,一被征发就是无法避免的。第三级就是遭受蹂躏的我们的女同胞。

第一级和第二级的享受者是军官,而我们的女同胞呢,所承受的只是那些战兵的践踏。这些"慰安品"的供给者大半是维持会向四乡强迫来的,在慰安所里被践踏若干时日后,可以释放回家,但虽经五人以上的保证人勒令交出,延限三日,则保证人及家属都全数活埋,维持会人员亦会被惩。

在值班的那一天,是要承受六十名战兵践踏的,而在践踏时,尚须强作笑容,不能有不愿意的表现,否则会被赤裸裸地鞭挞,三星期内不准回家。

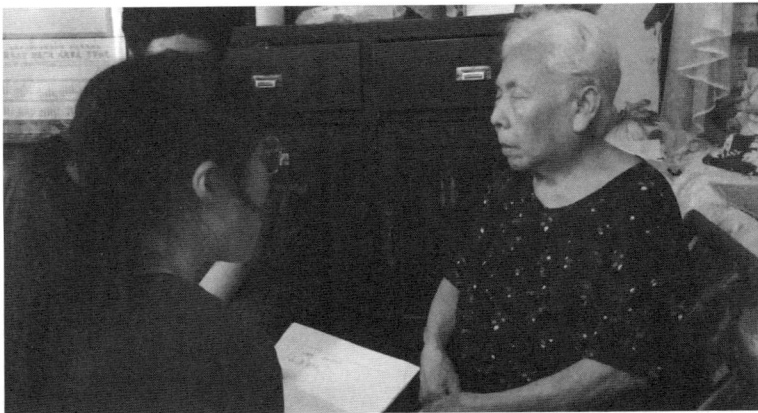

5‑36　在当地志愿者的协助下,我们近年来在湖南寻访到十多位幸存者。图为 2018 年 8 月,彭竹英奶奶在讲述自己遭受日军暴行的经历,记忆清晰。(黄钰颖 2018 年摄)

那些来泄欲的战兵,事先须到购票的地方纳一定的代价(分三种:上等一元四角,中等八角,下等四角。),换取一张纸片,然后按照号码找到"慰安品",不得任意选择,也不得超过规定的时间,超过五分钟就得加倍纳价,而且停止其一次"慰安"权利。

在值班之先和退班的时候,都得受卫生人员的检查和洗涤,若当月事或染到花柳时,由医生发给停止值班证明书,而有病的则住在卫生队的特设病房里,听候疗治,在痊愈后仍得照常值班。

战兵们所购慰安券的代价,虽然是全数发给充任"慰安品"的女同胞们,而层层剥削,"慰安品"所得已寥寥无几,而且遇着疾病,则医疗费全由"慰安品"自己负担,因为女同胞们忍受践踏的收入,尚不够一次疾病的支出,我们的女同胞们,就这样惨痛地呻吟于铁蹄下。

至于自由地到四乡找"花姑娘"的战兵,更无日无夜,但因我游击队的活跃,一两个是不敢下乡的,否则,不是被我们活捉就是被杀戮。

现在的通城,是重见天日了,而许多女同胞们,已被敌军强架到大沙坪去,依旧在铁蹄下呻吟。①

1943年12月26日的《第六战区常德会战战斗要报》(附录),曾披露日军对湖南妇女的大规模暴行,该要报由第6战区司令长官司令部1943年12月26日印发。

敌人每至一地,即四处搜寻妇女,以供兽欲。据敌俘及被掳逃归之民夫称,敌人掳获我女同胞,即依照敌酋规定:送交敌慰安所,依次轮奸,十四岁至二十岁者,规定轮奸三人,二十岁至四十岁者,规定轮奸五人。年老妇人,则分配给马夫伙夫及口军使用。然敌之前锋部队,则多不照规定,遇到我女同胞,首先强令解开上衣纽扣,满身摸捻,搜掠法币、金饰及珍宝物品。穿着较好者,其衣服亦被剥夺,随之逼迫脱去全身衣裤,拉往山林或农田中,实行奸淫。如敌兵多被掳获之妇女不够分配时,则排队依次轮奸,其候之两侧之敌兵,拍掌狂呼,以助淫乐。

沅水两岸陡山山林中,有被敌轮奸致死或奸后被杀之女尸数十具,全身一丝不挂,横直伏仰,血迹斑斑,其状至惨,其

---

① 王璧珍:《慰安所里的女同胞》,桂林:《广西妇女》,1941年第17—18期,第36页。

5 - 37　中国"慰安妇"问题研究中心的调查人员胡海英、侯桂芳在采访原日军"慰安妇"受害人黄伍仲,地点是海南保亭县南茂农场什坡队,时间是2000年。

中尤有死不瞑目以及死后仍张嘴咬牙者,令人不忍卒睹。常德珊瑚巷某山中,树木茂密,附近居民,无力远避,相率藏躲山林中。敌骑到达,不见人烟,即入山搜索,有不及逃脱之妇女三十余人,为敌掳获,抢劫之余,就地逼奸,均致殒命。其中有丈夫同时被掳者,敌兵轮奸妻子时,强令丈夫跪在地下旁观,人非木石,何能忍受此奇耻大辱,乃赤手空拳,与敌搏斗,以此而遭敌惨杀之男子,为数亦多。①

我们再来看看一个台籍劳工眼中的原日军"慰安所"。林金福是历史见证人,1926年生于台湾,2000年研究生胡海英访问他时他已75岁,住临高县临城镇干部新村第7排10号。他当年作为台籍劳工来到海南,他讲述了战时所见的日军慰安所。

---

① 王幸之:《敌寇暴行录》,第六战区司令长官司令部印,年代不详,附录。

　　在我被日本人抓到海南之前,我家是住在台北市前宫前听25番地。当时父母已经双亡,我跟着姑母住,并在一家汽车修理厂当修理工。

　　1943年,也就是我18岁的那年。日本人命令台北市役所(相当于区政府)到当地征收修理汽车的技术工,我免不了就成了他们征用的对象。记得当时有一张通知书其实也是命令书寄到姑母的家里。

　　在征用劳工的时候,日本人说是征到南方去工作,直到1943年11月11日我们一行人到海南的三亚港登陆,看到海军警备司令部,才知道自己被日本人骗了。日本人原来是有目的地征用一些汽车修理工,到海南帮助他们修理军用汽车,好让他们继续在海南岛进行侵略。记得当时日本人是借用海军军属的名义,把我们运到三亚。

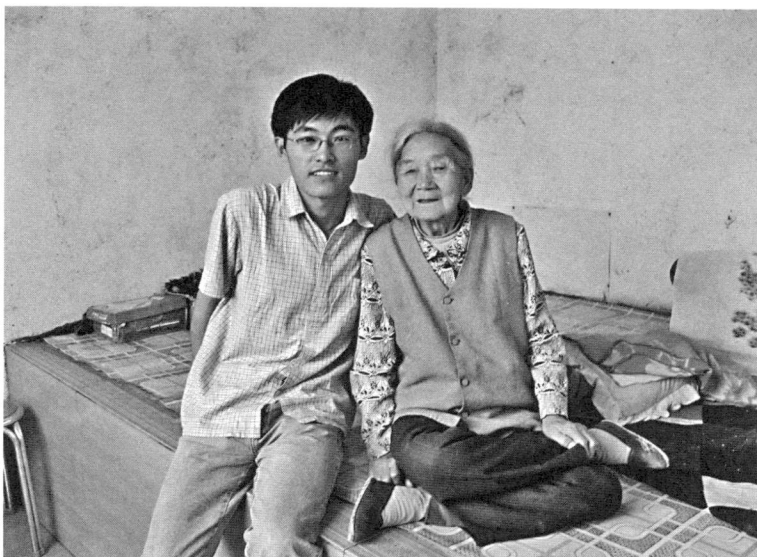

5-38　2006年的暑假,志愿者姚霏、陈克涛到山西盂县探望8位幸存者。这是陈克涛与赵润梅老人的合影。(姚霏2006年摄)

在为日本人修理汽车的期间,每个月他们发给我们150元钱的工资。但这150元,并不是全部发到我们劳工的手中,其中80元由日本人替我们寄回老家,再有40元由他们定期存入我们个人的帐户,剩下的30元才发给我们作生活费。日本人给我们发的工资,都是用他们在海南岛强制发行的军票。因为我们每个人每月有30元的生活费,日本人允许我们到指定的范围内去喝茶、买东西,或买票去附近的慰安所。

战时,从海南岛的三亚港到三亚飞机场这一带海边的地方,全部由日本人占领。日军的海军警备司令部就设在三亚飞机场,我们也住在飞机场的附近。与此同时,在日军机场附近就有几家日军开设的慰安所,例如三亚港、榆林港。从慰安所接待的对象上看:有军官慰安所、有士兵慰安所,还有劳工慰安所。我们这些从台湾征来的劳工,日军允许我们每个人花1.5元买一张票去慰安所里玩一次。因为当时劳工有几千人,仅我们一起坐船来的就有几百人,而"慰安妇"人数有限,所以劳工买票去慰安所也需要轮流,轮流的顺序由日军安排,大概每个人在一星期内可以轮到一次去慰安所的机会。这家慰安所离我们劳工住的地方有1公里左右的路。

就慰安所里的"慰安妇"来说,为日本军官服务的是来自日本的"慰安妇";而士兵慰安所里的"慰安妇"既有日本人、韩国人,还有台湾人。劳工慰安所里也有日本和朝鲜"慰安妇",但比较少。这些"慰安妇"基本上都是年轻人,有20多岁的,也有30多岁的。为了防止性病的传染,日本人每周还会用车将这些"慰安妇"拉到他们设立的海军医院去检查身体。

那个时候我还小,所以没有去过过慰安所。慰安所里面的具体情况我不太知道。①

5 - 39　1997 年夏,在南京大屠杀遇难同胞纪念馆副馆长段月萍 (左)的陪同下,苏智良在南京调查慰安所遗址。

日军第 11 军南犯岳阳,占据岳阳达 7 年之久。日军部队还在黄沙街、吴胡驿(今称五垸乡)等地设立慰安所,强逼当地青年妇女充当 "慰安妇"。吴胡驿慰安所建于 1939 年 10 月,最初里面有 14 个"慰安妇",其中岳阳当地妇女 4 人,湖北妇女 2 人,朝鲜妇女 8 人。这个慰安所由日军第 11 军的一个大队直接管理,而慰安所的经费支出却由维持会向民众摊派。在日军的蹂躏摧残下,这些"慰安妇"个个面黄肌瘦,形容枯槁,有的后来被折磨致死。由此可见,受害者完全处于没有任何自由和人权的性奴隶状态。

第四节　日军迫害"慰安妇"致死案例

侵华战争时期,日军利用汉奸胁迫、拐骗、收买一些妇女,在浙

---

① 胡海英(上海师范大学历史学系研究生)2001 年 1 月 8 日采访于临城镇干部新村林家。

江长兴县城曾开设过"桃花园"慰安所,专供日军发泄兽欲,妇女如有不从或反抗的,就会惨遭毒打。在这个"桃花园"慰安所,被迫自杀及被折磨致死的年轻妇女达 50 多人。①

一名被押至中国受害的朝鲜"慰安妇"回忆:

> 挨打的当然不仅是我一个人。一个从平壤来的女人,就是日本兵用浸过水的木棍打在后脑上,当即气绝身亡的。我们就这样过了 6 年备受凌辱的从军"慰安妇"生活。到日本投降时,我被日军带到北京附近,终于获得了解放,当初姐妹近 50 人,最后只剩下 7 个了。我在当地同胞的帮助下回到了故乡。但是,美好青春被残酷蹂躏,无法向谁倾吐,这种痛苦只能深藏在心,甚至对妈妈也不能说,它使我不得不隐居于大同郡。②

> 有一天,日军把我们赶到前院子,当着我们的面,砍下 10 多个朝鲜妇女的头,她们都是逃走时被抓回来的。

> 那天晚上,我们整个晚上都无法入眠,很多女孩为自己不幸的命运感到悲观绝望而自寻短见。我熟悉的一个叫朴学实的女孩就上吊自杀了。

> 就这样,充满阴郁、度日如年的生活一天又一天地重复着。1944 年,我们被押送到船上,准备前往新加坡。③

根据云南保山市方志办陈祖梁先生的调查,以及日本老兵的回忆,云南腾冲慰安所由日军 148 联队开设。开办时间由 1942 年

---

① 《日军在长兴的暴行》,中共浙江省党史研究室、中共湖州市委、浙江省新四军研究会、浙江省档案馆联合编著《浙西抗日根据地》,杭州:浙江人民出版社 1992 年版。

② [朝]《朝鮮新聞》,1992 年 9 月 13 日。

③ [朝]《勞動新聞》,1992 年 8 月 19 日。

5‑40 2019 年 11 月，陈丽菲教授与研究生张如意到珠海三灶岛调查，这是陈丽菲、张如意与当地志愿者刘昌言（左一），上表村慰安所的见证者、88 岁的美国华侨曾棠老人（左二）的合影。（刘昌言先生提供）

5 月至 1944 年 9 月，历时两年多。慰安所的房屋是强占县城南门外顺城街蔡某某家的民房。房屋建筑宏伟，为木结构四合院，有铁栅栏大门，原建筑保存完整。时有"慰安妇"十来人，为日本、朝鲜、中国妇女，年龄均为 20 岁左右。该所由日本人直接管理，设有门岗。"慰安妇"的房门上有编号牌。该所"慰安妇"专供军官玩弄，不准士兵入内，有军官长期居住在所内。腾冲光复前夕，日军给"慰安妇"毒药，迫令服毒自杀，有的被强迫用手榴弹自杀，有的被剖腹而死，还有几位侥幸活了下来。只有面向死亡，这些可怜的女性才得以解脱人间地狱的苦难。

第六章 "慰安妇"问题解决了吗

既然战时有数十万的各国女性坠入日军性奴隶制度的深渊，本应该有汗牛充栋的档案文献来揭发、确认这一野蛮制度及其所造成的滔天罪恶。然而，日本在战争失败的最后时刻，为了逃避世界人民的审判与谴责，将大量重要文件和资料予以销毁，而战后的历届日本政府，很长时期都没有公布关于"慰安妇"问题的军队、警察、外交、内务等部门的档案，从而使这桩法西斯主义的滔天罪行，迟至二战结束半个世纪后才逐渐被曝光和揭露。

时至今日，这场斗争仍在继续。

第一节 日本政府的刻意隐瞒

1945 年 8 月 15 日，日本正式投降。盟国颁布《波茨坦公告》，并建立"远东委员会 2113"和"盟国对日 5261 委员会"来主持对日本的战后处理。为使日本不再危害世界和平与安全，需要清除日本国内的军国主义势力，于是决定建立东京军事法庭，旨在起诉犯下严重战争罪行和反人道罪行的日本人并进行审判。1946 年 5 月 3 日至 1948 年 11 月 12 日，远东国际军事法庭在东京成立，审理日本在二战中所犯下的战争罪行,这一审判又被称为"东京审判"。远东法庭的法官来自美、中、英、苏、法等 11 个国家,梅汝璈法官、向哲浚检察官、倪征燠顾问等代表中国政府参与了审理。审判的日本战犯包括对中国、亚洲其他国家乃至对全世界犯下重大罪行的战犯东条英机、松井石根、土肥原贤二等人。

实际上,早在东京审判的法庭上,就有中国证人作证指出,日本兵在上海、南京的暴行和强奸行为后来减少了,其原因就是开办了日本兵去玩的地方,即慰安所,让女人们在那儿卖淫。① 但是,当时的检察官和法官们显然并没有意识到,日本政府及其军队犯下了有组织地为军队提供女性性服务的罪行——"慰安妇"制度,法院只是将日军对妇女的侵犯作为战争过程中的一般强奸罪行进行认知与定罪。由于日军在战时就注意保持"慰安妇"制度的隐蔽性,"慰安妇"问题在"军事秘密"的名目下,被深深地掩盖了,日本投降前更是自上而下加紧销毁机密资料,加之东京审判准备时间的仓促和调查的不充分,法庭并未充分认识到"慰安妇"已在日军中形成了一种制度,并没有进一步调查数十万良家女子在长达数年的时间里,被强迫处于非人道的环境中、固定地充当日军官兵性工具的这一令人震惊的事实,因此也不可能对战时由日本国家操纵的这种丧尽天良、侵犯人权的政府行为,提出专门的审判和做出应有的判决。

另一方面,1946 年英国首相丘吉尔已发表著名的铁幕演说,揭开了冷战的序幕,受到冷战的影响,东京审判在开始审判时,就受到了美国的控制。在美国的主导下,出于稳定日本战后局面的政治考量,东京审判并未对战时的日本实际最高统治者——裕仁天

---

① 参见千田夏光『從軍慰安婦』续集、雙葉社、1973 年。

皇予以起诉。不但对天皇免于起诉，在 28 名日本战犯中，除了判处死刑的 8 名甲级战犯以外，很多人都在随后的日子里被日本政府以各种理由释放了，如犯下累累罪行的甲级战犯、人称"满洲之妖"的岸信介，战后不仅逍遥法外，甚至还在 1957 年成为日本首相。这就使得东京审判的权威性、公正性受到了质疑，同时也为右翼分子不承认侵略、否定东京审判的正义性留下了隐患。

6-1　战时日本陆军省发布的征集"慰安妇"的文件。（日本亚细亚历史资料中心藏）

除了东京审判外，在二战结束后战胜国对日军犯罪行为进行的各种案件审理中，日军强迫当地女性为"慰安妇"的案例也曾出现在法庭上，但只限于个别案件的审理。例如在印度尼西亚，曾审理日军将包括荷兰少女在内的 30 多名女性强掳到慰安所的"斯马

兰慰安所"事件。12 名日本兵被押上法庭作为被告,其中的多数被
法庭判处有期徒刑或死刑。在美国的关岛,中国的太原、南京以及
徐州等地,也有个别关于日军对女性实施性暴行的案例得以审
判。① 但是,这些案件的审理与日军实施性暴力的范围和规模相
比,自然是远远不够的。这种个案的审判,也并没有触及核心的问
题,即日本军队与政府有组织、有计划地强征大量妇女充当军事性
奴隶,使得"慰安妇"问题成为尚未解决的战后遗留问题。

"慰安妇"制度是日本政府及军队在第二次世界大战中的重大
损害人权的犯罪行为,由于受害者全部为女性,其受害过程难以启
齿,人格尊严以及肉体受到严重侵犯,因此在战后的很长时间里,
受害者都选择对受害经历保持沉默。再加上战争期间日本政府和
军队就注意保持强征"慰安妇"行为的隐蔽性,以至于战后一个时
期,"慰安妇"和"慰安妇"制度的存在,并不为普通民众所知。这一
日本战时犯下的严重反人道、反人类罪行,直到 20 世纪 60 年代通
过有关学者的调查才慢慢浮出水面。

"慰安妇"问题最早为人们所知是在 1963 年。当年,日本《每
日新闻》记者千田夏光在整理其报社记者在侵华战争中拍摄的照
片时,在众多的秘密照片中,发现了一张两个女性挽起裤脚渡过黄
河的照片。这张照片上的朝鲜女人被证实为"慰安妇"。那么,为
什么朝鲜女性会出现在中国战场最前线呢? 从此记者千田夏光便
开始调查这些不幸女子,并在 1968 年出版了研究"慰安妇"问题的
两本专著《随军慰安妇》和《随军慰安妇续集》,"慰安妇"问题开始
曝光,但影响面并不大。

20 世纪 80 年代,随着韩国民主化运动的兴起,女性主义运动

① 步平:《日本的战争责任认识》,北京:社会科学文献出版社 2011 年版,第 353 页。

抬头，一些女性学者开始关注战时"慰安妇"问题。从 1988 年起，梨花女子大学教授尹贞玉在韩国、日本展开"慰安妇"问题的调查研究，随后其他学者也参与其中。1990 年初，一名日本男性在美国一档名为"战争时的世界"的电视节目中，公然发表谬论，宣称日军之所以在太平洋战争初期势如破竹，是因为有韩国"慰安妇"的"照顾"。荒谬言论立刻激起了战争受害国国民尤其是韩国国民的怒火，韩国各界纷纷要求彻查日本政府在战争期间强迫韩国女性作为性奴隶的犯罪罪行。1990 年 11 月，"韩国挺身队问题对策协会"（简称"挺队协"）成立，该协会致力于调查战时韩国妇女被胁迫为"慰安妇"的事件，陆续发表多篇调查报告，揭露日军对妇女的暴行。

1990 年 6 月，在日本众议院预算委员会上，社会党议员本冈昭次提出质询，呼吁日本政府担负起责任，彻查"慰安妇"事件。对此，日本劳动省职业安定局长在回应时，将"慰安妇"视作一般的妓女，认为那是"由民间业主从事的活动，与军队和国家无关"，拒不承认日本政府应负责任。日本政府的顽固态度引起了日本进步学者的不满，他们开始组织起来进行有关"慰安妇"问题的资料收集和调查。

1992 年 1 月 11 日，日本中央大学的吉见义明教授在《朝日新闻》上发布了他找到的有关"慰安妇"的公文档案。2 月，社会党众议院议员伊东秀子公布了她在防卫厅防卫研究所图书馆的新发现，在日本政府战时颁行的 3 份秘密文件中，包含南方军要求台湾军派遣"慰安人士"（台湾妇女）到婆罗洲（Borneo）的电报①。随后又发现了 47 份涉及日本政府和军队强征"慰安妇"的档案文件，包

————————————

① 朱德兰:《台湾慰安妇》,台北:五南图书出版公司 2009 年版,第 4 页。

6－2 中央大学吉见义明教授是最早关注日军"慰安妇"问题的日本学者。这是 2015 年他与林博史教授、苏智良教授在上海演讲。(陈斌 2015 年摄)

括《关于军队慰安所从军妇的募集》《关于大东亚战争中有关将校的性病处置》等军部的文件。1993 年，荒井信一、吉见义明教授等进步学者成立"日本战争责任中心"，旨在系统研究日本政府和军队的战争责任，调查研究成果陆续通过媒体报刊以及中心的机关刊物《战争责任研究》进行公开。经过不懈努力，学者们调查到的资料，足以证实日本政府及军队参与了慰安所的设立和管理，在日军的推行和控制下，慰安所遍布战场各地。大量资料证明，日军在战时强制征召了人数众多的妇女为"慰安妇"，她们主要来自当时日军的殖民地或入侵地，包括中国、韩国、朝鲜、印尼、菲律宾、马来西亚等地，受害者之中还包括少量的荷兰妇女。

众多有关战争期间日军建立"慰安妇"制度的文件和档案接连不断地公布，震惊了全世界，各国媒体连篇累牍进行报道，引起日本朝野的震动。日军在台湾征召"慰安妇"受害者的日军文件资料公布后,引起台湾社会的密切关注,台湾方面组建"台籍慰安妇专案小组",设立电话申诉专线,并委托台北市妇女救援基金会启动调查,负责申诉者的查访与确认工作。①

面对日本政府的百般抵赖,韩国受害者们首先勇敢地站了出来。1991年8月14日,在韩国"挺队协"的帮助下,金学顺公开承认自己的受害身份:"我就是一名被日军强制卖春的'慰安妇'"。金学顺老人以自己被诱骗到中国长期沦为"慰安妇"的亲身经历,控诉日本政府及军队的暴行,使得在"慰安妇"问题上百般狡辩的日本政府再也无法掩饰。

1991年12月,金学顺等3名原韩国"慰安妇"受害者到东京地方法院提起诉讼,翌年,又有6名韩国"慰安妇"受害者追加为原告。起诉书明确提出:"日本国家和军队极大地侵害了原告的人格、人性、民族荣誉感和民族自尊心,把妇女作为物件使用,是典型的反人道罪,应当赔偿被害者的损失。"1992年,中国山西的幸存者万爱花也来到东京,出席国际听证会,首次向世界讲述了她和其他姐妹们被日军抓入据点饱受凌辱的经历。

6-3 1991年8月14日站出来揭发日军性奴隶制度暴行的韩国受害者金学顺老人。

1993年4月,菲律宾幸存者46位妇女在东京地方法院起诉日本政府。据调查,印度尼西亚有22481名妇女被迫作"慰安妇",在印尼法律扶助协会的号召下,共有近559名受害幸存者承认自己

① 朱德兰:《台湾慰安妇》,台北:五南图书出版公司2009年版,第4页。

的受害遭遇。① 以金学顺的壮举为榜样,包括韩国在内的朝鲜、印度尼西亚、菲律宾、中国大陆、中国台湾、荷兰等国家或地区的"慰安妇"受害幸存者纷纷站了出来,公开了自己的受害经历,向日本政府提出索赔要求。

与此同时,众多有关日本政府和日军在战时产生的有关"慰安妇"管理、运输的文件、通告、日记等原始资料被逐渐公开,引起了各国社会舆论和国际组织的巨大反响。1993 年 6 月,联合国世界人权大会通过《关于废除对女性暴力的宣言》,公开谴责日军推行"慰安妇"是"战争中对女性的奴隶制"。1996 年,联合国人权委员会报告指出,"慰安妇"制度就是日军性奴隶的制度,要求日本政府向受害者道歉并妥善解决。

在强大的国际压力和众多铁证之下,日本政府不得不出面回应"慰安妇"问题。

1993 年 8 月 4 日,时任官房长官的河野洋平代表日本内阁发表谈话,史称"河野谈话",承认日军参与了慰安所的设立、运营,军方参与了"慰安妇"的招募与输送,并存在通过谎言以及压迫手段强征女性作为"慰安妇"的事例。河野洋平在讲话中谈到,"慰安妇"问题给很多女性带来痛苦的经历,伤害了她们的名誉、尊严,对此日本政府表示由衷道歉。

"河野谈话"为后来多数日本内阁所继承,成为日本政府在"慰安妇"问题上的官方立场和基本原则。遗憾的是,"谈话"发表后日本政府并非诚心"继承",立场和行动逐渐松动,挖空"河野谈话"的实质与可信度,违背"谈话"精神的逆流从未中断。

尽管有"河野谈话"的确定,但日本政府却坚持不对受害者进

---

① 苏智良:《日军性奴隶:中国"慰安妇"真相》,北京:人民出版社 2000 年版,第 163 页。

行赔偿。1995 年 7 月,日本政府提议以民间募捐的形式建立"亚洲女性和平国民基金"(简称"亚洲女性基金")①,计划以民间捐款的方式,代替日本政府赠与每名"慰安妇"受害者抚恤金 200 万日元。日本政府仅提供总额 5 亿日元用于医疗福利事业,而不是直接对"慰安妇"受害者进行赔偿。大部分亚洲受害国家的受害者认为,抚恤金只是日本政府企图以民间补偿的方式逃避国家责任和战争罪处罚的权宜之策,从而拒不接受。几乎在同一时间,亚洲各国,包括中国、菲律宾、韩国、印尼等国的受害妇女纷纷来到东京,向日本法庭提起诉讼,要求日本政府对"慰安妇"制度的建立与推广承担法律责任。

除了日本政府拒绝对"慰安妇"受害者进行赔偿,"河野谈话"之后,日本内阁的部分政要接连发表歪曲"慰安妇"历史的荒谬言论,企图否认"河野谈话"已承认的历史事实。如 1994 年 4 月,法务大臣永野茂门在接受《每日新闻》的采访中宣称,"'慰安妇'都是公娼,是合法的妓女""日本的战争是为了解放亚洲"等。1997年,文部大臣岛村宜又声称,是人贩子将"慰安妇"搜罗去的,有相当多的妇女自愿为"慰安妇"。21 世纪以来,日本政府对于"慰安妇"问题的态度愈发倒退,从首相安倍晋三到大阪市市长桥下彻等官员,都曾在"慰安妇"问题上歪曲事实,乃至彻底否认战争责任。

另外,"河野谈话"中包括要在日本对青少年进行正确的历史教育,事实上,日本政府早已违背"河野谈话"。20 世纪 90 年代,比较准确的"慰安妇"历史事实写进了初中、高中的历史教科书,但进

---

① 尽管"亚洲女性和平基金会"相关成员曾与中国相关人员和部门接触,但中国从一开始就没有成为上述基金的对象国,一直到该基金解散。

入 21 世纪以来,初中历史教科书中的"慰安妇"内容几乎全部被删除,高中历史教科书中的内容也大大缩减,而扶桑社的保守的历史教科书市场却越来越大。不仅如此,日本官方还对他国的历史教科书横加干涉。2017 年,日本政府就曾正式向美国提出交涉,公然要求美国历史教科书中删除日军"慰安妇"的表述。

日本政府拒绝赔偿的态度,以及政要屡屡发表言论否认"慰安妇"问题的存在,使得受害国家不得不怀疑日本政府是否真诚地道歉和反思,"慰安妇"问题成为阻碍日本与亚洲其他国家之间友好关系的重要历史因素之一。

第二节　受害者的起诉

二战结束后,由于国际局势的风云变化,冷战局面形成,导致以美国为首的西方国家对日本的战后处理并不彻底,使得"慰安妇"等日本战争犯罪问题并没有得到彻底清算并遗留至今。20 世纪 90 年代时,世界范围内的战争受害者陆续起诉德国、日本等国,要求他们给予战争赔偿。中国大陆也在 90 年代掀起一股对日索赔浪潮,"慰安妇"受害者与强制劳工、细菌战、毒气战、重庆大轰炸等战争遗留问题受害者一起,来到东京起诉日本政府。

1995 年起,来自中国山西、海南的李秀梅、万爱花、陈亚扁等部分"慰安妇"制度受害者先后向东京法院起诉,要求日本政府道歉、赔偿。中国大陆共有 4 起"慰安妇"受害者对日索赔案件,此外,台湾地区还有 1 起。目前,所有对日诉讼均已结束终审。尽管日本最高法院承认了受害事实,但仍以各种理由驳回中国"慰安妇"制度受害者的诉讼请求。这意味着受害者在日本国内寻求司法解

6-3　2000 年 11 月,中国康健律师与原告李秀梅大娘在日本东京地方法院前。(康健律师提供)

决、维护正义和尊严的愿望完全落空。①

　　中国大陆"慰安妇"受害者对日诉讼的 4 起案件分别是:1. "慰安妇"损害赔偿诉讼(山西第一起诉讼);2. "慰安妇"损害赔偿诉讼(山西第二起诉讼);3. 中国山西战时性暴力被害损害赔偿诉讼(山西第三起诉讼);4. 中国海南战时性暴力被害损害诉讼。其中,前三起的原告均为山西籍"慰安妇"受害者,后一起原告为海南籍"慰安妇"受害者。下面就案件审理本身和这 24 名受害者的情况作一具体分析。

　　如前所述,日本律师方面于 1995 年 8 月建立了"中国人战争被害赔偿请求事件律师团",集中一批业务精良的律师参与,并采用

① 高凡夫:《中国慰安妇受害幸存者对日索赔诉讼述论》,《日本侵华史研究》2016 年第 1卷。另外,上海师范大学硕士研究生胡雪菲也对"慰安妇"幸存者对日诉讼进行了系统的研究。

各事件律师团责任制,负责中国人"慰安妇"、强制劳工等对日索赔问题。其中"中国人'慰安妇'事件律师团"团长为大森典子律师,律师团接受战争期间在山西省被强征为日军性奴隶的受害者及其家属的委托,以日本政府为被告,在东京地方法院提起索赔诉讼。后又组建了负责海南性奴隶受害者起诉案件的律师团——"海南岛战时性暴力受害事件律师团",团长为小野寺利孝律师,对日本政府提起诉讼。

需要注意的是第三起诉讼案件由日本的"查明会"团体负责,该团体由日本的学者、教师、律师、企业员工等组成,中日交流促进会的代表林伯耀、日本冈田大学教授石田米子等人是其中的重要成员。从1996年开始,该组织连续多次访问山西省盂县的山区农村,进行实地调查采访,采访受害者、家属及目击证人,获取大量口述资料作为证据。

表6-1 中国大陆"慰安妇"制度受害者对日诉讼概况表

日期	地点	原告	被告	负责本案的律师	审判结果
1995.8.7 2001.6.12 2004.12.27 2007.3.27	东京地裁 东京高裁 最高裁	李秀梅、刘面换、陈林桃、周喜香	日本政府	中国人"慰安妇"事件律师团(包括团长大森典子,事务局长坂口祯彦及中方律师康健等人)	2001.5.30一审驳回 2004.12.15二审驳回 2007.3.27终审驳回
1996.2.23 2002.3.29 2005.3.18 2007.4.27	东京地裁 东京高裁 最高裁	郭喜翠、侯巧莲	日本政府	中国人"慰安妇"事件律师团(包括团长大森典子,事务局长坂口祯彦及中方律师康健等人)	2002.3.29一审驳回 2005.3.18二审驳回 2007.4.27终审驳回

日期	地点	原告	被告	负责本案的律师	审判结果
1998.10.30 2002.5.8 2003.4.24 2005.11.18	东京地裁 东京高裁 最高裁	万爱花 等10人	日本 政府	中下裕子、 清井礼司、 中村晶子、 川口和子、 黑岩海映等	2003.4.24 一 审驳回 2005.3.31 二 审驳回 2005.11.18 终 审驳回
2001.7.16 2008.12.25 2009.3.26 2010.3.2	东京地裁 东京高裁 最高裁	陈亚扁、 黄有良、 林亚金 等8人	日本 政府	海南岛战时性暴 力受害事件律师 团（团长小野寺 利孝，事务局长 坂口祯彦及中方 律师康健等人）	2006.8.30 一 审驳回 2009.3.26 二 审驳回 2010.3.2 终审 驳回

资料来源：上海师范大学中国"慰安妇"问题研究中心。

（一）中国山西战时性暴力被害者第一起诉讼

经过精心准备，1995 年 8 月 7 日，中国山西盂县日军"慰安妇"受害者正式对日起诉。原告为刘面换、李秀梅、周喜香、陈林桃 4 人。4 位受害者公开了自己被强迫作日军"慰安妇"的遭遇，委托日本律师作为代理人，向日本政府提出索赔要求，要求日本政府书面道歉，并给予每位受害者 2 000 万日元的损害赔偿。于是，中国日军性暴力受害者对日索赔运动正式发轫。

1996 年 7 月，原告李秀梅、刘面换，与中方律师康健、民间调查者张双兵等人一同来到东京。这是日本法院首次同意受害者原告亲自到法庭作证。出发之前，原告方面举行大规模的记者招待会，讲述起诉的目的以及希望达到的要求。

在东京地方法院的法庭上，李秀梅、刘面换两位老人愤怒控诉日本兵的暴行，讲到受害经历时，老泪纵横，悲痛欲绝。中国大陆

6-5 起诉日本政府的山西盂县受害者陈林桃老人。(姚霏 2006 年摄)

"慰安妇"受害者第一次赴日起诉案,引起了日本社会的广泛关注,开庭时法庭内外有众多媒体和听众旁听。在被告席,代表日本政府的人员和辩护律师一直保持沉默。开庭前后,在日本律师团的支持下,在东京、神奈川、大阪等地召开"慰安妇"受害者证言集会,刘面换和李秀梅讲述自己的受害遭遇,用自己血泪斑斑的经历,告诉日本国民战时"慰安妇"制度的种种罪恶。日本国家级电视台以及《朝日新闻》记者等做了跟踪报道。① 这些使得日本民众开始了解除韩国以外,日军也曾在中国大规模推行"慰安妇"。

在起诉中,中国原告方表示,在十五六岁的少女时代或者二十一二岁的青年时代,原告们遭受了对自己以及家族命运造成决定性改变的性暴力伤害,作为被害人,还承受着被社会侮辱、疏远的二次伤害以及遭受家人歧视、疏远的三次伤害,时间长达半个世纪以上,她们忍受着无法与外人诉说的痛苦。为了向社会证明错的并不是自己,同时也为了恢复正义、追究责任而提起本次诉讼。

原告方主张,造成本案各种行为的主要原因,是日本国家政府,本案各行为正是日本国家和日本军队有组织、集团化的战争犯罪行为。为了减少战场上大量的日军强奸行为、减少日军性病的

---

① 张双兵:《"慰安妇"调查实录》,南京:江苏人民出版社 2015 年版,第 65 页。

发生，同时也是为了激励日军官兵的斗志、防止军事机密的泄露，日军建立起组织化性暴力制度——"慰安妇"制度。日军在战场及日军占领地兴建了大量的慰安所，抓捕以及诱骗众多当地良家女子为"慰安妇"。为了让士兵们发泄性欲，在作战地区助力、放任或默认性暴力的行为。尽管发生了残暴的、普遍的强奸、奸杀等性暴力事件，但是基本没有日本兵遭受处罚，以致对妇女的犯罪进一步恶化。原告受害者因本案各行为经历的苦痛、伤害，与"普通的强奸"等完全不是一个程度，之后的人生也因为被人们指称为"被日本军侵犯的女性"而处于混乱不堪的状态，在长达60年的漫长岁月里，时时接受"拷问"而无处可逃，造成了极大的精神伤害。这些责任明显在于被告。

2001年5月30日，东京地方法院对本案进行一审，法庭审判结果为不认定事实，判处原告败诉。当年6月21日，原告在东京高等法院提起上诉，在律师团的帮助下，对一审判决的理由进行了驳斥。

2004年12月25日，日本东京高等法院举行二审，令人遗憾的是，法官在开庭不久后，便驳回了中国受害者诉讼请求。在二审中，法院首先否定了《中华民国民法》的适用；其次，认定按照行为发生当时的法律不需要对国家权力作用造成的损失进行赔偿。因此，法院认定本案各行为不构成侵权行为，并且认为即使侵权行为成立，除斥期间也已经届满，认为原审的判决合理，驳回控诉。①

聊以慰藉的是，虽然败诉，但是在审判中，东京高等法院还是部分认定了日军对原告受害者的加害事实：

　　　日军以1931年的满洲事变为发端，开始了对当时中华民

---

① 引用自上海师范大学中国"慰安妇"问题研究中心翻译的日文文献：《中国山西战时性暴力被害者第一起诉讼二审法院判决概要》。

国本土的军事介入，以 1937 年 7 月 7 日的卢沟桥事件为契机，与中华民国政府进入了交战状态。同年 10 月，日本华北方面军进入山西省，11 月 8 日占领省会太原后，直到战败投降，日军持续占领该地区长达 8 年。在日军占领区，以防止日本军人的强奸事件为目的，设置了"慰安所"，在日军的管理下，让慰安所的女性为日本军官及军队的文职人员提供性服务。八路军 1940 年 8 月进行的大规模反击作战，使日军受到极大损失，于是日军从同年开始到 1942 年，实施了彻底的扫荡、破坏、封锁行动（三光作战），日军人员也曾对中国人实施残酷行为。在这个过程中，存在着日军强行抓掳、带走驻地附近的中国女性（包括少女）进行强奸以及监禁起来连续反复强奸的行为，即所谓"慰安妇"状态的事件。①

二审宣判后，原告方随即向日本最高法院进行上诉。2007 年 3 月 27 日，日本高等法院举行终审宣判，驳回原告要求，维持原判。

（二）中国山西战时性暴力被害者第二起诉讼

为使日本政府道歉并赔偿，1996 年 2 月 23 日，山西盂县的日军性奴隶制度受害者侯巧莲、郭喜翠两人向东京地方法院提出起诉，这是中国"慰安妇"制度受害者第二起对日起诉事件。原告侯巧莲在 1998 年 7 月曾来东京地方法庭作证，后于翌年 5 月突发脑溢血而病逝。

原告们到东京打官司，也充满着曲折和不幸。2001 年 7 月 9 日，山西盂县的受害者郭喜翠来到东京出庭作证。临行前，与她相

---

① ［日］中国人战争被害赔偿请求事件律师团编，朱春立、余文译：《正义是否击败了时间——中国人战后补偿诉讼的十年历程》，北京：昆仑出版社 2007 年版，第 158 页。

依为命的大女儿已生命
垂危,奄奄一息。7 月 13
日,当郭喜翠老人在法庭
作证之时,女儿在家中度
过了生命中的最后一天。
在东京出庭之后,郭喜翠
便匆匆返回盂县家中。
面对女儿的遗体,老人哭
诉说,不是我不疼女儿,
去日本不是为了我自己,
而是为了代表其他的受
害者姐妹打这场官司,我
不得不去!①

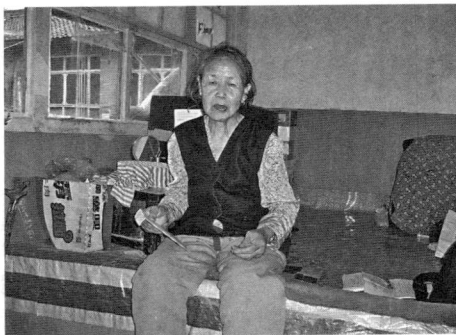

6-6　原告郭喜翠大娘。(姚霏 2006 年摄)

2002 年 3 月 29 日,
东京地方法院作出一审
判决,认定日军在战争时
期对受害者实施的监禁、
强奸等行为给原告带来

6-7　1998 年起诉日本政府的高银娥大娘与她的老伴。(姚霏 2006 年摄)

持续性的精神损害的事实,承认日本国有赔偿的责任,但还是以"适用国家无答责""对被害应由国会立法,非司法判断范围,否定立法不作为的国家赔偿责任"等理由,拒绝原告提出的起诉要求。

2002 年 4 月,受害者及家属向东京高等法院上诉。2005 年 3 月 18 日,东京高等法院进行二审判决,维持了一审判决中所确认的原告受害事实,认定日军强奸监禁行为非公权力行使,排除"国

---

① 柳白:《以人类的名义——向日本控诉》,西安:长安出版社 2005 年版,第 257 页。

家无答责"适用,认定除斥期间①适用,认为上诉人的个人请求权
"已经通过《日华和平条约》②被放弃了",判决书驳回控告,中国受
害者再次败诉。

关于《旧金山和约》的赔偿请求权放弃条款,3 月 18 日东京高院
判决明确认定,这就是放弃个人损害赔偿请求权的规定。在此基础
上该判决表示,《日华和平条约》签署时,中华民国政府是代表中国的
"正统政府",日华和约是有效的,而且,关于战争的赔偿问题是适用
于国家间的事务,不是限定在部分地域适用的,因此包括中国大陆在
内的中国全境,都可以适用《日华和平条约》。③ 这一判决明显侵犯
了一个中国的原则,违背了两国建交时日本政府的承诺,当然不可
能被中国人民所接受。随后,原告方向日本最高法院提出上诉。

2007 年 4 月 27 日,日本最高法院终审,认可原判决中根据《中
日共同声明》第五款已经放弃了该请求权的判决④,驳回原告的起
诉要求。

(三)中国山西性暴力受害者要求损害赔偿诉讼

1998 年 10 月 30 日,继第二起诉讼案之后,在日本"查明会"等
团体的帮助下,受害者万爱花、赵润梅、张先兔、王改荷、高银娥、杨
时珍(2002 年 9 月去世后由其丈夫刘五成接替)、赵存妮、杨喜荷、

---

① 此处的"除斥期间"指的是《日本民法》第 724 条关于侵权行为发生起 20 年内权利人
　不行使相应的民事权利导致权利消灭的规定。
② 日本政府与台湾蒋介石当局 1952 年签订的"华日和约",已于中日建交时自动废除。
③〔日〕中国人战争被害赔偿请求事件律师团编,朱春立、余文译:《正义是否击败了时
　间——中国人战后补偿诉讼的十年历程》,第 217 页。
④ 引用自上海师范大学中国"慰安妇"问题研究中心翻译的日文文献《中国山西战时性
　暴力被害者第二起诉讼案——日本最高法院判决概要》。

尹玉林、南二朴(南二朴已去世,由女儿杨秀莲代诉)等 10 人,在东京地方法院控告日本政府,要求被告日本政府赔偿每人 2 000 万日元,并以书面的形式向原告谢罪。该诉讼案件的原告代理律师为中下裕子、中村晶子、清井礼司、黑岩海映、川口和子等人,团长为日本律师中下裕子。热心的日本民众组建了支援会,由小林千春担任支援会负责人。

本案的 10 位原告包括第一个到东京控诉受害经历的万爱花老人,首次开庭时,她与杨秀莲、赵润梅前往日本,在东京、神户、冈山、名古屋、广岛和大阪等地举办的听证会上,讲述自己遭受侵害的经历,在日本左翼力量的协助下,引起日本社会的广泛关注。1999 年 10 月 26 日,周喜香、陈林桃作为人证来到东京地方法庭,讲述被日军抓入据点进行性奴役的遭遇,她俩的血泪控诉使听众们无不为之落泪。①

2003 年 4 月 24 日,东京地方法院作出一审宣判,虽然确认了战时日军的加害暴行,却以"国家无答责"等所谓缘由判处原告败诉,只是在审判书的附言中,"希望"有关各方因受害者在战时的不幸遭遇及受害的特殊性等,实施立法和行政救助。因不同意法院的判决结果,原告方面随即提出上诉。

2005 年 3 月 31 日,日本东京高等法院二审宣判。法院主张:"既然没有国际法或条约规定国家应该对个人直接承担损害赔偿责任,那么根据间接适用要求国家对个人承担损害赔偿责任也不成立。即国家是否对个人承担损害赔偿责任应该根据国内法的规定。""在《国家赔偿法》实施前,即明治宪法的时候,对于行使公权力的公务员的侵权行为,没有法律规定国家的损害赔偿责任(一般

---

① 苏智良:《日军性奴隶:中国"慰安妇"真相》,第 168 页。

的依据规定）……因此，在赔偿法确立前行使公权力的公务员的侵权行为，国家不承担损害赔偿责任（即所谓的"国家无答责"）。《国家赔偿法》附则第 6 款规定'本法实施前行为造成的损害，按照前例执行'，也是对该主旨的规定。"①法庭赞同一审法院的审判，以"超过诉讼时效、原告损害求偿权已消失"、适用"国家无答责"等理由，认为"原判决是合理的，本案各控诉均没有支持的理由予以驳回，并作出正文的判决"②，虽然法院驳回受害者的诉讼请求，但原告继续上诉。

2005 年 11 月 18 日，日本最高法院作出终审裁决，原告再次败诉，审理结束。

（四）中国海南战时性暴力被害者诉讼

2001 年 7 月 16 日，来自中国海南省保亭、陵水两县的 8 位"慰安妇"制度受害者黄有良、陈亚扁、林亚金、陈金玉、邓玉民、谭亚栋、黄玉凤、谭玉莲正式对日本政府提出起诉。二战期间，在海南岛，原告被占领该岛的日军士兵绑架、监禁和控制，并作为日军"慰安妇"遭受持续的暴力与强奸，身体和精神受到极大损害，这种损害一直持续到受害者的晚年。原告方要求被告就战争中的性暴力行为发表谢罪书，并在《朝日新闻》《每日新闻》《读卖新闻》和《产经新闻》等各报刊登谢罪公告；要求日本政府向原告每人支付 2300万日元赔偿金，并承担原告所需的诉讼费用。③

以上 8 位原告的诉讼代理律师为尾山宏、小野寺利孝、大森典子、坂口祯彦、中野比登志、土生照子、杉浦瞳、依田公一、鸟海准、

---

①②③ 引用自上海师范大学中国"慰安妇"问题研究中心翻译的日文文献《中国山西省性暴力受害者损害赔偿诉讼——东京高等法院判决概要》。

环直弥、坏由美子、渡边春己、高桥融、渡边彰悟、森田太三、高桥早苗、南典男、大江京子、笹本润、泉泽章、山下芳织、大八木叶子、川上诗朗、穗积刚、山田胜彦等人。北京方元律师事务所主任康健律师、海南志愿者张应勇、陈厚志等予以了多方协助。

2001 年 11 月，为了控诉日本军国主义侵华战争中的暴行，在胡月玲黎语翻译的陪同下，黄有良作为原告代表，前往日本出庭作证，要求日本政府公开谢罪与赔偿。2006 年 11 月，黄有良又再次到东京进行控诉。① 2005 年 3 月 12 日，原告受害者林亚金、黎语翻译胡月玲与历史研究者张应勇一起来到东京，于 16 日到东京地方法院出庭作证。原告受害者陈亚扁也曾经在 2001 年、2003 年和2006 年 3 次前往日本东京出庭作证。

从 2001 年到 2009 年，陈亚扁、黄有良、陈金玉和林亚金先后 7次赴日本，站在东京地方法院和东京高等法院的原告席上，为自己也代表其他的受害人，讲述苦难遭遇，要求日本政府谢罪、道歉和赔偿。②

2006 年 8 月 30 日，东京地方法院作出一审判决。关于本案的历史背景情况，判决书承认："从昭和七年（注：1932 年）的第一次上海事变到第二次世界大战结束之时，在广泛的地区长期地设置了军事慰安所，其中配备了众多的作为日本兵买春对象的军队'慰安妇'。慰安所是应原日军的要求而设立、运营的。在慰安妇中，有许多是被花言巧语或强制手段等违反本人意愿的方法搜罗起来的，受到性侵害的人也很多。'慰安妇'在战地始终被置于原日本

---

① 《黎族阿婆黄有良的一天：日子已经过得没有"时间概念"》，《海南日报》2014 年 7 月 7 日。

② 《受害人代表陈金玉今天再度赴日出庭》，《南国都市报》2009 年 3 月 24 日。

军的管理之下,被迫随原日本军一起行动。日本海陆军于昭和十四年侵入海南岛并占领了该岛,随之,在海南岛的岛港小镇也设置了慰安所,随着占领区域的扩大,慰安所的数量也不断增多。"①判决书对日军在海南岛设置军队慰安所,在军队的管理下强掳、监禁女性让她们为日本士兵提供性服务做了事实认定,对原告被日军绑架、被监禁到慰安所反复强奸的被害经过进行了事实认定。但法院还是以"国家无答责适用""除斥期适用""否定不作为义务违反的成立"等理由,驳回原告方的所有请求,诉讼费也由原告方负担。②此后原告提出了上诉。

2009 年 3 月 26 日,东京高等法院作出二审判决。判决认定事实,承认了性奴隶经历给受害者带来的精神损伤自战争结束以来仍然存在,同时承认日本政府对日军的暴行负有责任,但仍以"性暴力行为为部分日军的不法行为,非国家行为"等理由,驳回原告控诉。此后原告继续上诉到最高法院。

2010 年 3 月 2 日,日本最高法院对本案作出终审判决,承认原告受害者在战争时期遭受日军性暴力侵害的事实,但仍然维持原判,驳回原告上告。

终审判决书中记载了每位原告的受害事实,例如第 3 和第 5 位原告(考虑到个人隐私,判决书略去了姓名):

> 原告 X3,女、黎族、大正十四年(1925 年)出生。原告 X3 在十六七岁的时候被入侵的旧日本军征用,被编入"战地后勤服务队",被带到旧日本军的驻地后,被旧日本军士兵带到山中强奸。原告 X3 因此导致一只耳朵听不见。之后,原告 X3

---

①②《中国海南战时性暴力被害者诉讼——东京地方法院判决概要》,丁志龙译,上海师范大学中国"慰安妇"问题研究中心藏。

6-8　2005年3月,海南省保亭县志愿者张应勇陪同林亚金大娘去东京起诉后,返回海南家乡。

被关押在驻扎地,白天被强迫为旧日本军运水、洗衣服、补衣服、做饭等,晚上遭到日本兵的强奸。如果想要逃跑或者抵抗,基本上每天都会被殴打。原告X3在被关押的时候,早饭只给吃米饭和盐,中午和晚上只能自己采摘野菜吃。原告X3被关押的房间非常简陋,是用茅草隔成的小房间。原告X3虽然很多次都尝试逃走,但是很快就被监视的日本兵抓住,此时就会遭到暴力殴打。原告X3被转移到各地的驻扎地的慰安所,在大村的慰安所被持续关押,其间遭到了日本兵们的强奸。原告X3在战争即将结束的时候,趁着日本兵处于混乱当中,逃了出来,直到现在,因为被旧日本军士兵殴打,导致右边肋骨变形背部隆起,左腰骨错位隆起。

　　原告X5,女,黎族(出生日期省略)。原告X5在昭和十八年的夏天,被侵入村子的旧日本军士兵抓住,双手被绑在身后,被强制带到了什君迈的旧日本军驻扎地,被关押在茅草搭建的房屋里,次日遭到了多名士兵的强奸。原告 X5 之后基本每天都会遭到日本兵的强奸,被香烟头烫。原告 X5 之后在旧日本军士兵驻扎地所在的什浪、什丁、罗朋、田独之间转移,只给吃很少的食物,在什丁以外的所有地方都是一个人被关在简陋的房间里遭到强奸。原告 X5 只要稍微抵抗一下,就会遭到旧日本军士兵的拳打脚踢,被烫香烟头,被坚硬的物品扎脚,完全没有可以逃出来的可能。原告 X5 在旧日本军撤退之前从田独被解放,原告 X5 的脸上留有旧日本军士兵用香烟头烫的伤痕,脚上留着坚硬物品刺的伤痕等。①

两天后,中国外交部新闻发言人秦刚就日本高等法院作出的审判结果,再次郑重表达了中国政府的立场:"《中日联合声明》是两国政府间的严肃政治文件。日本法院单方面作出任何解释,都是无效的。"秦刚发言人强调:"强征'慰安妇'是日本军国主义在第二次世界大战期间,对包括中国人民在内的被侵略国家人民犯下的严重罪行,也是人类历史上严重的人道主义罪行,至今仍对受害者身心造成难以忍受的伤害。日方应拿出应有的道义感和责任感,尽快妥善处理这一问题,还受害者一个公道。"②

至此,自 1995 年起的 15 年时间里,中国大陆 24 位日军"慰安妇"幸存者参与的 4 起起诉案件全部终审败诉。值得欣慰的是,即使败诉,在律师团和原告的不懈努力下以及铁证如山的证据面前,日本法院也不得不在判决中进行事实认定,承认了中国妇女曾经

---

① 《中国海南战时性暴力被害者诉讼——东京最高法院判决概要》,丁志龙译,上海师范大学中国"慰安妇"问题研究中心藏。

② 《民间对日诉讼 20 年末了》,《法治周末》2012 年 9 月 26 日。

被日军逼迫作性奴隶的受害事实。24 位中国原告受害者拖着病弱、年迈的身体,跋涉数千里,不惜公开自己的血泪遭遇,也要不屈不挠地与日本政府抗争,追求正义与人权,她们勇敢的行为应当得到中国人民和世界人民的尊敬。如今,这 24 位老人均已离开人世了。

表 6-2　24 位中国大陆原告战时受害情况表

姓名	居住地	遭受日军暴行时间	起诉时间	去世时间
李秀梅	山西省盂县	1942 年,14 岁	1995 年	2014 年 4 月 10 日
刘面换	山西省盂县	1943 年,16 岁	1995 年	2012 年 4 月 12 日
陈林桃	山西省盂县	1942 年,16 岁	1995 年	2014 年 1 月 29 日
周喜香	山西省盂县	1943 年,18 岁	1995 年	2012 年 12 月 21 日
郭喜翠	山西省盂县	1942 年,16 岁	1996 年	2013 年 7 月 23 日
侯巧莲	山西省盂县	1941 年,13 岁	1996 年	1999 年 5 月 11 日
万爱花	山西省盂县	1934 年,14 岁	1998 年	2013 年 9 月 4 日
赵润梅	山西省盂县	1941 年,16 岁	1998 年	2008 年 1 月 18 日
高银娥	山西省盂县	1941 年,16 岁	1998 年	2008 年 1 月 14 日
王改荷	山西省盂县	1944 年,24 岁	1998 年	2007 年 12 月 14 日
赵存妮	山西省盂县	1941 年,24 岁	1998 年	2004 年 2 月 2 日
杨时珍	山西省盂县	1942 年,18 岁	1998 年	2003 年 9 月 2 日
尹玉林	山西省盂县	1941 年,20 岁	1998 年	2012 年 10 月 6 日
杨喜荷	山西省盂县	1921 年,21 岁	1998 年	1998 年 12 月 29 日
张先兔	山西省盂县	1942 年,16 岁	1998 年	2015 年 11 月 12 日
南二朴	山西省盂县	1942 年,20 岁	1998 年	1967 年 6 月 16 日
陈亚扁	海南省陵水县	1942 年,17 岁,黎族	2001 年	2017 年 5 月 11 日
黄有良	海南省陵水县	1941 年,15 岁,黎族	2001 年	2017 年 8 月 12 日
林亚金	海南省保亭县	1943 年,17 岁,黎族	2001 年	2013 年 10 月 17 日

续表

姓名	居住地	遭受日军暴行时间	起诉时间	去世时间
谭亚栋	海南省保亭县	1943年,18岁,黎族	2001年	2010年9月6日
谭玉莲	海南省保亭县	1925年,18岁,黎族	2001年	2002年11月30日
陈金玉	海南省保亭县	1941年,15岁,黎族	2001年	2012年9月23日
邓玉民	海南省保亭县	1939年,16岁,苗族	2001年	2014年6月19日
黄玉凤	海南省保亭县	1926年,14岁,黎族	2001年	2003年2月

资料来源:中国"慰安妇"问题研究中心所藏资料。

第三节　韩日"慰安妇"协定始末①

2015年12月28日,在首尔外交部办公室,韩国外交部部长尹炳世和日本外相岸田文雄联合举行记者招待会,正式宣布针对日军"慰安妇"问题两国达成了协议。协议的主要内容如下:

(一)慰安妇问题是一项在当时日军的干预下让很多女性的名誉和尊严受到深刻伤害的问题,出于这种观点,日本政府痛感负有责任。

(二)安倍晋三首相作为日本内阁总理大臣,再次对作为慰安妇时经受很多痛苦、身心遭受难以治愈的摧残的所有人致以真诚的道歉并会进行深刻反省。

(三)韩国政府为支援前慰安妇而设立财团,对此日方将利用政府预算向该基金提供资金,韩日两国政府决定合作为恢复前慰安妇的名誉和尊严以及治愈其内心创伤而实施项目。

(四)"慰安妇"问题将最终、不可逆地得到解决。

韩日"慰安妇"协定随后受到了来自日本国内及美国、联合国等

---

① 上海师范大学人文学院国际关系硕士生孙红未对韩日"慰安妇"协定进行了较为深入的研究,特此致谢。

多方的肯定。当地时间 12 月 28 日美国政府发表声明,祝贺日韩两国就"慰安妇"问题达成一致,并支持两国达成的协议得到"全面实施"。日本在野党及前首相村山富市等政治家也纷纷对此表示肯定。

日韩"慰安妇"协议的签订具有如下意义:

第一,客观上,日本政府在世界面前承担了日本政府和军部的犯罪行为的法律责任。

韩国方面一直把"慰安妇问题"定义为日本国家权力(政府、军队)介入推行的反人道主义非法行为。① 虽然这个"慰安妇"协议措辞上用"女性的名誉和尊严受到深刻伤害",取代了日军慰安妇的"性奴隶"实质,由于有"日本政府痛感负有责任"的表述,再加上日本政府以"预算"的形式提供基金,这就具有了国家赔偿的实际性质。而且该协议的订立客观上宣告 1965 年《韩日请求权(索赔权)协定》的失效。因此,日本政府事实上承担了法律赔偿的责任。也就是说,承认了日本国家在二战中"慰安妇"犯罪行为的客观存在。

第二,客观上日本承认了日本军国主义强征"慰安妇"的事实。

韩日"慰安妇"协议承认了日军的"involvement"②。虽然安倍晋三首相事后表示,"政府迄今为止发现的资料中,没有任何资料可以直接证明日军和官僚进行过'强制征用',2007 年的阁僚会议上已经就此作出决定","这一立场没有任何改变";但是,他表示"日军仅直接或间接介入过设置慰安所、进行卫生等管理、转移慰安妇等事宜","慰安妇的招募主要由商人在得到军方的需求信息后进行,这一点我早就说过"。③ 我们可以据此得出结论,即使日本

---

① 晋林波:《日韩"冷战"的原因与影响》,《国际问题研究》,2015 年第 6 期。

② "Japan-Republic of Korea Relations: Announcement by Foreign Ministers of Japan and the Republic of Korea at the Joint Press Occasion",见日本外务省官网(英文版)。

③《安倍:不承认慰安妇属于战争犯罪》,见韩国中央日报中文网。

政府和军队不承认"直接"强征"慰安妇",但也存在强制转移、管理"慰安妇"的行为。考虑到"慰安妇"问题并非仅仅是韩国"慰安妇"问题,正如日本著名的历史研究团体"历史学研究会"曾于2014年10月发表声明那样,由于"在日军介入下被强制带走的慰安妇明确存在",实际上在世人面前,日本政府承认了日本军国主义强征"慰安妇"的事实。

第三,以韩日两国间"国家协议"的形式,将日本军国主义的罪行刻在了"耻辱柱"上,较以往的道歉和补偿,似乎增加了一些"诚意"。

这次协议签订后,接着日本首相安倍在与韩国总统朴槿惠的通话中表示,"我以日本国内阁总理大臣的身份,对所有经历过诸多苦难、身心蒙受了难以治愈的伤痕的慰安妇表示真诚的道歉和反省",安倍还补充承诺,"将切实做好恢复慰安妇受害者名誉和尊严,以及治愈他们心灵伤痕的事业工作"①。所以,将"真诚道歉"和"深刻反省"写入韩日政府的协议,相比于以往日本政府单方面的谈话而言,确实有所进步;向"慰安妇"受害者支付的金钱支援,这次被定义为"治愈金",也较亚洲女性基金当时使用"慰劳金"的名义更显诚意;虽然佐佐江方案②也曾提到日本政府制定相关预算,解决韩日"慰安妇"问题,但明确将预算的用途规定为医疗费等"人道主义措施",而联合新闻稿中,则将预算用途扩大到了"恢复受害

① 《安倍:将落实治愈慰安妇受害者们创伤的工作》,见韩国中央日报中文网。
② 所谓"佐佐江方案"是指,2012年日本民主党政权时,作为外务省事务次官的佐佐江贤一郎向韩国提出的三种解决"慰安妇"问题的方案:"日本首相制作谢罪信函","日本驻韩大使亲自拜访慰安妇老奶奶并转交首相信函",以"日本政府"预算提供人道资金支援。

者名誉和尊严以及抚慰受害者心灵伤痛的治愈用途"。①

　　然而,这次日韩"慰安妇"协议并没有迫使日本政府承认"慰安妇"是日本军部主导的军事性奴隶问题,也没有改变日本右翼政治家否认日本"强制征用"的立场,反而落下了"这次协议(2015 年末的韩日外交部长协议)已经使慰安妇问题得到最终且不可逆转的解决"的口实。此次韩日"慰安妇"协议其实是美国主导下韩日政府间"慰安妇"问题的外交临时妥协。

　　韩日"慰安妇"协议的达成,显然并不能消除韩日双方一直以来的分歧,"导火索"依旧存在。

　　首先,韩日双方主张利害得失的分歧依旧很大。韩国要求以"日本政府切实履行所承诺措施为前提",即"日方将划拨财政预算向由韩方发起成立的慰安妇受害人援助基金提供资金,两国政府将合作开展恢复慰安妇受害人名誉、抚平受害人内心创伤的各种项目"和"真诚的道歉并会进行深刻反省"来判定是否"慰安妇问题将得到最终的、不可逆的解决",是否配合日本政府"在包括联合国在内的国际舞台上就慰安妇问题克制相互谴责与批评"②。那么如何断定日本政府是否在合作致力于恢复受害者名誉和抚慰内心创伤就显得尤其重要。同时,日本关注于"最终、不可逆地解决""慰安妇"问题,是否会满足韩方赔偿和道歉之外的"各种项目"也值得怀疑。实质上协议的执行与否和如何执行,很大程度依赖韩日双方的主观判定,取决于两国政府的互信和智慧。

　　其次,协议并未能满足"慰安妇"制度受害者的诉求,韩国社会

---

① "Japan-Republic of Korea Relations: Announcement by Foreign Ministers of Japan and the Republic of Korea at the Joint Press Occasion",见日本外务省官网(英文版)。
②《韩日慰安妇问题外长会谈联合新闻稿全文》,见韩联社中文网。

6-9 2015 年在首尔举行的亚洲团结大会上,来自各国的 6 位受害者上台作证。(苏智良 2015 年摄)

对于协议陷入了舆论的严重分裂。就在协议达成的当天,"挺身队问题对策协议会"(以下简称"挺队协")这个韩国"慰安妇"受害者的主要援助团体,立即公开谴责韩日两国就"慰安妇"问题达成的协议,是"辜负受害慰安妇与韩国人民厚望的外交勾结"。较为活跃的"慰安妇"制度受害者李容洙老人也指出,我们所要讨回的是法律公道,而不只是为了钱。① 韩国其他的"慰安妇"制度受害者们认为,"在达成这项外交协议的过程中没有听取她们的意见","安倍并没有公开表示'我们负有法律责任',进行正式道歉"。② "挺队协"计划不接受日本政府在韩日"慰安妇"协商问题上提供的"安慰

---

① 《环球时报》,2015 年 12 月 19 日。
② 《参考消息》,第 3 版《时事纵横》,2015 年 12 月 31 日。

金"性质的 10 亿日元,并表示更多的"慰安妇"少女像将以民间筹资的形式建立起来。①

　　2015 年 12 月 29 日至 30 日,韩国《中央日报》对 1000 名成年人进行问卷调查,问题是"韩国政府主张,日本政府表示痛感责任并决定利用政府预算向财团注资,可以视为日本已经承认了法律责任,您是否同意政府的这一立场",调查的结果是,有 47.6% 应答者表示"同意",47.9% 应答者表示"不同意",4.5% 表示"不知道",赞成与反对两方的比例差距只有 0.3 个百分点。53.7% 的应答者对韩国政府的韩日"慰安妇"谈判结果表示不满(包括"非常不满"和"有些不满"),远高于表示满意(35.6%)的应答者比例。对于韩国政府发表的"以日本政府切实履行协议事项为前提,确认慰安妇问题得到最终且不可逆转的解决"等内容,表示"不能同意"的应答者占了 58.2%,也远高于 37.3% 的"同意"。在"韩国政府是否应为迁移少女像做出努力""日本首相安倍晋三的道歉是否具有诚意"等问题上,否定应答的比例均大幅超过 70%,只有 20% 的应答者做出肯定回答。②

　　最后,日本政府履行协议的诚意也使得韩国民众深表怀疑。安倍晋三错误的"慰安妇"观并没有改变,安倍政权试图修改"河野谈话"的活动一直没有中断,以强盗逻辑否定"强征"慰安妇的立场一直没有变化。"安倍 28 日晚些时候称,与韩方达成协议,是为了'子孙后代今后不再背负谢罪的命运。'"③实际上,韩日协议一经达成,日本右翼政客就采取了违反韩方关于协议"前提条件"的行为,

---

① 《解决慰安妇问题的捐款仅半个月就突破了 1 亿韩元》,见韩国中央日报中文网。
② 《围绕日本政府是否承认法律责任韩国国民舆论分裂》,见韩国中央日报中文网。
③ 《安倍:不承认慰安妇属战争犯罪》,见韩国中央日报中文网。

公然违背协议的基本精神。2016 年 1 月 18 日,安倍在东京国会议事堂举行的参议院预算委员会上,针对韩日"慰安妇"协议表示,"协议并未承认日军慰安妇属于战争犯罪","慰安妇问题已经通过1965 年韩日请求权协定得到法律解决","在政府发现的资料中,并无直接证明可以表明日本军方和官衙曾强制征用(慰安妇)"。①2016 年 2 月 16 日,日本外务审议官杉山晋辅在联合国消除对妇女歧视委员会举行的关于日本审查会议上,就"慰安妇"问题重复了上述安倍的立场,实际上日本政府就是老调重弹,仍然坚持错误立场。

2017 年 11 月 21 日,韩国政府宣布,将解散根据《韩日"慰安妇"协议》而设立的"和解与治愈基金会"。负责管理这一基金会的韩国女性家庭部于当天发表声明指出,女性家庭部与外交部进行了磋商,并就基金会的运营广泛征询了相关机构与人士的意见,基于征集到的意见以及目前基金会状况,"决定予以解散"。

声明还指出,对于基金会剩余的 57.8 亿韩元(约 3 560 万元人民币),以及 2016 年 7 月筹集的"男女两性平等基金"103 亿韩元(约 6 360 万元人民币)的善后处理,将会考虑"慰安妇"被害者以及有关市民社会团体等的意见,提出合理的使用方案。女性家庭部还表示,韩国外交部将会与日本政府进一步协商。

2017 年 12 月 27 日,针对韩国"和解与治愈基金会"的解散,首尔"韩日慰安妇被害者问题协议探讨对策本部"发表报告书。这份报告书明确指出,第一,"和解与治愈基金会"并没有体现"以('慰安妇')被害者为中心"的原则。韩国朴槿惠政府在与日本安倍政府的协商中,只考虑了政府间的立场,并没有真正听取被害者的声

①《东方早报》,A14《时事·国际》,2015 年 12 月 29 日。

6-10　2015年,来自各国的代表们在首尔梨花女子大学校园内的天使少女像前留影。(苏智良2015年摄)

音与意见。难道以这样的方式就可能真的实现"慰安妇"问题"最终的、也不可逆转"的解决吗？第二,对于"慰安妇"这样的韩国全体国民关注的重大问题,应当以公开方式进行妥善协商。但遗憾的是,朴槿惠政府与日本之间主要以"秘密协商"的方式进行,最后除了实际公开的两国协商内容外,还有一些给韩国政府带来不少负面作用的限制条件,比如,第三国"少女像"问题、不使用"性奴役"用语问题等。

针对这份报告书,韩国总统文在寅曾明确表示,"(韩日)慰安妇协议在程序上和内容上都存在重大缺陷"。不过到2018年1月9日,韩国外交部仍宣布,第一,不会废止韩日的"慰安妇"协议;第二,不会向日本政府要求再协商与"慰安妇"的有关问题;第三,也不会解散"和解与治愈基金会"。这一表态可能考虑到,万一全面否认韩日两国间协议的话,将会受到日本乃至国际社会的严重批评,影响韩国政府的信誉度。

但是到 1 月 21 日,韩国女性家庭部突然宣布,"在不废止'慰安妇'协议、不要求再协商的前提下,我们会解散'和解与治愈基金会'"。

韩国政府为什么会做出这样的决定呢?学者们认为,韩国政府考虑了这一时期韩国国民和国内舆论的激烈反应。首先,多数的韩国国民对协议本身表达了不满甚至反对态度。比如,仅仅通过韩日两国的协议,就实现"慰安妇"问题"最终的、不可逆转的"解决,这让大多数韩国国民感情和情绪方面不容易接受。其次,"慰安妇"幸存者及有关市民社会团体的强烈反对尤其突出,压力颇大。第三,协商过程中的"秘密协议"等情况被媒体不断披露,导致韩日两国间的政治协商已不可能正常进行,两国政府均受到非常大的压力。

不过,虽然《韩日"慰安妇"协议》有着先天的重大缺陷,但从本质上来看,这是朴槿惠政府与安倍晋三政府之间的事。如果不废止"慰安妇"协议,那么文在寅政府会面临以下有利之处:首先,韩国可以保住国家的威信。其次,在韩国国内可以把这次出现的重大缺陷的责任继续推给前任朴槿惠政府。再次,可以要求安倍政府对用"钱"解决"慰安妇"问题这一行为负责;第四,即使目前不行,以后也有向日本政府再次提出交涉"慰安妇"问题的余地。但问题的本质在于,"和解与治愈基金会"的解散,本身就等同于《韩日"慰安妇"协议》的废止。因为从 2015 年 12 月 28 日《韩日"慰安妇"协议》来看,韩国政府先是设立基金会,然后日本政府提供了 10 亿日元的基金,最后两国决定合作进行相关工作。所有的这些措施都是前后配套的。

　　"和解与治愈基金会"解散后,对韩日关系仍具有重要影响。2019 年 4 月 23 日,韩国外交部第二次官李泰镐在联合国安理会有关妇女、和平和安全的公开讨论会上明确指出,韩国政府将为恢复"慰安妇"制度受害者的名誉和尊严以及将这一问题作为历史教训继续作出努力。他表示,日军"慰安妇"制度受害者未能治愈她们一生的痛苦而先后离世了。韩国政府积极参与国际社会对妇女、和平和安全的讨论,对国际社会为废除纷争地区性暴力作出的努力。

　　这时,《韩日"慰安妇"协议》风波未平,两国又因劳工问题而再起波澜。

　　2018 年 1 月起,韩国最高法院认定:1965 年的《日韩请求权协定》并不妨碍个人索赔的请求权,先后判处新日铁住金公司等日本企业须承担第二次世界大战时期强征韩国劳工的赔偿责任。这一判决引发了日本政府的强烈反应。日本共同社 10 月 30 日报道指出,"日本政府的立场是原被征劳工的索赔权问题因 1965 年《日韩请求权协定》已经解决,新日铁住金也一直坚持同样的主张,但被法院驳回"。到 11 月 7 日,时任日本内阁官房长官菅义伟在记者会上再度表明立场:"《日韩请求权协定》对包括司法部门在内的当事国整体具有约束力。判决确定时意味着韩国处于违反国际法的状态。"菅义伟还进一步认为,"已要求韩国政府立即采取包括纠正违反国际法状态在内的妥善措施,正在关注韩方将如何具体应对",要求韩方予以处理。

　　由于日本新日铁住金公司并未执行韩国法院所做出的赔偿判决,2019 年 1 月 2 日,韩国原告对外宣布,已向韩国一家法院提出申请,扣押该企业在韩部分资产。对此,日本主张启动《日韩请求权协定》的争端解决机制。《日韩请求权协定》的争端解决机制规

6‑11　2017 年,苏智良在首尔每周周三举行的抗议集会上致辞,地点在日本大使馆对面的"慰安妇"少女像广场。(詹芳芳提供)

定,两缔约国之间遇有需要协定的解释及实施的纷争,首先,通过外交途径解决。如无法解决纷争,日韩双方于任何一方提出要求起 30 天内各任命 1 名委员,再加上这两名委员同意的第三国的 1 名委员,3 人组成仲裁委员会。

据日本共同社报道,在 2019 年 1 月 9 日日本向韩国提出磋商后,韩国并无回应。5 月 20 日,日本向韩国提出建立仲裁委员会的解决路径,仍未获得韩国的明确回复。于是,日本经济产业协会于 7 月 1 日强硬宣布,将对用于智能手机及电视机的半导体等制造过程中需要的 3 种材料,加强对韩国的出口管制。

韩国的消极应对,必然招致日本国的经济和外交的制裁,而且给人留下了韩国底气不足、不愿诉诸国际裁断的印象。另一方面,日本对此强硬的态度似乎在向世人表明:在战后处理的问题上国家之间有权处分私人的请求,不管侵害行为是否是犯罪行为。

日韩外交部门发布消息,日本外务省亚洲大洋洲局长金杉宪治和韩国外交部亚太局长金丁汉,于 2019 年 5 月 20 日在北京郊外举行了两国外交部门局长级磋商。日方金杉宪治指出,原被征劳工诉讼判决中韩国最高法院勒令日本企业赔偿,这一判决违反国际法,他再次要求韩方予以纠正。对于金丁汉要求日方取消对韩的出口管制,金杉认为,这是出于安全保障目的的正当措施。对于制裁韩国的原因,日本政府不直面韩国劳工问题,却表示是出于出口管控上的安全保障考虑,其实明眼人都知道是日本对韩国法院判决的报复。倘若日本在认定韩国违反《请求权协定》问题上违反国际法,并有着充分的法理依据,那么大可不必遮遮掩掩,理应向世人通报这一制裁的真正理由。可见,日本对此并非底气十足。

中国国际法学者管建强教授等对《日韩请求权协定》的效力范围进行了深入剖析。

第一,日本强征朝鲜劳工的性质。日本政府认为韩国法院的判决违反了"请求权协定"的逻辑依据是根本不存在强制劳工问题,当时,日本在朝鲜只是"征用"劳工而已。征用之事项当然属于"请求权协定"包含的范围。问题是,不管名称是征用也好,是强制劳工也罢,关键要看是否对朝鲜"国民"实施了奴役。根据吉林大学教授陈景彦 1998 年 8 月发表在《文史杂志》上的《二战期间日本对朝鲜劳工的征用》一文来看,二战期间,日本为了弥补国内劳动力的不足,曾在当时的殖民地朝鲜征用了大批劳工。1939 年 7 月,日本政府在发布《国民征用令》的同时,明确提出"利用半岛人"的政策。自 1939 年起至 1945 年日本战败投降,作为劳工而被掳掠到日本的朝鲜人至少有 66 万人。日本政府征用朝鲜劳工的方法是所谓的通过官方来分摊募集。所谓"募集"实际上通过半强制方法进行。到 1944 年以后,对于朝鲜人也推行了同日本国内一样的征

用制。有些朝鲜人正在田间劳作,就被日本军人、宪兵等强行押上
卡车,然后直接运到码头、开至日本。有时是将劳工们集结在一
起,在朝鲜进行所谓"当地训练"。如果发生逃亡现象,逃亡者的家
属亲戚都要受到株连。当地的警察署长训示时,往往还具体举出
逃亡者家属、亲戚受株连的事例,对劳工们进行威胁。朝鲜劳工送
到日本之后,也要接受日本的强制训练。1942 年 9 月,日本政府和
企业根据《关于移入朝鲜劳务者的训练及处理纲要》,对朝鲜劳工
进行了"皇民训练""日语训练""作业训练"等共计 9 种强迫性训
练。以上资料仅来自于中国学者的研究,相信在韩国历史学界应
该会有着更多更丰富的研究成果。日本是否奴役朝鲜民族的问
题,其实早在 1943 年,中美英《开罗宣言》就做出过定论:"我三大
盟国稔知朝鲜人民所受之奴隶待遇,决定在相当时期,使朝鲜自由
与独立。"同时,《开罗宣言》为 1945 年《波茨坦公告》所继承,并被
日本投降书无条件接受。因此,韩国有理由主张,日本殖民朝鲜的
管辖行为具有非法性,当然就包括其强征与奴役朝鲜劳工的非法
行为。

第二,关于《日韩请求权协定》效力范围的字面解释。战后,朝
鲜分裂成南北两个国家。《日韩请求权协定》是日本与韩国 1965
年恢复邦交时签署的协定。其中的第 1 条第 1、第 2 款规定:日本
国向大韩民国无偿提供相当于 3 亿美元的日本生产物质及日本劳
役……应大韩民国的请求,提供相当于 2 亿美元作为低息贷款。
上述贷款,务必为大韩民国的经济发展发挥作用。第 2 条第 1 款规
定:两缔约国确认,两缔约国及国民(包括法人)的财产、权利以及
两缔约国及国民之间的关于请求权问题,已得到完全且最终解决。
首先,协定第 1 条关于日本国无偿提供的相当于价值 3 亿美元援助
和优惠的低息贷款,其目的不涉及对价收买殖民地人民的任何请

求权问题。因为,请求权协议第 1 条明确地表明了其无偿经济援助的目的是"上述供与及贷款,务必为大韩民国的经济发展发挥作用"。显而易见,根据协定的文字,韩国国民完全可以理解为,韩国独立后,日本的无偿出资既是对韩国建国的贺礼,也是为了拉拢韩国国民的方式。其次,第 2 条第 1 款所谓"两缔约国确认,两缔约国及国民(包括法人)的财产、权利以及两缔约国及国民之间的关于请求权问题,已得到完全且最终解决",其请求权范围表述得非常模糊。管建强教授认为,如果这里的"请求权"涵盖了日本违反国际法对朝鲜人民实施的侵权行为所产生的请求权,那么,按常理推断,韩国必然会要求日本在请求权中表达类似道歉的文字。相反,该协定并无任何日本方面的道歉,可见,签署该协定时,韩日两国约定的请求权问题,已得到完全且最终解决的主观认识,并不包含严重非法侵权导致的请求权。在这样的基础上,两缔约国确认放弃的至多也只解释为一般民事权益意义上的财产、权利纠纷基础上的两缔约国及国民之间的有关请求权问题。

第三,《日韩请求权协定》的效力范围不可抵触国际强行法。问题是,强制征用殖民地的劳工,相当程度上具有奴役劳工的性质。国际社会反制奴役、与奴隶制斗争的历史源远流长。第一次世界大战结束后,1919 年的《圣日耳曼公约》规定,各签字国承诺设法完全消灭奴隶制度,以及海上、陆上的奴隶贩卖。1926 年,在国际联盟主持下签订的《禁奴公约》规定,各签字国承诺禁止奴隶贩卖,并逐步和尽快地完全禁止一切形式的奴隶制度。可以说自第二次世界大战开始,禁止奴役、禁止奴隶制度已经成为一项国际社会的强行法。强行法是国际法的基础,各缔约国所缔结的任何条约不得与强行法相抵触。《条约法公约》第 53 条明确规定:条约在缔结时与一般国际法强制规律抵触者无效。就适用本公约而言,一般国际法强制规律指国际社会全体接受并公认为不许损抑且仅受以后具有同等性质之一般国际法规律更改之规律。可见,只要韩国有充分的历史依据能证明日本确实强制奴役过韩国劳工,其行为就属于违反国际法的罪行,不管日本是否借用"征用"的名称。

第四,《日韩请求权协定》效力范围不可超越缔约主体的权限。从韩国国内法角度而言,该协议须经韩国最高权力机关批准方能生效,韩国国家最高权力机关享有处分殖民地时期被奴役劳工的请求权在韩国宪法中是找不到依据的。相反,《大韩民国宪法》有着如下的明确规定,第 2 条第 2 款规定"国家根据法律规定,有保护在外国民的义务"。第 10 条规定"所有国民拥有人的尊严和价值,并享有追求幸福的权利。国家担负确认、保障个人拥有的不可侵犯基本人权的义务"。第 30 条规定"因他人的犯罪行为而受到生命、身体侵害的国民,可根据法律规定从国家获得救助"。以上这些条款构成了国家担负确认、保障个人拥有的不可侵犯基本人权的义务。在这样的背景下,将《日韩请求权协定》解释成韩国签署该协议时其主观上认为"征用劳工问题已彻底获得解决"是难以想象的。根据《条约法公约》,超出缔约主体权限所缔结的条约是无效的条约,可见,日本若主张《日韩请求权协定》已经涵盖了"征用劳工问题已彻底获得解决",这就必然被韩国方面推导出《日韩请求权协定》系无效条约的结论。如此看来,日本政府将拒绝韩国劳工请求权的责任推给韩国的做法似乎过于自信。①

中国学者建议,反思《日韩请求权协定》的纷争根源,日本在战

① 管建强:《〈日韩请求权协定〉放弃了韩国民间诉权吗?》。毛峰:《寻找打开日韩僵局的钥匙——专访:华东政法大学教授管建强》,《亚洲周刊》2019 年 8 月 18 日。特此向管建强教授表示谢意。

后的处理方式上是带有侥幸心理的。概言之,从人类社会共同体相互依存关系以及世界治理方式来看,韩日两国若将纷争委托给迄今为止最具权威性的国际法院进行管辖和审理,这是最为明智的选择。韩日两国如果通过国际法院解决历史遗留问题,对世界和平、对基本人权的尊重和保护,均具有重要的历史意义。

韩国劳工问题的激化以及关于赔偿法理的讨论,对"慰安妇"问题的解决具有启示意义。今后,在"慰安妇"问题上,韩日两国很有可能会转换"攻守"立场。日本政府很有可能会在韩国大法院最近首次审判"强制征用赔偿"问题以及"独岛"(日本称"竹岛",作者注)等问题上呈现更大的"攻势",并在国际社会上抨击韩国政府的道德信誉度。此外,在朝鲜半岛和平以及朝核问题的解决方面,韩国将必然会受到美国方面的更大压力。

有舆论指出,只要日本政界对历史问题继续撒谎、歪曲、掩盖与拖延,那么韩日两国之间的"深仇大恨"就不可能获得解决。

第四节　国际社会的共识

当"慰安妇"问题浮出水面之后,应韩国等国家的要求,联合国人权委员会决定对日本战时征募"慰安妇"问题进行全面调查,并责成特别报告官、斯里兰卡的女法律专家拉蒂卡·科马拉斯瓦密(Radhika Coomaraswamy)起草报告。于是,1995 年 7 月 18 日至 22 日,联合国人权委员会代表团访问韩国,7 月 22 日至 27 日访问日本,与政府代表和民间社会代表举行座谈,并对一些"慰安妇"幸存者进行调查。朝鲜人民民主共和国也提供了书面材料。由于缺少沟通和时间紧迫,科马拉斯瓦密女士没有访问中国或了解中国的受害者情况。

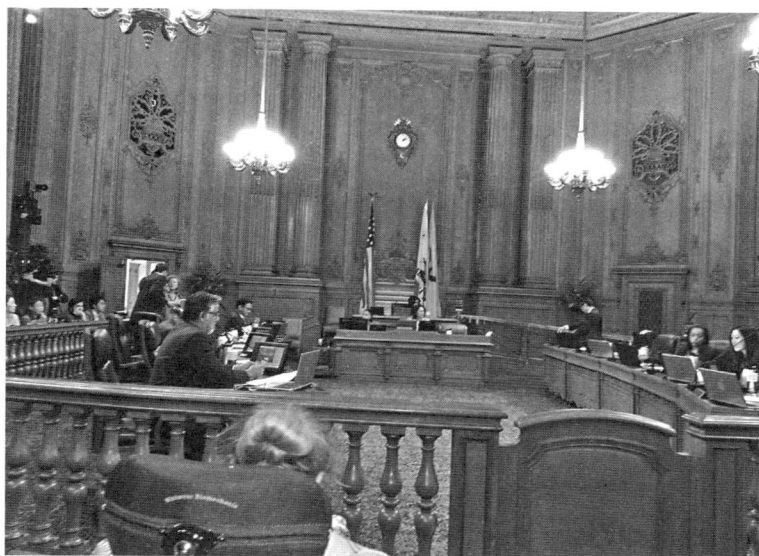

6‑12　2007年美国众议院通过"慰安妇"报告,要求日本政府向受害者和受害国道歉。

　　1996年2月,科马拉斯瓦密完成了《对女性施暴的报告书》(Report on the mission to the emocratic People's Republic of Korea, the Republic of Korea and Japan on the issue of military sexualslavery in wartime),4月19日,联合国人权委员会一致通过了该项报告。报告书首先指出:日军在第二次世界大战中强制把朝鲜半岛等地的妇女抓去充当日军"慰安妇",无疑是把她们当作"性奴隶",而且,把这种"性奴隶"移送他国是"非人道行为",因此,"把女性及少女诱拐为'慰安妇',并对她们进行有组织的强奸,显然是施于一般市民的非人道的行为,是对人类的一种犯罪行为"。

　　首先,针对日本政府提出的1926年《禁止奴隶制公约》(1926 Slavery Convention)对"奴隶"的界定不适用于界定"慰安妇",联合国报告明确指出,依照国际人权团体审议及其规章,"慰安妇"应该明确被视为性奴役的案例，或者被视为等同奴役的案例。比如，1993 年 8 月 15 日通过的《防止歧视和保护少数群体分委员会 1993/24 决议》，该决议关注战时性剥削和其他形式的强制劳动，防止歧视和保护少数群体分委员会的专家们特别研究了"慰安妇"这一人权遭受重大侵害的案例。除此以外，科马拉斯瓦密还接受现代奴隶制工作组专家以及一些非政府组织代表和学者的建议，认为"慰安妇"这一称谓几乎没有反映出战时受害妇女的悲惨遭遇，因此建议使用"日军性奴隶"(military sexual slavery)这一称谓来代替"慰安妇"(Comfort Woman)。①

　　其次是关于日军实施"慰安妇"制度的基本事实。联合国人权委员会报告指出，自 1932 年上海事变后日军建立慰安所，近十年后日本全面侵略亚洲，"慰安妇"一词被普遍使用。最早的日军性奴隶是来自日本北九州的朝鲜人，她们应军队的要求，被长崎县知事送往了战场。1937 年日军占领南京后，日军出于对军纪和士气的考虑，决定重启 1932 年设置慰安所的做法，于是占领军在上海和南京间建立了一些由日军直接管理的慰安所，并通过商人获得了大量的"慰安妇"。这些慰安所成为后来日军大量建立的慰安所的原型，其照片和规定保留至今。但由日军直接管理慰安所这一做法并没有被大量延续下来，出现了很多私人经营的慰安所，这些经营者被军队给予准军人地位甚至授予军衔。但日军仍对性奴隶的输送、性奴隶的健康负责，并监管着慰安所的运营。

　　随着战争规模的扩大和延续，来到战场的日军官兵越来越多，

---

① "Report on the mission to the Democratic People's Republic of Korea", *the Republic of Korea and Japan on theissue of military sexual in wartime*, *commission on human rights fifty-second session*, E/CN. 4/1996/53/Add. 1, 4January 1996, p. 4.

对性奴隶的需求也越来越大，于是一种新的招募方法便产生了。在亚洲，尤其是在朝鲜，这种招募方法包括使用欺骗和暴力的手段。许多幸存者的证言证实了她们是被欺骗的，大部分朝鲜幸存者的证言提到是被不同的代理人或当地人欺骗而招募去的。1932年，日本制订《国家总动员法》，要求女性去工厂工作，或者从事与战争相关的劳动。在这样的背景下，许多女性被欺骗，成为日军性奴隶，这一事实不久就广为人知了。最终，日军为了满足对性奴隶的大量需求，开始大量使用暴力和严酷的强制手段。很多受害者证实，其家人在阻止日军、警察绑架过程中被暴力所伤害，甚至还有日军士兵当着女性父母的面强奸他们的女儿的事例。

慰安所遍布日军侵略所到之处，对"慰安妇"的剥削甚至发生在日本的本土。

日军慰安所出现在中国大陆、中国台湾、婆罗洲、菲律宾、新加坡、马来西亚、缅甸、印度尼西亚和太平洋岛屿等地。关于慰安所、"慰安妇"的照片和日军制定的各种规章制度的证物，被保留下来。尽管只有很少的资料说明日军招募性奴隶的方法，但日军推行性奴隶制度的具体细节有大量存留的资料可以证明。日军关于推行"慰安妇"制度的规章是最能证明日军有罪的资料，这些规章不仅没有疑问地说明了日军对慰安所负有直接责任，而且说明日军与运营这个组织的各个方面都紧密相关，这些规章还清晰地显示了日军如何制度化地建立慰安所。另外，与规章显示出"慰安妇"应该被公平对待相反的是，"慰安妇"遭受到野蛮和残忍的虐待，大量妇女被迫在难以形容的痛苦环境中，为日军提供性服务，日军性奴隶制度因此呈现出极端泯灭人性的一面。

即使战争结束，对大多数"慰安妇"而言，并不意味着解放，因为许多"慰安妇"在战争的最后时刻惨遭日本兵杀害。比如，在太平洋岛国密克罗尼西亚,一夜之间,日军竟杀害了 70 名"慰安妇"。因为日军担心"慰安妇"成为累赘,或者担忧"慰安妇"被美军俘获后,会让日军感到尴尬。许多身处前线的军事性奴隶,还被逼迫参加日军的军事行动,包括与士兵一起进行自杀式冲锋。更多的"慰安妇"被日军遗弃,她们根本不知身处何处,身无分文或只有很少的钱,大量的性奴隶在日本战败后,死于严苛的环境以及食物的缺乏。

再其次是关于日军招募军队性奴隶的过程。由于缺少资料,再加上日本不公开资料,似乎所有的证据都来自于"慰安妇"幸存者的证言。这使得很多人质疑"慰安妇"证言,或者相信日本政府所谓的慰安所是私人性质妓院的言论。但是,这些来自于东亚、东南亚各个地区的幸存者讲述的被强征的相似经历清晰地证明了日本政府和日军不同程度上的介入,这是毋庸置疑的。后来,日军将大部分慰安所转让给私人。尽管在某种程度上,私人参与了招募和建立慰安所,但招募过程却日渐成为日方官员的责任。直到最近,日本政府都不愿意承认其在强迫式和欺诈式的招募中发挥了作用。依照部分幸存者的证言,实际存在三种招募形式:一种是出于女性的自愿,这些人多是妓女;一种是谎称提供高薪在饭店服务或者在军队做清洁工作诱骗女性;最后一种,是大规模地使用强制或暴力手段绑架日军占领地的女性。为了满足日军对女性的需要,私人业者与朝鲜当地的警察合作以提供高薪工作的许诺来欺骗朝鲜女性。1942 年以前,朝鲜警察来到村庄招募"女子挺身队自愿者"成员,这一过程是官方性质的,并且由日本政府授权,这一过程暗含一定程度的强迫。因为如果某个女孩被推荐为"自愿者"却后来不予服从,那么这时宪兵队或警察就会介入。为了更多地满足对女性的需要,日军甚至诉诸暴力,并毫不掩饰地使用武力和劫掠,在这一过程中,如果她的家人阻拦的话,她的家人就会被屠杀。很多幸存者的证言显示,1942年以后,日本大规模使用暴力和强制手段以获取日军性奴隶。日军性奴隶的年龄有些在14—18岁之间,甚至学校的女学生也被强制征用。可以说,在朝鲜的警察、教师和村庄官员等,都参与了暴力招募。

最后是关于日军性奴隶的工作和生活状况。幸存者证言证实,她们的工作和生活状况是非常糟糕的。尽管她们的住处和待遇在各地有所不同,但几乎所有的幸存者都证实了所处环境的恶劣和残酷。慰安所位置,或者靠近日军的行军路线,或者是日军搭建的临时建筑。在前线的慰安所通常是帐篷或临时的简易建筑。这些慰安所通常被铁丝网所包围,有日本兵站岗和巡逻。"慰安妇"的举动被日军严密监视与限制。许多幸存者说,她们从来没被允许离开军营。有些人回忆,任何自由行动显然是被限制的,逃跑几乎是不可能的。"慰安妇"身处在狭窄的空间,一天却要被迫接待60—70名日本兵。在前线的"慰安妇"有的睡在垫子上,被置于寒冷、潮湿的严酷环境中。健康检查由日本军医负责,但这些检查只是为了防止性病的传播,军医并不关注"慰安妇"的香烟烫伤、殴打瘀伤、刺刀刺伤以及骨折。日军官兵无视慰安所的规章。很多幸存者抱怨,当时根本吃不饱。尽管"慰安妇"认为自己应该得到报酬,但只有很少的人得到报酬。从"慰安妇"的证言中可知,她们除了要遭受长期的性虐待以外,还要忍受残酷的生存环境。她们没有人身的自由,经常遭受日军、私人业者和军医的暴力虐待。她们身处前线,容易遭到攻击,由于炸弹攻击和死亡威胁,使得日本兵更加残忍地虐待她们。她们还要担心罹患疾病与怀孕,许多人都不同程度上染上了性病,这种严酷的生存环境,加上内心深处的耻辱感,使得很多"慰安妇"选择自杀或者逃跑,但如果逃跑失败就意味着死亡。

为了论证日军的直接参与和直接责任,特别报告员引用日本吉见义明教授提供的历史资料。一份关于关东军第21军的报告记述,慰安所由日军军官和士兵运营并由军队控制,报告时间是1939年4月11日到21日。另一份资料表明,对"慰安所"的严密控制来自日本陆军省的命令。特别调查员还被告知,征募"慰安妇"的商人是被日军司令部或者可能是被师团、旅团等所雇佣,并且得到日军宪兵队和警察的配合。

1996年联合国人权委员会除采纳"慰安妇"问题报告以外,还对日本政府解决日本"慰安妇"问题提出六点劝告。

1. 承认二战日军建立的"慰安所"制度违反了国际法并接受其法律责任。

2. 按照特别调查员 theo von boven 向防止歧视与保护少数群体分委员会提交并被采纳的侵害者补偿的机制对日军性奴役的受害者进行赔偿,为此应迅速成立特别行政法庭(特别行政审理委员会)负责赔偿事宜。

3. 完全公开关于慰安所以及二战日军相关活动的档案和资料。

4. 公开向每一位遭受日军性奴役的受害者致歉。

5. 为了呈现真实历史,在教科书中记述此问题。

6. 尽可能追究及处罚募集"慰安妇"和设立慰安所的责任人。

在国际层面上,建议非政府组织继续在此问题上与联合国相关机构合作,以及在此问题上征询国际法院和常设仲裁庭的意见。建议朝鲜和韩国就日本政府在此问题上的法律责任和赔偿问题诉诸国际法院。特别调查员在尽可能短的时间内督促日本政府接受上述建议。①

关于日本对外侵略战争的索赔事宜,科马拉斯瓦密女士的报

6－13 2016 年 10 月 28 日,苏智良教授到首尔拜访朴元淳市长。朴元淳先生 2000 年也参加了东京"慰安妇"民间法庭审判活动,并担任韩方检察官。不幸的是,2020 年 7 月 9 日,朴元淳市长在首尔自杀,结束了自己的生命。

告书充分肯定了 1994 年国际法学家委员会(ICJ)发表的关于日本"慰安妇"调查团报告书的基本观点和立场,那就是:在政府之间所达成的赔偿协议,应该是支付给政府的,并不包含对被伤害的个人的赔偿,因此,受伤害的个人完全有权利要求加害国予以赔偿,这是任何国家政府或其他组织不能剥夺的。

---

① "Report on the mission to the Democratic People's Republic of Korea", *the Republic of Korea and Japan on theissue of military sexual in wartime*, commission on human rights fifty-second session,E/CN. 4/1996/53/Add. 1,4January 1996,p. 31－32.

　　但是,由于人权委员会科马拉斯瓦密的调查较为仓促,因此报告书存在一些不足。最大的遗憾就是没有到中国进行实地调查和接触。众所周知,中国是二战中最大的受害国之一,同时也是日本军国主义推行"慰安妇"制度最完善、最深入的地区。尽管科马拉斯瓦密的报告提到,日军在中国各地也开设了慰安所,但是,关于日军在华慰安所的规模、地域、数量及中国"慰安妇"可能的人数等问题均没有叙述,这不能不说是非常大的遗憾,这也在一定程度上影响了报告书的权威性、准确性和科学性。

　　对于联合国的"慰安妇"报告,欧洲众多的国家表示欢迎,亚洲各国更是纷纷发表赞同、支持的声明,各国要求日本政府尽快并彻底地了结这一历史陈案,中国、朝鲜、韩国等则多次劝告日本政府"应马上接受报告书中提出的劝告"。在 1996 年 3 月,国际劳工组织也发表一份声明指出,战时日本的"慰安妇"制度严重违反该组织的第 29 号条约,因此,希望日本政府真诚关注国际机构的立场,负起应尽的责任。

　　然而,日本政府却坚持顽固抗拒立场,继续置国际舆论于不顾,还公然反对各国的劝告和批评。更有甚者,日本政府当局还绞尽脑汁,竟然对联合国的报告书进行抨击、抵赖。1996年 3 月间,日本政府对联合国的调查书提出反驳,并将反驳意见书散发到欧、亚 20 多个国家。据当年 4 月 11 日的《每日新闻》报道,这份文件不仅否认日本政府在"慰安妇"问题上的责任,还无耻地对人权委员会调查主持者科马拉斯瓦密女士进行了人身攻击。

　　此外,联合国防止歧视与保护少数群体分委员会提出了关于"慰安妇"问题的报告,联合国人权条约机构对"慰安妇"问题予以了高度关注。2006 年成立的联合国人权理事会在 2008 年和 2012

年将日本人权问题作为审查对象,分别对日本提出了 26 点、174 点劝告。美国众议院、加拿大国会、欧盟议会、荷兰议会、韩国国会、菲律宾议会等作出了日本"慰安妇"问题的决议,要求日本政府承认战争责任。

欧盟议会决议指出:"慰安妇"制度则是 20 世纪最大的人口贩运案件之一,即强奸、强迫堕胎、羞辱和性暴力,大量妇女被残害至死亡或忍受不住选择自杀。尽管日本法庭判决承认了日军的直接和间接参与,日本有一定的国家责任,但提交给日本法院的数十个"慰安妇"案件都已败诉,原告索赔要求一律遭到拒绝。而"慰安妇"制度的大多数受害者已经去世,其余幸存者的年龄在 80 岁以上。在过去几年来,日本政府的许多高级会员和官员对"慰安妇"制度作了道歉声明,而日本的一些官员最近表达了一个令人遗憾的意愿,试图稀释或撤销这些言论。日本政府从未充分透露性奴役制度的全面程度,日本学校课本很少提到二战期间"慰安妇"和其他日本战争罪。

欧盟议会决议明确要求日本政府以明确方式承认、道歉和承担历史和法律责任:日军从 20 世纪 30 年代直到第二次世界大战期间,对亚太地区实行殖民主义,在战时占领区强迫年轻妇女做性奴役。要求日本政府有效地向"慰安妇"制度的所有幸存受害者及已故受害者的家属提供赔偿。要求日本议会采取法律措施,消除在日本法院获得赔偿的现有障碍。特别是个人对政府提出赔偿的权利应当在国内法中得到明确的承认,对于性奴役幸存者的赔偿案件,应优先考虑到幸存者。要求公开驳斥"慰安妇"从未被奴役过的狡辩之词。鼓励日本人民和政府采取进一步措施了解国家的全部历史。呼吁日本政府对后代进行教育。

欧盟议会将这一决议递交给了日本政府和议会、联合国人权理事会、东盟各国政府、朝鲜民主主义人民共和国、南韩、中华人民共和国、(中国)台湾、东帝汶、以及理事会、委员会和成员国的各总统或主席提出相关指示。①

日本学界缺少一个反省运动。近年来东京大学的教授上野千鹤子作出了可贵的努力。②

2016 年 2 月 16 日在日内瓦总部,联合国消除对妇女歧视委员会举行了针对日本的审查会议,日本政府代表外务审议官杉山晋辅就"慰安妇"问题说明时,再度抛出"非强征"论,宣称日本"政府发现的资料中没有能证明军队或政府部门进行强征的证据"。这是日本政府否认"慰安妇"制度是战争犯罪的又一举动,这也使得全世界有理由怀疑 2015 年 12 月日本政府解决韩国的"慰安妇"问题的诚意。

第五节　2000 年东京"慰安妇"民间法庭

为了从道义上、法律上对日本国家"慰安妇"制度进行彻底的清算,解决战争遗留问题,2000 年 12 月 8 日至 12 日,"慰安妇"国际战犯法庭③在东京举行。来自中国大陆、中国台湾、朝鲜、韩国、菲律宾、印度尼西亚、马来西亚、东帝汶、荷兰、阿根廷、英国、美国、

---

① 欧洲议会:《欧洲议会关于妇女问题的决议》,吴美玲译,中国"慰安妇"历史博物馆藏。

② [日]上野千鹤子:《"记忆"的政治学》,收入秋山洋子、加纳实纪代主编,胡澎等译:《战争与性别:日本视角》,北京:社会科学文献出版社,2007 年,第 239 页。

③ 该法庭按日文汉字表达为"女性国际战犯法庭",似容易引起歧义。而英文表达中有对性暴力侵害之意,法庭主办方印制的正式英文文件主标题为: Women's International War Crimes Tribunal,副标题为: on Japan's Military Sexual Slavery。实际法庭的使命就是审判日本政府和个人被告实施"慰安妇"制度的罪行,因此本文使用:"慰安妇"国际战犯法庭。

澳大利亚、肯尼亚、日本以及南斯拉夫等国家、地区的代表 500 多人聚集于此。5 天之中有 1 万多人次的各国人士出席旁听,各国主要媒体均进行采访和报道。这是目前为止战后关于日本"慰安妇"问题的最大国际集会。

东京"慰安妇"国际战犯法庭(Women's International War Crimes Tribunal)萌芽于 1997 年。1997 年 10 月在东京召开的"战争和对女性暴力"国际会议上,40 多个国家的女性运动家们聚集东京,讨论了结束不处罚战时性暴力历史的必要性。日本记者松井耶依以这次会议为契机在 1998 年 6 月建立了 VAWW-NET Japan 网络。在当年 4 月的亚洲团结会议上,她和与会者讨论了"慰安妇"问题的解决办法,松井耶依在思考她作为加害国——日本的女性可以为"慰安妇"做什么。① 之后松井耶依萌生出了举办一个类似于罗素法庭②的民众法庭的构想。

法庭的核心人物是日本女性人权斗士松井耶依③,以及韩国挺

---

① 「女たちの戦争と平和資料館」,『松井やより　全仕事』、2006 年、42 頁。

② 罗素法庭,英语:Russell Tribunal,亦称国际战争罪法庭或罗素-萨特法庭,是一个由英国哲学家伯特兰·罗素组建,法国哲学家、剧作家让-保罗·萨特主持的,在道义上和国际法层面上对越战中美军的暴行作出审判的机构,是西方当代公共知识分子的一次著名运动,并由一系列后续法庭所继承。

③ 松井耶依(1934—2002),其父平山照次曾应征入伍,参加过侵华战争,并秉持反战立场。松井耶依深受影响,后入职《朝日新闻》社,为该社最早的女记者。退职后于 1995 年组织首次国际 NGO 活动——北京妇女大会的"东亚女性论坛",600 余名女性参加。参与筹建 2000 年东京"慰安妇"国际法庭活动,付出极大的心血,仅筹募的捐款就达数千万日元。此后因为日本电视台 NHK 播出报道时,把"被告"、"判决"都隐去,松井耶依等以侵害观众的知情权把 NHK 告上了法庭。2002 年 10 月,正在阿富汗参与人权运动会议中的松井因病紧急回国就医,被诊断为胰腺癌。松井捐赠财产设立"女性之战争与和平人权基金",组建"女性战争与和平资料馆",英文简称"WAM"。12 月 27 日,松井耶依去世。

身队研究所创始人、梨花女子大学教授尹贞玉。战时尹贞玉在梨花女子专门学校（梨花女子大学的前身）求学，差一点也被征募为"慰安妇"。战后她成为梨花女子大学的教授，80年代尹贞玉开始寻访韩国"慰安妇"幸存者，并于1990年11月，发起成立团结韩国各大女性团体力量的韩国挺身队问题对策协议会，成为韩国"慰安妇"领域研究的首创者和第一人。

6-14　在韩国梨花女子大学，1998年举行了东京"慰安妇"民间法庭的筹备会议，会后韩国尹贞玉教授（左）与日本松井耶依女士合影。（苏智良摄）

经过3年漫长的筹备而得以开庭，主要策划与参与的各地区组织有：日本的"战争和对女性犯罪"网络、韩国女子挺身队研究所、上海师范大学中国"慰安妇"问题研究中心、台北市妇女救援基金会、菲律宾亚洲女性人权中心等亚洲各国的进步团体，它们组成了国际运营委员会，在1997年到2000年间，曾分别在日内瓦、华盛顿、汉城、马尼拉、纽约、东京、上海、台北等地召开过预备会议，讨论各种筹备事项，并制定了法庭宪章。

法庭宪章强调，在第二次世界大战时期，受日军"慰安妇"制度迫害的受害者正义没有得到伸张，日军性奴隶制和性暴力犯罪，在战后的东京审判和乙丙级战犯审判中几乎没有涉及，对受害者也没有进行个人赔偿。应明确日军"慰安妇"制度的真相，以及日本国家责任和个人责任。在专家看来，东京审判中日本自民党战犯逃脱了审判，日本自民党也参与了日军"慰安妇"制度，"法庭"将对自民党参与日军"慰安妇"制度的战犯进行审判。①

　　法庭地点选在东京的九段会馆。该建筑1934年建成,地处日本陆军发源地的东京市中心九段,曾是日本军人预备役和后备役部队的训练和住宿地。1936年日本爆发"二二六事变"时,日本政府在此设立戒严司令部,因此这个会馆又称军人会馆,日本战败投降后该会馆被同盟国接收,成为同盟国军人的宿舍。50年代后成为日本国有资产,改称九段会馆。此后是日本遗族会的大本营,由遗族会租赁经营。而会馆的旁边,就是90年代以来颇引起争议的昭和馆,数百米之外就是靖国神社。选定这样一个重要地点举行清算日本战时推行性奴隶制度的审判活动,本身便是对2000年1月23日日本右翼在大阪和平国际会议中心举行"南京大屠杀——20世纪最大的谎言"集会的强有力回击。

　　举办东京"慰安妇"国际战犯法庭的目的主要有以下四点。第一,受理日军在亚洲各国、各地推行军事性奴隶制度的各类起诉,明确日本政府和日本军队在这一事件中的责任;第二,依照战前和战时的国际法,审理、检证日本性奴隶制度是否犯有战争罪、反人道罪;第三,明确日本政府对于国际社会十分关注的"慰安妇"问题必须采取怎样的措施;第四,组织反对在战争中对女性施行暴力的国际运动;第五,终结人类历史上战时对女性暴力不受处罚的历史,并防止此类犯罪的再发生。

　　尽管这个法庭是民间法庭,或者说是模拟国际法庭,但筹备委员会仍精心遴选了法庭的主要人员。出任法庭主审大法官的是美国国际法教授、海牙国际法庭的大法官加布埃尔·麦克唐娜

———————————

① 松井やより、西野瑠美子、金富子、林博史、川口和子、东泽靖『女性国際戦犯法廷の全記録』(I)、绿風出版、2002年、27頁。

(Gabrielle KirkMcdonald)，国际女法官协会主席、阿根廷的卡门·阿西帕(Carmen Maria Argibay)，肯尼亚大学法学教授、肯尼亚人权委员会委员长威廉·穆通加(Willy Mutunga)，英国伦敦大学国际法教授卡里斯琴娜·琴津(Christine Chinkin)等4位大法官，两位总检察官则是世界级的国际法女学者，一位是来自美国的联合国原南斯拉夫国际法庭顾问帕缔斯·凡赛尔(Patricia Viseur-Sellers)，另一位是来自澳大利亚佛林达思大学的娣娜·多尔葛波尔(Ustinia Dalgopol)。她们都是国际上知名的法学家。

与此同时，中国大陆、中国台湾、朝鲜、韩国、菲律宾、印度尼西亚、马来西亚、荷兰和东帝汶等受害国和地区以及加害方的日本，也都组成由国际法学者、历史学家、律师等加盟的阵容强大的检察官代表团。韩国和朝鲜组成了一个代表团，共220人。各个代表团的总人数超过500人，其中"慰安妇"制度受害者达75人。在本次法庭开庭审判的4天中，共有5 855人次出席，仅开庭首日就有1 300多人出席。来自世界各国的143家新闻媒体的305名记者采访报道。这次活动规模之大、参加人数之多、层次之高是自1991年日本"慰安妇"问题被揭露以来，国际间最大的一次活动，因而被称之为"世纪大审判"。

为出席法庭、起诉日本政府及其责任人，各国和地区各自作了长期而艰苦的准备。为了完成伸张正义、追究战争责任、还受害者以清白这一神圣的使命，中国大陆组成了代表团，团长为苏智良。代表团包括万爱花、袁竹林、郭喜翠、李秀梅、刘面换、杨明贞、李连春、陈亚扁、黄有良等日军性奴隶制度的受害者，①还有被强征到中

---

① 由于地方政府不允许，云南的李连春、海南的陈亚扁和黄有良未能到达东京出席法庭活动。

国为性奴隶、战后无法返回家乡的、一直生活在武汉的朝鲜老人河尚淑①,还有检察官团的主要成员华东政法学院国际法教授周洪钧、管建强、复旦大学国际法教授龚柏华、上海师范大学历史学教授苏智良、北京方元律师事务所主任康健、南京遇难同胞纪念馆馆长朱成山、云南保山地区行署史志办干部陈祖梁和华东师范大学陈丽菲,周洪钧教授担任首席检察官。另外还有受害者的家属、调查员以及在日本的王选女士等,共 34 人。台湾各团体所组成的"支援慰安妇台湾行动联盟"以庄国明律师为团长共 62 人前往日本。

2000 年 12 月 8 日法庭开庭,各国检察官分别对日本在二战中所犯下的性奴隶制度、对女性的强暴等罪行进行了起诉。9 日上午,中国大陆代表向法庭提出诉状,并由 3 位原告出示受害证据,提出证言。

中国大陆的诉状长达 5 万字。起诉书指出,中国是日本军国主义侵略战争的主要对象,也是日军性奴隶制度的最大受害国,据调查,日军慰安所涉及全国黑龙江、吉林、河北、山西、湖南、广西、上海、海南等 22 个省、直辖市和自治区,推断有 20 万以上的中国妇女被日军及其协力者强逼为性奴隶。

中国大陆方面原告代表人有三位,第一位万爱花,内蒙古人,1929 年生,战时生活在山西盂县,1943 年三次被日军抓入据点,被迫充当日军的性奴隶。第二位袁竹林,湖北武汉人,1922 年生,1940 年被诱骗至湖北鄂城的日军慰安所,此后辗转各处的慰安所,

---

① 河尚淑老人战时在慰安所被迫使用何君子的名字,直到 2000 年法庭活动才恢复河尚淑本名。她的家乡在韩国,但 2000 年出席东京法庭活动时的国籍为朝鲜国,居住在中国武汉。在法庭活动中,她作为韩国方面的原告而出庭作证。

6-15 2000年12月,出席东京民间法庭活动的中国检察官(左起)周洪钧(华东政法大学教授)、陈丽菲(华东师范大学教授)、康健(北京方元律师事务所主任)、苏智良和龚柏华(复旦大学教授)等合影。(管建强摄)

直到1945年8月日军战败。杨明贞,江苏南京人,1931年生,1937年12月15日在日军侵占南京城时,被日本兵连续强暴。她们代表了20万中国的日军性奴隶制度受害者及难以计数的日军性暴力的受害者。当万爱花老人出庭作证时,因过度悲伤与愤怒而晕倒在法庭上。

中国大陆起诉书提出的被告分为两类,一为团体被告,即日本政府。起诉书指出,日本政府的外务省、法务省、陆军省、海军省等中央政府及军部,各都道府县地方政府,以及侵华的各派遣军部队,在日本1931—1945年的侵略战争中,在中国的日军占领地实施了性奴隶——"慰安妇"制度。二为个人被告:第一个便是裕仁,即昭和天皇,作为日本的最高决策者,裕仁对在南京等地发生的日军大规模强暴事件,以及在中国各地广泛地长期地实施"慰安妇"

制度负有不可推卸的罪责。第二个是松井石根,原日本上海派遣军司令、华中派遣军司令,甲级战犯。松井在侵略上海、常州、南京等地期间推广慰安所。第三个是冈村宁次,原日本上海派遣军副参谋长、第 11 军司令、中国方面军司令。冈村宁次在 1932 年担任上海派遣军副参谋长期间,开始募集"慰安妇团",在上海设立日本陆军第一批慰安所,后在侵华日军中广泛推广"慰安妇"制度。第四个是朝香宫鸠彦王,原日本上海派遣军司令。在上海等地纵容日军部队设立大量的慰安所。第五个为谷寿夫,原日本华中派遣军第 6 师团师团长。纵容官兵在南京对中国妇女实施大规模的性暴力犯罪。第六个是中岛今朝吾,原日本华中派遣军第 16 师团师团长。他纵容其部队在南京对中国妇女实施大规模的性暴力犯罪。

中国大陆方面的诉请有四点:第一,确定被告犯有战争罪与反人道罪;第二,要求日本政府正式、公开、深刻地向受害者和受害国谢罪;第三,赔偿已故受害者和幸存者每人 2 000 万日元;第四,要求日本政府在日本本土为世界所有的日军性奴隶制度受害者树立慰灵碑,以彻底反省战争责任。

早在开庭前一个月的 11 月 9 日,法庭就将出庭通知送达日本政府。但是开庭当日,日本政府并未指派代表到庭,因此,法庭为维护审判的秩序,指派日本的今村嗣夫律师来概述迄今为止日本政府的正式见解,并对日本国内有关法律做出解释。其基本内容是,裕仁天皇等所有被告均已死亡,无法提出反驳意见;因此,根据日本刑法,可以驳回公诉中止审判。此外,明治日本宪法规定天皇"无答责",因此并无回答检察指控之责。

经过各个代表团的起诉和法庭的调查,12 月 12 日上午 10 时,法庭在日本青年馆举行判决。1 300 个座位的会场座无虚席。4 位法官轮流宣读厚达 10 页的判决书。

宣判开始后,主审法官依次介绍了本次法庭的宪章原则和取证结果,并指出,无论在任何时期,妇女人权都应该得到国际社会的普遍尊重。然后法庭认定了日本在第二次世界大战中在亚洲一些国家和地区强制征召大量妇女充当日军的随军慰安妇的事实,并指出 1946 年前后的远东军事国际法庭等审判没有涉及"慰安妇"问题。50 多年来,日本政府拒绝承认这一事实,也拒绝对"慰安妇"制度受害者进行正式赔偿。但今天的国际社会不应无视"慰安妇"制度受害者的声音,要还之以正义,让受害者度过幸福的后半生。

判决书指出:在听取了中国大陆、中国台湾、朝鲜、韩国、印尼、马来西亚、菲律宾、荷兰、东帝汶和日本等检察团的陈述以及 6 名历史和法律专家、2 名日本老兵的证词及查看了大量证物后,根据《海牙条约》的禁止伤害个人及家属尊严、禁止奴隶制度的内容和本次审判宪章中规定的对女性犯罪将依据战争罪、人道罪以及其他国际法裁定的原则,并依据纽伦堡法庭审判的原则,认定昭和天皇并无豁免权,在战时,他并非"傀儡",而是有着独特的权力及决策权。从大规模的"南京强奸事件"推断,昭和天皇知道或者应当知道强奸事件的发生,而且本应该采取措施阻止而不是同意或允许该类事件在所谓"慰安妇"名义下继续发生。因此,昭和天皇裕仁犯有反人道主义罪。

判决书指出,日本政府推行"慰安妇"制度,强迫各国妇女充当日军的性奴隶,凌辱、残害日军占领区的妇女,违反了当时的国际法,已构成犯罪。

根据国际法,判决书提出了八项劝告:第一,日本政府应真诚地向日军性奴隶制度的受害者做出道歉和赔偿,请求受害者的原谅,并保证今后不再犯。第二,日本应立即立法和采取措施,对受害者的所有经济和精神损失做出赔偿,金额可根据罪行的程度而确定。第三,公开所有有关"慰安妇"问题的档案资料。第四,动员政府机构和人力进行调查。第五,恢复"慰安妇"人性的尊严,在特定的地点建立慰灵碑。第六,在正式和非正式的场合,鼓励记录"慰安妇"制度的事实,并在教科书中进行正确的记载,以教育国民。第七,采取措施反对性奴隶制度,反对不平等。第八,战时的盟国方面也望能尽早诚实地公开书面记录,公开各种档案,并要求联合国负责监督日本政府尽早、尽快地解决遗留问题。法庭还将对冈村宁次等28名被告进行审理,并在2001年3月8日国际妇女节公布最终判决结果。

宣判过程中,法官宣读判决书的声音多次被长时间的掌声所打断。在前排就座的各地"慰安妇"制度受害者们更是激动地站起来,她们一边擦拭着泪水,一边大声欢呼。法庭宣判后,各国的原"慰安妇"制度受害者及国际组织的代表等上台,与旁听者见面,然后走上街头进行游行示威。反对战争、维护世界和平及要求日本政府对"慰安妇"问题谢罪和赔偿的口号声回荡在东京的上空。

作为一个模拟法庭,尽管"慰安妇"国际战犯法庭的判决不具有法律效力,但是它反映了国际社会的良知、道德和正义感,这对围绕日本战争责任的议论和世界各地在武力冲突中不断出现的性暴力的处罚产生重大影响。众多的国际法教授和媒体工作者指出,本次法庭在审判中认真、严谨地采纳证据,严格按照国际法的有关条例和规则进行审判。其审判结果无论是从道义上还是从法律上讲,都具有强大的说服力。

"慰安妇"制度与南京大屠杀、战时劳工、细菌战等一样,都是无可辩驳的历史事实,尽管日本的右翼政治势力和部分政治家一再抵赖与否认,但国际机构和各国舆论早已对"慰安妇"制度有了定论。例如联合国人权委员会先后于 1996 年 4 月和 1998 年 6 月通过的有关报告中明确指出,日本政府负有战争责任,包括对受害者予以个人赔偿。后来有不少组织和专家主张,应该向联合国明确提出,在解决"慰安妇"等侵略战争遗留问题之前,日本不能成为安理会常任理事国。

6 - 16　2016 年 10 月,苏智良教授到韩国访问时,特地拜会了耄耋高龄的尹贞玉教授。(上海师范大学研究生詹芳芳摄)

　　东京法庭的历史意义在于通过这个民间力量组成的法庭,为各国受害者讨回公道提供了讲坛,让包括日本人民在内的世界各国人民进一步了解日本军国主义的罪行,同时严正要求日本司法部门和政府正视铁案如山的战时日军性奴隶制度暴行,改变其不予承认的、与世界潮流对抗的顽固立场。这一民间法庭的举行,本身便是对日本政府拒绝承认战争罪行的失望和批判。希望法庭的判决对于有责任对日本过去的战争罪行进行深刻反省和真正谢罪的人来说，是一味清醒剂。

法庭的意义还在于判定昭和天皇有罪，从而弥补了远东军事法庭审判的失误和缺陷，这一判决也是国际社会第一次明确认定，昭和天皇犯有战争罪，应该承担责任。

2001年12月4日，"慰安妇"国际法庭的终审活动在联合国国际法院所在地荷兰海牙举行，并做出最终判决。判决书维持了一年前在东京初审时的判决，日本昭和天皇并无豁免权，昭和天皇裕仁犯有反人道主义罪。

对于日本国家的责任，判决书指出，军队是国家的机关之一，日军推行"慰安妇"制度，强迫各国妇女充当日军的性奴隶，日军凌辱、残害占领区、殖民地的妇女，严重违反了当时的国际法。日本政府的其他部门在实施"慰安妇"制度中充当了积极协助的角色。因此，日本政府的行为违反了1907年的《关于陆战法规惯例的海牙公约》、1921年的《关于禁止买卖妇女和儿童的日内瓦国际公约》、1930年的国际劳工组织通过的《禁止强迫劳动公约》。尽管日本当时没有完全加入这些公约，但这些公约作为国际习惯法，日本政府必须遵守。因此，日本建立并推广军队性奴隶制度已构成战争犯罪。根据国际法，法庭判决冈村宁次、松井石根等被告对日本实施性奴隶制度负有责任。

判决书进一步指出，承认战争罪行，确立公开的历史记录以保证在下一代中不再发生这种罪行，是日本政府的义务。法庭认为，日本政府在教育日本人民和下一代的努力方面，做得非常不够。日本政府有责任采取强有力的措施，与幸存者协商，恢复受害者们的尊严。日本政府更需要为"任何经济性可估价的损失"进行赔偿。在国际法中，赔偿必须由政府支付，必须对受害者的物质损失、失去的机会和受害者及其家庭、亲属在感情上所受的伤害赔偿；赔偿必须是充分的。法庭发现日本亚洲妇女基金会被大多数的幸存者强烈拒绝了，她们认为她们不满足这些标准。法庭发现，日本政府的推迟赔偿已经带给她们持续的痛苦，如愤怒、悲伤、孤独、经济窘困和贫穷、不可治愈的健康问题和不能恢复平静，这些深度的损失也应给予赔偿。在恢复名誉的同时，也应提供医疗和心理上的照顾、法律的和社会的帮助。

判决书慎重指出，日本政府应承认它建立"慰安妇"制度，这个制度已违反了国际法；作出充分而真诚的道歉，承担法律的责任，保证不再重犯；对受害者和幸存者进行赔偿；建立机构对日军性奴隶制度进行全面的调查，保存历史性的资料；通过建立纪念碑和纪念馆、图书馆维护史实，以此表示对受害者和幸存者的认可、尊敬；与幸存者一起考虑建立一个历史真相及和谐委员会，它负责记载在战争、政变和占领期间产生的性别歧视犯罪；倡议在正式的和非正式的教育机构里和各种层次的教科书里作出有意义的结论，以保证对大众的教育，尤其是让年轻人和后代了解加害者实施的侵犯和受害者所遭受的痛苦；设法将那些想回国的幸存者送回国；揭露所有和慰安所有关的档案或资料；明确和惩罚参与建立慰安所、强征"慰安妇"的主要犯罪者。

宣判之后，4位法官亲手将判决书一一送到受害者代表的手中。法庭工作人员、受害者、荷兰的参加者等纷纷上台，与法官、检察官合影留念。12月4日下午，法庭IOC代表松井耶依、中国代表苏智良等，冒着严寒到日本驻荷兰大使馆，将最终判决书交给该使馆，并要求其转交给日本政府。至此"慰安妇"国际法庭活动圆满落幕。

东京—海牙"慰安妇"国际法庭的审判活动的历史价值在于恢复受害女性的尊严，防止再次发生对女性的战争犯罪。现今世界各地武力纷争反复出现,男性以"战争"为由,将女性作为武器,作为战利品之一,为了满足自己的欲望,对妇女和儿童施行持续性暴力恐吓,例如强奸和性奴役等行为。① 审判日本二战罪犯的罪行,是为了确认其犯罪行为,也是为了防止针对这些女性的战争犯罪不被处罚,防止女性在当今的冲突纷争中再次成为战时性暴力的受害者。

东京—海牙"慰安妇"国际法庭的审判活动,是对当代国际法发展的一个促进。出席法庭的一些著名国际法学者明确指出,《国际人权公约》《海牙公约》等均已明确确认了个人具备国际法主体资格的原则,个人完全有权向国家提起赔偿诉讼。而日本法院以原告主张已过时效的论断,是缺乏说服力的,对于战争犯罪的追究,不受任何时效之限定,已日益成为国际社会的共识。有些学者忠告受害国的代表,在有必要时,各受害国的政府在对日民间索赔中完全可以行使国家的外交保护权,以保护本国公民。而国际社会也将对日本政府的反应拭目以待,如果日本政府一意孤行,人们也可以通过海牙国际法院或要求组织特别法庭来对日本政府推行性奴隶制度进行公判。

东京—海牙"慰安妇"国际法庭的审判活动,反映了国际社会的良知和道德,不仅鼓舞了受害国家和受害者的维权决心,还促进了其他国家和地区对"慰安妇"问题的关注。

第六节 记忆如何延续

随着岁月的流逝,"慰安妇"制度受害者们逐渐离去,"慰安妇"

---

① 「戦争と女性の暴力」日本ネットワーク「女性国際戦犯法廷」早わかりQ&A、1999 年6 月1 日発行。

的历史记忆如何才能延续？建立博物馆是一种拒绝遗忘的好形式。

（一）博物馆

博物馆是历史的记忆场，是历史教育的最佳馆所，是一座城市、一个民族穿越时空阻隔、增强历史记忆的文化空间，是防止民众失忆的重要方式。

博物馆中的特殊类型——创伤纪念馆包括例如南京大屠杀遇难同胞纪念馆、九一八事变历史博物馆、侵华日军第七三一部队罪证陈列馆等，它们承担着展示国家、民族、社会历史记忆的责任。其保存、展示并再现战争伤痛的记忆，一方面让受难者不被遗忘，另一方面则希望通过观众对于历史悲剧的思考，能意识到自己在社会、国家中担当的一份道德责任。

创伤性纪念馆还是参观者学习历史、反省历史、凝聚情感、建构认同的文化空间。现在的日本非常缺少纪念战争受害者尤其是战时外国受害者的历史场所。在早稻田开放、展示的日本"女性战争与和平资料馆"自 2005 年开馆以来已有 15 年的历史，但在目前日本不正常的历史宣传下，信息无法得到有效传播，参观者偏少。"慰安妇"这样惨痛的侵犯人权的罪行，需要专设展示场所来加强记忆、保存资料和文物，追问责任，汲取教训。

目前中国大陆已有 4 家日军"慰安妇"博物馆。

1. 云南省龙陵县董家沟慰安所遗址陈列馆

这里原是旅缅华侨董家的寓所，1942 年日军占领龙陵，即在此设立大型慰安所。

龙陵县董家沟慰安所系日军第 113 联队开办。开办时间从 1942 年 6 月至 1944 年 11 月，历时两年半左右。慰安所的房屋系

6-17 这里是云南龙陵的董家沟慰安所旧址,现在这里建成了历史陈列馆。(苏智良 2009 年摄)

强占董家沟董姓大院开设,该民宅为木结构四合院。两层楼房,建筑面积 367 平方米,有大小房舍 30 间,现仍保存完整。该所一般有"慰安妇"二三十人,有朝鲜人、中国东北人、日本人。"慰安妇"年龄在 20 岁左右,每隔一段时间"慰安妇"就有些调换,以让龙陵县的日本兵保持新鲜感。慰安所由日军直接管理,每个房间都有号牌,有领班的"慰安妇",日本兵凭票入内。1944 年秋中国远征军发动反攻战役,在战斗最激烈的 11 月 1 日,这些无辜的"慰安妇"全部被日军押到观音寺脚下汤家沟枪杀,或强迫服毒自杀。

董家沟慰安所遗址陈列馆由龙陵县政府参与建设,笔者提供了部分图片和展览文字。展览的核心内容讲述了龙陵当地受害者李连春的故事。

2. 黑龙江孙吴军人会馆陈列馆

黑龙江省孙吴县城东 4 公里处,有一座二层建筑,它就是日本关东军侵占孙吴期间于 1939 年兴建的军人会馆。

6‑18　黑龙江黑河孙吴的军人会馆遗址,战时里面设有慰安所,现在建成了历史陈列馆。(苏智良 2017 年摄)

　　当时黑河、孙吴是关东军准备进攻苏联的前线,最多时集中了10 万人的关东军部队,因此可以想见慰安所的规模不会太小。

　　军人会馆是 1937 年关东军第 4 军第 123 师团司令部设立的为将校级军官提供服务的娱乐场所,在其二楼就是专门接待将校的高级慰安所,称"将校俱乐部"。该慰安所有日本、朝鲜"慰安妇"20—30 名。里面浴池、盆、毛巾、香皂等卫生用品都具备,其他设施当时也是最高档的。该旧址建筑规模有 4 000 平方米,后来改为一个工厂,建筑保存完整,在国内外已知的侵华日军慰安场所中并不多见。

　　在黑河方面的努力下,新设军人会馆陈列馆。展览介绍了日军"慰安妇"制度发生、发展的历史(由苏智良提供),还介绍了当地发现的韩国"慰安妇"文明金老人的事迹。文明金老人早年被诱骗到黑龙江孙吴沦为日军性奴隶,历经沧桑。战后继续在此生活,直到 90 年代后重返故乡韩国。

6-19 军人会馆陈列馆中的展览。(苏智良 2017 年摄)

3. 上海师范大学中国"慰安妇"历史博物馆

其前身是中国"慰安妇"历史资料馆,2007 年建立,地点桂林路上海师范大学文苑楼。

2016 年 10 月 22 日,中国慰安妇历史博物馆开馆。邀请到场的主宾一位是来自韩国的日军"慰安妇"制度受害者李容洙,另一位是来自中国海南的日军"慰安妇"制度受害者陈林村。

博物馆的进门处是百位世界各地"慰安妇"幸存者的肖像墙"不能忘却的纪念"。博物馆

6-20 这是 2018 年征集到的南京一个慰安所使用过的筹码箱。(陈斌摄,中国"慰安妇"历史博物馆藏)

有三个展厅、一个视听室,总计 350 平方米,展示大量的图片、文字、影像、实物。

创伤性博物馆选择藏品的标准,首先不是藏品自身的审美价值和珍稀性,而是与某一种特定记忆的关联度;"慰安妇"历史博物

馆注重营造一种专注于"慰安
妇"场景的感性氛围。记忆被提
升到中心的位置,观众来到这
里,与其说是学习历史知识,更
重要的是抵抗遗忘。"证史"是
整个博物馆叙事的中心,力求做
到每一句文字、每一张照片的真
实性,这些追忆是为了再现过
去,展示是为了铭记历史,叙述

6-21　原来这个铁盒是放药剂
的,后来使用者存放着海军安全套。
(陈斌摄,中国"慰安妇"历史博物馆
藏)

是为了追问责任,直面战时的创伤正是为了保持今日的尊严。

　　开馆以来,博物馆征集到不少非常珍贵的文物。如到目前还
没有实物报道的战时日本海军使用的两枚安全套。安全套由纸包
进行包装,外印"Standard Latex(标准乳胶)"字样,右上角印有清
晰的日本海军军旗,在外形设计上和日本陆军发放的安全套有较
大区别。博物馆还收藏了一个日军药剂盒,由于氧化和磨损,铁盒
外的绿色涂漆已经变为黑色,但是贴纸上的字迹依然清晰可见,可
以看到它的生产方是"陆军卫生材料厂"。据捐赠者介绍,在战争
后期,安全套会被放置在这样的药剂盒中进行发放。此外还有不
少日军慰安所使用的物品等珍贵展品。

　　与战争创伤记忆相关的物件主要来自受害者,它们是战争创伤
最为直接的物质证据。山西张先兔老人的一双"三寸金莲"鞋,不仅
代表了创伤事件中死难者的存在,也让观众知晓到她被抓到山顶的
炮楼后,是无法自己逃跑的。受害者雷桂英老人从南京高台坡慰安
所带出的高锰酸钾原物,以及南京堂子街慰安所的筹码箱和日本产
口服青霉素,这些慰安所里的旧物,是极其珍贵的。同时还展出了
"慰安妇"幸存者们的手模脚模,这印证着她们活生生的存在。

6-22 2007年上海师范大学建立中国"慰安妇"资料馆,受害者万爱花、韦绍兰、林亚金亲临资料馆开馆现场。(苏智良 2007年摄)

在博物馆的展陈中,采用普通人物故事的叙事手法,会牵动观众的好奇心、同情心,逐步带出充满硝烟、伤痕与暴力的历史议题,然后循序渐进地展现"慰安妇"在战争历史中所扮演的角色,以及其所面对的苦难与困境,并通过图片、文字、书籍、实物和纪录片,让观众吸收相关的知识信息,从而拉进博物馆与观众的距离,让观众融入历史场景之中。"慰安妇"历史博物馆中陈列了三次被日军抓入炮楼的万爱花、颠沛流离的袁竹林、从红色娘子军女战士到日军性奴隶的林爱兰等人的事迹,给观众以刻骨铭心的印象。

相较于细菌战、强制劳工等战争苦难经验,"慰安妇"的创伤涉及性暴力,更加私密,更加难以言说。因此,如何揭露战争暴行和历史伤痛、让这段记忆不被后人遗忘,如何不让弱势的"慰安妇"幸存者们暴露在言语暴力之下,承受更多的伤害与污名,如何才能让没有战争体验与创伤、对日军"慰安妇"的历史几乎不了解的观众能够理解,并有所感悟、有所思考、有所行动,这些都是创伤叙事面对的挑战。中国"慰安妇"历史博物馆中所展示的案例、照片、实物,均得到受害者本人的认定和同意,并在展示中力求避免任何涉及性侵害的具体的、不良的描述和塑像。

6‑23　中国"慰安妇"历史博物馆于 2017 年 10 月 22 日开馆,韩国幸存者李容洙大娘和中国海南的陈连村大娘出席典礼。(苏智良 2017 年摄)

2016 年 10 月 22 日,中韩"慰安妇"少女像在狂风暴雨中落成并揭幕,中韩"慰安妇"和平少女像,是中国"慰安妇"历史博物馆的组成部分。

不料,日本政府对此作出超乎寻常的强烈反应。据日本媒体报道,10 月 24 日,日本内阁官房长官营义伟宣称,此举不会给日中关系带来正面影响,对此(树立"慰安妇"雕像一事)感到非常遗憾。日本政府认为,不应过度聚焦于过去的不幸历史,而应以面向未来的姿态,应对国际社会所面临的共同课题。

6‑24　中国"慰安妇"历史博物馆内的百名亚洲各地受害者的肖像墙。（陈斌 2017 年摄）

　　问题是长期以来，正是日本政府以隐瞒、欺骗、拖延的手法阻止"慰安妇"问题的解决。中国人民和中国政府采取了克制、隐忍的态度，希望日本有所觉悟和反省，但遗憾的是，日本在错误的道路上越走越远。于是，发言人陆慷即于 10 月 25 日的中国外交部例行记者会上，希望日本政府"面向未来的前提是要正视历史"。陆慷指出：

　　　　日众所周知，强征"慰安妇"是第二次世界大战期间日本军国主义对包括中国在内亚洲受害国人民犯下的严重反人道罪行，至今仍然对受害者及其亲属的身心造成严重伤害。历史不会因时代变迁而改变，事实也不会因刻意回避而消失。中方严肃敦促日方以对历史负责、对人类良知负责和尊重人权的态度，正视和反省日本军国主义在对外侵略战争中犯下的严重罪行，以实际行动取信于亚洲邻国，取信于国际社会。

希望日本政要能到柏林去看看德国修建的欧洲被害犹太人纪念碑,如果能因此在东京也修建"慰安妇"铜像,可能有助于日本卸下历史的包袱,有助于赢得亚洲邻国的谅解。

6-25　中国"慰安妇"历史博物馆吸引了众多的国内外观众。2019 年 10 月 19 日,韩国安城学校师生参观团 31 人前来参观。(栗丽枝 2019 年摄)

如今,中韩"慰安妇"少女像依然矗立在上海师范大学的徐汇校园中。

4. 南京利济巷慰安所旧址陈列馆

"怀孕的慰安妇"的照片,原藏于美国国会图书馆。摄影者是美国随军记者,拍摄地点在云南龙陵松山战场,时间是 1944 年 9 月,怀孕的是朝鲜"慰安妇"朴永心。

1995 年后,中国推动调查南京日军慰安所旧址。苏智良曾与南京大学高兴祖教授、南京大屠杀遇难同胞纪念馆副馆长段月萍女士等到利济巷寻访东云慰安所等旧迹。

2000 年,在东京"慰安妇"女性民间法庭上,来自平壤的朴永心老人作证,这时背景打出"怀孕的慰安妇"的照片,在场的苏智良、云南调查员陈祖梁等立即与朝鲜方面取得了联系并得知朴永心老人是在南京开始成为日军性奴隶的。日本学者西野瑠美子的调查更早些,她在采访松山日本老兵早见正直后得知"怀孕的慰安妇"叫朴永心,慰安所的名字是"若春"。西野女士于 2000 年的 5 月、8 月两次去平壤,并见到了朴永心本人。

2001 年苏智良到平壤慰问探访了朴永心老人。在中国旅日学人朱弘、日本学者西野瑠美子、南京师范大学经盛鸿教授等合作下,人们逐渐将朴永心的受害地聚焦到利济巷。

6 - 26 来自平壤的 83 岁的朴永心走进利济巷 19 号房间,那里是她苦难生涯的起点。(2003 年摄)

2003 年 11 月,经过磋商,中国、朝鲜、日本三国举行联合调查,主要成员有中国的旅日华人朱弘、苏智良团队、现代快报、南京大屠杀遇难同胞纪念馆,朝鲜派出以黄虎南为团长的访华团,日本学者西野瑠美子也加盟调查团。11 月 19 日,朴永心来到南京,20 日

便寻访当年的受害之地——利济巷。她首先认出了大铁门,那是
将她们与外部世界隔离的、难以逾越的闸门。然后她径直走到 2
楼 19 号房间,确认这里是她当年的受害之地,她只说了一句话"就
是这儿了!"就再也无法控制自己的情绪,失声哭泣。朝鲜陪同人
员怕她发生意外,赶紧搀扶着老人返回酒店。21 日,在中朝日陪同
人员的安排下,朴永心老人再次来到利济巷 2 号。她一边流泪,一
边回忆与指认当年的遗迹。她在 19 号房间轻声地说:"这个房间
就是我从前来过的地方,是我被拉进来的地方。我太痛苦了! 我
又回到了原来的那个地方。"①接着,朴永心老人又在中、朝、日学者
的陪护下,飞往云南前往龙陵、松山调查。2005 年 8 月 6 日,朴永
心老人在平壤病故。

　　这次中、朝、日三国联合调查取得圆满成功。此后,西野瑠美
子出版了《戦場の"慰安婦"——拉孟全滅戦を生き延びた朴永心
の軌跡》,由日本明石书店 2003 年版;陈丽菲、苏智良撰写了《追
索——朝鲜"慰安婦"朴永心和她的姐妹们》,由广东人民出版社和
香港时代国际出版社分别出版。

　　对于利济巷的建筑是否要进行保护,学者、媒体与政府部门、不
动产商之间曾发生激烈的争论。2014 年 2 月 25 日,第十二届全国人
大常委会第七次会议决定,将 9 月 3 日确定为中国人民抗日战争胜
利纪念日,将 12 月 13 日设立为南京大屠杀死难者国家公祭日,以中
国国家名义进行正式纪念与公祭。于是南京市政府决定予以保护,6
月 7 日,南京市政府批准将南京利济巷原侵华日军慰安所旧址正式
定为南京市文物保护单位。6 月 25 日,南京市举行了利济巷日军慰
安所旧址定为南京市文物保护单位的立碑揭碑仪式。

---

① 可参见 2003 年 11 月 20 日到 26 日南京《现代快报》的连续报道。

6-27 2015年12月1日,南京利济巷慰安所旧址陈列馆开馆。(陈列馆供图)

2015年,利济巷进行修建改造,12月1日利济巷慰安所旧址陈列馆开馆,苏智良被聘为首任馆长(2016—2018年)。这是目前世界上规模最大的日军"慰安妇"历史的陈列馆。

雕塑家吴显林创作的"慰安妇"主题雕塑静静地安放在利济巷陈列馆的广场上。雕塑由三位"慰安妇"组成,其中一位身怀六甲,疲惫虚弱,一手护着腹中胎儿,一手靠在另一位妇女身上,"慰安妇"的神情,是那么无力、无助、无望。这组雕塑的设计并非臆想产生,创作的原型就是二战时期美军随军记者拍摄的云南松山战场上怀孕的朝鲜籍"慰安妇"朴永心。

利济巷陈列馆包含8幢民国时期的慰安所旧建筑。陈列分为A区、B区、C区三个部分,内容分工各有侧重,陈列馆用五个"泪"作为整个展区的灵魂和主线,"无言的泪"、"流不尽的泪"、"泪洒一面墙"、"泪湿一片地"、"泪滴一条路",串起了整个展区,以此展示"慰安妇"受害者的这段历史。利济巷慰安所旧址陈列馆是南京大

6‑28　利济巷馆广场上矗立的"慰安妇"雕像。(苏智良 2016 年摄)

屠杀遇难同胞纪念馆的分馆。

　　"慰安妇"博物馆,正在努力延续并加强国家民族的集体记忆,得到国际社会越来越多的关注。当然,博物馆还要协助观众以更加多元的观点来反思历史事件,欢迎不同的看法,以达到相互理解、加深认识。

(二) 申请世界记忆目录

　　2014 年,中国向世界教科文组织递交了"日军慰安妇""南京大屠杀"档案申请世界记忆名录的文件。

申遗的"慰安妇"档案,主要来自中央档案馆、吉林省档案馆、辽宁省档案馆、黑龙江省档案馆、河北省秦皇岛市档案馆、南京市档案馆、上海市档案馆、上海师范大学"慰安妇"问题研究中心以及北京方元律师事务所。

6-29 苏智良在阿布扎比教科文世界记忆工程国际咨询委员会 22 次会议会场。该次会议通过了南京大屠杀档案登录世界记忆名录。(朱成山 2015 年摄)

申请书指出:"慰安妇"是日本对为日本军队提供性服务的妇女的统称,大多数"慰安妇"是被日军强迫征用的性奴隶。1931—1945 年日本在对中国、东南亚发动侵略战争期间,曾大规模实施"慰安妇"制度。中国多家国家级和省市级档案馆收藏的"慰安妇"档案中,既有日军在战争期间自己形成的档案和日本在中国占领区扶植的傀儡政权档案,也有战后中国政府接收被日军侵占资产和调查战争损失以及审讯日本战犯而形成的档案,可以清晰地揭示日本军队在中国及东南亚开设"慰安所"、强迫征用"慰安妇"的历史事实,具有重要的历史记忆价值。

我们希望通过"慰安妇"(日军性奴隶)档案申报"世界记忆遗产名录",让全世界了解"慰安妇"——日军性奴隶这群被污辱、被摧残的女性所遭受的悲惨命运,呼唤公平正义与对人权的保护,呼唤世界和平,警示人类的子子孙孙,让此类挑战人类文明底线的恶行永不再有发生的可能。

2015 年 10 月阿布扎比教科文世界记忆工程国际咨询委员会 22 次会议通过了"南京大屠杀档案"的申请,正式列入世界记忆目录。由于日本政府的拼命反对,"慰安妇"项目未获得通过。但教科文组

6-30　韩国首尔,2016 年 5 月 18 日,各地区代表签署"慰安妇的声音"联合申请世界记忆遗产名录同意书。

织认为:申请的档案是真实的、唯一的,考虑到日本"慰安妇"受害国不仅仅是中国,还有其他国家,建议可联合申请。

2016 年,由中国、韩国、日本、荷兰、菲律宾、东帝汶、印尼和中国台湾等 8 个国家和地区的 14 个团体构成的国际联合委员会,联合英国皇家战争博物馆、澳大利亚历史博物馆等,以"慰安妇的声音"为名称再度进行"慰安妇"档案申遗。递交的"慰安妇"档案共有 2744 份资料,包括受害者证言、证明慰安所真实存在的资料、对受害者的调查记录、受害者治疗记录和对受害者的援助记录等。对于"慰安妇的声音"申请书,教科文组织世界文化遗产国际咨询委员进行了审查,并作出"是唯一的、且不可替代的史料"的评价,但"慰安妇"档案的国际申遗再次遭到日本方面的全力阻挠。日本右翼也策略性地提出了"日军的纪律"的申请项目。

2017 年底,联合国教科文组织总干事博科娃签署 2016—2017 年度入围世界记忆目录的名单,对"慰安妇的声音"和日本右翼等申报的"有关'慰安妇'和日本军军纪的记录"项目作出保留决定。

由中国、韩国等国家和地区联合提出的"'慰安妇'的声音"项目（第
101 号）被列入延期决定。联合国教科文组织要求，"'慰安妇'的声
音"申遗团体与递交"日本军队的纪律"项目的日本右翼团体进行
对话。"'慰安妇'的声音"项目申遗的搁置，无疑又给日本右翼势
力创造诡辩言论、提供"理论依据"与发挥空间。

此后教科文组织指定了对话协调人，但在日本的压力下，刚当
选的对话协调人还未组织对话即于 2019 年初宣布辞去职务。目
前，国际申遗委员会与各国活动家保持联系，敦促教科文组织，提
供对话的地点，以促进对话。

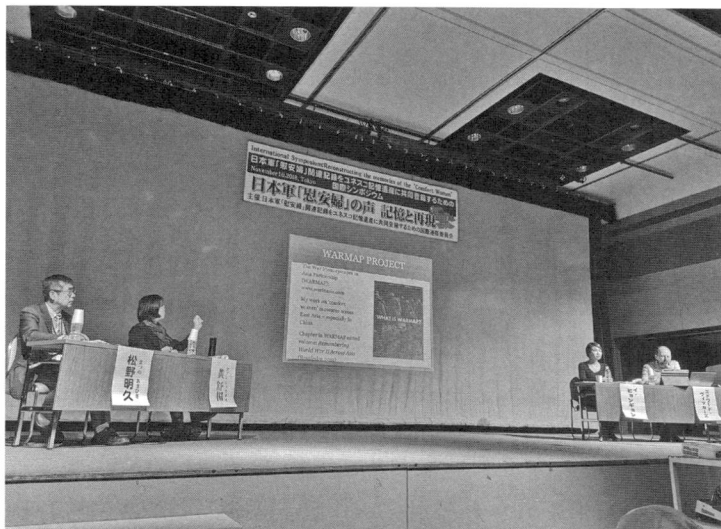

6-31　各国代表于 2018 年 11 月在首尔举行联合申遗第 14 次会
议。（苏智良 2018 年摄）

与此同时，中国的工作者们也在积极地寻找新的途径来尝
试解决"慰安妇"问题。2017 年 12 月 21 日，91 岁高龄的海南
"慰安妇"制度受害者代表陈连村老人及其家属，中国"慰安妇"
问题研究中心主任、上海师范大学人文学院苏智良教授，中国

6 - 32　2017 年 12 月 21 日,康健律师、苏智良教授、管建强教授联合在北京举行记者见面会,要求政府行使外交保护的责任。图中为受害者陈连村老人。(北京方元律师事务所律师 2017 年摄)

国际法学会常务理事、华东政法大学国际法学院管建强教授,北京市方元律师事务所康健律师以及民间志愿者等人在北京举行了媒体见面会,请求中国政府行使外交保护权,为民间战争受害者讨还公道,并要求日本政府尽快公开向受害者及其遗属谢罪、赔偿。① 这是中国民间战争受害者第一次公开推动政府行使保护的责任,希望由中国政府出面向日本政府提出交涉。

最后,笔者拟对日本政要和国民进言。

日本无疑是发达国家,战后建设国家、振兴经济、锐意创新的

---

① 张蕾:《91 岁"慰安妇"代表赴京递交外交保护请求书》,《中国青年报·中青在线》2017 年 12 月 21 日。

进步和贡献,世界人民有目共睹,在大部分国家,日本的形象名列前茅。日本国民的素养也为世人称道。

战后的日本,发展出一个新的话语:和平国家。为此,生发出种种纪念性的仪式和标志,其中的标志性仪式就是广岛、长崎的原爆纪念仪式,广岛原爆地也成功地申请成为世界文化遗产。他们在向世界推销日本是全球唯一受到原子武器攻击的受害

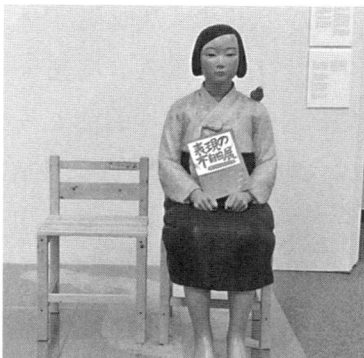

6‑33 日本《爱知三年展2019》展览计划展出"和平少女像",却被叫停,此事引发日本国内外广泛而强烈的抗议。这也表明,关于"慰安妇"记忆的斗争还将持续下去。(图片来自人民网)

国家的同时,千方百计抹去加害国的痕迹。

6‑34 2019年的冬天,韩国志愿者、家属等来到"望乡之丘"的金学顺墓前,发誓要继续追究日本的战争责任。(苏智良摄)

第二次世界大战时期，日本军队实施、推广的“慰安妇”制度与战争状态下偶发的强奸案完全不同。在军事“慰安妇”制度下，受侵略国及日本殖民地的绝大多数受害妇女是被强征或欺骗，完全失去人身自由，充当日军的性奴隶，她们随时可能失去生命。而日本官兵之所以可以为所欲为，正是因为当时的日本政府运用国家机器的力量，不惜牺牲数十万女性的血肉之躯，以最大程度地激发他们作为杀人机器的能量，制度化地推进和维护了“慰安妇”制度。在他们眼里，女性和粮食、武器一样，只是战争时期必需的战略物资。

结语　日本国家的战争责任

大量的历史事实表明,日本政府及其军队参与了"慰安妇"的征集、运输,慰安所建立、管理等所有环节。

在人类历史中,只有日本的军队如此长时间、大规模,明目张胆地押解着前后总数达几十万的专供士兵性服务的女性漂洋过海、翻山越岭,建立慰安所,侵略别国,这一血腥历史得到大量实证的确认。

第一节　军事性奴隶:"慰安妇"制度的本质

日本军队在二战时期实行的"慰安妇"制度与战时偶发的强奸罪完全不同。战争结束后,在战火所及的各个国家境内,到处留下了这支军队为性暴力的施行而搭建的房屋、窝棚,在中国海南、马来西亚、印度尼西亚的椰林深处,存在着众多的慰安所建筑物,在马尼拉、密支那、上海、南京、武汉、广州、哈尔滨等城市,大量的受害女性被遗弃。许多妇女甚至在被日军强暴过程中惨遭杀害,这样的事例在中国各地、东帝汶、菲律宾、马来西亚、印度尼西亚、朝鲜半岛、缅甸等至今流传。在日军指挥官看来,女性与粮食、武器一样,是战争时期必需使用、不可或缺的战略物质。

在"慰安妇"制度下,受日本侵略国家的受害妇女被强逼或欺骗而遭受日军的控制,她们失去自由,被迫充当日本兵的性奴隶,并在战争状态和日军压迫下随时可能失去生命。本质上,"慰安妇"制度就是一种令人发指的法西斯制度。

第二节 日本"慰安妇"制度违反国际法

第二次世界大战时期,日本在亚洲大规模地推行军队性奴隶制度——慰安妇制度,是对国际法准则的严重违反与践踏,是严重的、甚至是空前的战争犯罪。

第一,"慰安妇"制度侵犯了人权。自欧洲资产阶级革命以来,人权被定义为人的天赋的、基本的和不可剥夺的权利。如英国1679年颁布的《人身保护法》、1688年的《权利法案》,美国1776年颁布的《独立宣言》以及法国1789年著名的《人权宣言》等。尤其是《人权宣言》后来成为各代议民主制国家所崇奉的经典性政治文件。其主要内容有:在权利方面,人们生来是而且始终是自由平等的,自由、财产、安全和反抗压迫是天赋而不可剥夺的人权。任何人非于法定情况下或非经法定程序不受控告、逮捕或监禁。随着近代社会的发展,本来属于国内概念的人权也进入了国际关系领域。毫无疑问,日本推行的"慰安妇"制度是对人权的严重侵犯。很遗憾,由于时间仓促,在东京审判以及乙丙级战犯审判时,这个反人类罪没能适用。但2000年召开的东京"慰安妇"国际战犯法庭,认定了日军"慰安妇"制度犯了反人类罪。

第二,"慰安妇"制度违反禁止奴隶交易的国际公约。早在19世纪初,许多国家已禁止进口奴隶。此后有关国家希望签署国际协议来结束奴隶制度和奴隶贸易。如 1919 年的《圣日耳曼公约》规定,将设法完全消灭奴隶制度(日本是签字国家之一)。在国联的监督下,各国又于 1926 年制订了《禁奴公约》,再次作了重申,该公约把奴役定义为人所处于的一种状态,在这种状态下,他(她)的与生俱来的任何权利都受到了限制。尽管日本当时没有加盟 1926 年条约,但这项公约已成为国际习惯法,要求各国规定必须积极致力于解放奴隶的运动,禁止交易买卖奴隶。

　　日本实施的"慰安妇"制度就是迫使未成年妇女或已成年的妇女、尤其是敌国或殖民地妇女沦为军队的性奴隶的制度,它再现了奴隶买卖的残暴与灭绝人性,许多妇女被日军及其帮凶囚禁、处于性奴役状态长达数个月甚至数年,其中的有些人因此而被剥夺了生命。因此,强制征集"慰安妇"的各项行为都是违反《禁奴公约》的。

　　第三,日本的"慰安妇"制度违反了人道法。人道法作为国际公法的组成部分,是指在武装纷争的行动中保护武装纷争牺牲者的原则。对人进行广泛或系统的奴役被确定为反人道罪。1864 年签定的《日内瓦条约》(又被称之为第一次《红十字条约》)首次对此作了规范。此后的 1906 年和 1929 年相继签署了新的《日内瓦条约》(即第二、三次《红十字条约》),1907 年又签订了海牙《陆战法规和惯例章程》。上述条约和战后 1949 年 8 月签订的关于保护受难者的 4 个《日内瓦公约》一起,被合称为"国际人道法"。其主要内容有:在战争中,不实际参加战事的人员在一切情况下应予以人道待遇,不得基于种族肤色、宗教信仰、性别、出身、财产或其他类似标准而有所歧视。因此对于上述人员,不论何时、何地不得有以下行为:(一) 对生命与人身施以暴力,特别是各种谋杀、伤残肢体、虐待及酷刑;(二) 作为人质;(三) 损害个人的尊严,特别如侮辱与降

7-1 山西盂县的张五召,战时被日军抢掠为性奴隶,受到非人道的迫害。战后疾病缠身。(马建河摄)

低身份的待遇;(四)应收集与照顾伤者;(五)未经具有文明人类所认为必须之司法保障的正规组织之法庭的宣判而遽行判罪或执行死刑。①

日本虽然没有同意《日内瓦公约》,但早在1912年就宣布加入海牙公约了。公约中的《陆战法规和惯例公约》规定:不得以任何方式攻击或轰击不设防的城镇、乡村和住宅。禁止在战争中的强奸、强制卖淫,并指出,这是对于生命乃至家庭名誉的侵害。而且,国际人道法作为习惯法的组成部分,任何国家,不管它是否是签约国,只要违反了国际人道法的原则,就应承担相应的责任。"慰安妇"制度大量囚禁、强迫外国或殖民地妇女充当性奴隶,显然违反了上述公约及国际人道法规。如果考虑到当时的日本国内、日本军队内也毫无"人道"观念的情况,便可以理解日军为什么会实施如此多的反人道暴行。

第四,"慰安妇"制度违反了国际劳工组织制定的《禁止强迫劳动公约》。1930年,国际社会通过《禁止强迫劳动公约》,1932年11月,日本政府加入这一公约。在二战期间,日军采用各种恶劣手段强迫中国、朝鲜、东南亚各地的妇女远离故乡,到战火弥漫的战场

---

① 参见劳特派特修订,王铁崖、陈体强译:《奥本海国际法》,北京:商务印书馆1989年版,第220页。

或日军占领区，充当日军的性工具。胁迫妇女充当"慰安妇"就是一种极其严重的、特殊的强迫劳动。上述公约的第 11 条明确规定，禁止女性从事强迫劳动，因此，日本政府和军队推行"慰安妇"制度，是难逃罪责的。对此，国际劳工机关（ILO）在 1997 年就曾明确指出，"对慰安妇的虐待是绝对符合《关于强制劳动条约》禁止的事项"，因此，日本政府在法律上负有责任。

第五，日本推行的"慰安妇"制度违反了关于禁止妇女卖淫的国际法，也违反了国际惯行的保护妇女儿童权利的法规。

在早期的战争法规中，例如，在最为著名的 1863 年《里伯条约》中，明确禁止战时强奸或虐待妇女的行为。1904 年 5 月，世界各主要国家在巴黎签署了《关于取缔为经营丑业而买卖妇女的国际协定》。1910 年，各国在该项协定的基础上通过了《关于取缔为经营丑业而买卖妇女的国际条约》。到 1921 年 9 月，各国又在日内瓦签订《关于禁止买卖妇女儿童的国际条约》，1933 年进一步补充确立了《关于禁止买卖成年妇女卖淫的国际条约》。综合而言，这些条约的主要内容可以归结为三点：其一，凡以经营为满足他人性欲的卖淫业为目的，劝说、引诱或拐骗未成年妇女（21 周岁以下）者，虽已经得到本人的同意，将构成犯罪。其二，凡以经营为满足他人性欲的色情业为目的，使用暴力、胁迫、滥用权力及其他一切强制手段，劝说、引诱、拐带成年妇女者，将构成犯罪。其三，无论何人，凡以在其他国家经营为满足他人性欲的色情业为目的，劝说、引诱、拐带成年妇女者，虽已经得到本人的承诺，将构成犯罪。

对于以上四项国际条约，日本政府除了以国情不同为由未予批准 1933 年的国际条约外，对于其他三个条约，日本均在 1925 年寄呈批准书，成为这些条约的成员国。不过，日本在批准这些条约时，也曾利用这些条约中种族歧视条款和对殖民地歧视等条约本

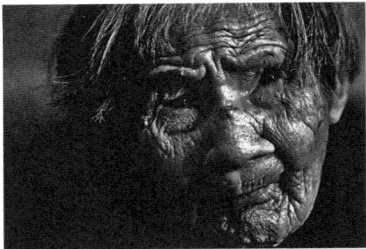

7-2　何玉珍生活在广西荔浦，1944 年日军进攻广西时被掳掠为日军性奴。2014 年 11 月老人病故。（《文汇报》摄影记者郭一江摄）

身的漏洞，作了比较大的保留①。但是尽管如此，日本作为国际联盟的创始成员国，理所当然必须遵守《国际联盟盟约》（1919 年 6 月 28 日列入《凡尔赛条约》第一部），该盟约明确规定，禁止贩卖妇女和儿童。

禁止买卖妇女卖淫在当时的国际社会上已经成为一种共识：为使成年妇女卖淫而买卖妇女的行为，即便是已经得到妇女自身同意，也是一种犯罪。

日军在第二次世界大战中使用欺骗、劝诱、绑架等暴力手段强征他国妇女为"慰安妇"，毫无疑义的是属于"经营为满足他人性欲的丑业为目的"而买卖妇女的行为。而且大量的、无可辩驳的证据证明，在这一过程中，始终都有日本政府和军队的参与，这当然是一种彻头彻尾的国际性犯罪和国家犯罪。

被迫成为"慰安妇"的女性相当部分是未成年人。这从"慰安妇"名册、原"慰安妇"的证言、日本老兵回忆中可以得到证明。另外，欺骗成年女性充当"慰安妇"也是国际法所禁止的。因此，从几乎所有的日军"慰安妇"的案例来审视，可以说都是违反这些国际条约。

第六，日本的"慰安妇"制度是战争犯罪。20 世纪最基本的国

---

① 例如，1910 年条约的第 11 条规定：该条约暂不在殖民地地区实施，如实施时，将以文件形式通告。1921 年条约的第 14 条也规定：缔约国可以宣言的方式将殖民地等地区剔除在外。日本政府在批准加入这些条约的同时，曾发表宣言，宣布该条约的实施范围不包括朝鲜、台湾、关东租借地、库叶岛南部地区等在内。

际战时公约是 1907 年颁行的第 4 号《海牙公约》。该条约明确指出，所谓的战争犯罪，是指把战争当作主权国家权力的情况下，交战国军队违反战争法规和惯例的行为①，包括使用有毒的或其他被禁用的武器，杀害或虐待战俘，攻击、掠夺和屠杀平民等。该公约第 3 条规定："如果情势有所必要，违反本公约之《陆战规则》规定的交战者，应付出赔偿。该交战者应对其武装部队中一部分人员所做的行为负责。"该公约的第 46 条明文规定，战时缔约国有义务保护"家庭尊严和权利"。这种"家庭尊严"显然包括妇女不受强奸侵犯。日本早在 1911 年 12 月 13 日就签字承认了该公约。1925年缔约的巴黎《非战公约》，则进一步扩大了战争犯罪的范畴。这些在二战时期已经确凿地成为国际习惯法了。纽伦堡审判法规第 6 条也规定，盟军以"战争罪"来判决若干战犯，"战争罪"包括在被占领领土上虐待平民或流放他们用于奴隶劳动。在远东国际军事法庭的法规第 5 条也含有类似的条文。

在侵华战争中，日本基于政治（战争）、种族（歧视中国人）等目的劫掠、监禁、蹂躏中国各族妇女，剥夺她们作为人的尊严，驱使其成为日军的性奴隶，明白无误地构成了战争犯罪。而且，日本政府与军队有组织地实施"慰安妇"计划，并使之制度化，从而使这一犯罪性质更加严重，危害更大。因此，即使从当时国际法的角度来审视，日本推行的"慰安妇"制度也是一种毋容置疑的战争犯罪。日本某些政客和右翼辩称"慰安妇"计划是合法的，是荒谬的、根本无法站住脚的。

那么，现在的日本政府是否需要对历史上的"慰安妇"制度负责呢？答案也是肯定的。

---

① 详见劳特派特修订，王铁崖、陈体强译：《奥本海国际法》，下卷第 2 分册，第 84 页。

　　根据国际法的主体一致性原则,一个国家的新政府应对其原政府的债务,包括违背国际法所造成的损害承担责任,这就是政府债务继承。日本国宪法第 98 条规定:"日本国对签订的条约及已确立的国际法规,要诚实地遵守之。"在 1996 年和 1998 年,联合国人权委员会的两次"慰安妇"专题报告均已明确认定,战时日本军国政府对"慰安妇"计划负有责任,那么日本现政府就应该也必须继承这一债务。事实上,至今为止,日本政府并没有对这一继承性提出异议。以上也是中国、韩国、菲律宾等国受害国民众向日本政府要求赔偿的国际法的根据。

　　对于南京日军慰安所的建立和扩大,日本政府和日军高层负有无可推卸的责任。因此,1947 年,南京军事法庭在审判日军第六师团师团长谷寿夫时,检察官陈光虞在起诉书中明确指出:

　　　　查该被告纵容属下在南京中华门内外之沙洲圩,强奸周丁氏及陈而姑娘等三人,虽该被告仍一再辩称,设立慰安所系向当地长官商量,并征求慰安妇女之同意,始行设立云云。

　　　　我国妇女及社会风尚,向无以肉体作慰劳之习惯,……该被告来华作战,肆意抢劫及破坏财产,对于平民作有计划之屠杀与强奸,强迫妇女入慰安所,以及强奸之后加以杀害等暴行,应构成战争罪及违反人道罪。①

　　这一公诉,是战后法庭少有的追究日本战犯实施"慰安妇"制度罪行的案例。

_____

① 《国防部审判战犯军事法庭检察官对战犯谷寿夫的起诉书》,1946 年 12 月 31 日。《侵华日军南京大屠杀档案》,南京:江苏古籍出版社 1997 年版,第 807—810 页。

第三节　战后国际社会对日本"慰安妇"制度罪行的认定

随着二战日军性奴役"慰安妇"不断被媒体披露以及被学者的研究证实后,日军性奴役"慰安妇"问题日渐被各方所关注,各种声援和支援"慰安妇"受害者的非政府组织相继成立,比如 1990 年 11 月 16 日成立的"韩国挺身队问题对策委员会"在推动"慰安妇"问题国际化上作用很大。这些非政府组织努力推动国际社会对日军性奴役"慰安妇"问题的关注,使得"慰安妇"问题在 1992 年 1 月的日韩首脑会谈中成为正式的外交议题。更重要的是,这些非政府组织持续努力将二战日军性奴役"慰安妇"问题提交给联合国相关人权机构进行审议,推动"慰安妇"问题赢得国际社会关注。

1992 年 2 月 18 日,日本的"国际教育开发"以及"韩国挺身队问题对策委员会"①等几个支援"慰安妇"受害者的非政府组织首次将"慰安妇"问题提交给联合国人权委员会审议,5 月 13 日联合国人权委员会下设的防止歧视和保护少数群体分委员会的下属组织现代奴隶制工作组要求将所获得的二战"慰安妇"受侵害资料递交给负责调查人权和基本自由受侵害者的特别报告员。② 后来特别

---

① 还有"朝鲜人强制连行真相调查团"、"国际民主法律家协会"等非政府组织,其中日本"国际教育开发"代表是户塚悦朗,"朝鲜人强制连行真相调查团"代表是洪祥进,"韩国挺身队问题对策委员会"代表是李效再。

② 特别报告员和其工作组身处人权保护工作的第一线。他们采用所谓的"特别程序"调查人权侵犯事件并介入个别侵权案件和紧急状况之中。这些人权专家是以私人身份开展工作的,因而是独立的。他们的最长任期为六年,工作没有酬劳。在起草递交给人权理事会和联合国大会的报告时,这些专家往往利用所有可靠的信息资源,包括个人指控和非政府组织提供的信息。他们也可能启动"紧急行动程序",以便在最高层面上在各国政府间进行调停。专家们的研究工作有很大一部分是在现场　(转下页)

报告员 Theo van Boven 致信现代奴隶制工作组,表示将关注"慰安妇"问题。8月10日进一步将"慰安妇"问题提交给防止歧视和保护少数群体分委员会审议。这些非政府组织代表要求联合国派出"慰安妇"问题调查团,由联合国追究日本政府责任,敦促日本政府进行相关赔偿,在会议上有韩国"慰安妇"受害者出席发言。①值得注意的是,这些非政府组织在推动联合国人权机构关注"慰安妇"问题上要比韩国、朝鲜、中国以及其他受害国政府要积极主动得多。防止歧视与保护少数群体分委员会为了恢复"慰安妇"名誉以及着手对其进行赔偿事宜,在8月14日通过收集"慰安妇"受害详情资料的决议,并决定12月中旬派遣特别报告员 Theo van Boven 赴朝鲜和韩国等地调查"慰安妇"二战受侵害情况。上述决议意味着人权委员会及其附属机构已经开始关注"慰安妇"问题。

早在非政府组织将"慰安妇"问题正式向联合国人权委员会提交之前,防止歧视与保护少数群体分委员会在1988年就已开始准备对人权和基本自由遭受重大侵害的受害者进行康复和赔偿,并通过决议任命国际法学者 Theo van Boven 为特别报告员,从国际法理上阐明对遭受重大人权侵害受害者的救济准则,并向世界推广。特别报告员 Theo van Boven 曾担任荷兰外交部长以及联合国人权中心负责人,当时正负责调查世界各国重大侵害人权和基本自由的案件。因此,对中韩等亚洲"慰安妇"受害国而言,"慰安妇"

（转下页）进行的,在此期间他们要与当局和受害者双方见面,同时收集现场证据。他们的报告通常公诸于众,这样做有助于将人权侵犯事件曝光,同时也能借此机会强调政府有责任保护人权。人权专家们所考察、监测和公开报告的或是特定国家的人权状况,或是全球范围内重大的人权侵犯事件。

① 「慰安婦問題の究明求め日韓の女性らが連帯会議」、『朝日新聞』、1992年8月9日、朝刊。

问题一般被视为二战历史
遗留问题，但对于联合国人
权机构而言，其决定派遣特
别报告员 Theo van Boven
调查"慰安妇"在二战中受
侵害情况，意味着将二战日
本性奴役"慰安妇"问题视
为重大人权侵害案件而予
以关注。

7 - 3 邓玉民是海南的苗族妇女，战
时被日军强征为"慰安妇"，受尽折磨。
2014 年 6 月逝世。(《文汇报》摄影记者郭
一江摄)

为了让特别报告员 Theo van Boven 更好地了解"慰安妇"受侵
害的实情，在日本非政府组织的努力下，12 月 9 日在东京举行"关
于日本战后赔偿国际听证会"。该听证会由来自中国、朝鲜、韩国、
菲律宾和荷兰等国家的"慰安妇"制度受害者讲述自己受侵害经
过，中国"慰安妇"制度受害者万爱花首次来日本讲述自己的悲惨
遭遇，荷兰"慰安妇"制度受害者首次公开讲述自己受侵害的经过。
借助此次听证会，特别报告员 Theo van Boven 就"慰安妇"如何被
强掳、被何种程度的暴力强迫等问题进行发问，并得到"慰安妇"制
度受害者和学者的回答。① 随后 Theo van Boven 在日本接受采访
时指出，被诱拐和被强迫进行卖春，可视为现代奴隶制，对遭受人
权侵害的受害者进行赔偿，使之不再发生是必要的。并对"慰安
妇"这个称谓表示反感，因为该称谓反映的是男性视角。②

1993 年日本"国际友和会"和"韩国挺身队问题对策委员会"等

---

① 『この叫び、つらく重く「日本人が憎い」元慰安婦ら「国際公聴会」』、『朝日新聞』、
1992 年 12 月 10 日、朝刊。

② 「テオ・ファンぼーべんさん国連人権委員会特別報告者(ひと)」、『朝日新聞』、1992
年 12 月 11 日、朝刊。

非政府组织继续将"慰安妇"问题诉至联合国相关人权机构。在 3
月份的人权委员会审议中,日本政府提出"慰安妇"问题是联合国
创设前出现的问题,由现在的联合国进行审议不合时宜,以及以所
谓旧金山对日合约和日韩 1965 年协定已经解决战后赔偿问题为
由进行搪塞,拒绝接受人权委员会对"慰安妇"问题的审议。① 在 5
月份现代奴隶制工作组的审议中,与其它议题相比,二战日本性奴
役"慰安妇"已经成为此次现代奴隶制工作组会议的主要议题,除
了上述非政府组织代表进行会议发言以外,在国际上极具影响力
的非政府组织国际法学家委员会(ICJ)②代表也参与讨论"慰安妇"
问题,此次现代奴隶制工作组会议中还有 2 名"慰安妇"受害者作
证发言。日本代表同样以上述理由继续搪塞。③

　　8 月在防止歧视和保护少数群体分委员会议上,对"慰安妇"问
题的审议取得较大进展。特别报告员 Theo van Boven 曾受委托调
查日军"慰安妇"制度受侵害的详情,在发言中也对"慰安妇"制度
受害者的赔偿表示较为关心。特别报告员 Theo van Boven 对包括
"慰安妇"在内遭受重大人权侵害者的最大贡献在于从国际法理上
阐释了对受害者进行赔偿的依据和准则。特别报告员 Theo van
Boven 分别于 1990 年、1991 年、1992 年提交预备报告、第一次中间

① 『「早急に措置を」北朝鮮代表が追及国連人権委、慰安婦問題を討議』、『朝日新聞』、
　1993 年 3 月 5 日、夕刊。「日本人妻問題」を人権委で提起日本、北朝鮮に対抗、朝日
　新聞、1993 年 3 月 7 日、朝刊。
② 国际法学家委员会(International Commission of Jurists),1952 年成立,是与国际红十
　字会齐名的极具影响力的三大国际非政府组织之一,联合国经济社会理事会、联合国
　教育科学及文化组织、欧洲委员会、非洲联盟是其重要的合作和咨询机构,秘书处设
　在瑞士日内瓦,旨在保护和促进人权与法治。
③ E/CN. 4/Sub. 2/1993/30, "Report of the working group on contemporary forms of
　slavery on its eighteenthsession", p. 17, 28.

报告、第二次中间报告,1993 年 7 月 2 日向防止歧视和保护少数群体分委员会提交最终报告书并被采纳。在报告书中,Theo van Boven 建议对遭受重大人权侵害受害者进行赔偿以及建立赔偿原则和机制,他认为:

依据国际法,任何人权遭到侵害尤其是人权遭到重大侵害的受害者有要求赔偿的权利。任何违反国际法并有侵害人权和基本自由权事实的国家都有责任进行赔偿。在法律体系内尤其在民法、行政以及法律程序上进行调整以便受害者能够行使赔偿权利,并考虑受害者的潜在不利之处。各国应该通过媒体以及其他手段使得诉讼赔偿程序广为人知。各国法令限制不适用于受害者遭受侵害但并没得到补偿时期,对遭受重大人权侵害的受害者的赔偿权利不受法令限制的影响。各国应公开侵害人权的证据。各国在行政、法律审判时应考虑到在一些资料或确凿证据无法呈现、其他证据不足的情况下,对赔偿的认定应该以受害者、受害者家属和医生的口供为依据。①

特别报告员 Theo van Boven 的建议被采纳后成为随后联合国相关人权机构就"慰安妇"问题进行审议并与日本政府进行交涉的依据所在。Theo van Boven 的报告也成为日本非政府组织敦促日本解决"慰安妇"问题的依据所在。1994 年 2 月,针对日本法院不受理韩国"慰安妇"受害者要求处罚相关责任人的诉讼,日本非政府组织"国际友和会"援引 Theo van Boven 报告关于对受害者进行救济的义务,致信日本法相和外相要求处罚相关责任人并对受害

---

① E/CN. 4/Sub. 2/1993/8,Study concerning the right to restitution,compensation and rehabilitation for victims ofgross violations of human rights and fundamental freedoms. pp. 56 – 58.

者予以赔偿。[①]

　　除此以外，1993 年 8 月 25 日，防止歧视和保护少数群体分委员会通过决议（1993/24），任命 Linda Chavez 为特别报告员，负责调查包括二战日军性奴役"慰安妇"问题在内的战时集体强奸、性奴役以及其他奴役行为，获得全会一致通过，这是联合国人权机构首次决定正式调查"慰安妇"问题。与特别报告员 Theo van Boven 虽然对"慰安妇"问题表示关注但并没有在报告中具体提及"慰安妇"受害者不同的是，特别报告员 Linda Chavez 在其 1993 年 8 月 28 日向防止歧视和保护少数群体分委员会提交的拟定调查方案时，直接将二战日军性奴役"慰安妇"作为具体案例予以关注。Linda Chavez 在报告中指出，二战中中国、荷兰、菲律宾、印度尼西亚和朝鲜妇女被日军强迫成为性奴隶，给这些妇女造成的伤害持续多年。[②]

　　前文已详细说明，1996 年，特别报告员科马拉斯瓦密向人权委员会提交了对女性的暴力及原因和结果报告，同时为了表示对二战日军性奴役"慰安妇"问题的重视，该报告还附有专门调查战时日军性奴役"慰安妇"的报告，这份报告书获得包括日本在内各国的一致通过。该报告书成为联合国人权机构关于日本"慰安妇"问题的首个正式报告，也标志着联合国人权机构对于二战日军性奴役"慰安妇"历史和性质开始有了系统和完整的认知。

---

① 「国連 NGOが法相に勧告書元慰安婦の告訴不受理に」、『朝日新聞』1992 年 12 月 10 日、朝刊。

② E/CN. 4/Sub. 2/1993/44，Preparatory document submitted by Mrs. Linda Chavez on the question of systematicrape, sexual slavery and slavery-like practices during wartime 1. p. 2.

第四节　　不应忘却日本的战争暴行

2016 年 10 月 22 日，上海师范大学举行了中韩"慰安妇和平少女像"揭幕仪式，同时中国首个日军"慰安妇"历史博物馆也于当天在上海师范大学文苑楼 2 楼开馆，博物馆内公开展示了大量日军强征"慰安妇"的史料和"慰安妇"制度受害者们留下的遗物等。针对上海师范大学内设置"慰安妇少女像"，日本内阁官房长官菅义伟称，"此举不利于改善中日关系，十分遗憾，中国不应当过度关注过去那段不幸的历史，应当直面国际社会共同的课题，采取面向未来的姿态至关重要"。对此，中国外交部发言人、新闻司司长陆慷表示：

7-4　3 年来，中国"慰安妇"少女像矗立在上海师范大学的校园里。（志愿者王小雅 2016 年摄）

面向未来的前提是要正视历史。日本军国主义分子在第二次世界大战期间强征"慰安妇"的行径，是对包括中国在内的亚洲国家人民犯下的严重反人道罪行，至今仍然对受害者及其亲属的身心造成严重伤害。历史不会因为时代的变迁而改变，事实也不会因为刻意的抹煞或回避而消失。我们严肃敦促日方以对历史负责、对人类良知负责和尊重人权的态度，正视和反省日本军国主义对外侵略战争中犯下的严重罪行，以实际行动取信于亚洲邻国，取信于国际社会。我们希望日本政要能到德国柏林去看看德国在战后修建的欧洲被害犹太人纪念碑,如果能因此在东京也修建慰安妇纪念铜像,可能有助于日本卸下历史包袱,也有助于日本赢得亚洲邻国的谅解。

2015年3月9日,德国总理安格拉·默克尔访问日本,在她与日本首相安倍晋三的会谈中,默克尔勇敢而直率地规劝安倍真诚

7-5　1970年12月7日,西德总理维利·波兰特在华沙犹太隔离区起义纪念碑前下跪表示忏悔和道歉。当天西德与波兰签订了《华沙条约》。这被历史学者称之为"华沙之跪"。

道歉。当时安倍首相正在准备8月份二战结束70周年纪念日的讲话。要想使亚太地区的紧张关系得到改善,他必须正视历史。安

倍概述了自己打算发表的内容，即在讲话中表示悔意并道歉。但是，安倍的民族主义作风与修改日本和平宪法的目标，使人们对他是否会像日本前首相村山富市1995年那样发表开拓性的讲话产生很大的怀疑。时任首相村山发表了之前和之后日本历任领导人从未发表过的讲话，不仅表示"真诚道歉"，还提到了"殖民统治和侵略"。不继承村山谈话或表现虚伪只会加深裂痕，而不是带来和解。

德国首相默克尔很清楚必须怎样做。70年来，德国正视战争，为战争道歉，并参与相关纪念活动，彻底面对纳粹德国入侵、占领和屠杀行为的历史。

默克尔详细提供了德国在和解"工作"方面的经验，正是和解促成了欧洲联盟。德国感激诸如英国和美国等前对手在1945年后作出的和解的"慷慨姿态"。也许最伟大的原谅之举来自法国，这使得法德这两个邻国能继续保持亲密关系。

最重要的一条经验是："德国准备好公开、直率地面对我们的历史"。默克尔举了几项重要举措为例：首先，同盟国坚持要求德国认真面对纳粹犯下的暴行。其次，1985年，时任总统里夏德·魏茨泽克发表了著名演说，呼吁经历过第三帝国的德国成年人进行自省，关于他们知道的、他们忽视的，以及为何他们保持了沉默，尤其在其犹太邻居被带走的时候。这次演说是对个人道德净化的呼吁，其振聋发聩的声音至今仍在德国人中留有回响。第三，默克尔建议，对待战争回忆的过程"必须脱离社会"，她暗示强加于人的悔悟并非真正的悔悟。她指出，通过总结历史，比如大屠杀的"罪孽"，德国人能够具备与其邻国和解的前提。第四，她引用魏茨泽克给德国人的建议说，战争结束让德国的受害者从纳粹政权带来的恐怖中解放出来外，并且是德国人自己的"解放"或自由。

德国领导人对二战进行反省的举动获得了尊重和认可，最令人难忘的是 1970 年时任德国总理维利·勃兰特在二战结束 25 周年纪念日上在华沙犹太人起义纪念碑前具有象征意义的下跪。

然而，日本政府以及安倍晋三首相显然没有准备像德国和默克尔那样真诚地面对历史。安倍晋三及其内阁大臣们前往引发争议的靖国神社，去祭拜日本最臭名昭著的战犯，并试图掩盖"慰安妇"、细菌战、强制劳工、南京大屠杀这样的战争暴行。

2020 年 9 月 16 日，安倍晋三辞去首相职务后，便于 19 日上午迫不及待地参拜了靖国神社，说是向"英灵"报告了辞去首相的事情。

2019 年 9 月 1 日，第二次世界大战爆发 80 周年纪念仪式在波兰中部城市维隆率先举行。出席仪式的有波兰总统杜达和德国总统施泰因迈尔。施泰因迈尔在发言中，代表德国请求波兰原谅，他诚恳地用德语和波兰语说：我向维隆袭击事件中的受害者鞠躬，我向纳粹德国暴行的波兰受害者鞠躬，我请求你们原谅。

德国的行为与日本政治家强调的"日本早已道歉过了，没有必要没完没了地谢罪"形成鲜明的对照。

可以料见，"慰安妇"等第二次世界大战的遗留问题，未来仍然会困扰着亚洲国家之间的关系和影响着民众之间的情感。从深层次来考察，这更是一个具有普世意义的人权和国际法问题。自 1991 年以来，"慰安妇"等历史问题早已经成为日本无法甩掉的历史包袱，拖延愈久，包袱愈重。数十万妇女被迫充当日军性奴隶的历史，并不会随着时间的流逝而真的被人类遗忘。

参考文献

中文

中央档案馆、吉林省档案馆、黑龙江省档案馆、内蒙古档案馆、上海市档案馆、南京市档案馆、秦皇岛市档案馆所藏相关档案

上海师范大学中国"慰安妇"历史博物馆所藏"慰安妇"相关档案、照片

范式之等:《"皇军"之兽行》,战时出版社,1938 年

《精忠导报》,半月刊,1939 年

"维新政府"行政院宣传局新闻训练所编辑:《南京指南》,南京新报社,1939 年

《文献》,第 5 卷,1939 年

著者无,左铭三序:《抗战第一期之日寇暴行录》,重庆:中央陆军军官学校第二分校,1940 年

[日]洞富雄著,毛良鸿、朱阿根译:《南京大屠杀》,上海:上海译文出版社,1987 年

中国人民政治协商会议安徽省芜湖市委员会文史资料研究委员会编:《芜湖文史资料》第 3 辑,安徽人民出版社非正式出版字(87)第 2145 号

劳特派特修订,王铁崖、陈体强译:《奥本海国际法》,下卷第 2 分册,北京:商务印书馆,1989 年

《南京文史集萃》,南京:江苏古籍出版社,1991 年

中共浙江省党史研究室、中共湖州市委、浙江省新四军研究会、浙江省档案馆联合编著《浙西抗日根据地》,杭州:浙江人民出版社,1992 年

《洪湖县志》,武汉:武汉大学出版社,1992 年

李秉新等编:《侵华日军暴行总录》,石家庄:河北人民出版社,1994 年

符和积主编:《铁蹄下的腥风血雨——日军侵琼暴行实录》上下册,海口:海南出版社,1995 年

符和积主编:《铁蹄下的腥风血雨——日军侵琼暴行实录》续册,海口:海南出版社,1996 年

[日]矢野玲子著、大海译:《"慰安妇"问题研究》,沈阳:辽宁古籍出版社,1997 年

《侵华日军南京大屠杀档案》,南京:江苏古籍出版社,1997 年

章开沅编译:《天理难容:美国传教士眼中的南京大屠杀(1937—1938)》,南京:南京大学出版社,1999 年

苏智良、荣维木、陈丽菲主编:《二战时期的日军"慰安妇"制度》,上海:学林出版社,2000 年

袁秋白、杨瑰珍编译:《新中国对日本战犯的历史审判》,北京:解放军出版社,2001 年

陈存仁:《抗战时代生活史》,上海:上海人民出版社,2001 年

[韩]韩国挺身队问题对策协议会、韩国挺身队研究会编:《被掠往侵略战场的慰安妇》,金镇烈、黄一兵译,北京:中国文史出版社,2001 年

苏智良、侯桂芳、胡海英:《日本对海南的侵略及其暴行》,上海:上海辞书出版社,2000 年

[日]松冈环编著,新内如、全英美、李建云译:《南京战·寻找被封闭的记忆——侵华日军原士兵 102 人的证言》,上海:上海辞书出版社,2002 年

《汉口租界志》编辑委员会编:《汉口租界志》,武汉:武汉出版社,2003 年

苏智良、姚霏、陈丽菲:《日军上海慰安所实录》,上海:上海三联书店,2005 年

四川建川博物馆收藏:《荻岛静夫日记》,人民文学出版社,2005 年

陈丽菲:《日军慰安妇制度批判》,北京:中华书局,2006 年

张宪文主编:《南京大屠杀资料集》72 册,南京:江苏人民出版社,2007

［英］彼得·伯克著,杨豫译:《图像证史》,北京:北京大学出版社,2008 年

中共诸暨市委党史研究室编:《血与泪的诉说——回忆侵华日军在诸暨的暴行》。北京:中共党史出版社,2010 年

中共金华市委党史研究室编:《金华市抗战时期人口伤亡和财产损失资料汇编》,北京:中共党史出版社,2010 年

张宪文主编:《南京大屠杀全史》,南京:南京大学出版社,2012 年

朱德兰:《台湾慰安妇》,北京:社会科学文献出版社,2012 年

李秀石:《日本教科书问题剖析　1868—2012》,上海:上海人民出版社,2013 年

庄严主编:《铁证如山:吉林省新发掘日本侵华档案研究》,长春:吉林出版集团有限责任公司,2014 年

苏智良、陈丽菲编著:《"慰安妇"与性暴力》,济南:山东画报出版社,2015 年

中共兰溪市委宣传部等:《抗日救亡在兰溪》,上海:上海印书馆,2015 年印

孙逊、钟翀主编《上海城市地图集成》,上海:上海书画出版社,2017 年

经盛鸿:《南京沦陷八年史》上下册,北京:社会科学文献出版社,2005 年

《中央档案馆藏日本侵华战犯笔供选编》1—120 册,北京:中华书局,2015、2017 年

苏智良、陈丽菲、姚霏:《证据:上海日军 172 个慰安所揭秘》,上海:上海交通大学出版社,2018 年

日文

日本国立公文書館アジア歴史資料センター所蔵相关档案

池田桃川『上海百話』、上海日本堂、1921 年

『在支邦人人名録・上海』、第 28 版、1936 年

山中三平「上海陸戦隊物語」、『改造』、1937 年 11 月、上海戦勝記念臨時増刊号

趙炳淳（白川秀男）『在支半島人人名録』第 3 版、上海白川洋行、1942 年

小俣行男『戦塲と战场与記者』、冬樹社、1967 年

稲葉正夫編『岡村寧次大将資料』、上巻（戦塲回想篇）、原書房、1970 年

千田夏光『従軍慰安婦——"声なき女"八万人の告発』、雙葉社、1973 年

佐佐木元勝『続　野戦郵便旗』、現代史出版会、1973 年

千田夏光『続・従軍慰安婦—"償われざる女"八万人の慟哭』、雙葉社、1974 年

森崎和江『からゆきさん』、朝日新聞社、1976 年

防衛庁戦史部編『支那事変陸軍作戦史』、朝雲新聞社、1976 年

『1 億人の昭和史　不許可寫真史』、毎日新聞社、1977 年

石田義一『戦線実録』、私家版 1977 年

新村出編『広辞苑』、岩波書店、1978 年第 2 版

山田清吉『武漢兵站』、図書出版社、1978 年

千田夏光『従軍慰安婦・慶子—中国・ガ島・ビルマ死線をさまよった女の証言』、光文社、1981 年

岡部直三郎『岡部直三郎大将の日記』、芙蓉書房、1982 年

新村出編『広辞苑』、岩波書店、1983 年第 3 版

川田文子『赤瓦の家——朝鮮からきた従軍慰安婦』、筑摩書房、1987 年

南京戦史編集委員会編『南京戦史資料集』、偕行社、1989 年

金一勉『天皇の軍隊と朝鮮人慰安婦』、三一書房、1991 年

孫震編『暴行——侵華日本軍罪悪実録』、三环出版社、1991 年

山田盟子『慰安婦たちの太平洋戦争』、光人社、1991 年

吉見義明編『従軍慰安婦資料集』、大月書店、1992 年

華公平『従軍慰安所"海乃家"の传言』、日本機関紙出版センター、1992 年

西野瑠美子『従軍慰安婦　元兵士たちの証言』、明石書店、1992 年

吉見義明「第一次上海事変で海軍が」、『ハッキリ通信』、1992 年 9 月第 4 号

村上千之助『野戦預備病院ある卫生兵の私記』、1992 年私家版

長沢健一『漢口慰安所』、図書出版社、1992 年

尹貞玉『朝鮮人女性が見た“慰安婦”問題―明日をともに創るために』、三一書房、1992 年

『毎日新聞』、1992 年

『朝日新聞』、1992―1993 年

季刊『戦争責任研究』、創刊号―終刊号（1993―2018）

麻生徹男『上海より上海へ　兵站病院の産婦人科医』、石風社、1993 年

『性と侵略』、東京社会評論社、1993 年

川田文子『皇軍慰安所の女たち』、筑摩書房、1993 年

高崎隆治『“陣中日誌”に書かれた慰安婦と毒ガス』、梨の木舎、1993 年

西野瑠美子『従軍慰安婦と十五年戦争　ビルマ慰安所経営者証言』、明石書店、1993 年

『女たちの21 世紀』、1995 年

吉見義明『従軍慰安婦』、岩波書店、1995 年

国際法律家委員会『国際法から見た“従軍慰安婦”問題』、明石書店、1995 年

韓国挺身隊対策協議会、挺身隊研究会『中国に連行された朝鮮人慰安婦』、三一書房、1996 年

菅原幸助『初年兵と従軍慰安婦』、三一書房、1997 年

金一勉『游女・からゆきさん・慰安婦の係譜』、雄山閣、1997 年

女性のためのアジア平和国民基金『“従軍慰安婦”関係資料集成』1―5 冊、龍渓書舎、1997―1998 年

新村出編『広辞苑』、岩波書店、1998 年第 5 版

『外務省警察史』、不二出版、2000 年

吉田裕、松野誠也『十五年戦争期軍紀・風紀相関資料』、現代史料出版社、2001 年

朱徳蘭『台湾慰安婦関係資料集』、第 1、2 巻、不二出版、2001 年

VAWW—NET Japan『女性国際戦犯法廷の全記録（日本軍性奴隷制を裁く——2000 年女性国際戦犯法廷の記録）』、緑風出版社、2002 年

山田盟子『従軍慰安婦』、光文社、2006 年

鈴木裕子、山下英愛、外村大編『日本軍"慰安婦"関係資料集成』、上下冊、明石書店、2006 年

財団法人女性のためのアジア平和国民基金（アジア女性基金）編『"慰安婦"問題とアジア女性基金』、財団法人女性のためのアジア平和国民基金（アジア女性基金）、2007 年

渡辺賢二、斎藤一晴『アジアの人々とともに"戦争の記憶"を継承する』、平和文化、2007 年

永井和『日中戦争から世界戦争』、思文閣、2007 年

金富子、中野敏男編『歴史と責任——"慰安婦"問題と一九九〇年代』、青弓社、2008 年

志水紀代子、山下英愛編『シンポジウム記録「慰安婦」問題の解決に向けて——開かれた議論のために』、白澤社、2012 年

星徹『私たちが中国でしたこと　中国帰還者の人びと』、緑風出版、2015 年増補版

朴裕河『帝国の慰安婦——植民地支配と記憶の闘い』、朝日新聞出版、2014 年

藤目ゆき『"慰安婦"問題の本質——公娼制度と日本人"慰安婦"の不可視化』、白澤社、2015 年

日本軍"慰安婦"問題 website 制作委員会編：岡本有佳・金富子责任編集『〈平和の少女像〉はなぜ座り続るのか』、世織書房、2016 年

英文

E/CN. 4/Sub. 2/1993/8，Study concerning the right to restitution, compensation and rehabilitation for victims ofgross violations of human rights and fundamental freedoms.

"Report of the Special Rapporteur on violence against women, its causes and consequences", Ms. Radhika Coomaraswamy, *in accordance with Commission on Human Rights*, Resolution 1996.

"Women's International War Crimes Tribunal", on *Japan's Military Sexual Slavery*. 2000.

韩文

朝鮮《朝鮮新聞》,1992

정신대문제실무대책반,『일제하 군대위안부 실태조사 중간보고서』, 1992

윤철순,『조선인 여자 정신대--전 노무동원부장 고백수기』, 서울:정윤,1992

한국정신대문제대책협의회,한국정신대연구소 편,『증언집1:강제로 끌려간 조선인 군위안부들』(한울,1993

나눔의 집 역사관 후원회,『(나눔의 집)일본군 위안부 역사관을 찾아서』, 서울:역사비평,2003

황선익,<동북아정세와중국지역한인의귀환(1944~1946)-중 · 미교섭을중심으로>, <<한국독립운동사연구>>(46), 2013

심영희, 김엘리 엮음,『한국여성평화운동사 Korean women's peace movement : its unfolding and issues , 파주 : 한울, 2005

后　记

　　日本的"慰安妇"问题是在 1991 年被揭发出来的,那时,我正在东京大学担任外国人研究员。因为与中国有关,我便开始关注,1993 年 6 月回国后在各地展开调查,前后找到了万爱花、朱巧妹、陈亚扁、韦绍兰、雷桂英、周粉英、金淑兰、河尚淑、袁竹林、李连春等受害幸存者,似乎已无法转身离开,我们不仅记录她们苦难的经历,并于 2000 年开始对她们进行生活费援助,至今已 29 个年头。当时怎么也不会想到,"慰安妇"项目会是我学术生涯最漫长、最重要的研究课题。

　　日本帝国主义在中国推行"慰安妇"制度,从 1932 年到 1945 年,长达 14 年,至少建立了 2000 个左右的慰安所,更有许多无辜妇女被押送到炮楼、碉堡,那里成了临时慰安所。受害者总人数至今无法精确估算。而日本保守的政治家和右翼学者们还在否认事实的存在。右翼分子北村稔就断言:"'中国慰安妇问题',是中国政府利用中国研究者施行的谋略。"[①]

[①] 北村稔『蘇智良「慰安婦研究」を評す』、『中国人慰安婦問題に関する基礎調査』、2016 年 6 月 17 日。类似言论还有西岡力「総論・中国人慰安婦問題の全体像、明らかになった4つの事実」、『中国人慰安婦問題に関する基礎調査』、2016 年 6 月 17 日。

　　历史学是实证的学问,我们需要拿出证据来复原历史。我们每找到一件档案文献,或新找到一位幸存者,就是在"慰安妇"的拼图上添加了一个"比特",无数个"比特"就能重建历史的场景。在我与陈丽菲教授以及众多学生的努力下,日军"慰安妇"的历史轮廓和事实,已越来越清晰。

　　近年来,我们的成果正在走向世界。*Chinese Comfort Woman——Testimonies from Imperial Japan's Sex Slaves*(丘培培、苏智良、陈丽菲著)一书由加拿大 UBC 出版社、牛津大学出版社和香港大学出版社分别于 2013 年、2014 年出版,李仙伊译的《"慰安妇"与性暴力》(苏智良、陈丽菲著)由首尔 NEULPOOM PLUS 出版社 2017 年出版,《证据:上海 172 个慰安所揭秘》(苏智良、陈丽菲、姚霏著)由韩国东北亚历史财团于 2018 年推出韩文版,2019 年,《日军"慰安妇"研究》(苏智良著)一书由于中根、何佳译,在 American Academic Press(美国学术出版社)出版,现在该书的韩文版、日文版也在翻译之中。关于鸡林会档案的"慰安妇"论文以中韩日英文分别发表,引起世界学界的关注。美国权威杂志《亚洲历史研究》在 2020 年第 1 期推出日军"慰安妇"问题研究专辑,这是国外权威杂志首次发表日军"慰安妇"问题研究专辑。

　　在中国"慰安妇"历史博物馆和利济巷慰安所旧址陈列馆,我接待了卢旺达大屠杀纪念馆访华团、英国国家战争博物馆馆长一行、世界抗战事实维护会访问团、各国的外交官等来自世界各地的参观者,参与"'慰安妇'的声音"申报世界记忆遗产名录活动。

　　最后我还要说明,本书的一些历史照片非常珍贵,不少是日本兵在中国战场拍摄的,有的没有拍摄者的名字。为了一张慰安所的原照,我们就把整本写真集拍卖下来了,最贵的一本是 3 万元人民币。这小小的一张原照,全世界只有一张,却保留了一个日军慰安所的影像,以及照片背后受害妇女的哭泣声。

　　我们所做的一切,就是为了还原二战的一段史实,把它传给未来,并希望人类能从中汲取深刻的历史教训。

　　感谢为本书的写作与出版付出努力的人们。

苏智良

2020 年 9 月 3 日